# 养老机构服务与管理实务

## 江苏民康老年服务中心

主　编：汪生夫
副主编：王震宇　关兰友
编　者（按姓氏笔画为序）
　　　　王国俊　王震宇　尹春华　关兰友
　　　　吴友凤　时英平　汪生夫　沙维伟
　　　　张秀伟　陆　云　陈友谊　易　婕
　　　　金邦荃　钱国亮　韩品嵋

东南大学出版社
SOUTHEAST UNIVERSITY PRESS
·南京·

## 内容提要

本书是由江苏民康老年服务中心组织全省从事养老工作的专家、高校教授、大型养老机构资深院长编写,旨在规范、提高养老机构的服务和管理水平。本书主要介绍养老机构的基本元素、养老机构的设置、老年人能力评估、养老机构照护服务、养老机构医疗服务、养老机构康复服务、老年人心理健康服务、养老机构膳食营养服务、养老机构社会工作服务、养老机构规章制度建设、养老机构质量管理、养老机构经营管理、养老机构安全管理、养老机构文化建设、养老机构延伸服务、养老机构信息化建设与管理等。本书内容丰富、图文并茂、附有案例,实用性和可操作性强。

本书可作为养老机构的培训教材,也可供养老机构的投资者、养老机构的经营管理者、养老服务一线工作者、关注养老机构发展的各类人员参考。

## 图书在版编目(CIP)数据

养老机构服务与管理实务 / 汪生夫主编. — 南京:东南大学出版社,2017.6(2025.1 重印)
ISBN 978-7-5641-6806-3

Ⅰ. ①养… Ⅱ. ①沙… Ⅲ. ①养老院-运营管理 Ⅳ. ①C913.6

中国版本图书馆 CIP 数据核字(2016)第 247411 号

### 养老机构服务与管理实务

| | |
|---|---|
| 出版发行 | 东南大学出版社 |
| 出 版 人 | 江建中 |
| 社　　址 | 南京市四牌楼 2 号 |
| 邮　　编 | 210096 |
| 经　　销 | 新华书店 |
| 印　　刷 | 广东虎彩云印刷有限公司 |
| 开　　本 | 700 mm×1000 mm　1/16 |
| 印　　张 | 21.25 |
| 字　　数 | 405 千字 |
| 书　　号 | ISBN 978-7-5641-6806-3 |
| 版　　次 | 2017 年 6 月第 1 版 |
| 印　　次 | 2025 年 1 月第 4 次印刷 |
| 定　　价 | 45.00 元 |

\* 本社图书若有印装质量问题,请直接与营销部联系,电话:025—83791830。

# 前　言

随着老龄化程度的加深,中国社会对机构养老有着巨大的需求。一方面,政府对"三无"、五保及低收入老人提供无偿或低收费的供养、护理服务,需要加强传统福利性养老机构的建设和管理,发挥好公办养老机构的托底作用。另一方面,随着高龄人口规模的增长,需要不同程度照护的失能、半失能的老年人口持续增加,这部分老年人更加依靠养老机构提供专业化的服务。同时,随着工业化和城市化进程的不断加快,我国的社会结构发生急剧变迁,削弱了家庭的养老功能,也改变了人们的养老观念,老年人和有老年人的家庭对于不同功能的机构养老需求越来越大。"十三五"规划纲要明确要求建立以居家为基础、社区为依托、机构为补充的多层次养老服务体系。作为多层次养老服务体系的一个终端环节,养老机构在养老服务供给中发挥着不可替代的作用。发展机构养老服务的现实需要是我们组织编写本书的第一个动因。

编写本书的第二个动因来自提升养老机构经营管理能力和服务质量的实际需要。进入21世纪以来,特别是近几年来,养老机构及管理人员逐年增多,但现有养老机构特别是民办养老机构中近一半处于亏损状态。其中一个重要原因是养老机构管理人员经营管理能力和专业化服务水平还远不能适应养老机构服务与经营管理的实际需要。加强养老机构管理人员队伍建设,为养老机构管理人员以及实际工作者提供服务与经营管理专业化知识和较为先进的服务与经营管理理念,显得十分迫切。

《养老机构服务与管理实务》较好地回应了养老机构发展和养老机构管理人员能力建设的需要,有助于养老机构投资者在规划设置养老机构时较好地契合养老机构建设的特点与实际,科学规划,准确定位,有助于养老机构管理人员以及实际工作者丰富经营管理知识、提升专业化能力,进而提高养老机构自身建设与服务质量,提高社会对养老机构的接受度,改善经营状况,提高入住率和服务利用率,实现机构盈利和可持续发展。

本书共分十六章,全方位、多角度、系统地解答了社会上对不同性质养老机构的"偏爱与偏见";解答了资本介入养老院在投资建设上存在的"盲点与疑点";解答了养老机构管理人员对机构运营与管理上的一些"难点与重点"。全书共分七大模块。

一、基本元素与基础知识

作者讲述了养老机构的类型、服务功能、机构的属性与发展方向,介绍了养老机构设立策划、许可、机构建筑设计原则、设计标准和机构基本规范等。

## 二、基本服务与特殊服务

作者说明了养老机构医养结合的重要性，介绍了养老机构医养结合的实践模式、医疗服务的内容及要点；叙述了老年人能力评估资质、方法、流程、标准，照护服务需求、内容、方式、管理以及膳食营养服务、老年人心理健康服务、康复服务。其中包括膳食营养配给原则、基本要求和质量控制；老年人心理特征、心理健康保健与老年人心理沟通的基本原则和方法；康复方法、康复器材的选择与使用以及针对老年常见病的特殊康复训练等。

## 三、制度建设与安全管理

作者介绍了养老机构规章制度制定的原则、程序、方法和制度的执行，同时导入了制度范例；养老机构安全管理以及采取必要的安全管理技术措施，风险防范与事故纠纷处理等。

## 四、社会工作与方法技巧

作者分别列出社会工作对养老机构有哪些重要性？社工如何介入机构养老，其中有关老人个案工作、小组工作、行政社会工作、与家属的合作等，直接影响养老机构的生存与发展。

## 五、质量管理与标准化建设

作者主要介绍了养老机构质量管理的原则、方法，质量管理的主要活动，包括建立质量方针和质量目标，以及质量策划、质量控制、质量保证和质量改进等；阐述了养老机构标准化建设的内涵与意义，介绍了现有养老机构建设标准以及促进养老机构标准化工作实施和落实的基本路径。

## 六、机构经营与文化建设

作者分析了养老机构如何经营？经营策略、效益评估、养老机构经营常见风险类型及风险规避，以及延伸服务等。阐述了养老机构文化建设的核心内容；将养老传统文化与现代企业制度文化有机结合起来，介绍了中国传统养老文化与CIS系统导入，以及如何构建养老机构品牌文化等。

## 七、数据时代与信息平台

作者讲解了养老机构信息化基本元素、趋势，养老机构信息化平台的构建，如硬件、软件，流程与管理；养老机构＋互联网。在互联网时代，养老服务将步入服务智能化、信息在线化、服务可视化。

由于时间仓促，且限于编者水平有限，难免有疏漏之处，诚致歉意。恳请广大读者提出宝贵意见，以便再版时充实、完善。

编者在此感谢江苏省民政厅领导的关心和大力支持！对参与本书编写、编务工作的各位同仁谨表谢意。本书编写过程中得到东南大学出版社常凤阁女士、养老方面资深专家关兰友先生的帮助，在此表示感谢！

编　者
2017年5月20日

# 目 录

## 第一章　养老机构概述 ... 1
- 第一节　养老机构的类型 ... 1
- 第二节　养老机构的属性 ... 5
- 第三节　养老机构的发展 ... 7

## 第二章　养老机构设置 ... 12
- 第一节　养老机构设立许可 ... 12
- 第二节　养老机构建筑设计 ... 20
- 第三节　养老机构基本规范 ... 32

## 第三章　老年人能力评估 ... 37
- 第一节　能力评估组织资质 ... 37
- 第二节　能力评估原则、方法与流程 ... 38
- 第三节　能力评估实施标准 ... 40

## 第四章　养老机构照护服务 ... 61
- 第一节　老年人照护服务内容 ... 61
- 第二节　养老机构的护理管理 ... 64

## 第五章　养老机构医疗服务 ... 71
- 第一节　养老机构医养结合 ... 71
- 第二节　养老机构医疗服务内容 ... 75
- 第三节　机构中常见老年病人医护要点 ... 77
- 第四节　老年人常见急危重病人的病情观察及护理 ... 91
- 第五节　养老机构医疗服务管理 ... 94

## 第六章　养老机构康复服务 ... 97
- 第一节　康复服务基本内容 ... 97
- 第二节　养老机构常用的康复器材 ... 100

第三节　养老机构常用的康复方法 ················· 107
第四节　常见老年病的康复训练方法 ················ 111
第五节　康复服务管理质量控制 ··················· 133

## 第七章　老年人心理健康服务 ····················· 135

第一节　老年人心理特征 ······················· 135
第二节　老年人心理健康标准 ···················· 137
第三节　老年人心理健康保健 ···················· 138
第四节　老年人心理沟通的基本原则和方法 ············· 139
第五节　老年人常见的心理（精神）疾病 ·············· 141

## 第八章　养老机构膳食营养服务 ···················· 148

第一节　膳食营养服务概述 ····················· 148
第二节　膳食营养服务的基本要求 ·················· 152
第三节　膳食服务管理质量控制 ··················· 180

## 第九章　养老机构社会工作服务 ···················· 182

第一节　养老机构社会工作概述 ··················· 182
第二节　社工的工作内容、原则及技巧 ················ 183
第三节　老年人社会工作方法 ···················· 185

## 第十章　养老机构规章制度建设 ···················· 197

第一节　养老机构规章制度的制定 ·················· 197
第二节　养老机构规章制度的执行 ·················· 198
第三节　养老机构规章制度范例 ··················· 199

## 第十一章　养老机构质量管理与标准化建设 ·············· 218

第一节　养老机构质量管理概述 ··················· 218
第二节　质量管理的主要活动 ···················· 222
第三节　养老机构标准化建设概述 ·················· 227

## 第十二章　养老机构经营管理 ····················· 236

第一节　养老机构经营管理概述 ··················· 236
第二节　养老机构经营策略 ····················· 239

第三节　经济效益评估……………………………………………… 246
   第四节　养老机构经营风险管理…………………………………… 248

第十三章　养老机构安全管理………………………………………… 252
   第一节　养老机构易发生的事故及老人安全……………………… 252
   第二节　养老机构安全管理的主要内容…………………………… 254
   第三节　风险防范与事故纠纷处理………………………………… 256

第十四章　养老机构文化建设………………………………………… 263
   第一节　养老机构文化……………………………………………… 263
   第二节　中国传统养老文化的核心内容…………………………… 265
   第三节　养老机构文化 CIS 系统导入……………………………… 267
   第四节　养老机构品牌文化………………………………………… 272

第十五章　养老机构社区延伸服务…………………………………… 276
   第一节　机构向社区延伸服务的理念驱动………………………… 276
   第二节　机构向社区延伸服务的路径与方法……………………… 278
   第三节　机构向社区延伸服务的项目内容………………………… 280

第十六章　养老机构信息化建设与管理……………………………… 285
   第一节　养老机构信息化的概念…………………………………… 285
   第二节　养老机构信息化平台的构建……………………………… 290
   第三节　养老机构信息化实施……………………………………… 298
   第四节　"养老机构＋互联网"新业态……………………………… 299

附录……………………………………………………………………… 301
   一、中华人民共和国老年人权益保障法（2015 年修正）………… 301
   二、国务院办公厅转发卫生计生委等部门关于推进医疗卫生与养老服务相结
     合指导意见的通知（国办发〔2015〕84 号）…………………… 310
   三、国务院办公厅关于全面放开养老服务市场提升养老服务质量的若干意见
     （国办发〔2016〕91 号）………………………………………… 316
   四、江苏省养老服务条例…………………………………………… 323

   主要参考文献………………………………………………………… 331

# 第一章　养老机构概述

养老机构是指依照《养老机构设立许可办法》(民政部令第48号)以及省级民政部门相关规定设立并依法办理登记的为老年人提供集中居住和照料护理等服务的机构。养老机构的服务对象是广义的老年人群体,主要服务对象是失能、半失能和失智老年人。

在老龄化趋势日益加剧的大背景下,在居家为基础、社区为依托、机构为补充的多层次养老服务体系的构建中,机构养老是重要的一环。机构养老服务能够为老年人尤其是失能、半失能和失智老年人提供更为专业的服务,在养老服务供给中发挥着不可替代的作用。

## 第一节　养老机构的类型

养老机构在我国古代社会就存在,一直到计划经济时代,养老机构都是作为救济性、福利性的机构而存在。改革开放以来,特别是党的十八大后,国家出台了一系列政策,引导和支持社会力量兴办养老机构,打破了政府垄断社会福利的局面,我国养老机构快速发展,养老机构投资主体、服务对象、运行方式等方面发生了很大的变化,丰富了养老机构的类型。

### 一、按机构性质分类

(一)非营利性养老机构

所谓非营利性养老机构即公益性养老机构。非营利性养老机构在取得行政许可后,符合民办非企业单位条件的,由民政部门办理登记手续;经批准设置为事业单位的,由事业单位登记管理机关办理登记手续。非营利性养老机构不以营利为主要目的,享受国家提供的相关优惠政策,不需要上缴税收,但赢得的利润不能分红,只能用于养老机构的滚动发展。

(二)营利性养老机构

所谓营利性养老机构即经营性养老机构。营利性养老机构向工商行政管理部门办理登记手续后,依法向民政部门申请行政许可。营利性养老机构可以追求利益最大化目标,在完成税收征缴后,所得利润可以分红;以往一般不享受由政府提供的相关优惠政策,近年来,为吸引更多社会资本,培育和扶持养老机构发展,政府出台政策给予一定扶持。

## 二、按投资主体分类

### (一) 公办养老机构

所谓公办养老机构是指由政府投资兴办的养老机构。国家现在对公办养老机构的功能定位界定在托底功能,即优先保障"三无"、五保、优抚对象和经济困难的孤寡、失能、高龄等老年人的养老服务需求,充分发挥托底保障作用,在此前提下,为社会上的其他老年人提供服务。面向社会老年人服务收费所得主要用于弥补事业经费的不足。《老年人权益保障法》第四十一条规定:"政府投资兴办的养老机构,应当优先保障经济困难的孤寡、失能、高龄等老年人的服务需求。"2013年国务院35号文件《关于加快发展养老服务业的若干意见》规定:"各地公办养老机构要充分发挥托底作用,重点为'三无'(无劳动能力,无生活来源,无赡养人和扶养人或者其赡养人和扶养人确无赡养能力和扶养能力)老人、低收入老人、经济困难的失能半失能老人提供无偿或低收费的供养、护理服务。政府举办的养老机构要实用适用,避免铺张豪华。"

### (二) 民办养老机构

所谓民办养老机构是指由社会力量投资兴建的养老机构,其服务对象是社会上的广大老年人,包括通过向政府购买为"三无"老人、低收入老人、经济困难的失能半失能老人提供机构供养护理服务。什么是社会力量?可以理解为除政府力量以外的力量。民办养老机构按照其是否以营利为主要目的,分为非营利性养老机构和营利性养老机构两大类。

国外养老机构起步较早,大多为民办养老机构。在我国,养老机构最初主要是政府办和集体办的福利院、敬老院。为了适应人口老龄化发展形势,增加社会养老服务的供给,同时减少政府的财政负担,民政部于20世纪80年代提出了"社会福利社会化"的理念。2000年,国务院转发了《关于加快实现社会福利社会化的意见》(国办发〔2000〕19号),首次提出社会化养老,才逐步突破了过去国家办福利的单一模式,形成了政府、集体以及民办等多元参与举办的社会福利院、敬老院、福利中心、老年公寓等各类养老机构。为鼓励引导民间资本投资举办养老机构或养老设施,提高机构养老服务水平,中央和地方政府相继出台了一次性建设补贴、床位运营补贴等支持民办养老机构的政策,并就养老机构许可准入、建设运营、管理监督、质量评估等方面出台了一系列规定、办法、标准和规范。主要有:2000年财政部、国家税务总局印发的《关于对老年服务机构有关税收政策问题的通知》(财税

〔2000〕97号），制定了对政府部门和社会力量兴办的老年服务机构的税收优惠政策；2005年民政部等九部门联合发布的《关于支持社会力量兴办社会福利机构的意见》（民发〔2005〕170号），鼓励和扶持企事业单位、社会团体和个人等社会力量投资举办养老机构；2006年国办转发的《关于加快发展养老服务业的意见》（国办发〔2006〕6号），要求按照政策引导、政府扶持、社会举办、市场推动的原则，逐步建立以居家养老为基础、社区服务为依托、机构养老为补充的养老服务体系；2012年民政部发布《关于鼓励和引导民间资本进入养老服务领域的实施意见》（民发〔2012〕129号），鼓励民间资本参与居家和社区养老服务、举办养老机构和服务设施、参与提供基本养老服务、参与养老产业发展；2013年国务院35号文件，出台了一系列对民办养老机构实行民办公助的优惠扶持政策，涉及金融机构信贷、建设用地供应、税费减免、财政补贴等，其中有对营利性养老机构的相关优惠扶持政策，显示了政府对民办养老机构的支持和倡导；2015年，民政部、发展改革委、教育部等十部委联合发布《关于鼓励民间资本参与养老服务业发展的实施意见》（民发〔2015〕33号），意见在鼓励民间资本参与机构养老服务方面提出，支持采取股份制、股份合作制、政府和民间资本合作等模式建设或发展养老机构，鼓励社会力量举办规模化、连锁化的养老机构，鼓励养老机构跨区联合、资源共享，发展异地互动养老，推动形成一批具有竞争力的养老机构。今后，增加养老机构数量和养老床位数量主要依靠社会力量，逐步使社会力量成为发展养老服务业的主体。

（三）农村五保供养机构（敬老院）

农村五保供养机构是指在农村设置的供养"三无"（无劳动能力，无生活来源，无法定赡养、抚养、扶养义务人或者其法定赡养、抚养、扶养义务人无赡养、抚养、扶养能力）的老人，供养内容即五保：保吃、保穿、保住、保医、保葬。这类机构既有政府投资兴建的，也有农村集体经济投资举办的。1994年国务院发布《农村五保供养工作条例》（国务院第141号令）。2010年民政部发布《农村五保供养服务机构管理办法》（民政部第37号令）。《办法》第四十一条规定："农村五保供养服务机构在满足当地农村五保供养对象集中供养需求的基础上，可以开展社会养老服务"。为加快农村养老服务业发展，国务院2013年35号文件进一步明确了农村五保供养机构的功能定位：健全农村五保供养机构功能，使农村五保老人老有所养，在满足农村五保对象集中供养需求的前提下，支持乡镇五保供养机构改善设施条件并向社会开放，提高运营效益，增强护理功能，使之成为区域性养老服务中心。

（四）外资投入养老机构

民政部1999年颁布的《社会福利机构管理暂行办法》规定：香港、澳门、台湾地区的组织和个人，华侨以及国外的申办人，只能通过与内地组织和个人采取合资合作的形式申请举办养老机构。为推动我国养老服务业健康发展，推进服务业对外开放,2014年11月商务部、民政部联合发布了81号公告《商务部、民政部关于鼓励外国投资者在华设立营利性养老机构从事养老服务的公告》,鼓励外国投资者在华独立或与中国公司、企业和其他经济组织合资、合作举办营利性养老机构。在优惠扶持上,《公告》明确:鼓励外国投资者参与专门面向社会提供经营性服务的公办养老机构的企业化改制;外商投资营利性养老机构可以从事与养老服务有关的境内投资,鼓励外国投资者发展养老机构规模化、连锁化经营,开发优质养老机构品牌;外商投资营利性养老机构与国内资本投资举办的营利性养老机构享有同等的税收等优惠政策和行政事业性收费减免。《公告》同时指出,香港、澳门、台湾地区投资者举办营利性养老机构,参照《公告》执行。

近年来,我国加大公办养老机构管理运行体制改革力度,通过公办民营、公建民营、购买服务、委托管理等方式,养老机构建设、管理与运营的方式更加多样化。

### 三、按服务功能分类

按服务功能对养老机构进行划分,并设定不同条件和标准是国际通行做法,有利于为不同健康程度的老年人提供更为专业的照料和护理。

在美国,养老机构通常分为三类:第一类为"技术护理照顾型养老机构",主要收养需要24小时精心医疗照顾,但不需要医院所提供的经常性医疗服务的老人;第二类为"中级护理照顾型养老机构",主要收养没有严重疾病、需要24小时监护和护理,但不需要技术护理照顾的老人;第三类为"一般照顾型养老机构",主要收养需要提供膳食和个人帮助,但不需要医疗服务及24小时生活护理服务的老人。瑞典将老年人分成可自理、不能自理需要经常性照料、患老年痴呆及其他重病需要医疗护理的老年人,分别提供入户服务公寓、老年公寓、疗养院和类家庭等类型养老机构。澳大利亚提供老年院、护理院等老年机构。在我国香港地区,按照老年人不同程度的护理需要,养老机构的功能也分为三类:第一类为"高度照顾安老院",第二类为"中度照顾安老院",第三类为"低度照顾安老院"。台湾地区的养老机构主要也是这三种类型。

我国大部分地区目前尚未形成统一的养老机构分类标准,大多数养老机构收养的老年人涵盖从生活自理的老年人一直到生活不能自理直至临终关怀的老年人,是一种综合型的管理模式,这些养老机构只是在机构内部按照收养老年人需要照顾和护理程度的不同,实行分级护理、分区管理。民政部正在研究制订"养老机构分类与命名标准"。目前,我们可以借鉴境外养老机构分类经验,按照国际通行的经济和社会活动同质性原则,结合现阶段民政部门已制定出台的有关分级护理服务项目和服务标准,根据养老机构提供服务类别的不同,对养老机构进行分类。据此,可以将养老机构分为四种类型:

### （一）居养型养老机构

居养型养老机构的服务对象主要为身体基本健康且生活能自理的老年人。生活能自理的老年人是指通过老年人能力评估,独立活动能力良好,生活行为能够自理,无需他人帮助的老年人。服务内容主要包括住宿、膳食、医疗保健、文化娱乐、紧急救援等。

### （二）助养型养老机构

助养型养老机构的服务对象主要为身体患病但生活可以部分自理的老年人。生活部分自理的老年人是指通过老年人能力评估,具有部分独立活动能力,需要提供部分、具体的帮助或指导的老年人。服务内容主要包括住宿、膳食、日常照护、医疗保健、康复护理、文化娱乐、心理慰藉、紧急救援等。

### （三）护理型养老机构

护理型养老机构是专为接收身体患病同时生活完全不能自理安度晚年的老年人。生活完全不能自理的老年人是指通过老年人能力评估,没有任何独立活动能力,全部日常生活皆需他人代其操持的老年人。提供昼夜间生活照顾、医疗康复、心理慰藉、紧急救援直至临终关怀等。

### （四）综合型养老机构

综合型养老机构的服务对象为自理、部分自理及完全不能自理的老年人。

根据功能分类,不同功能的养老机构接收相应护理等级的老年人。

## 第二节　养老机构的属性

根据养老机构的服务对象、服务功能和服务理念,养老机构服务具有以下属性。

### 一、养老机构服务具有社会性

养老机构服务在产业上是面向社会的服务业,养老机构的服务对象是广义的老年人群体。养老机构作为具体提供养老服务的老年人服务组织,承担着社会公共服务的使命,不论是非营利性养老机构还是营利性养老机构,都具有社会福利性质,因为它是为老年人群体服务的,为老年人提供其所需的养老服务,提高老年人晚年的生活品质,为老年人谋福利。社会性及公益性是养老机构的本质属性,是养老机构服务的首要价值追求,不论是能够自理的老年人还是不能自理的老年人,都有权利选择养老机构提供的养老服务。养老机构的养老服务关系老年人的生命安全及生活品质,进而影响老年人整个家庭的幸福,也直接关系养老服务的公共性、公益性的实现,因而不能完全依据老年人的支付能力选择其养老方式,否则就不能确保社会中的所有人不管贫富都享有起码的有尊严的生活。养老机构是社会化养老服务的重要载体,是发展养老服务业的重要方面。同时,养老机构的发展也有利于带动经济增长,促进就业,提高全体人民的生活水平和生活质量。

## 二、养老机构服务具有特殊性

"十三五"规划纲要提出"建立以居家为基础、社区为依托、机构为补充的多层次养老服务体系"。作为多层次养老服务体系的一个终端环节,养老机构主要是满足特定群体的刚性需求,特别是满足失能失智老年人的养老服务需求。国际社会通行的做法是入住养老机构的对象基本定位于最需要照护的失能半失能和失智老人。在我国,政府投资兴办的养老机构,首先是担负起"兜底"功能,也就是为"三无""五保"老年人、低收入老年人、失能失智老年人等失去经济来源和基本保障的最困难群体提供最基本的养老服务。随着人口老龄化的加剧,老年人中的高龄老人、空巢老人、失能老人以及各种患慢性病的老人数量快速增长。这些老年人群有着与其他老年人不同的养老服务需求,单纯依靠家庭的设施和照料,或者社区日托中心的照料已难以达到其所需要的养老服务。养老机构作为集中养护老年人的服务组织,为入住老年人提供生活照料、医疗康复、精神慰藉直至临终关怀等服务,满足了这部分特定老年人群体的养老服务需求。

## 三、养老机构服务具有专业性

养老机构作为为老年人特别是失能失智老年人提供社会化、专业化服务的重要载体,有着其他社会化养老服务载体难以比拟的专业化优势。养老机构虽然直接服务对象不多,但它的专业化、规范化、标准化程度高。养老机构有严格的准入门槛,有专业化的设施设备,有经验丰富的专业团队,有规范的服务流程和严格的质量监督管理机制。养老机构的地位和作用,决定了养老机构应当是具备专业服务水准、能够提供较高质量服务的机构,否则,就满足不了社会化养老的有效需求。据中国首部老龄产业发展蓝皮书《中国老龄产业发展报告(2014)》指出:老年人口健康水平堪忧,目前城乡老年人口中健康存在问题的、健康状况一般的和健康良好的分别占老年总人口的27%、56%和17%,在平均约19年的余寿中,健康余寿只有9年左右,其余10年基本上是带病或失能状态;失能老年人口大幅增长,未来中国失能老年人口将从2013年底的3 750万,增长到2020年的4 700万,2030年的6 800万和2050年的9 700万,到人口老龄化的高峰年即2054年,失能老年人口将超过1亿。人口老龄化严峻形势必须借助专业化的养老机构对老年人提供长期照料、护理康复、精神慰藉和临终关怀服务。机构养老不仅仅是养老地点的选择,更重要的是有养老服务的品质,因为它更专业。

**四、养老机构服务具有示范性**

从整体上说,养老机构无论在设施设备还是在人员技术等方面都具有非常独特的优势,它们可以通过设施设备、人员技术和优质服务的输出,发挥延伸基层、辐射社区、带动社会、示范民间的作用,从而提高社会养老服务的整体水平,推进普惠、均等、同质化的社会化养老服务。一是,养老机构可以为居家老年人提供辐射服务。目前我国开始将养老服务重心转向社区,鼓励社区居家养老,但对居家老人来说,仅靠乡镇街道和村居是难以提供专业化服务的。养老机构可以弥补社区居家养老服务的不足,满足居家老年人的养老服务需求。二是,养老机构可以通过培训社区养老服务人员和指导社区养老服务组织,提高社区养老服务水平。在我国现阶段,社区居家养老服务尚不发达,养老机构可以以其专业、技术等方面的优势,为社区居家养老服务发挥专业、技术辐射作用,促进机构服务与社区居家养老服务融合发展。三是,一些小型专业化的养老机构可以直接建在社区或周边,直接成为社区居家老年人的养老服务载体,示范和带动社区居家养老。

## 第三节 养老机构的发展

养老机构发展的根本目的是满足老年人的机构养老服务需求,特别是满足失能失智老年人机构养老服务的刚性需求。因此,养老机构的发展,必须坚持以需求为导向。

**一、增加机构床位总量**

当前我国机构养老领域最突出的矛盾仍然是总量不足。根据民政部统计,截至 2016 年底,全国共有各类养老服务床位 680 万张,每千名老年人拥有养老服务床位数超过 30 张。这不仅远低于发达国家每千名老年人 50~70 张的平均水平,甚至还不及一些发展中国家。若按照中等发达国家 5‰的老年人选择入住养老机构进行预测,需要养老床位 1 100 多万张(2015 底全国 60 岁以上老年人口达 2.22 亿,占总人口的 16.1%),床位缺口达 400 多万张。目前我国老年人口高龄化趋势不断加剧,失能失智老年人以及空巢家庭老年人呈持续增长态势,老年人的照料、护理等问题十分突出,社会对机构养老服务的潜在需求越来越大。同时,随着工业化和城市化进程的不断加快,我国的社会结构发生急剧变迁,家庭结构、规模日趋小型化,家庭养老功能逐渐弱化,老年人和有老年人的家庭对于不同功能的机构护理需求不断地增加。据报道,在北京、上海等一线大城市,公办养老机构已成为稀缺资源,普遍存在"一床难求"的现象。

在"中国养老床位不足"的命题之下,当前和今后相当长的一个时期,仍需增加养老机构及床位数量。对政府部门来说,要围绕国务院 2013 年 35 号文件提出的养老机构建设目标,和 2014 年 5 月民政部、国土资源部、财政部、住房城乡建设部四部门联合下发的《关于推进城镇养老服务设施建设工作的通知》(民发〔2014〕116 号)要求,在深入调研并掌握老年人群体养老方式需求、现有机构资源的基础上,运用科学的理论与方法进行养老机构数量、规模、布局的统筹规划,统筹建设居养型、助养型、护理型、综合型等各类养老机构。这方面应该把握好四个统筹,解决好当前存在的床位紧张、总量不足和城乡、区域、床位结构匹配不合理,以及离老年人原居住地太远等突出问题:一是统筹考虑城市养老和农村养老,实现区域均衡;二是统筹考虑人口结构和变化趋势,做到适度超前;三是统筹考虑护理型床位和居养型床位,推进医养融合;四是统筹考虑新建养老机构和现有机构升级改造,扩大增量、改造存量,从而实现养老机构规划科学、布局合理;按需建设、适度超前;种类齐全、功能多样,满足城乡老年人机构养老需求。对养老机构来说,则需要根据自身的基础设施、人员配备、服务状况、社会联系、资金供应等,合理确定功能和服务定位,明确服务对象和服务方式,在此基础上,通过提升机构的专业能力和经营能力,采用多种方式、利用多方资源促进自身功能的实现。

## 二、优化机构床位结构

养老机构和床位总量一方面存在不足,另一方面结构性失衡和供需错位的矛盾也非常突出,既存在一些养老机构一床难求的"火"场面,又存在一些养老机构床位空置的"冷"尴尬,一床难求与高空置率并存。据国家统计局统计资料,2014 年末全国养老机构床位空置率高达 48%,且居住在养老机构的大多数是生活能够自理的老年人。主要是大城市和城市主城区的养老机构一床难求,而农村乃至城市郊区床位空置赋闲,一些郊区和农村的养老机构实际入住率甚至不足 20%;针对生活不能自理老年人的护理型床位偏少,面向生活能自理老人的床位偏多。

破解养老机构结构性短缺矛盾,只靠增加养老机构数量和床位数量还远远不够。要优化机构养老服务供给结构,从满足于简单生活照料的养老机构向多功能转变,尤其要向护理型(医养结合型)的养老机构发展。2015 年 11 月,党的十八届五中全会结束后不久,国务院办公厅就转发了卫生计生委等九部门《关于推进医疗卫生与养老服务相结合的指导意见》,全面部署进一步推进医疗卫生与养老服务相结合。2016 年 4 月,民政部、卫生计生委发文支持举办医养结合服务机构。医养结合将成为未来养老机构发展的主要方向,因为养和医是老年人最为迫切的两大需求。所谓"医养结合",就是医疗卫生和养老服务相结合,将预防、治疗、康复、护理和生活照料融为一体,实现医疗、养老服务资源有机共享和功能互补,既满足入住老年人的生活照料需求,又能为入住老年人提供医疗康复、健康管理、急诊急救等医疗服务。医养结合型养老机构的模式可多种多样,养老机构既可根据服务需求和自身能力,按相关规定申请开办老年病医院、康复医院、护理院、中医医院、临终关怀机构等,也可以在养老机构中内设医务室或护理站,提高养老机构提供基本医疗服务的能力,还可以与周边医疗卫生机构签订合作协议,本着互利互惠原则,明确双方责任,为老年人提供医疗服务。一切将医疗服务与养老服务相结合的养老服务供给方式,都可以被界定为医养结合的范畴。

### 三、机构社区居家养老融合发展

在居家为基础、社区为依托、机构为补充的养老服务体系下,机构养老和社区居家养老成为一个有机体,机构养老服务向社区居家养老服务延伸,与社区居家养老服务相衔接,将是养老机构发展式经营的必然趋势。居家养老应该是社会服务和社区服务支持下的居家养老,居家老年人的长期照护,必定要由具备一定素质的社会化、专业化的服务提供者来运营和操作。近几年,一些养老机构将机构养老服务向社区居家养老服务延伸,取得了非常好的效果,通过一系列的服务输出和延伸,既示范和带动了社区居家养老,促进了区域内社会养老服务工作整体水平的提升,同时又增强了机构自身的绩效和发展式经营。从 2014 年开始,全国各地开始进行发展养老综合体的尝试,这种养老综合体,把机构养老服务和社区居家养老服务融为一体,受到老年人和老年人家庭的认同和期待。

机构养老服务与社区居家养老服务衔接,就是机构在保障机构服务主体不变的情况下,把机构内专业服务模式、服务标准等延伸引入周边社区,在周边社区层面建立起有效的服务体系,为社区居家老人提供"送上门"和"请进来"的服务。延伸服务内容主要包括:机构养老服务直接进入社区与老年人家庭,连锁经营社区日间照料中心,然后以此为依托,再延伸到居民家庭,为居家老年人服务,养老护理员入户提供护理服务或护理指导服务、执业医生入户提供基本医疗和康复指导、社会工作者入户提供心理关爱服务,对周边社区开展居家养老服务的指导;承接本片区居家养老服务人员的专业技能培训;面向社区高龄、空巢和生活困难老年人开放食堂、浴室、康复室、娱乐室等服务设施和活动场所,提供就餐送餐、洗浴、休息、日间护理、医疗、康复、娱乐、学习等各类服务;通过向政府购买服务,承担起各项为老年人服务的协调、落实和监督的职责,等等。

### 四、提升机构服务质量

养老机构的核心竞争力是服务质量。当前,养老机构的服务质量参差不齐,总体水平不高,仍无法满足老年人的养老需求,一定程度上制约了老年人对机构养老方式的选择。如果机构服务质量低劣,达不到老年人和社会的期望或跟不上时代发展的步伐,那么这样的养老机构是很难吸引和留住老年人的,甚至会引来矛盾、事故和纠纷,使机构蒙受损失,在激烈竞争中被淘汰。服务质量和专业化水平已成为养老机构发展的核心和成功的关键。提升养老机构服务质量,需要从以下几个方面入手。

(一) 把以老年人为本的服务理念贯穿机构建设的全过程

养老机构的建设、管理和服务一定要真正体现以老年人为本,要真正把以老年人为本这一理念贯穿到养老机构建设、管理和服务的各个环节。新建养老机构的选址,要统筹考虑生态环境好、地质条件安全、交通条件便利、公共服务配套,让老年人住得舒心;养老机构的功能建设,要根据养老机构不同类型,设计和建设房屋建筑、场地设施,配置与不同类型服务功能相配套的生活照料、医疗保健、康复护理、紧急救援、文化娱乐等设施设备。已建的机构应根据《养老机构基本规范》,并从实际出发,对机构的建筑、设施设备和服务管理功能不断进行优化,让老年人住得安全。

(二) 将专业化、亲情化和个性化服务落实到每一个细节

养老机构很大程度上是入住老年人的最后归宿。随着社会的发展进步,养老机构入住老年人的结构发生了很大变化,有知识、有文化、有经济实力的新一代老年人进入养老机构,他们要求养老机构提供专业化、亲情化和个性化的服务,这其实也是养老机构发展进步的必然趋势和要求。专业化水平是衡量养老机构服务质量的主要标志,标准化是提高养老机构服务质量的主要抓手。养老机构的各项服务内容及服务过程,都要有明确规定的专业职责范围、专业操作标准、专业服务程序、专业服务质量控制等要求。在服务过程中要注重专业价值观的融入和对老年人的尊重。同时,还要更加注重服务的个性化和亲情化,满足入住老年人多元化、个性化、差异化的服务需求,让老年人住得安心、静心、舒心,都能健康长寿、安享幸福晚年。

(三) 建设一支高素质的职业化专业技能人才队伍

人是第一要素,提高养老机构服务质量应从人员队伍抓起。一是管理人才队伍。他们的管理理念、管理水平和专业素质很大程度上决定了养老机构的发展方向和管理水平。养老机构管理者首先要熟悉与养老照护相关的法律法规及行业规范,懂得社会学、管理学、老年学、护理学等多学科的基本知识和医学的一般理论,了解老年人的生理、心理特点和老年保健知识,能够结合本单位的业务特色和服务对象的特点、个性,运用相关的专业知识、技能组织和指导本单位的业务工作。二是专业技能人才队伍。通过注重以服务需求为导向的岗位设置,形成完整的专业

人才结构,如护理员、护士、医生、康复师、营养师、社会工作者等,实行养老机构职业资格证书制度,持证上岗;加强对专业技术人员及其他从业人员的职业规划和引领,通过内部岗位的梯级设置和渐进式的培训,为各类从业人员创造良好的职业前景;还要着力培养和提升各类从业人员的职业操守,树立良好的职业价值观。

**五、需要科学的经营和管理**

首先,养老机构经营管理者要确立自己的经营理念。在把握经营的外部环境和内部资源的实际状况的前提下制定好机构的发展目标和实现这些目标的发展战略,而且还要让所有成员共同认知发展目标和发展战略。第二,要建立完善经营管理的组织体系。具体明确机构内各部门的部门职责、各类管理人员和服务队伍的岗位职责,对各项服务内容、各个服务环节作出明确、量化的制度规定,建立起严格的服务考核机制和质量保证体系以及必要的责任追究制度,确保管理有据、责任到人。第三,要有效开发和利用经营资源。调动和运用包括人力资源、硬件资源、资金和信息资源去实现机构的发展目标。特别是要有效开发和利用人力资源。养老服务提供的是人对人的服务,员工是经营管理的最大的资源,要通过为员工创造良好的工作环境、为员工提供教育培训的机会、努力改善员工的待遇、建立员工激励机制等,使机构能招到好的员工而且能够留住好的员工。第四,要开展市场营销管理。市场营销管理是养老机构经营管理中的一个重要领域。要不断开展市场调查,收集市场信息,掌握市场动向。包括养老机构所在地区的特点的调查与分析,潜在的服务对象的调查与分析,市场竞争动向的调查与分析,政策法规实施情况的调查与分析,等等。根据市场调查分析的结果,拟定营销策略和促销方式,由此不断提高老年人入住率,改善机构经营的收益性。第五,要开展养老服务事故预防和风险管理。养老机构经营管理,安全是第一位的,只有将安全落到实处,才能谈老有所养。养老机构在经营管理中须制定安全规范和服务操作规则,并在此基础上开展养老服务事故预防和风险管理。通过加强工作人员的教育培训及定期开展各项安全演练,杜绝因违反安全规范和操作规程而可能发生的事故隐患;通过掌握不同老年人的风险,尽可能减少护理人员在提供服务的过程中因照料护理动作失误所导致的事故和风险;通过定期对机构的设施设备进行安全检查,降低因设施设备所致的事故与风险;通过排查潜在的事故和风险的苗头的工作,尽可能发现平时难以发现的危险,进行有效管控,促进机构可持续发展。

(汪生夫)

# 第二章 养老机构设置

2013年7月1日起施行的《中华人民共和国老年人权益保障法》规定,设立养老机构应当向县级以上人民政府民政部门申请行政许可。经许可的,依法办理相应的登记。按照老年人权益保障法和相关法律、行政法规,民政部于2013年6月28日颁发了《养老机构设立许可办法》(民政部令第48号)和《养老机构管理办法》(民政部令第49号)两个部门规章(以下简称《许可办法》《管理办法》),细化了养老机构设立许可条件和程序,明确了许可机关层级和管理权限,以更大力度在更广范围上引导和规范社会多方面力量兴办养老机构,促进养老机构健康有序发展。

## 第一节 养老机构设立许可

### 一、养老机构设立策划

策划是一种普遍的工作方法,它是在没有采取行动之前所进行的谋划工作,是把目前的情况和将来的理想进行联结的工作。养老机构设立策划主要是指养老机构开办、运作前的调查、论证、构思、谋划活动,是对养老机构开办、生存以及发展的整个经营活动进行必要的规划和安排。这是投资兴建养老机构的第一步,也是为日后养老机构的持续稳定发展奠定基础。

养老机构的设立策划应该注重把握以下三点:

(一)以规划为导向

当前,我国养老机构床位供不应求、供过于求并存。之所以出现紧张和空置的双重局面,主要是供给与需求之间出现落差,针对失能半失能老年人刚性需求较高的护理型床位较少,一般的生活照料服务较多,且大多数养老床位分布在农村、城市郊区,相对于服务需求和购买力较高的城市老年人来讲,位于市内的公共服务设施和自身服务设施齐全、价格适中的中端养老机构较少。进入"十三五",各级政府和业务主管部门按照十八届五中全会精神,抓住供给侧结构性改革的机遇,根据本地人口结构、老年人的需求及其变化趋势,制订或完善了养老服务设施建设专项规划,调整供给与需求的关系,解决和避免养老机构建设的供求脱节、结构失衡。因此，养老机构的设立策划，包括养老机构的市场定位、服务定位、养老机构提供的产品、服务、品牌等等，应以当地专项规划为指导，结合自身实际，立足现实，进行正确判断定位，在规划和自身所具实力与能力两者中找到交汇点。

（二）以需求为导向

设立养老机构并谋求养老机构的稳定经营和健康发展，应深入研究养老机构的市场需求，包括显性需求和隐性（潜在）需求。显性需求是即刻的需求，隐性（潜在）需求则是老年人不断增长的服务内容和服务质量等需求。这里最重要的是要在精准化上下工夫。在调查、论证中，既要了解当地老年人口规模，还要摸清不同年龄段老年人数量，既要了解老年人及家庭收入情况，还要了解他们的消费观念，既要了解不同身体状况的老年人，如健康老年人、半自理老年人、失能老年人对机构养老的需求，还要了解他们对机构服务内容、服务质量等期待，以及当地养老机构的存量和服务管理水平。近几年的调查资料显示，老年人在选择养老机构时，除了价格，最关心的有两个因素：一是医养融合，二是离家距离。2015年发布的中国首部养老机构发展研究报告就指出：未来养老机构的发展，医养结合将更加紧密；小型化、社区化、连锁化将成为主要态势，即依托社区发展养老机构，提高市场竞争力。2016年1月民政部例行举行的新闻发布会上，相关负责人也指出，从供给侧角度，从养老机构的结构比例角度来看，应该侧重发展社区居家中小型的养老机构，离社区近的养老机构。因此，从总体上看，今后应更加注重护理型床位养老机构的发展，更加注重200张以下床位的社区嵌入式中小型养老机构发展。也有调查显示，养老机构市场需求已呈现出多元化趋势，满足高端消费群体能够入住高端养老院的需求，也是养老机构市场的细分。养老机构设立策划者应充分了解客户需求，并客观分析自身能力所在，在养老机构市场竞争中发现自己的生存和发展空间，找准自己的定位。

（三）以问题为导向

"十二五"以来，我国一大批新建养老机构特别是新建民办养老机构投入运营，出现一些成功模式。但也有很多民办养老机构入住率低，经营难以为继，陷入窘境。这既有社会环境文化因素，又有入住老年人因素，也有养老机构自身因素。就养老机构自身因素看，比如，建筑设计和设施设备不规范、不完善、不配套，由此发生安全事故，导致后期运营管理成本的大大提高。养老机构是风险很大的行业，养老机构的设立和运营，安全是第一位的，不能在建筑设计和设施设备配置上存有缺陷，还应在整个开发及运营过程中加强风险意识，健全防范机制，有效预防、应对和规避各种风险。养老院最重要的是什么？是安全，如果老年人出了事，平时的服务做得再好也白搭，因此，只有将安全落到实处，才能去谈稳定运营。当前养老机构运营中另一最主要的问题是养老服务业人才供给不足，这阻碍了养老服务质量的提升,影响了养老机构的良性运营。人是第一要素,养老服务业人才已成为养老机构竞争取胜的关键,可以说,优秀养老服务业人才就是机构的品牌,无论建筑多么高端,无论配置的设施设备多么规范,如果养老服务业人才缺失,养老机构都不容易稳定运营并健康发展,更谈不上形成品牌。在养老机构设立及运营中,必须认真探讨如何吸引并留住优秀人才。

## 二、养老机构设立许可

### (一) 养老机构设立许可条件

按照《许可办法》的规定,设立养老机构应当符合以下六个方面的条件:

1. 有名称、住所、机构章程和管理制度。
2. 有符合养老机构相关规范和技术标准,符合国家环境保护、消防安全、卫生防疫等要求的基本生活用房、设施设备和活动场地。
3. 有与开展服务相适应的管理人员、专业技术人员和服务人员。
4. 有与服务内容和规模相适应的资金。
5. 床位数在10张以上。
6. 法律、法规规定的其他条件。

这里除了床位数有明确要求外,其他条件都是原则性的规定。民政部要求各地结合实际,制定和完善贯彻落实《许可办法》的操作细则或具体办法。按照民政部要求,各省市区民政部门相继制订了贯彻落实《许可办法》的意见。江苏省民政厅于2013年9月18日下发了《关于贯彻落实〈养老机构设立许可办法〉和〈养老机构管理办法〉的通知》(苏民福〔2013〕18号),对养老机构设立条件作了以下具体规定:

1. 举办者应当是依法成立有组织或具有完全民事行为能力的自然人。
2. 有规范的名称。养老机构的名称应当符合法律、法规和规章的规定。
3. 有独立的住所。自有房产的,应当明确用于养老用途;租赁房产的,应当提供5年以上租赁合同。
4. 有养老机构章程。需注明养老机构名称、住所、宗旨和经营范围,组织管理制度,法定代表人或者负责人的产生、罢免程序,资产管理和使用的原则、章程的修改、终止程序和终止后资产的处理等事项。
5. 有符合养老机构基本规范、养老机构安全管理、养护院标准和老年人住宅设计规范等标准,符合国家和省环境保护、消防安全、卫生防疫等要求的基本生活用房、设施设备和活动场所;设立护理型养老机构的,应有与业务性质、服务范围相适应的康复、医疗设施。

### (二) 养老机构设立许可权限

《许可办法》对养老机构设立许可的层级和管理权限作了明确规定。一是地域管辖,即由拟设养老机构住所地的县级以上民政部门受理设立申请,并实施设立许可权。二是级别管辖。《许可办法》实行权力下放,将主要许可权限交给县、不设区的市、直辖市的区人民政府民政部门,将住所在市辖区的机构的设立许可权交给设区的市人民政府民政部门,等等。同时,为了便于实践操作,《许可办法》还规定设区的市级人民政府民政部门可以委托市辖区人民政府民政部门实施许可。

依据《许可办法》,江苏省民政厅(苏民福〔2013〕18号)对养老机构设立许可范围也作了具体规定。一是省级民政部门实施的许可:外国的组织、个人独资或者与中国的组织、个人合资、合作设立养老机构的;香港、澳门、台湾地区的组织、个人以及华侨独资或者与内地(大陆)的组织、个人合资、合作设立养老机构的;国家民政部门委托实施的许可;省级人民政府投资举办的养老机构。二是设区的市级民政部门实施的许可:实施住所在其行政区域内的养老机构设立许可;可以委托市辖区级人民政府民政部门实施许可,并加强指导、监督和管理。三是县、不设区的市级人民政府民政部门实施住所在其行政区域内的养老机构设立许可。

(三)养老机构设立许可申报材料及批复

拟办养老机构的申请人应当按照养老机构住所所在地有关文件规定,申请设立许可并提交以下申请材料:

1. 设立申请书。
2. 申请人、拟任法定代表人或者主要负责人的资格证明文件。
3. 符合登记规定的机构名称、章程和管理制度。
4. 建设单位的竣工验收合格证明,卫生防疫、环境保护部门的验收报告或者审查意见,以及公安消防部门出具的建设工程消防设计审核、消防验收合格意见,或者消防备案凭证。
5. 服务场所的自有产权证明或者房屋租赁合同。
6. 管理人员、专业技术人员、服务人员的名单、身份证明文件和健康状况证明。
7. 资金来源证明文件、验资证明和资产评估报告。
8. 需要提供的其他材料。

许可机关应当自受理设立申请之日起20个工作日内,对申请人提交的文件、材料进行书面审查并实地查验,提出审查意见。符合条件的,颁发养老机构设立许可证;不符合条件的,书面通知申请人并说明理由。

(四)养老机构设立许可管理

根据《许可办法》第十六至第二十条的规定,设立许可证有效期5年,设立许可证有效期届满30日前,养老机构应当持设立许可证、登记证书副本、养老服务提供情况报告到原许可机关申请换发许可证;养老机构设立分支机构,应当到分支机构所在地的县级以上人民政府民政部门办理申请设立许可手续；养老机构变更名称、法定代表人或者主要负责人、服务范围的，应当到原许可机关办理变更手续；养老机构变更住所的，应当重新办理申请设立许可手续；养老机构自行解散，或者无法继续提供服务的，应当终止，并将设立许可证交回原许可机关，办理注销手续；养老机构因分立、合并、改建、扩建等原因暂停服务的，或者因解散等原因终止服务的，应当向原许可机关提出申请，并提交老年人安置方案，经批准后实施，未经批准，不得擅自暂停或者终止服务。

全国各地在制定的贯彻落实《许可办法》的相关文件中，对养老机构设立许可管理作出了具体规定。江苏省人大常委会通过的《江苏省养老服务条例》第三十三条规定：养老机构因故暂停或者终止养老服务的，应当提前60日向原许可机关提交老年人安置方案，经批准后方可实施。原许可机关应当在接到安置方案之日起20日内作出是否批准的决定，养老机构暂停或者终止养老服务的，应当按照安置方案妥善安置收住的老年人。《江苏省养老服务条例》还对养老机构的多种违法行为作出处罚规定，最高给予罚款10万元，对违法骗取补助资金或者社会养老服务补贴的行为作出处罚规定，除追回之外，再处以非法所得2倍以下的罚款。

### 三、养老机构设立许可流程手续的简化、优化

2013年7月1日起施行的《许可办法》规定：本办法实施前设立的养老机构，不符合设立条件的，应当在本办法实施后1年内完成整改，其中农村五保供养服务机构应当在实施后2年内完成整改。但由于历史原因和现实条件，对那些开办时间较早，利用布局调整后的学校、医院、工厂等场所改建而成的养老机构以及利用农村集体土地建设的农村敬老院，由于建筑设施先天性设计缺陷，达不到消防规定要求，或规划设计、土地性质、房屋质量、环境评估、食品安全管理、建设及竣工等资料和手续缺失，不能完全满足养老机构设置前置条件的养老机构不能取得设立许可。截至2016年底，3年多的时间过去了，仍有相当数量的养老机构处于无证经营状态。

2016年12月7日国务院办公厅印发关于全面放开养老服务市场提升养老服务质量的若干意见。按照国务院的部署和工作要求，2017年1月23日民政部、国家发展改革委等13个部委联合印发了《关于加快推进养老服务业放管服改革的通知》(民发[2017]25号，以下简称《通知》)，提出养老机构审批报建、设立许可等一系列措施，特别是简化、优化养老机构相关审批手续、降低养老机构准入门槛、简化行政审批流程等提出了具体操作意见。

（一）关于养老机构建设项目审批

《通知》针对以往养老机构在一般性投资建设项目审批中普遍遇到的审批环节

臃肿繁杂问题,围绕落实《国务院办公厅关于简化优化公共服务流程方便基层群众办事创业的通知》和《国务院关于印发清理规范投资项目报建审批事项实施方案的通知》等文件要求,明确推进审批服务相互衔接,对养老机构建设实行"一口受理、并行办理、限时办结、统一答复",将投资建设养老服务设施项目审批流程整合为4个阶段,即项目审批(或项目核准、备案)、用地审批、规划报建、施工许可,实行并联审批。由发展改革委、国土资源部门、规划部门、住房和城乡建设部门分别牵头一个阶段工作,特别强调"每个审批阶段由牵头部门统一受理申请材料、统一组织其他审批部门开展并联审批、督促协调审批进度、在流程限定的时间内完成审批并统一告知项目建设单位审批结果"。此项改革措施的推行,将养老机构建设项目审批变"多头受理"为"一口受理",变"群众奔波"为"信息跑腿",变"群众来回跑"变"部门协同办"。

(二)关于养老机构审批手续

《通知》回应了近年来养老机构在审批环节中遇到的各种"障碍",在不降低《老年人权益保障法》设定的养老机构设立许可条件的前提下,最大限度地精简了养老机构设立许可审批材料,具体给出了三种办法。

1. 取消 主要是消防方面。一些养老机构因存续时间长,涉及消防的不少前置证明已难以找到。《通知》以1998年9月为界对此作了明确规定:这一时间前建设使用且未发生改、扩建(含室内外装修、建筑保温、用途变更)的,不需要办理消防设计审核、消防验收或备案手续。对于一些小型机构,《通知》较之过去放宽了尺度,明确"建筑面积在300平方米以下或者投资在30万元以下的养老机构、设施,不需要办理消防设计、竣工验收备案手续。其他养老机构依法办理消防审验或备案手续。"

2. 简化 《通知》明确:申请人设立养老机构许可时,能够提供服务设施产权证明的,不再要求提供建设单位的竣工验收合格证明。此外,在环评方面,也放宽了原来的规定,明确对养老机构环境影响评价实施分类管理,对环境影响很小需填报环境影响登记表的养老机构实施备案管理。

3. 优化 也就是明确了先办哪个程序后办哪个程序。《通知》中除了强调并联审批办法外,也对一些具体问题进行了明确,如养老机构从事餐饮服务活动,应当依法先行取得营业执照等合法主体资格后,再申请食品经营许可证,即实行"先照后证"。

江苏省省民政厅、江苏省发展改革委员会等13个部门认真总结了全省各地破解养老机构许可证办理难问题的实践经验,在2017年1月5日出台的《关于支持整合改造闲置社会资源发展养老服务的通知》中提出,对养老机构许可管理要按照"一院一策"的办法,妥善处理涉及消防、环评、卫生监督、食品安全以及建设工程规划、许可证明等事项,并具体明确了以下相应办法。

1. 消防设计审核、消防验收及备案　①1998年9月1日后新建、改建或者扩建(含室内外装修、建筑保温、用途变更)的敬老院、养老院、福利院,建筑总面积大于1 000 m² 的,应当依法办理消防设计审核、消防验收手续,建筑总面积不超过1 000 m² 的,应当依法办理消防设计备案和竣工验收消防备案手续。②1998年9月1日之前投入使用且在1998年9月1日之后未经过改建或者扩建(含室内外装修、建筑保温、用途变更)的敬老院、养老院、福利院建筑,工程投资额在30万元以下或者建筑面积在300 m² 以下的养老院、福利院建筑工程,不需要办理消防设计审核、消防验收或者备案手续,但须符合消防安全要求。③已开办运行且未依法办理消防设计审核、消防验收或者备案手续的敬老院、养老院、福利院,应依法办理消防设计审核、消防验收或者备案手续。在城市、镇、乡、村庄规划区内建设的敬老院、养老院、福利院,以及依法经城乡规划主管部门批准的临时性建筑开办的养老院、福利院的,应当依法提供建设工程规划许可证明文件。涉及"退二进三"的养老院、福利院,经当地人民政府同意、规划部门批准改变建筑使用功能的,不能提供建设工程规划许可证明文件的,应当提供政府、规划部门批准证明文件。前述申报项目的使用性质应当与相关证明材料保持一致。

2. 竣工验收合格证明　应按房屋当时竣工时间取得的验收合格证明材料(工程质量验收证明书或竣工验收备案表)予以办理。证明材料遗失或没有办理过验收手续的,应依法办理相关手续。如因年代久远,则应由养老机构委托有资质的第三方对房屋质量进行评估。

3. 不动产权证明　申请养老机构设立许可的,应当取得不动产权证(土地使用证和房屋所有权证);没有办理不动产权证(土地使用证和房屋所有权证)的,在完善相关手续后到当地不动产登记部门申领不动产权证书。遗失房屋产权证的,及时到当地不动产登记部门办不动产权证。不动产登记部门应及时做好相关办证服务。对整合改造闲置社会资源举办养老机构的,凭原不动产权证及其他规定材料向民政部门申领养老机构设立许可证后,需报国土资源部门备案后方可享受养老机构过渡期用地政策。

4. 卫生、食品和环评的许可　养老机构中设立医疗机构,应当向卫生计生行政部门申请设置许可。养老机构食堂应当向辖区市场监督管理部门(食品药品监督管理部门)申请办理《餐饮服务许可证》。养老机构应按《建设项目环境影响评价分类管理目录》规定编制相应环境影响评价文件,并履行相应环评报批手续。卫生计生、食品药品监督管理和环境保护等部门要按照相关规定及时帮助办理。

5. 规范养老机构筹办　新办养老机构要严格按照《许可办法》的规定办理许可。拟筹办养老机构,属地民政部门可以出具《养老机构项目申办联系单》。有关部门凭此单为举办人提供支持,办理相关手续。

江苏省《关于支持整合改造闲置社会资源发展养老服务的通知》还要求,各市、县(市、区)政府要从各地实际出发,按照鼓励支持养老机构建设、促进全省养老服务业发展的要求,通过召集民政、国土、住建、规划、公安消防等部门对养老机构许可进行专题讨论,形成政府会议纪要的方式,妥善解决好养老机构办理许可证的相关问题。

**【案例1】**

### 江苏省泰州市破解部分养老机构设立许可难题

长期以来,乡镇敬老院和民办养老机构为老年人提供了生活照料、康复护理、精神慰藉等方面服务,弥补了养老服务业发展不足,缓解了人口老龄化带来的压力,是社会养老服务体系建设的重要组成部分。但是,由于这些乡镇敬老院和民办养老机构建成时间较早,规划设计、土地性质、房屋质量、环境评估、食品安全管理、建设及竣工等资料和手续缺失,无法取得相关职能部门的验收认可,存在审批难、发展难、监管难等问题,严重影响了泰州市养老机构设立许可工作的顺利推进。

2015年8月,泰州市政府专门召开规划、国土、住建、食品药品监督、环保、消防、民政等部门参加的专题会议,研究解决养老机构办理许可证的相关事宜,形成了《关于协调解决全市部分养老机构办理许可证相关事项的会议纪要》,要求各地各部门按照"尊重事实,一院一策,规范经营,确保安全"的原则,妥善解决好养老机构办理许可证的相关问题。《会议纪要》以2015年8月1日为分界线,对此后新办的养老机构,严格按照现行相关法规政策办理;对2015年7月31日前已实际收养老人的养老机构(含公办、民办),采取实事求是的办法进行解决。在规划许可方面,将现有已领取福利机构证书的养老机构全部纳入《泰州市养老服务设施专项规划》,由规划部门负责出具养老机构符合养老服务设施规划布局的情况说明,以此代替规划许可;在用地方面,由国土部门结合养老机构实际用地情况,出具权属证明,以此代替土地许可;在房屋安全方面,由当地民政部门向当地房屋主管部门提出养老机构房屋安全鉴定申请,经房屋安全检测机构检测,由房屋主管部门对检测结果组织专家鉴定,并出具房屋安全鉴定报告,以此代替建设许可;在餐饮安全方面,由食品药品监管部门对养老机构食堂供餐情况进行全面检查,提出达标改造的具体要求,条目式地指导养老机构进行整改,基本达标后发放餐饮服务许可证;在环境保护方面,由环保部门对养老机构周边环境进行监督,发现污染问题及时处置,以此代替环境许可;在消防安全方面,由消防部门结合养老机构实际,对前期检查中发现的实体性安全隐患等需要整改的事项逐一列出,对改进措施进行专业指导,提出明确要求;养老机构整改结束后,消防部门和民政部门一起对养老机构实体性安全隐患的整改情况进行检查,对实体性隐患整改到位的,消防部门在检查意见书上签字盖章,民政部门就视同其取得消防验收合格或备案证明;在养老许可方面,各地民政部门依据规划、国土、房管、食药监、环保、消防等部门提供的材料和其他必备材料,向养老机构发放许可证。

2016年以来,泰州市在全市养老机构中开展"消防安全达标年"和"食品卫生安全达标年"活动,从福彩公益金中安排150万元,对市区消防安全达标、食品安全达标的养老机构给予3万~10万元的奖补,鼓励各类养老机构加快消防和食品安全达标建设。泰州市福利中心投入40多万元整改消除消防安全隐患21处;泰兴市针对民办养老机构多、标准不一等情况,由民政局出资对全市养老机构消防改造进行统一设计;兴化市加大养老机构消防改造支持力度,消防专项整改奖补资金达到投资总额的50%。据不完全统计,泰州市政府《会议纪要》下发以来,全市各级累计投入消防和食品安全整改资金3 100多万元,整改各类安全隐患723处,安装点式报警器4 886个,安装喷淋系统60套。149家养老机构中已整改到位的79家,正在进行整改的62家,撤并8家,预计2016年年底前养老机构许可证领取率将超过60%。

**【案例2】**

### 江苏省高邮市推进敬老院消防设施升级改造

高邮市农村敬老院基础条件薄弱,大多由闲置的学校校舍、政府楼房置换改扩建而成,房屋建筑年代久远,想要取得公安消防部门出具的建设工程消防设计审核、消防验收合格意见或消防备案凭证难度极大。为此,高邮市民政局多次深入敬老院走访调研,积极与公安消防部门沟通协商,提出在敬老院现有基础上进行消防升级改造的意见,彻底解决困扰敬老院发展的消防安全难题。具体做法如下:一是由高邮市民政局、高邮市消防大队组成调研小组,深入每个敬老院实地勘查,逐一提出消防设施改造建议方案,明确改造内容、计划开工时间、完工时间等;二是督促指导各乡镇严格落实改造建议方案,按照方案明确的时序进度,扎实推进敬老院消防设施改造工作;三是改造完工后,由高邮市民政局、高邮市消防大队组织人员现场检查验收,验收合格的由高邮市消防大队出具消防安全检查合格证明,验收不合格的,出具消防设施改造限期整改表,督促其在规定时间内整改完毕。经过多次改造—验收—整改—再验收。全市13个敬老院已经全部完成消防设施升级改造,有效促进了当地敬老院的健康发展。

## 第二节 养老机构建筑设计

由于养老机构建筑的特殊性,其建筑设计除应符合一般建筑设计标准外,还应符合《老年人居住建筑设计标准》(GB/T 50340—2003),养护型养老机构建筑设计还应当符合《老年养护院建设标准》(建标〔2010〕194号)。

## 一、养老机构建筑设计原则

根据养老机构入住人群的特点、提供服务内容的特点以及经营管理的特点,养老机构建筑设计应遵循以下原则:

### (一) 以人为本的原则

适宜老年人居住的养老机构建筑设计,应当针对自理老年人、半失能老年人、失能老年人等不同老年人群体的养老需求及其身体衰退和生理、心理状况以及养护方式,进行个性化、人性化设计,一切方便老人,一切为了老人,为老人营造一个安全、舒适、方便的居住环境,体现对老年人细致的关怀。

### (二) 无障碍设计原则

随着增龄衰老,入住老年人都会出现不同程度的功能障碍,甚至残疾,因此,养老机构建筑设计必须充分考虑老年人的身体状况以确保老年人活动的无障碍性。如针对行动有障碍老年人,应在走廊间设置扶手和休息区域以便稍事休息,室内场所应该平坦而无高差和台阶,同时,要考虑斜坡的设置和足够的室内及过道空间等以保证轮椅的方便使用。针对视觉障碍的老年人,要保证室内空间的明亮,对一些需要引起注意的安全和交通标志要在醒目位置用清晰易辨的颜色表示出来,地面做到平整防滑,有利于弱视者的行走安全以及探路手杖的使用。针对听觉障碍的老年人,则要尽可能降低噪音,窗户要严封,可采用吸音系数较高的装饰材料从而减弱噪音对室内的影响。

### (三) 安全性原则

安全性是养老机构建筑设计中一个非常重要的原则,它直接关系到老年人的人身安全,必须十分重视。在进行设计时,不仅要考虑到常用设施如门窗、家电等的易于操作性,还要保证它们对老年人的安全性。同时,根据老年人的行为习惯以及身体特点,使老年人活动的空间具有很好的可达性,加强安全措施的运用,如卫生间、浴室扶手的设置,地面防滑的设置,急救按钮的设置等。为提高安全性,主卫应尽可能靠近卧室从而减少老年人行动的距离。

### (四) 可选择性原则

要创造多样性的居住场所,为老年人提供多种可选择性,满足不同老年人不同的居住方式需求。要保证私密性,老年人需要一个属于自己、不被干扰的空间,就必须确保个人的隐私权。要遵循心理学和社会学的基本原则,尽可能多地为老年人设计相互交往的空间,提供交流的机会,减少老年人的孤独感,益于老年人的心理健康。如在设计中可考虑结合门厅、过厅、电梯厅等设置各种公共交往空间,为老人们提供休息和增加互相交流的公共交往空间,满足老年人的不同的交际需求。

### (五) 全面设计原则

随着老龄化问题的日益加剧，失能失智老人数量攀升，对他们的照护是一项具有长期性、综合性和专业性的工作，护理型养老机构建设应充分体现失能失智老年人专业照料机构的特点，满足失能失智老年人生活照料、保健康复、精神慰藉、临终关怀等方面的基本需求，做到设施齐全、功能完善、配置合理、安全适用。如老年人生活用房宜与卫生保健、康复、娱乐、社会工作服务等设施贯连，单独成区，并应根据便于为失能失智老年人提供服务和方便管理的原则设置护理单元。护理单元内应包括老年人居室、餐厅、沐浴间、亲情网络室、心理咨询室、护理员值班室、护士工作室等用房。

## 二、养老机构建筑设计标准

### (一) 规模

新建老年人住宅和老年公寓的规模应以中小型为主，特大型老年人住宅和老年人公寓宜与普通住宅、其他老年人设施及社区医疗中心、社区服务中心配套建设，实行综合开发。

1. 老年人住宅和老年人公寓的规模可按表2-1划分。

表2-1　老年人住宅和老年人公寓的规模划分标准

| 规模 | 人数 | 人均用地标准($m^2$) |
|---|---|---|
| 小型 | 50人以下 | 80～100 |
| 中型 | 51～150人 | 90～100 |
| 大型 | 151～200人 | 95～105 |
| 特大型 | 201人以上 | 100～110 |

2. 老年人居住建筑的面积标准不应低于表2-2的规定。

表2-2　老年人居住建筑的最低面积标准

| 类型 | 建筑面积($m^2$/人) | 类型 | 建筑面积($m^2$/人) |
|---|---|---|---|
| 老年人住宅 | 30 | 托老所 | 20 |
| 老年人公寓 | 40 | 护理院 | 25 |
| 养老院 | 25 | | |

### (二) 选址与规划

1. 中小型老年人居住建筑基地选址宜与居住区配套设置，位于交通方便、基础设施完善、临近医疗设施的地段。大型、特大型老年人居住建筑可独立建设并配套相应设施。

2. 基地应选在地质稳定、场地干燥、排水通畅、日照充足、交通方便、远离噪声和污染源的地段，基地内不宜有过大、过于复杂的高差。

3. 基地内建筑密度，市区不宜大于30%，郊区不宜大于20%。

4. 大型、特大型老年人居住建筑基地用地规模应具有远期发展余地，基地容积率宜控制在0.5以下。

5. 大型、特大型老年人居住建筑规划结构应完整，功能分区明确，安全疏散出口不应少于2个。出入口、道路和各类室外场地的布置，应符合老年人活动特点。有条件时，宜临近儿童或青少年活动场所。

6. 老年人居住用房应布置在采光通风好的地段，应保证主要居室有良好的朝向，冬至日满窗日照不宜小于2小时。

（三）道路交通

1. 道路系统应简洁通畅，具有明确的方向感和可识别性，避免人车混行。道路应设明显的交通标志及夜间照明设施，在台阶处宜设置双向照明并设扶手。

2. 道路设计应保证救护车能就近停靠在住栋的出入口。

3. 老年人使用的步行道路应做成无障碍通道系统，道路的有效宽度不应小于0.90 m；坡度不宜大于2.5%；当大于2.5%时，变坡点应予以提示，并宜在坡度较大处设扶手。

4. 步行道路路面应选用平整、防滑、色彩鲜明的铺装材料。

（四）场地设施

1. 应为老年人提供适当规模的绿地及休闲场地，并宜留有供老人种植劳作的场地。场地布局宜动静分区，供老年人散步和休憩的场地宜设置健身器材、花架、座椅、阅报栏等设施，并避免烈日暴晒和寒风侵袭。

2. 距活动场地半径100 m内应有便于老年人使用的公共厕所。

3. 供老年人观赏的水面不宜太深，深度超过0.60 m时应设防护措施。

（五）停车场

1. 专供老年人使用的停车位应相对固定，并应靠近建筑物和活动场所入口处。

2. 与老年人活动相关的各建筑物附近应设供轮椅使用者专用的停车位，其宽度不应小于3.50 m，并应与人行通道衔接。

3. 轮椅使用者使用的停车位应设置在靠停车场出入口最近的位置上，并应设置国际通用标志。

（六）室外台阶、踏步和坡道

1. 步行道路有高差处、入口与室外地面有高差处应设坡道。室外坡道的坡度不应大于 1/12,每上升 0.75 m 或长度超过 9 m 时应设平台,平台的深度不应小于 1.50 m 并应设连续扶手。

2. 台阶的踏步宽度不宜小于 0.30 m,踏步高度不宜大于 0.15 m。台阶的有效宽度不应小于 0.90 m,并宜在两侧设置连续的扶手;台阶宽度在 3 m 以上时,应在中间加设扶手。在台阶转换处应设明显标志。

3. 独立设置的坡道的有效宽度不应小于 1.50 m;坡道和台阶并用时,坡道的有效宽度不应小于 0.90 m。坡道的起止点应有不小于 1.50 m×1.50 m 的轮椅回转面积。

4. 坡道两侧至建筑物主要出入口宜安装连续的扶手。坡道两侧应设护栏或护墙。

5. 扶手高度应为 0.90 m,设置双层扶手时下层扶手高度宜为 0.65 m。坡道起止点的扶手端部宜水平延伸 0.30 m 以上。

6. 台阶、踏步和坡道应采用防滑、平整的铺装材料,不应出现积水。

7. 坡道设置排水沟时,水沟盖不应妨碍通行轮椅和使用拐杖。

(七)室内设计

1. 用房配置和面积标准

(1)老年人居住套型或居室宜设在建筑物出入口层或电梯停靠层。

(2)老年人居室和主要活动房间应具有良好的自然采光、通风和景观。

(3)老年人套型设计标准不应低于表 2-3 和表 2-4 的规定。

表 2-3 老年人住宅和老年人公寓的最低使用面积标准

| 组合形式 | 老年人住宅(m²) | 老年人公寓(m²) |
| --- | --- | --- |
| 一居室(起居、卧室合用) | 25 | 22 |
| 一室一厅 | 35 | 33 |
| 二室一厅 | 45 | 43 |

表 2-4 老年人住宅和老年人公寓各功能空间最低使用面积标准

| 房间名称 | 老年人住宅(m²) | 老年人公寓(m²) |
| --- | --- | --- |
| 起居室 | 12 | 12 |
| 卧室 | 12(双人) | 10(单人) |
| 厨房 | 4.5 | |
| 卫生间 | 4 | 4 |
| 储藏 | 1 | 1 |

(4) 养老院居室设计标准不应低于表2-5的规定。

表2-5 养老院居室设计标准

| 类型 | 最低使用面积标准 | | |
| --- | --- | --- | --- |
| | 居室 | 卫生间 | 储藏 |
| 单人间 | 10 m² | 4 m² | 0.5 m² |
| 双人间 | 16 m² | 5 m² | 0.6 m² |
| 三人以上房间 | 6 m²/人 | 5 m² | 0.3 m²/人 |

(5) 老年人居住建筑配套服务设施的配置标准不应低于表2-6的规定。

表2-6 老年人居住建筑配套服务设施用房配置

| 用房 | | 项目 | 配置标准 |
| --- | --- | --- | --- |
| 餐厅 | | 餐位数 | 总床位的60%～70% |
| | | 每座使用面积 | 2 m²/人 |
| 医疗保健用房 | | 医务、药品室 | 20～30 m² |
| | | 观察、理疗室 | 总床位的1%～2% |
| 服务用房 | 公用 | 康复、保健室 | 40～60 m² |
| | | 公用厨房 | 6～8 m² |
| | | 公用卫生间(厕位) | 总床位的1% |
| | | 公用洗衣房 | 15～20 m² |
| | 公共 | 公用浴室(浴位)(有条件设置) | 总床位的10% |
| | | 售货、饮食、理发 | 100床以上设 |
| | | 银行、邮电代理 | 200床以上设 |
| | | 客房 | 总床位的4%～5% |
| | | 开水房、储藏间 | 10 m²/层 |
| 休闲用房 | | 多功能厅 | 可与餐厅合并使用 |
| | | 健身、娱乐、阅览、教室 | 1 m²/人 |

2. 建筑物出入口

(1) 出入口有效宽度不应小于1.10 m。门扇开启端的墙垛净尺寸不应小于0.50 m。

(2) 出入口内外应有不小于 1.50 m×1.50 m 的轮椅回转面积。

(3) 建筑物出入口应设置雨篷,雨篷的挑出长度宜超过台阶首级踏步 0.50 m 以上。

(4) 出入口的门宜采用自动门或推拉门;设置平开门时,应设闭门器。不应采用旋转门。

(5) 出入口宜设交往休息空间,并设置通往各功能空间及设施的标志指示牌。

(6) 安全监控设备终端和呼叫按钮宜设在大门附近,呼叫按钮距地面高度为 1.10 m。

3. 走廊

(1) 公用走廊的有效宽度不应小于 1.50 m。仅供一辆轮椅通过的走廊有效宽度不应小于 1.20 m,并应在走廊两端设有不小于 1.50 m×1.50 m 的轮椅回转面积。

(2) 公用走廊应安装扶手。扶手单层设置时高度为 0.80~0.85 m,双层设置时高度分别为 0.65 m 和 0.90 m。扶手宜保持连贯。

(3) 墙面不应有突出物。灭火器和标志板等应设置在不妨碍使用轮椅或拐杖通行的位置上。

(4) 门扇向走廊开启时宜设置宽度大于 1.30 m、深度大于 0.90 m 的凹廊,门扇开启端的墙垛净尺寸不应小于 0.40 m。

(5) 走廊转弯处的墙面阳角宜做成圆弧或切角。

(6) 公用走廊地面有高差时,应设置坡道并应设明显标志。

(7) 老年人居住建筑各层走廊宜增设交往空间,宜以 4~8 户老年人为单元设置。

4. 公用楼梯

(1) 公用楼梯的有效宽度不应小于 1.20 m。楼梯休息平台的深度应大于梯段的有效宽度。

(2) 楼梯应在内侧设置扶手。宽度在 1.50 m 以上时应在两侧设置扶手。

(3) 扶手安装高度为 0.80~0.85 m,应连续设置。扶手应与走廊的扶手相连接。

(4) 扶手端部宜水平延伸 0.30 m 以上。

(5) 不应采用螺旋楼梯,不宜采用直跑楼梯。每段楼梯高度不宜高于 1.50 m。

(6) 楼梯踏步宽度不应小于 0.30 m,踏步高度不应大于 0.15 m,不宜小于 0.13 m。同一个楼梯梯段踏步的宽度和高度应一致。

(7) 踏步应采用防滑材料。当设防滑条时,不宜突出踏面。

(8) 应采用不同颜色或材料区别楼梯的踏步和走廊地面,踏步起终点应有局部照明。

5. 电梯

（1）老年人居住建筑宜设置电梯。三层及三层以上设老年人居住及活动空间的建筑应设置电梯，并应每层设站。

（2）电梯配置中，应符合下列条件：

1）轿厢尺寸应可容纳担架。

2）厅门和轿门宽度应不小于0.80 m；对额定载重量大的电梯，宜选宽度0.90 m的厅门和轿门。

3）候梯厅的深度不应小于1.60 m，呼梯按钮高度为0.90～1.10 m。

4）操作按钮和报警装置应安装在轿厢侧壁易于识别和触及处，宜横向布置，距地高度0.90～1.20 m，距前壁、后壁不得小于0.40 m。有条件时，可在轿厢两侧壁上都安装。

5）电梯额定速度宜选0.63～1.0 m/s；轿门开关时间应较长；应设置关门保护装置。

6）轿厢内两侧壁应安装扶手，距地高度0.80～0.85 m；后壁上设镜子；轿门宜设窥视窗；地面材料应防滑。

7）各种按钮和位置指示器数字应明显，宜配置轿厢报站钟。

8）呼梯按钮的颜色应与周围墙壁颜色有明显区别；不应设防水地坎；基站候梯厅应设座椅，其他层站有条件时也可设置座椅。

9）轿厢内宜配置对讲机或电话，有条件时可设置电视监控系统。

6. 户门、门厅

（1）户门的有效宽度不应小于1 m。

（2）户门内应设更衣、换鞋空间，并宜设置座凳、扶手。

（3）户门内外不宜有高差。有门槛时，其高度不应大于20 mm，并设坡面调节。

（4）户门宜采用推拉门形式且门轨不应影响出入。采用平开门时，门上宜设置探视窗，并采用杆式把手，安装高度距地面0.80～0.85 m。

（5）供轮椅使用者出入的门，距地面0.15～0.35 m处宜安装防撞板。

7. 户内过道

（1）过道的有效宽度不应小于1.20 m。

（2）过道的主要地方应设置连续式扶手；暂不安装的，可设预埋件。

（3）单层扶手的安装高度为0.80～0.85 m，双层扶手的安装高度分别为0.65 m和0.90 m。

（4）过道地面及其与各居室地面之间应无高差。过道地面应高于卫生间地面，标高变化不应大于20 mm，门口应做小坡以不影响轮椅通行。

8. 卫生间

(1) 卫生间与老年人卧室宜近邻布置。

(2) 卫生间地面应平整,以方便轮椅使用者,地面应选用防滑材料。

(3) 卫生间入口的有效宽度不应小于 0.80 m。

(4) 宜采用推拉门或外开门,并设透光窗及从外部可开启的装置。

(5) 浴盆、便器旁应安装扶手。

(6) 卫生洁具的选用和安装位置应便于老年人使用。便器安装高度不应低于 0.40 m;浴盆外缘距地高度宜小于 0.45 m。浴盆一端宜设坐台。

(7) 宜设置适合坐姿的洗面台,并在侧面安装横向扶手。

9. 公用浴室和卫生间

(1) 公用卫生间和公用浴室入口的有效宽度不应小于 0.90 m,地面应平整并选用防滑材料。

(2) 公用卫生间中应至少有一个为轮椅使用者设置的厕位。公用浴室应设轮椅使用者专用的淋浴间或盆浴间。

(3) 坐便器安装高度不应低于 0.40 m,坐便器两侧应安装扶手。

(4) 厕位内宜设高 1.20 m 的挂衣物钩。

(5) 宜设置适合轮椅坐姿的洗面器,洗面器高度 0.80 m,侧面宜安装扶手。

(6) 淋浴间内应设高 0.45 m 的洗浴座椅,周边应设扶手。

(7) 浴盆端部宜设洗浴坐台。浴盆旁应设扶手。

10. 厨房

(1) 老年人使用的厨房面积不应小于 4.5 $m^2$。供轮椅使用者使用的厨房,面积不应小于 6 $m^2$,轮椅回转面积宜不小于 1.50 m×1.50 m。

(2) 供轮椅使用者使用的台面高度不宜高于 0.75 m,台下净高不宜小于 0.70 m,深度不宜小于 0.25 m。

(3) 应选用安全型灶具。使用燃气灶时,应安装熄火自动关闭燃气的装置。

11. 起居室

(1) 起居室短边净尺寸不宜小于 3 m。

(2) 起居室与厨房、餐厅连接时,不应有高差。

(3) 起居室应有直接采光、自然通风。

12. 卧室

(1) 老年人卧室短边净尺寸不宜小于 2.50 m,轮椅使用者的卧室短边净尺寸不宜小于 3.20 m。

(2) 主卧室宜留有护理空间。

(3) 卧室宜采用推拉门。采用平开门时,应采用杆式门把手。宜选用内外均可开启的锁具。

13. 阳台

(1) 老年人住宅和老年人公寓应设阳台,养老院、护理院、托老所的居室宜设阳台。

(2) 阳台栏杆的高度不应低于 1.10 m。

(3) 老年人设施的阳台宜作为紧急避难通道。

(4) 宜设便于老年人使用的晾衣装置和花台。

(八) 建筑设备

1. 给水排水

(1) 老年人居住建筑应设给水排水系统,给水排水系统设备选型应符合老年人使用要求。宜采用集中热水供应系统,集中热水供应系统出水温度宜为 40～50 ℃。

(2) 老年人住宅、老年人公寓应分套设置冷水表和热水表。

(3) 应选用节水型低噪声的卫生洁具和给排水配件、管材。

(4) 公用卫生间中,宜采用触摸式或感应式等形式的水嘴和便器冲洗装置。

2. 采暖、空调

(1) 严寒地区和寒冷地区的老年人居住建筑应设集中采暖系统。夏热冬冷地区有条件时宜设集中采暖系统。

(2) 各种用房室内采暖计算温度不应低于表 2-7 的规定。

表 2-7 各种用房室内采暖温度表

| 用房 | 卧室起居室 | 卫生间 | 浴室 | 厨房 | 活动室 | 餐厅 | 医务用房 | 行政用房 | 门厅走廊 | 楼梯间 |
|---|---|---|---|---|---|---|---|---|---|---|
| 计算温度 | 20 ℃ | 20 ℃ | 25 ℃ | 16 ℃ | 20 ℃ | 20 ℃ | 20 ℃ | 18 ℃ | 18 ℃ | 16 ℃ |

(3) 散热器宜暗装。有条件时宜采用地板辐射采暖。

(4) 最热月平均室外气温高于和等于 25 ℃ 地区的老年人居住建筑宜设空调降温设备,冷风不宜直接吹向人体。

3. 电气

(1) 老年人住宅和老年人公寓电气系统应采用埋管暗敷,应每套设电度表和配电箱并设置短路保护和漏电保护装置。

(2) 老年人居住建筑中医疗用房和卫生间应做局部等电位联结。

(3) 老年人居住建筑中宜采用带指示灯的宽板开关,长过道宜安装多点控制的照明开关,卧室宜采用多点控制照明开关,浴室、厕所可采用延时开关。开关离地高度宜为 1.10 m。

(4)在卧室至卫生间的过道,宜设置脚灯。卫生间洗面台、厨房操作台、洗涤池宜设局部照明。

(5)公共部位应设人工照明,除电梯厅和应急照明外,均应采用节能自熄开关。

(6)老年人住宅和老年人公寓的卧室、起居室内应设置不少于两组的二极、三极插座;厨房内对应吸油烟机、冰箱和燃气泄漏报警器位置设置插座;卫生间内应设置不少于一组的防溅型三极插座。其他老年人设施中宜每床位设置一个插座。公用卫生间、公用厨房应对应用电器具位置设置插座。

(7)起居室、卧室内的插座位置不应过低,设置高度宜为 0.60～0.80 m。

(8)老年人住宅和老年人公寓应每套设置不少于一个电话终端出线口。其他老年人设施中宜每间卧室设一个电话终端出线口。

(9)卧室、起居室、活动室应设置有线电视终端插座。

4. 燃气

(1)使用燃气的老年人住宅和老年人公寓每套的燃气用量,至少按一台双眼灶具计算。每套设燃气表。

(2)厨房、公用厨房中燃气管应明装。

5. 安全报警

(1)以燃气为燃料的厨房、公用厨房,应设燃气泄漏报警装置。宜采用户外报警式,将蜂鸣器安装在户门外或管理室等易被他人听到的部位。

(2)居室、浴室、厕所应设紧急报警求助按钮。养老院、护理院等床头应设呼叫信号装置,呼叫信号直接送至管理室。有条件时,老年人住宅和老年人公寓中宜设生活节奏异常的感应装置。

(九)室内环境

1. 采光

(1)老年人居住建筑的主要用房应充分利用天然采光。

(2)主要用房的采光窗洞口面积与该房间地面积之比,不宜小于表 2-8 的规定。

表 2-8 主要用房窗地比

| 房间名称 | 窗地比 | 房间名称 | 窗地比 |
| --- | --- | --- | --- |
| 活动室 | 1/4 | 厨房、公用厨房 | 1/7 |
| 卧室、起居室、医务用房 | 1/6 | 楼梯间、公用卫生间、公用浴室 | 1/10 |

(3)活动室必须光线充足,朝向和通风良好,并宜选择有两个采光方向的位置。

2. 通风

(1)卧室、起居室、活动室、医务诊室、办公室等一般用房和走廊、楼梯间等应采用自然通风。

(2) 卫生间、公用浴室可采用机械通风；厨房和治疗室等应采用自然通风并设机械排风装置。

(3) 老年人住宅和老年人公寓的厨房、浴室、卫生间的门下部应设有效开口面积大于 0.02 $m^2$ 的固定百叶或不小于 30 mm 的缝隙。

3. 隔声

(1) 老年人居住建筑居室内的噪声级昼间不应大于 50 dB，夜间不应大于 40 dB，撞击声不应大于 75 dB。

(2) 卧室、起居室内的分户墙、楼板的空气声的计权隔声量应大于或等于 45 dB；楼板的计权标准撞击声压级应小于或等于 75 dB。

(3) 卧室、起居室不应与电梯、热水炉等设备间及公用浴室等紧邻布置。

(4) 门窗、卫生洁具、换气装置等的选定与安装部位，应考虑减少噪声对卧室的影响。

4. 隔热、保温

(1) 老年人居住建筑应保证室内基本的热环境质量，采取冬季保温和夏季隔热及节能措施。夏热冬冷地区老年人居住建筑应符合《夏热冬冷地区居住建筑节能设计标准》(JGJ 134—2001)的有关规定。严寒和寒冷地区老年人居住建筑应符合《民用建筑节能设计标准（采暖居住建筑部分）》(JGJ 26)的有关规定。

(2) 老年人居住的卧室、起居室宜向阳布置，朝西外窗宜采取有效的遮阳措施。在必要时，屋顶和西向外墙应采取隔热措施。

5. 室内装修

(1) 老年人居住建筑的室内装修宜采用一次到位的设计方式，避免住户二次装修。

(2) 室内墙面应采用耐碰撞、易擦拭的装修材料，色调宜用暖色。室内通道墙面阳角宜做成圆角或切角，下部宜作 0.35 m 高的防撞板。

(3) 室内地面应选用平整、防滑、耐磨的装修材料。卧室、起居室、活动室宜采用木地板或有弹性的塑胶板；厨房、卫生间及走廊等公用部位宜采用清扫方便的防滑地砖。

(4) 老年人居住建筑的门窗宜使用无色透明玻璃，落地玻璃门窗应装配安全玻璃，并在玻璃上设有醒目标示。

(5) 老年人使用的卫生洁具宜选用白色。

(6) 养老院、护理院等应设老年人专用储藏室，人均面积 0.60 $m^2$ 以上。卧室内应设每人分隔使用的壁柜，设置高度在 1.50 m 以下。

(7) 各类用房、楼梯间、台阶、坡道等处设置的各类标志和标注应强调功能作用，应醒目、易识别。

## 第三节　养老机构基本规范

2012年12月31日发布,2013年5月1日实施的中华人民共和国国家标准GB/T 29353—2012养老机构基本规范就养老机构的基本要求、人员要求、管理要求、环境与设施设备要求和服务内容及要求做出了相关规范。

### 一、养老机构基本要求

1. 养老机构应具有独立法人的资质。
2. 养老机构应具有相对独立、固定、专用的场所。
3. 养老机构建筑及设施的设计与设置应符合GB/T 50340—2003老年人居住建筑设计标准相关要求。
4. 人力资源配置应满足养老服务的需要。

### 二、养老机构人员要求

1. 机构管理者应具有高中及以上文化程度,具有五年以上的工作经验,并经行业培训合格,取得相关资质证书。
2. 专业技术人员应持有与其岗位相适应的专业资格证书。
3. 养老护理员应持有与岗位要求一致的职业资格证书。
4. 宜配备社会工作者、康复师、营养师。

GB/T 29353—2012养老机构基本规范未就护理人员配置比例作出统一的规定,只有原则性的"人力资源配置应满足养老服务的需要"的要求。2013年以来,一些省市在养老机构人员配置特别是护理人员配置方面则做出了明确细致的规定。

例如,上海市2013年发布实施的上海市地方标准《养老机构设施与服务要求》(DB31/T 685—2013),对养老机构护理员与入住老年人的配备比例做出了明确规定,根据该规定要求,不同照护等级的照护比分别为:重度照护比约为1∶2.5;中度照护比约为1∶6.6;轻度照护比约为1∶12。山东省2016年1月1日实施的山东省地方标准《养老机构等级划分》(DB37/T 2719—2015)中规定:"养老护理员与自理老人比例为1∶8~10;养老护理员与半失能老人比例为1∶4~6;养老护理员与失能老人比例为1∶1~3"。

### 三、养老机构管理要求

1. 机构应制定老年人服务合同管理制度,明确相关内容。

2. 应制定各类人员的聘用、培训和管理制度,建立各类人员职业健康制度、岗位资质审核制度、绩效考核制度。

3. 应建立管理组织架构,设置工作岗位,明确工作标准。

4. 应建立财务管理制度。

5. 应制定设施、设备及用品的购置、使用、维保、报废等管理制度。

6. 应建立外包服务质量管理和监督机制。

7. 应建立安全管理机制,制定相关应急预案。

8. 应建立老年人健康状况评估制度、入住档案和健康档案管理制度。

9. 应制定以下规范:

(1) 服务规范,明确服务内容及质量要求;

(2) 服务提供规范,明确提供服务的时间、地点、内容、环节、程序等;

(3) 服务质量控制规范,根据质量控制指标,明确不合格服务的预防措施,制定服务质量的评价及改进办法。

### 四、养老机构环境与设施设备要求

(一) 环境

1. 室外环境应符合 GB/T 50340—2003 老年人居住建筑设计标准第 3 章的要求。

2. 应按 GB/T 15565.2—2008 图形符号术语中标志及其应用要求设置相应场所标志图案,无障碍设施符号应符合 GB/T 10001.9—2008 标志用公共信息图形符号的要求。

3. 居室应符合 GB/T 50340—2003 老年人居住建筑设计标准第 4 章的要求。

4. 室内灯光照度应柔和,居室及通道应设有夜灯及应急灯。

5. 室内宜配备房间空气温度调节设施。

6. 室内空气应符合 GB/T 18883—2002 室内空气质量标准的要求。

7. 室内噪音应符合 GB 3096—2008 声环境质量标准中 0 类标准。

(二) 设施设备

1. 配套服务设施配置应符合 GB/T 50340—2003 老年人居住建筑设计标准中 4.1.5 的要求。

2. 公共区域应设置餐厅、卫生间、浴室、活动场所,并满足:

(1) 餐厅布局合理,桌椅应完备、干净整洁;

(2) 卫生间应设置坐式蹲位、残疾人蹲位,具有安全防护设施,通风良好,无异味;

(3) 浴室应有安全防护措施,洗浴用水水温应可调节,温度适宜;

(4) 活动场所应设置固定的健身设施、设备,应设置固定座椅,设施、设备应符合老年人的体能心态特征;

(5) 室内活动场所应光线充足,配有文化娱乐用品;

(6) 应设置公共洗涤场所,配备洗涤用具;

(7) 应配备老年人常用的康复器具。

3. 居室和卫生间应配置紧急呼叫设备。

### 五、养老机构服务内容及要求

(一) 生活照料服务

1. 生活照料服务至少应包括:

(1) 穿衣,包括协助穿衣、更换衣物、整理衣物等;

(2) 修饰,包括洗头、洗脸、理发、梳头、化妆、修剪指甲、剃须等;

(3) 口腔清洁,包括刷牙、漱口、清洁口腔、装卸与清理义齿等;

(4) 饮食照料,包括协助进食、饮水或喂饭、管饲等;

(5) 排泄护理,包括定时提醒如厕、提供便器、协助排大便与排尿,实施人工排便,清洗与更换尿布等;

(6) 皮肤清洁护理,包括清洗会阴、擦洗身体、沐浴和使用护肤用品等;

(7) 压疮预防,包括定时更换卧位、翻身,减轻皮肤受压状况,清洁皮肤及会阴部等。

2. 生活照料应由养老护理人员承担。

3. 应配备生活照料服务必要的设施与设备。

4. 应根据老年人的具体需要提供相应的照料服务。

(二) 膳食服务

1. 膳食服务至少应包括食品的加工、配送,制作过程应安全、卫生,送餐应保温、密闭。

2. 膳食服务提供者应由持有健康证并经过专业培训合格的人员承担。

3. 应配备提供膳食服务必要的设施与设备。

4. 应根据老年人身体状况及需求、地域特点、民族、宗教习惯制定菜谱,提供均衡饮食。

(三) 清洁卫生服务

1. 应包括环境清洁、居室清洁、床单位清洁、设施设备清洁。

2. 应设置专职岗位并配备相应的清洁卫生人员。

3. 应配备必要的设施、设备与用具。

4. 环境清洁包括生活区和医疗区的环境分类管理、生活和医疗垃圾的分类处理。

5. 环境、居室、床单位、设施设备应整洁有序、及时清扫。

6. 采取服务外包的方式时,应对服务质量进行监控。

（四）洗涤服务

1. 洗涤服务包括织物的收集、登记、分类、消毒、洗涤、干燥、整理和返还。

2. 应配备相应的洗涤服务人员。

3. 应配备必要的洗涤设施、设备与用具。

4. 洗涤物品应标志准确,当面验清。

5. 采取服务外包的方式时,应对服务质量进行监控。

（五）老年护理服务

1. 老年护理服务应包括基础护理、健康管理、健康教育、心理护理、治疗护理、感染控制等。

2. 应由内设医疗机构提供或委托医疗机构提供。

3. 应由在内设医疗机构或委托医疗机构注册的护士承担。

4. 应配备必要的设施与设备。

5. 应遵医嘱,应执行医疗机构规定的护理常规和护理技术操作规范。

6. 应参照医疗文书书写规范进行记录。

7. 应参照对老年人能力等级评估的情况提供相应的护理服务。

8. 院内感染控制技术要求应符合《消毒技术规范》的规定。

（六）心理/精神支持服务

1. 心理或精神支持服务至少应包括沟通、情绪疏导、心理咨询、危机干预等服务内容。

2. 应由心理咨询师、社会工作者、医护人员或经过心理学相关培训的养老护理员承担。心理咨询、危机干预宜由心理咨询师、社会工作者承担。

3. 应配备心理或精神支持服务必要的环境、设施与设备。

4. 应适时与老年人进行交流,掌握老年人心理或精神的变化。

5. 应制定心理咨询和危机干预工作程序。

6. 应保护老年人的隐私。

（七）文化娱乐服务

1. 根据老年人身心状况需求,开展文艺、美术、棋牌、健身、游艺、观看影视、参观游览等活动。

2. 文化娱乐服务主要由养老护理员、社会工作者组织,邀请专业人士或相关志愿者给予指导。

3. 应配备文化娱乐服务必要的环境、设施与设备。

4. 开展活动时,机构应提供必要的安全防护措施。

（八）咨询服务

1. 咨询服务包括信息提供和问询解答。
2. 咨询服务应由各类相关服务人员承担。
3. 所提供的信息和解答应真实、准确、完整。
4. 应提供咨询服务必要的环境、设施与设备。

（九）安全保护服务

1. 安全保护服务是通过医护人员的评估,为老年人采取适当的安全防护措施的活动。
2. 安全保护服务应由专业技术人员及养老护理员承担。
3. 应提供安全保护服务必要的设施、设备及用具,包括提供床挡、防护垫、安全标志、安全扶手、紧急呼救系统等。
4. 满足以下条件之一时,应对老年人进行身体约束或其他限制行为并记录时间、身心状况以及原因：
  （1）当发生自我伤害或伤害他人的紧急情况时；
  （2）经专业执业医师书面认可,并经相关第三方书面同意后。
5. 满足以下条件之一时,应解除对老年人进行身体约束或其他限制行为并记录：
  （1）当发生自我伤害或伤害他人的紧急情况解除时；
  （2）经专业执业医师书面认可,并经相关第三方书面同意后。

（十）医疗保健服务

1. 医疗保健服务是为老年人提供预防、保健、康复、医疗等方面的活动。
2. 医疗保健服务应由内设医疗机构或委托医疗机构提供。
3. 医疗保健包括常见病和多发病、慢性非传染性疾病的诊断、治疗、预防和院前急救工作,康复治疗和转院工作。
4. 应由执业医师或康复师承担,符合多点执业要求。
5. 应参照医疗机构设置要求配备设施与设备。
6. 应运用综合康复手段,为老年人提供维护身心功能的康复服务。
7. 应符合卫生行政主管部门有关诊疗科目及范围的规定。
8. 医疗行为应参照临床医疗常规。

目前,一些省市依据养老机构基本规范(GB/T 29353—2012),结合本地实际,已制定了更为具体、细致的养老机构建设、服务与管理规范,一些省市正在抓紧制定中,各养老机构应认真执行国家和所在地区的相关规范。

（汪生夫）

# 第三章 老年人能力评估

能力,是指个体顺利完成某一活动所必需的主观条件。老年人能力,是指老年人日常生活活动能力、精神状态、感知觉与沟通能力、社会参与程度等多种因素综合作用的结果。

评估,是指由专业机构、人员,依据标准、相关规定和技术手段,按照一定的程序,进行分析研究,判断其结果和价值的一种活动。老年人能力评估,是指依据标准、相关规定和技术手段,对老年人生理、心理和社会状态进行评价的过程,其评估报告是在此基础上形成的书面报告。老年人能力评估结果是养老服务机构或服务组织确定服务对象护理等级,制定服务方案,提供适合其能力等级所需的照护服务的重要依据。

根据《中华人民共和国老年人权益保障法》关于建立健全养老服务评估制度的要求,2013年,民政部先后发布《关于推进养老服务评估工作的指导意见》(民发〔2013〕127号)、《老年人能力评估》(MZ/T 039—2013)。此后,全国各地结合当地实际,制订了开展老年人能力评估的具体实施意见。本章着重从老年人能力评估组织资质、评估流程、评估实施标准、评估案例分析几个方面做具体介绍。

## 第一节 能力评估组织资质

### 一、评估组织资质

根据民政部《关于推进养老服务评估工作的指导意见》和《老年人能力评估》相关规定要求。评估组织须具备以下条件,方可开展相关业务。

1. 经过编办、民政或工商注册登记,具备独立法人资格。主要负责人须医学、社工、老年等相关专业毕业且从事养老服务管理工作年限不少于5年,或其他专业毕业,从事养老服务管理工作不少于8年。
2. 有独立的银行账号。
3. 有3人及以上专职工作人员,从事养老服务工作年限均不少于3年。
4. 有稳定的评估员队伍,人数不少于5人。

## 二、评估员资质

具备以下条件之一者,可从事老年人能力评估工作。

1. 医学、护理、社会工作、老年服务与管理等相关专业毕业,从事养老服务工作不少于 3 年。

2. 大专及以上学历,从事养老服务工作 5 年以上,取得高级养老护理员、社会工作者资质。

3. 参加地方民政部门组织的养老服务评估员培训并培训合格,取得相关资质证书。

## 三、评估要求

1. 评估组织应遵守法律法规,执行行业规范要求,遵循客观、科学、公平、公正的原则。

2. 评估员实施评估工作应佩戴工作证,向评估对象表明身份,取得评估对象的配合。

3. 为保证评估行为的规范性和公正性,确保评估结果的准确性,评估实施应由 2 名评估员共同协作完成。

4. 养老机构应设置评估室,评估环境应整洁、明亮、安静、舒适。

# 第二节 能力评估原则、方法与流程

养老机构以为入住老年人提供所需的服务为目的,而能够为老年人提供所需且让老年人满意的服务,首先取决于对入住老年人身心状况的正确评估。

## 一、评估原则

(一)依规评估原则

老年人能力评估活动要符合国家相关评估规范,符合程序要求和规定标准,不得出现违规行为。

(二)公平公正原则

凡是老年人入住,都应该进行能力评估,评估结果真实、准确、完整地反映出老年人的基本情况,不能因为评估对象的年龄、身份或其他外部因素而改变评估条件。

（三）信息保密原则

评估机构和评估人员在评估工作中应有责任保护评估对象的个人信息安全。涉及评估对象的信息，未经评估对象许可不得公开和泄露。对按规定需要公示的评估对象信息应在一定范围内适度公开。

（四）动态评估原则

包括入住机构后即开展的初始评估、接受机构养老服务后的定期评估（一般每半年或一年评估一次）、身心状况变化后的即时评估及对结果有疑问的复评。

## 二、评估方法

根据评估内容、信息来源、评估媒介的不同，老年人能力评估通常有以下几种方法。

（一）引述法

引述法是评估员通过与老年人交流或提问，引导其表述自己的基本情况及评价自己在日常生活活动、社会参与等方面的能力或水平。此评估方法实施简便，节省时间，评估员可在较短时间里完成评估项目。此类方法多适用于自理类老年人，能力完好且能够准确表述自己的行为，正常地反映自己的情绪态度。

（二）代述法

代述法一般由于老年人意识或表达受限，通过照护人、配偶或其他亲属对老年人的自理能力进行评价。此类方法多用于失能、半失能或失智老年人，需由他人代述。

（三）测验法

在评估老年人的精神状态项目时多采用测验操作法，即以客观操作为基础的评估方法。一般要求老年人完成一些日常生活中常见的任务，如算账、辨别时间、方位、填写单据、绘画等，根据任务的完成情况来评估其能力水平。此类方法是老年人能力评估中认知能力评估项目常用的方法之一。如：虚拟买菜的加减法计算、季节、日期、年龄表述，方位判断，物品记忆，画钟实验等等。

（四）情景模拟法

情景模拟的评估方法是将老年人置于设定的现实生活环境中，并在环境中完成日常生活行为，通过行为表现评价老年人的自理能力。包括老年人穿衣、吃饭、如厕、上下楼、打电话、购物等行为活动。

在评估实施过程中，一般多采用两种或两种以上评估方法，以确保评估结果的准确性和客观性。

## 三、评估流程

### （一）申请

养老机构或服务组织对接收入住的老年人进行评估并将评估结果上报地方业务主管（民政）部门，申请第三方专业评估。

### （二）受理

地方民政部门根据养老机构或服务组织上报的老年人基本信息委托第三方评估组织进行专业评估。

### （三）评估

第三方评估组织对照机构及老年人基本信息确定评估类别（服务前评估、服务后评估、等级变更即时评估、有疑问进行复评）进行实地上门评估。

### （四）报告

第三方评估组织将评估结果汇总，录入老年人能力评估信息系统平台，撰写评估报告并提交民政部门。

### （五）公示、反馈

民政部门将评估结果公示，公示无异议后反馈给养老机构或服务组织。

# 第三节 能力评估实施标准

2013年中华人民共和国民政行业标准《老年人能力评估》（MZ/T 039—2013）正式颁布实施，为老年人能力评估提供了规范统一的实施工具。老年人能力评估共划分为4个一级指标、22个二级指标，综合4个一级指标的分级，将老年人能力划分为能力完好、轻度失能、中度失能、重度失能4个等级。近年来，各地相继制定出台地方性评估标准，如《南京市老年人能力评估标准（试行）》（宁民规〔2013〕7号），该标准共划分出4个一级指标、15个二级指标，并以分值区间划分为自理、半失能、失能3个等级。本节分别以民政部《老年人能力评估》（MZ/T 039—2013）和南京市地方标准为例做进一步介绍。

## 一、评估指标

### （一）民政部《老年人能力评估》评估指标

一级指标共4个，包括日常生活活动、精神状态、感知觉与沟通、社会参与。二级指标共22个，其中日常生活活动包括10个二级指标，精神状态包括3个二级指标，感知觉与沟通包括4个二级指标，社会参与包括5个二级指标（表3-1），分别从生理、心理、精神、社会等方面对老年人能力进行评估,并给予综合评价,判定老年人的 4 个能力等级。

表 3-1 老年人能力评估指标(MZ/T 039—2013)

| 一级指标 | 二级指标 |
| --- | --- |
| 日常生活活动 | 进食、洗澡、修饰、穿衣、大便控制、小便控制、如厕、床椅转移、平地行走、上下楼梯 |
| 精神状态 | 认知功能、攻击行为、抑郁症状 |
| 感知觉与沟通 | 意识水平、视力、听力、沟通交流 |
| 社会参与 | 生活能力、工作能力、时间/空间定向、人物定向、社会交往能力 |

1. 日常生活活动 日常生活活动是老年人为独立生活而每天必须反复进行的、最基本的、具有共同性的身体动作群,包括:进食、如厕、大小便控制、行走、洗澡、上下楼梯等。日常生活活动是反映老年人健康状况及生活自理能力的重要指标之一,一旦老年人丧失生活自理能力,不仅限制其生活自由,影响生活质量,而且给家庭和社会带来沉重的负担。因此,日常生活活动成为老年人能力评估最基本的内容。

2. 精神状态 包括认知功能、行为问题、抑郁症状等方面的表现。

(1)认知功能:包括记忆力、定向力、注意力、判断力、解决问题的能力等等。认知功能对老年人是否能够独立生活有重要的影响。因此,用简易方法判断老年人是否存在认知功能障碍,是精神状态评估的一个重要的内容。

(2)行为问题:部分老年人由于疾病、性格改变等原因,可能出现一些异常行为。其中,攻击行为(包括身体和语言攻击行为)不但给老年人自身的安全带来危险,而且会危及周围老年人及照护人员的安全,对老年护理服务的提供及其管理带来挑战。因此,评估老年人是否有攻击行为,是行为问题评估的关键内容。

(3)抑郁症状:老年人不但要经历身体功能的老化和各种慢性疾病的侵袭,而且面临离退休、丧偶、子女离家等生活事件,容易出现抑郁情绪。被抑郁情绪困扰的老年人表现为情绪低落、思维迟缓、丧失兴趣、缺乏活力、食欲减退、失眠等,不但影响老年人的日常活动,而且易导致自杀行为发生,严重危及老年人的生命安全。

3. 感知觉与沟通 包括意识水平、视力、听力、沟通交流等方面的能力。

(1)意识水平:分为神志清醒、嗜睡、昏迷等不同水平,直接影响老年人的活动能力和日常照护需求。

(2)视力:老年人由于视神经的老化,以及老年性白内障的影响,给视力带来一定程度的影响,从而影响其日常生活的独立性。

(3)听力:听力的下降以及老年性耳聋等疾病,使老年人对周围环境的适应能力下降,从而在一定程度上影响老年人日常生活的独立性。

(4)沟通交流:老年人能否准确表达自己的需求和感受,以及能否正确理解他人的话,对其生活有着直接影响。因此,感知觉与沟通是老年人能力评估的重要内容之一。

4. 社会参与　社会参与是指老年人与周围人群和环境的联系与交流的能力,包括:生活能力、工作能力、时间/空间定向、人物定向和社会交往能力。社会参与能力对老年人生活的独立性及其生活质量有很大影响。因此,对老年人进行能力评估时,除了设计生理、心理方面的能力外,还应涉及社会能力的评估。

(二)南京市《老年人能力评估标准(试行)》

一级指标共4个,包括日常生活活动、认知能力、情绪行为、视听觉。二级指标共15个,其中日常生活活动包括6个二级指标,认知能力包括4个二级指标,情绪行为包括3个二级指标,视听觉包括2个二级指标(表3-2),综合评估后判定老年人的3个能力等级。

表3-2　老年人能力评估指标

| 一级指标 | 二级指标 |
| --- | --- |
| 日常生活活动 | 吃饭、穿衣、如厕、室内走动、洗澡、控制大小便 |
| 认知能力 | 近期记忆、程序记忆、定向记忆、判断能力 |
| 情绪行为 | 情绪、行为、沟通 |
| 视听觉 | 视觉、听觉 |

## 二、评估量表

1. 民政部《老年人能力评估》(MZ/T 039—2013)

A.1 评估基本信息表:见表3-3。

表3-3　评估基本信息表

| A.1.1 评估编号 | □□□□□□□□ |
| --- | --- |
| A.1.2 评估基准日期 | □□□□年□□月□□日 |
| A.1.3 评估原因 | 1. 接受服务前初评　2. 接受服务后的常规评估　3. 状况发生变化后的即时评估　4. 因评估结果有疑问进行的复评 |

A.2 被评估者的基本信息表:见表3-4。

表 3-4 被评估者基本信息

| 项目 | | 内容 |
|---|---|---|
| A.2.1 姓名 | | |
| A.2.2 性别 | | 1 男　2 女　□ |
| A.2.3 出生日期 | | □□□□年□□月□□日 |
| A.2.4 身份证号 | | □□□□□□□□□□□□□□□□□□ |
| A.2.5 社保卡号 | | □□□□□□□□□ |
| A.2.6 民族 | | 1 汉族　2 少数民族____　□ |
| A.2.7 文化程度 | | 1. 文盲及半文盲；2. 小学；3. 初中；4. 高中/技校/中专；5. 大学专科及以上；6. 不详　□ |
| A.2.8 宗教信仰 | | 0 无；1 有____　□ |
| A.2.9 婚姻状况 | | 1. 未婚；2. 已婚；3. 丧偶；4. 离婚；5. 未说明的婚姻状况　□ |
| A.2.10 居住状况 | | 1. 独居；2. 与配偶/伴侣居住；3. 与子女居住；4. 与父母居住；5. 与兄弟姐妹居住；6. 与其他亲属居住；7. 与非亲属关系的人居住；8. 养老机构　□ |
| A.2.11 医疗费用支付方式 | | 1. 城镇职工基本医疗保险；2. 城镇居民基本医疗保险；3. 新型农村合作医疗；4. 贫困救助；5. 商业医疗保险；6. 全公费；7. 全自费；8. 其他：____　□/□/□ |
| A.2.12 经济来源 | | 1. 退休金/养老金；2. 子女补贴；3. 亲友资助；4. 其他补贴　□/□/□/□ |
| A.2.13 疾病诊断 | A.2.13.1 痴呆 | 0. 无；1. 轻度；2. 中度；3. 重度　□ |
| | A.2.13.2 精神疾病 | 0. 无；1. 精神分裂症；2. 双相情感障碍；3. 偏执性精神障碍；4. 分裂情感性障碍；5. 癫痫所致精神障碍；6. 精神发育迟滞伴发精神障碍　□ |
| | A.2.13.3 慢性疾病 | |

续表 3-4

| | | |
|---|---|---|
| A.2.14 近30天内意外事件 | A.2.14.1 跌倒 | 0. 无;1. 发生过1次;2. 发生过2次;3. 发生过3次及以上 □ |
| | A.2.14.2 走失 | 0. 无;1. 发生过1次;2. 发生过2次;3. 发生过3次及以上 □ |
| | A.2.14.3 噎食 | 0. 无;1. 发生过1次;2. 发生过2次;3. 发生过3次及以上 □ |
| | A.2.14.4 自杀 | 0. 无;1. 发生过1次;2. 发生过2次;3. 发生过3次及以上 □ |
| | A.2.14.5 其他 | |

A.3 信息提供者及联系人信息:见表3-5。

表3-5 信息提供者及联系人信息

| A.3.1 信息提供者姓名 | |
|---|---|
| A.3.2 信息提供者与老人的关系 | 1. 配偶;2. 子女;3. 其他亲属;4. 雇佣劳动者;5. 其他 □ |
| A.3.3 联系人姓名 | |
| A.3.4 联系人电话 | |

B.1 日常生活活动评估表:见表3-6。

表3-6 日常生活活动评估表

| | | |
|---|---|---|
| B.1.1 进食:指用餐具将食物由容器送到口中、咀嚼、吞咽等过程 | □分 | 10分,可独立进食(在合理的时间内独立进食准备好的食物) |
| | | 5分,需部分帮助(进食过程中需要一定帮助,如协助把持餐具) |
| | | 0分,需极大帮助或完全依赖他人,或有留置胃管 |
| B.1.2 洗澡 | □分 | 5分,准备好洗澡水后,可自己独立完成洗澡过程 |
| | | 0分,在洗澡过程中需他人帮助 |
| B.1.3 修饰:指洗脸、刷牙、梳头、刮脸等 | □分 | 5分,可自己独立完成 |
| | | 0分,需他人帮助 |
| B.1.4 穿衣:指穿脱衣服、系扣、拉拉链、穿脱鞋袜、系鞋带 | □分 | 10分,可独立完成 |
| | | 5分,需部分帮助(能自己穿脱衣服,但需他人帮助整理衣物、系扣鞋带、拉拉链) |
| | | 0分,需极大帮助或完全依赖他人 |

续表 3-6

| | | |
|---|---|---|
| B.1.5 大便控制 | □分 | 10分,可控制大便 |
| | | 5分,偶尔失控(每周<1次),或需要他人提示 |
| | | 0分,完全失控 |
| B.1.6 小便控制 | □分 | 10分,可控制小便 |
| | | 5分,偶尔失控(每天<1次,但每周>1次),或需要他人提示 |
| | | 0分,完全失控,或留置导尿管 |
| B.1.7 如厕:包括去厕所、解开衣裤、擦净、整理衣裤、冲水 | □分 | 10分,可独立完成 |
| | | 5分,需部分帮助(需他人搀扶去厕所、需他人帮忙冲水或整理衣裤等) |
| | | 0分,需极大帮助或完全依赖他人 |
| B.1.8 床椅转移 | □分 | 15分,可独立完成 |
| | | 10分,需部分帮助(需他人搀扶或使用拐杖) |
| | | 5分,需极大帮助(较大程度上依赖他人搀扶和帮助) |
| | | 0分,完全依赖他人 |
| B.1.9 平地行走 | □分 | 15分,可独立在平地上行走45 m |
| | | 10分,需部分帮助(因肢体残疾、平衡能力差、过度虚弱、视力等问题,在一定程度上需他人搀扶或使用拐杖、助行器等辅助用具) |
| | | 5分,需极大帮助(因肢体残疾、平衡能力差、过度虚弱、视力等问题,在较大程度上依赖他人搀扶,或坐在轮椅上自行移动) |
| | | 0分,完全依赖他人 |
| B.1.10 上下楼梯 | □分 | 10分,可独立上下楼梯(连续上下10~15个台阶) |
| | | 5分,需部分帮助(需扶着楼梯、他人搀扶,或使用拐杖等) |
| | | 0分,需极大帮助或完全依赖他人 |
| B.1.11 日常生活活动总分 | □分 | 分级:□级<br>0. 能力完好:总分100分;<br>1. 轻度受损:总分61~99分;<br>2. 中度受损:总分41~60分;<br>3. 重度受损:总分≤40分 |

B.2 精神状态:见表 3-7。

表 3-7 精神状态

| | | |
|---|---|---|
| B.2.1 认知功能 | 测验 | "我说三样东西,请重复一遍,并记住,一会儿会问您":手表、钢笔、水杯 |
| | | (1) 画钟测验:"请在这儿画一个圆形时钟,在时钟上标出 09 点 15 分" |
| | | (2) 回忆词语:"现在请您告诉我,刚才我要您记住的三样东西是什么?"<br>答:_____ 、_____ 、_____(不必按顺序) |
| | 评分<br>□分 | 0 分,画钟正确(画出一个闭锁圆,指针位置准确),且能回忆出 2~3 个词 |
| | | 1 分,画钟错误(画的圆不闭锁,或指针位置不准确),或只回忆出 0~1 个词 |
| | | 2 分,已确诊为认知障碍,如老年痴呆 |
| B.2.2 攻击行为 | □分 | 0 分,无身体攻击行为(如打、踢、推、咬、抓、摔东西)和语言攻击行为(如骂人、语言威胁、尖叫) |
| | | 1 分,每月有几次身体攻击行为,或每周有几次语言攻击行为 |
| | | 2 分,每周有几次身体攻击行为,或每日有语言攻击行为 |
| B.2.3 抑郁症状 | □分 | 0 分,无 |
| | | 1 分,情绪低落、不爱说话、不爱梳洗、不爱活动 |
| | | 2 分,有自杀念头或自杀行为 |
| B.2.4 精神状态总分 | □分 | 上述三项得分之和 |
| B.2.5 精神状态分级 | □分 | 0. 能力完好:总分为 0 分;<br>1. 轻度受损:总分为 1 分;<br>2. 中度受损:总分 2~3 分;<br>3. 重度受损:总分 4~6 分 |

B.3 感知觉与沟通:见表3-8。

表3-8 感知觉与沟通

| | | |
|---|---|---|
| B.3.1意识水平 | □分 | 0分,神志清醒,对周围环境警觉 |
| | | 1分,嗜睡,表现为睡眠状态过度延长。当呼唤或推动患者的肢体时可唤醒,并能进行正确的交谈或执行指令,停止刺激后又继续入睡 |
| | | 2分,昏睡,一般的外界刺激不能使其觉醒,给予较强烈的刺激时可有短时的意识清醒,醒后可简短回答提问,当刺激减弱后又很快进入睡眠状态 |
| | | 3分,昏迷,处于浅昏迷时对疼痛刺激有回避和痛苦表情;处于深昏迷时对刺激无反应(若评定为昏迷,直接评定为重度失能,可不进行以下项目的评估) |
| B.3.2视力:若平日戴老花镜或近视镜,应在佩戴眼镜的情况下评估 | □分 | 0分,能看清书报上的标准字体 |
| | | 1分,能看清楚大字体,但看不清书报上的标准字体 |
| | | 2分,视力有限,看不清报纸大标题,但能辨认物体 |
| | | 3分,辨认物体有困难,但眼睛能跟随物体移动,只能看到光、颜色和形状 |
| | | 4分,没有视力,眼睛不能跟随物体移动 |
| B.3.3听力:若平时佩戴助听器,应在佩戴助听器的情况下评估 | □分 | 0分,可正常交谈,能听到电视、电话、门铃的声音 |
| | | 1分,在轻声说话或说话距离超过2 m时听不清 |
| | | 2分,正常交流有些困难,需在安静的环境或大声说话才能听到 |
| | | 3分,讲话者大声说话或说话很慢,才能部分听见 |
| | | 4分,完全听不见 |
| B.3.4沟通交流:包括非语言沟通 | □分 | 0分,无困难,能与他人正常沟通和交流 |
| | | 1分,能够表达自己的需要及理解别人的话,但需要增加时间或给予帮助 |
| | | 2分,表达需要或理解有困难,需频繁重复或简化口头表达 |
| | | 3分,不能表达需要或理解他人的话 |

续表 3-8

| | | |
|---|---|---|
| B.3 感知觉与沟通分级 | □级 | 0. 能力完好:意识清醒,且视力和听力评为 0 或 1,沟通评为 0;<br>1. 轻度受损:意识清醒,但视力或听力中至少一项评为 2,或沟通评为 1;<br>2. 中度受损:意识清醒,但视力或听力中至少一项评为 3,或沟通评为 2;或嗜睡,视力或听力评定 3 及以下,沟通评定为 2 及以下;<br>3. 重度受损:意识清醒或嗜睡,但视力或听力中至少一项评为 4,或沟通评为 3;或昏睡/昏迷 |

B.4 社会参与:见表 3-9。

表 3-9 社会参与

| | | |
|---|---|---|
| B.4.1 生活能力 | □分 | 0分,除个人生活自理外(如饮食、洗漱、穿戴、二便),能料理家务(如做饭、洗衣)或当家管理事务 |
| | | 1分,除个人生活自理外,能做家务,但欠好,家庭事务安排欠条理 |
| | | 2分,个人生活能自理;只有在他人帮助下才能做些家务,但质量不好 |
| | | 3分,个人基本生活事务能自理(如饮食、二便),在督促下可洗漱 |
| | | 4分,个人基本生活事务(如饮食、二便)需要部分帮助或完全依赖他人 |
| B.4.2 工作能力 | □分 | 0分,原来熟练的脑力工作或体力技巧性工作可照常进行 |
| | | 1分,原来熟练的脑力工作或体力技巧性工作能力有所下降 |
| | | 2分,原来熟练的脑力工作或体力技巧性工作明显不如以往,部分遗忘 |
| | | 3分,对熟练工作只有一些片段保留,技能全部遗忘 |
| | | 4分,对以往的知识或技能全部磨灭 |

续表 3-9

| 项目 | 得分 | 评分标准 |
| --- | --- | --- |
| B.4.3 时间/空间定向 | □分 | 0分,时间观念(年、月、日、时)清楚;可单独出远门,能很快掌握新环境的方位 |
| | | 1分,时间观念有些下降,年、月、日清楚,但有时相差几天;可单独来往于近街,知道现住地的名称和方位,但不知回家路线 |
| | | 2分,时间观念较差,年、月、日不清楚,可知上半年或下半年;只能单独在家附近行动,对现住地只知名称,不知道方位 |
| | | 3分,时间观念很差,年、月、日不清楚,可知上午或下午;只能在左邻右舍间串门,对现住地不知名称和方位 |
| | | 4分,无时间观念;不能单独外出 |
| B.4.4 人物定向 | □分 | 0分,知道周围人们的关系,知道祖孙、叔伯、姑姨、侄子侄女等称谓的意义;可分辨陌生人的大致年龄和身份,可用适当称呼 |
| | | 1分,只知家中亲密近亲的关系,不会分辨陌生人的大致年龄,不能称呼陌生人 |
| | | 2分,只能称呼家中人,或只能照样称呼,不知其关系,不辨辈分 |
| | | 3分,只认识常同住的亲人,可称呼子女或孙子孙女,可辨熟人和生人 |
| | | 4分,只认识保护人,不辨熟人和生人 |
| B.4.5 社会交往能力 | □分 | 0分,参与社会,在社会环境有一定的适应能力,待人接物恰当 |
| | | 1分,能适应单纯环境,主动接触人,初见面时难让人发现智力问题,不能理解隐喻语 |
| | | 2分,脱离社会,可被动接触,不会主动待人,谈话中很多不适词句,容易上当受骗 |
| | | 3分,勉强可与人交往,谈吐内容不清楚,表情不恰当 |
| | | 4分,难以与人接触 |
| B.4.6 社会参与总分 | □分 | 上述 5 个项目得分之和 |

续表 3-9

| | | |
|---|---|---|
| B. 4.7 社会参与分级 | □级 | 0. 能力完好:总分 0～2 分;<br>1. 轻度受损:总分 3～7 分;<br>2. 中度受损:总分 8～13 分;<br>3. 重度受损:总分 14～20 分 |

C. 老年人能力评估报告:见表 3-10。

表 3-10 老年人能力评估报告

| C. 1 一级指标分级 | C. 1.1 日常生活活动: □ | C. 1.2 精神状态: □ |
|---|---|---|
| | C. 1.3 感知觉与沟通: □ | C. 1.4 社会参与: □ |
| C. 2 老年人能力初步等级 | 0. 能力完好;1. 轻度失能;2. 中度失能;3. 重度失能 □ | |
| C. 3 等级变更条款 | 1. 有认知症和(或)痴呆、精神疾病者,在原有能力级别上提高一个等级;<br>2. 近 30 天内发生过 2 次及以上跌倒、噎食、自杀、走失者,在原有能力级别上提高一个等级;<br>3. 处于昏迷状态者,直接评定为重度失能;<br>4. 若初步等级确定为"3 重度失能",则不考虑上述 1～3 中各情况对最终等级的影响,等级不再提高 | |
| C. 4 老年人能力最终等级 | 0. 能力完好;1. 轻度失能;2. 中度失能;3. 重度失能 □ | |

评估员签名_____、_____　　　　日期_____年_____月_____日
信息提供者签名_____、_____　　　日期_____年_____月_____日

注:老年人能力初步等级划分标准
0. 能力完好:
日常生活活动、精神状态、感知觉与沟通分级均为 0,社会参与的分级为 0 或 1。
1. 轻度失能:
日常生活活动分级为 0,但精神状态、感知觉与沟通中至少一项分级为 1 或 2,或社会参与的分级为 2;或日常生活活动分级为 1,精神状态、感知觉与沟通、社会参与中至少有一项的分级为 0 或 1。
2. 中度失能:
日常生活活动分级为 1,但精神状态、感知觉与沟通、社会参与均为 2,或有一项为 3;或日常生活活动分级为 2,且精神状态、感知觉与沟通、社会参与中有 1～2 项的分级为 1 或 2。
3. 重度失能:
日常生活活动的分级为 3;或日常生活活动、精神状态、感知觉与沟通、社会参与分级均为 2;或日常生活活动分级为 2,且精神状态、感知觉与沟通、社会参与中至少一项分级为 3。

D. 老年人能力等级结果判定卡：见表3-11。

表3-11 老年人能力等级结果判定卡

| 能力等级 | 日常生活活动 | 精神认知 0 | 1 | 2 | 3 | 感知觉与沟通 0 | 1 | 2 | 3 | 社会适应 0 | 1 | 2 | 3 |
|---|---|---|---|---|---|---|---|---|---|---|---|---|---|
| 0. 能力完好 | 0 | ■ |   |   |   | ■ |   |   |   | ■ | ■ |   |   |
|  | 1 |   |   |   |   |   |   |   |   |   |   |   |   |
|  | 2 |   |   |   |   |   |   |   |   |   |   |   |   |
|  | 3 |   |   |   |   |   |   |   |   |   |   |   |   |
| 1. 轻度失能 | 0 | ■ |   |   |   | ■ |   |   |   | ■ | ■ | ■ |   |
|  | 1 | ■ | ■ | ■ |   | ■ | ■ |   |   | ■ | ■ | ■ |   |
|  | 2 |   |   |   |   |   |   |   |   |   |   |   |   |
|  | 3 |   |   |   |   |   |   |   |   |   |   |   |   |
| 2. 中度失能 | 0 |   |   |   |   |   |   |   |   |   |   |   |   |
|  | 1 | ■ | ■ | ■ |   | ■ | ■ | ■ |   | ■ | ■ | ■ |   |
|  | 2 | ■ | ■ | ■ |   | ■ | ■ | ■ |   | ■ | ■ | ■ |   |
|  | 3 |   |   |   |   |   |   |   |   |   |   |   |   |
| 3. 重度失能 | 0 |   |   |   |   |   |   |   |   |   |   |   |   |
|  | 1 |   |   |   |   |   |   |   |   |   |   |   |   |
|  | 2 | ■ | ■ | ■ | ■ | ■ | ■ | ■ | ■ | ■ | ■ | ■ | ■ |
|  | 3 | ■ | ■ | ■ | ■ | ■ | ■ | ■ | ■ | ■ | ■ | ■ | ■ |

注：若日常生活活动、精神状态、感知觉与沟通、社会参与均为2，则判定为重度失能。

2. 南京市《老年人能力评估标准（试行）》

A. 1 能力等级划分：见表3-12。

表3-12 能力等级划分

| 能力等级 | 等级名称 | 能力评估分值 |
|---|---|---|
| 一级 | 自理 | 0～5分 |
| 二级 | 半失能 | 6～20分 |
| 三级 | 失能 | ≥21分 |

B.1 老年人能力评估基本信息表:见表3-13。

表3-13 老年人能力评估基本信息表

| 一、基本情况 |||||||
|---|---|---|---|---|---|---|
| 单位:区街道(镇)社区(村) ||||||||
| 姓名 | | 身份证号 | | 老年优待证号 | | 固话 | |
| ^ | ^ | ^ | ^ | ^ | ^ | 手机 | |
| 文化程度 | | 户籍地址 | | 居住地址 | | 常住时间 | □1年以下<br>□1~3年<br>□3年以上 |
| 联系人 |||||||
| 对象 | 姓名 || 与老人关系 || 联系方式 | 是否有老年人钥匙 ||
| 联系人1<br>(直系亲属) | || || | □有 □无 ||
| 联系人2 | || || | □有 □无 ||
| 联系人3 | || || | □有 □无 ||
| 二、社会生活环境参数 |||||||
| 原职业 | □公务员 □教师 □军人 □事业职工 □企业职工 □农民 □商人<br>□无固定职业 ||||||
| 人员类别 | □离休 □退休 □低保户 □低保边缘户 □城市三无 □农村五保 □三线老军工<br>□三无下放人员 □供养人员 □其他 ||||||
| 特殊对象 | □大屠杀幸存者 □百岁老年人 □计生特扶老人 □重点优抚对象 ||||||
| 收入来源 | □机关事业单位离休金 □机关事业单位退休金 □养老金 □三无下放人员补贴<br>□三线老军工补贴 □城乡居民养老保险 □供养人员补贴 □低保金<br>□拆迁补助(____元/月) □失地农民补助;□其他 ||||||
| 子女状况 | □有子女<br>□无子女 || 医疗类别 || □公费 □职工医保 □居民医保<br>□新农合 □自费 |||
| 居住状况 | □独居<br>□空巢 || 住房性质 | □有产权<br>□无产权 | 居室 | □一居 □二居<br>□三居 □其他 ||

续表 3-13

| 居住条件 | 楼层电梯：<br>□有 □无 | 居住楼层(楼层无电梯的)：<br>□一层 □二层 □三层以上 | | 室内厕所<br>□有 □无 | 室内洗浴设备<br>□有 □无 |
|---|---|---|---|---|---|
| 原照料情况 | □自我照料 □配偶照顾 □子女照顾 □自购家政服务 □送餐服务 □互助门铃<br>政府购买居家养老服务：□居家照料 □紧急呼叫终端 □老年人意外伤害保险 □其他 | | | | |
| 服务需求 | □家务料理 □代购物品 □康复保健 □紧急呼叫 □心理关爱 □法律援助 □文化娱乐 □助餐 □送餐 □陪聊 □陪住 □陪外出 □陪旅游 □日托 □入住老年人福利机构；其他： | | | | |
| 身体状况 | □身体健康<br>重病：□恶性肿瘤 □尿毒症透析 □器官移植(含手术后的抗排异治疗)<br>□白血病<br>□急性心肌梗死 □脑中风 □急性坏死性胰腺炎 □脑外伤 □主动脉手术<br>□冠状动脉旁路手术<br>□慢性肾衰竭 □急慢性重症肝炎 □危及生命的良性脑瘤 □重症糖尿病<br>□消化道出血<br>□系统性红斑狼疮 □慢性再生障碍性贫血 □血友病 □重症精神病<br>慢性病：□高血压 □冠心病 □前列腺增生 □糖尿病 其他： | | | | |
| 心理状况 | □正常 □偶尔有孤独感 □经常觉得很孤独 | | | | |
| 社会活动情况 | □经常 □偶尔 □从不 | | 社会活动类型：□文艺类 □教育类 □健身类<br>□慈善类 □经济类 □宗教类 □其他 | | |

三、日常生活活动

| 项目 | 描述 | 正常 | 轻丧失 | 中丧失 | 完全丧失 |
|---|---|---|---|---|---|
| 吃饭 | 能完成入口、咀嚼、吞咽等步骤 | | | | |
| 穿衣 | 完成取衣、穿衣、系带、扣扣子等 | | | | |
| 上下床 | 能完成洗脚、洗脸、上下床等步骤 | | | | |
| 如厕 | 如厕、便后能自理及整理衣裤 | | | | |
| 室内走动 | 外出、上下楼正常 | | | | |
| 洗澡 | 能完成洗澡的全部过程 | | | | |
| 控制大小便 | 能控制大小便 | | | | |

续表 3-13

| 四、认知能力 ||||||
| --- | --- | --- | --- | --- | --- |
| 项目 | 描述 | 正常 | 轻丧失 | 中丧失 | 完全丧失 |
| 近期记忆 | 能回想近期发生的事情 | | | | |
| 程序记忆 | 完成洗衣、做饭、做菜等 | | | | |
| 定向记忆 | 外出、回家不迷路 | | | | |
| 判断能力 | 对日常事物的判断不违背常理 | | | | |

| 五、情绪行为 ||||||
| --- | --- | --- | --- | --- | --- |
| 项目 | 描述 | 正常 | 轻丧失 | 中丧失 | 完全丧失 |
| 情绪 | 与人和睦相处,不偏激 | | | | |
| 行为 | 动作行为表现是否异常 | | | | |
| 沟通 | 在交流中能否互相理解 | | | | |

| 六、视、听觉 ||||||
| --- | --- | --- | --- | --- | --- |
| 项目 | 描述 | 正常 | 轻丧失 | 中丧失 | 完全丧失 |
| 视觉 | 能正常看电视、读报等 | | | | |
| 听觉 | 能正常接听电话、交谈 | | | | |

本人(或家属)签字： 评估员： 社区： 评估机构：_____

日期：

C.1 老年人失能程度对照表：见表 3-14。

表 3-14 老年人失能程度对照表

| 评估事项 || 评估等级 ||||
| --- | --- | --- | --- | --- | --- |
| | | 正常 | 轻丧失 | 中丧失 | 完全丧失 |
| (1) 吃饭 | 使用餐具将饭菜送入口、咀嚼、吞咽等步骤 | 独立完成 | 需帮助摆放餐具或药品,能自己进食或服药 | 需要协助给药,如切碎、搅拌食物或药物等 | 完全需要帮助或经鼻饲进食或给药 |
| (2) 穿衣 | 取衣、穿衣、扣扣、系带 | 独立完成 | — | 需要协助,在适当的时间内完成部分穿衣 | 完全需要帮助 |

续表 3-14

| 评估事项 | | 评估等级 | | | |
|---|---|---|---|---|---|
| | | 正常 | 轻丧失 | 中丧失 | 完全丧失 |
| (3) 如厕 | 如厕,便后能自理及整理衣裤 | 无需帮助或能借助辅助具进出厕所 | 基本上能如厕或使用便器 | 在提示和协助下尚能如厕或使用便器 | 不能自行进出厕所完成排泄过程 |
| (4) 控制大小便 | — | 能完全控制 | — | 偶尔大小便失禁 | 排尿、排便失禁或用导尿管 |
| (5) 室内走动 | 站立、卧床、行走、上下楼梯等 | 自如 | 借助较小的外力或辅助装置能完成站立、卧床、行走、上下楼梯等 | 借助较大的外力才能完成站立、卧床、行走,不能上下楼梯 | 卧床不起,移动完全需要帮助 |
| (6) 洗澡 | 洗漱、擦浴、盆浴、淋浴 | 独立完成 | 能独立地洗头、梳头、洗脸、刷牙、剃须等,洗澡需要协助 | 在协助下和适当的时间内,能完成部分修饰;洗澡需要帮助 | 完全需要帮助 |

C.2 老年人失能程度对照表:见表 3-15。

表 3-15 老年人失能程度对照表

| 评估事项 | | 评估等级 | | | |
|---|---|---|---|---|---|
| | | 正常 | 轻丧失 | 中丧失 | 完全丧失 |
| 近期记忆 | 回想近期发生的事情 | 对近期发生的事情记忆清晰 | 对近期发生的事情记忆模糊 | 对近期发生的事情遗忘,在提示下能记起部分 | 经提示也不能记起近期发生的事情 |
| 程序记忆 | 完成习得的生活技能,如穿衣程序、烧水泡茶程序等 | 正确完成 | — | 在提示下能正确完成 | 经提示也不能正确完成 |

续表 3-15

| 评估事项 | | 评估等级 | | | |
| --- | --- | --- | --- | --- | --- |
| | | 正常 | 轻丧失 | 中丧失 | 完全丧失 |
| 定向能力 | 现实导向能力,对人物、地点、时间、空间等的识别和判断能力 | 定向力正常 | — | 在提示下,能正确说出人物、地点、时间、空间等 | 经提示也不能正确说出人物、地点、时间、空间等 |
| 判断能力 | 对日常生活的内容、时间、谁处理等作出判断 | 能正确作出判断 | — | 在提示下能作出判断,表现为判断迟缓、不决 | 判断错误 |
| 情绪 | 对客观事物的主观态度体验是否与实际相符,能否被常人理解 | 情绪稳定 | 情绪欠稳定,但尚能被人理解 | 无诱因,情绪变化较大 | 喜怒无常或毫无反应 |
| 行为 | 动作行为表现有否异常 | 行为正常 | 偶尔有异常行为,但不影响正常生活,不需要协助调适或监护 | 经常有异常行为,影响正常生活,需要一定监护 | 经常有异常行为,严重影响正常生活,完全需要监护 |
| 沟通能力 | 在交流中能否互相理解 | 理解准确,表达清晰 | — | 需提示才能听懂、简单表达 | 交流困难,不能表达和理解 |
| 视力 | 有否视力障碍,能否安全照顾自己 | 在正常环境下能安全照顾自己 | — | 低视力(矫正后),生活需要照顾 | 由于视力障碍,功能完全丧失,无法适应生活环境而安全照顾自己 |

D.1 老年人能力评估分值表：见表3-16。

表3-16 老年人能力评估分值表

一、生活自理能力参数

| 项目 | 描述 | 正常 | 轻丧失 | 中丧失 | 完全丧失 |
|---|---|---|---|---|---|
| 吃饭 | 能完成入口、咀嚼、吞咽等步骤 | 0 | 0 | 3 | 5 |
| 穿衣 | 完成取衣、穿衣、系带、扣扣子等 | 0 | 0 | 3 | 5 |
| 如厕 | 如厕、便后能自理及整理衣裤 | 0 | 1 | 5 | 10 |
| 室内走动 | 外出、上下楼正常 | 0 | 1 | 5 | 10 |
| 洗澡 | 能完成洗澡的全部过程 | 0 | 1 | 3 | 7 |
| 控制大小便 | 能控制大小便 | 0 | 0 | 3 | 5 |

二、认知能力参数

| 项目 | 描述 | 正常 | 轻丧失 | 中丧失 | 完全丧失 |
|---|---|---|---|---|---|
| 近期记忆 | 能回想近期发生的事情 | 0 | 2 | 5 | 10 |
| 程序记忆 | 完成洗衣、做饭、做菜等 | 0 | 0 | 5 | 10 |
| 定向记忆 | 外出、回家不迷路 | 0 | 0 | 5 | 10 |
| 判断能力 | 对日常事物的判断不违背常理 | 0 | 0 | 5 | 10 |

三、情绪行为参数

| 项目 | 描述 | 正常 | 轻丧失 | 中丧失 | 完全丧失 |
|---|---|---|---|---|---|
| 情绪 | 与人和睦相处，不偏激 | 0 | 2 | 6 | 10 |
| 行为 | 动作行为表现是否异常 | 0 | 2 | 6 | 10 |
| 沟通 | 在交流中能否互相理解 | 0 | 0 | 1 | 2 |

四、视、听觉

| 项目 | 描述 | 正常 | 轻丧失 | 中丧失 | 完全丧失 |
|---|---|---|---|---|---|
| 视觉 | 能正常看电视、读报等 | 0 | 0 | 5 | 10 |
| 听觉 | 能正常接听电话、交谈 | 0 | 0 | 0 | 0 |

三、案例分析

1. 认知功能评估案例

【案例1】 陈爷爷今年75岁，入住某养老机构，评估员对其进行入院评估，在评估认知功能时，画钟测验标出09:25的时间，结果如下图，3个物品回忆出2个。

请判断陈爷爷是否有认知功能障碍。

分析:在画钟测验中,陈爷爷画出的表盘完全闭合,表盘时间准确,时针和分针的时间表述基本正确。因此,画钟测验判定为正确。词语测验中,物品回忆出2个。依据认知功能测验的评分标准,将认知功能判断为0分,无认知功能障碍。

【案例2】 张奶奶今年90岁,入住某护理院,评估员对其进行入院评估,在评估认知功能时,画钟测验标出12:15的时间,结果如下图,3个物品回忆出1个。请判断张奶奶是否有认知功能障碍。

分析:在画钟测验中,张奶奶画出的表盘未能完全闭合,表盘时间刻度错误,时针和分针的时间表述上也出现了错误。因此,画钟测验判定为错误。词语测验中,物品回忆出1个。依据认知功能测验的评分标准,将认知功能判断为1分,可以确定为认知功能障碍老人。

2. 能力评估案例

(1)民政部老年人能力评估标准案例及分析

【案例1】 某老年公寓新入住一位80岁老年人,评估员对其进行服务前评估。对四个一级指标的评定结果如下:日常生活活动总分为80分,精神状态为0分,感知觉与沟通:意识水平为0分、视力为1分、听力为1分、沟通为0分,社会参与为2分。请判断该老年人4个一级指标的分级,并判断老年人的最终能力等级。

分析:依据老年人能力评估报告中提供的4个一级指标的分级说明,判断该老年人一级指标分级如下:

日常生活活动总分为80分,判定为1级,轻度受损;

精神状态为0分,判定为0级,能力完好;

感知觉与沟通判定为0级,能力完好;

社会参与:社会参与总分为2分,判定为0级,能力完好。

对照老年人能力等级划分标准或老年人能力等级判定卡,即判定该老年人的最终能力等级为1级,为轻度失能。

【案例2】 某位老人近一个月内发生2次跌跤,子女将老人送入老年公寓。老人84岁,女性,日常行走借助拐杖。评估员对其进行评估,四个一级指标评估结果如下:日常生活活动总分为60分,精神状态为0分,感知觉与沟通:意识水平0分、视力1分、听力1分、沟通0分,社会参与3分。请判断该老年人4个一级指标的分级,并判断老年人的最终能力等级。

分析:依据老年人能力评估报告中提供的4个一级指标的分级说明,判断该老年人一级指标分级如下:

日常生活活动总分为60分,判定为2级,中度受损;

精神状态:精神状态为0分,判定为0级,能力完好;

感知觉与沟通:判定为0级,能力完好;

社会参与:社会参与总分为3分,判定为1级,轻度受损。

对照老年人能力等级划分标准或老年人能力等级判定卡,判定该老年人的能力等级为2级,为中度失能。但是,该老年人在一个月内发生了2次跌倒,根据等级变更条款,老年人能力等级加重一个等级,即老年人的最终能力等级为3级,重度失能。

【案例3】 某公寓老人,85岁,因患有老年痴呆,入住公寓半年后,评估人员对老人进行二次评估。四个一级指标的评定结果如下:日常生活活动总分为50分,精神状态为2分,感知觉与沟通:意识水平1分、听力、视力1分,沟通2分,社会参与12分。请判断该老年人4个1级指标的分级,并判断老年人的最终能力等级。

分析:依据老年人能力评估报告中提供的4个一级指标的分级说明,判断该老年人一级指标分级如下:

日常生活活动总分为50分,判定为2级,中度受损;

精神状态:精神状态为2分,判定为2级,中度受损;

感知觉与沟通:判定为2级,中度受损;

社会参与:社会参与总分为12分,判定为2级,中度受损。

对照老年人能力等级划分标准或老年人能力等级判定卡,判定该老年人的能力等级为3级,为重度失能。但是,该老年人患有老年性痴呆,根据等级变更条款,老年人能力等级初次确定为重度,等级不再提高,即老年人的最终能力等级为3级,重度失能。

(2)南京市老年人能力评估标准案例及分析

【案例1】 孙奶奶今年75岁,入住某老年公寓,对其入院评估。4个1级指标

描述如下:

日常生活活动:能够独立完成吃饭、穿衣、修饰、如厕、控制大小便、室内走动、上下楼梯,但洗澡需有人陪护;认知能力:近期记忆模糊,程序记忆、定向记忆、判断能力正常;情绪行为参数:情绪、行为、沟通均正常;视、听觉参数指标:视力戴上老花镜能够正常读报,听力正常。请判断4个1级指标分值及老年人的能力等级。

分析:依据老人的4个1级指标描述,对照失能程度对照表,老人的4个1级指标得分情况如下:

日常生活活动得分1分;认知能力得分2分;情绪行为得分0分;视力、听力得分0分。老人能力等级评分共计3分,对照评估分值及等级标准,老人能力等级为自理。

**【案例2】** 帅爷爷今年92岁,入住老年公寓半年后接受定期评估。老人的4个1级指标描述如下:

日常生活活动:能够独立完成吃饭、穿衣,如厕、控制大小便。室内走动、上下楼梯需要借助拐杖,洗澡需有人陪护;认知能力:老人近期记忆模糊、判断能力迟缓,程序记忆、定向记忆正常;情绪行为:情绪、行为、沟通正常;视、听觉:视力、听力正常。

分析:依据老人的4个1级指标描述,对照失能程度对照表,老人的4个1级指标得分情况如下:

日常生活活动得分3分;认知能力得分7分;情绪行为得分0分;视力、听力得分0分。老人能力等级评分共计10分,对照评估分值及等级标准,老人能力等级为半失能。

**【案例3】** 金爷爷患有老年痴呆,入住某老年公寓,对其进行入院评估,4个1级指标情况描述如下:

日常生活活动:吃饭可独立完成、穿衣需要帮其扣扣子,可自行如厕、室内走动自如,无法上下楼需要搀扶、洗澡需要帮助、大小便需要提示;认知能力:近期记忆、定向记忆提示也无法记起、程序记忆提示下不能完全正确完成、对事物判断错误;情绪行为:情绪喜怒无常、行为举止异常,交流困难。但无攻击或自杀倾向或行为;视、听觉:视、听力正常。

分析:依据老人的4个1级指标描述,对照失能程度对照表,老人的4个1级指标得分情况如下:

日常生活活动得分15分;认知能力得分35分;情绪行为得分22分;视力、听力得分0分。老人能力等级评分共计72分,对照评估分值及等级标准,老人能力等级为失能。

(易 婕)

# 第四章 养老机构照护服务

照护服务是养老机构的中心工作和养老服务的核心内容。照护服务的质量和水平直接关系到入住老人的生活质量与生命安危,也关系到养老机构的生存与发展。

## 第一节 老年人照护服务内容

### 一、老年人照护服务需求

(一)生理方面

老年人中非传染性疾病和慢性病增多。非传染性疾病和慢性病,是指病程持续时间长、发展缓慢的疾病,主要包括心血管疾病、癌症、慢性呼吸道疾病、糖尿病等。不同年龄人口的慢性疾病患病率也不同,患病率随着年龄的升高而上升,65岁及以上人口的慢性病患病率已达到 64.54%。老年人身体器官、组织、功能也随之衰退,逐渐出现一系列问题,需要他人协助和服务的内容也越来越多。

(二)心理、社会方面

从心理和社会的角度分析,突出的是老年人对周围环境变化的适应性减退,自我控制能力随之下降;逐渐从工作和家务劳动的一线退出,需要不断调整。主要体现在需要更多的安全感、归属感、亲情感、便利感、舒适感,受尊重和被关爱。

### 二、照护服务主要内容

针对老年人照护服务的需求,以能力等级划分为基础,设计相应的护理服务内容及服务实施,确定实施的方法及提供服务的人员,包括护士、养老护理员/助理护士及其他相关辅助人员,以达到护理人力资源的合理利用。同时根据护理服务的内容制定相应护理标准和流程。包括个人生活照护、安全防护、心理支持、康复护理、健康指导、安宁护理、社会功能训练、特别护理、护理评估等。

(一)个人生活照护

为老年人提供持续性生活照顾,以确保其享有舒适、清洁的日常生活为目的。

包括个人清洁卫生、穿衣、修饰、饮食、口腔清洁、皮肤清洁、压疮预防、排泄、活动等。

1. 个人清洁卫生　包括洗脸、洗手、洗头（包括床上洗头）、洗脚、协助整理个人物品、清洁平整床铺、更换床单。

2. 穿衣　包括协助穿衣、帮助扣扣子、更换衣物、系鞋带。

3. 修饰　包括梳头、协助化妆、剪指甲、修面。

4. 饮食起居　协助进食、饮水、鼻饲管喂食。

5. 口腔清洁　包括刷牙、漱口、特殊口腔护理。

6. 皮肤清洁　包括清洗会阴,擦洗胸背部、腿部、沐浴。

7. 压疮预防　除保持床单的干燥,清洁平整床铺,更换床单,清洁皮肤、会阴部外,应定时更换卧位,减轻皮肤的受压状况。

8. 排泄　包括定时提醒如厕,使用便盆、尿壶,协助如厕排便、排尿,协助大小便失禁、尿潴留或便秘、腹泻的老年人排便、排尿,实施人工排便,清洗、更换尿布。

9. 活动　协助老年人上下楼梯、平地行走、床和椅的转移,协助扶起及安顿入座椅和（或）轮椅。

（二）安全防护

安全防护以预防为主,采取适当的安全措施,达到避免或减少对老年人伤害的目的。安全防护包括提供安全设施、使用约束相关的物品、采取安全预防措施、预防与控制机构内感染。

1. 提供安全设施　包括防滑地面、床挡、安全扶手、安全标志、紧急通道标志、紧急呼救系统、照明设施、防护垫。

2. 使用保护性约束用具　包括约束带、约束衣、约束手套等。只有在防止老年人可能伤害自己或伤害他人的情况,或防止老年人跌倒、坠床,防止老年人自行除去尿袋、鼻饲管、尿布、衣服和其他危险因素,并与家属签署知情同意书的情况下才能使用保护性约束用具。

3. 采取安全预防措施　包括评估老年人不安全因素,制订意外伤害的预防方案,定期检查安全程序的落实情况。

4. 控制机构内部感染　指为预防和控制机构内感染和传染病,保证老年人的安全而采取的措施。

5. 成立感染控制小组　包括医生、护士、机构管理者,制订条例和技术规范以防止、监测、控制和报告机构内部感染;提供一个卫生的环境,避免感染和传染病来源及其传播。

（三）心理支持

心理支持包括提供探视机会、心理咨询服务。护理人员经常与老人交谈。提供服务时应注意保护老年人的隐私权,提供必要的服务场所,制订心理社会支持评估系统,以及时发现老年人的心理问题。

(四)护理评估

护理评估包括入住评估、机构内评估、护理和治疗效果的评估、各种危险因素的评估以及病情评估,以便及时发现问题。

(五)康复护理服务

1. 失禁功能训练　针对大小便失禁的老年人提供功能训练的机会和指导。

2. 日常生活能力训练　对 Berthel 指数中重度依赖的老年人提供日常生活能力训练的机会和指导。

3. 协助专业康复　针对进行专业康复治疗的老年人,遵医嘱协助、指导老年人进行康复,并在专业康复的间歇期督促老年人持续自我训练。

4. 肌肉关节活动范围训练　指导老年人进行肌肉关节活动,为长期卧床老年人提供被动的关节活动范围训练。

(六)健康指导

为老年人提供医疗、护理、康复方面的咨询,定期对老年人进行疾病相关知识的指导教育。

(七)安宁料理

安宁料理包括减轻临终期老年人的疼痛,提高临终期老年人的生活质量;做好临终期老人的心理护理、死亡教育和家属的心理支持。

(八)社会功能训练

社会功能训练包括组织各种文娱活动或体育活动,以及各种社会活动,以丰富老年人精神文化生活,帮助其建立新的社会关系,努力营造大家庭色彩,满足其社会交往和社会情感的需要。

(九)特别护理

特别护理服务是根据老年人入住评估中存在的相关健康问题以及有关病情情况,有针对性提供下列服务内容:

1. 与疾病相关的病情观察　根据老年人病情的需要,遵照医生医嘱及时、准确地观察老年人的意识状态、生命体征、心理状态、特殊检查和治疗的情况,以便为老年人进一步的治疗和护理服务提供依据。

2. 与疾病相关的给药护理　根据医嘱对老年人进行正确给药,包括静脉输液、注射药、口服药、外用药、栓剂等。

3. 与健康问题相关的护理服务　针对老年人具体的健康问题,提供相应的护理服务,例如,针对入住老人压疮的危险和对已存在压疮的老年人提供压疮的护理服务;针对带有鼻饲管、胃肠造瘘管、留置导管、伤口引流管的老年人进行管道维护,记录管道及引流情况,预防感染和并发症;指导与协助结肠造口,直至老年人能独立更换造口袋,并维护造口部位的卫生等。

4. 其他　指其他遵照医嘱执行的治疗性护理服务,例如,针对慢性阻塞性肺疾病或其他疾病导致的缺氧给予给氧治疗、雾化吸入等。

## 第二节　养老机构的护理管理

### 一、护理管理的方式

#### (一) 分级管理

不同的养老机构有不同的护理管理模式。如较大型的养老机构实行的是院长→护理主任或护士长的两级管理模式;较小型的养老机构一般实行的是院长直接抓的管理模式。

#### (二) 按服务对象分类管理

1. 非临床护理管理(生活照护管理)　主要任务是照顾老人的饮食起居和开展文娱活动。因此,一般按服务区或楼层组织护理工作,每个服务区或楼层设一名护理主任或班组长,其属下有数个养老护理员负责开展工作。

2. 临床护理管理　老年护理院、老年康复医院、老年临终关怀医院等,采用此种医养结合模式。主要是护理和照料生活不能自理,长期患病卧床,甚至是临终前的老人。需要用临床护理的方法帮助老人解除病痛。这类养老机构都取得卫生行政部门颁发的医疗服务资质。但与外面医疗机构不同的是实行科主任领导下的护士长负责制。一个科室或中心主任可以管理一个或多个病区,每个病区配一名护士长、几名护士、数名护理员。由病区护士长负责该病房的老人临床护理和生活护理的管理工作。

3. 混合管理　较大型的养老机构接受的住养老人情况较为复杂,既有自理老人,也有介助和介护老人,一般按照入住老人的生活自理能力和身体疾病情况收住不同的护理区。自理老人服务区采用生活照护管理模式;生活不能自理、长期卧床、临终老人采取医护合一的临床护理管理模式。如自理老人突发疾病也可及时在养老机构内设的医院或病区进行救治。这样可以科学、合理地分配资源,保证养老机构安全、高效运转。

#### (三) 按护理人员分专业管理

将护理工作进行分类,形成不同的功能性、专业性较强的工作岗位,如临床护理岗位(护士)、生活护理岗位(护士或护理员)、心理护理岗位(社工、心理咨询)、康复护理(康复治疗师)、营养护理(营养师)、文体娱乐(社工、义工)、清洁卫生(保洁员)等。针对每一位老人,护理人员交叉进行照料和服务。一位老人要面对多位工作人员。功能性护理的优点是专业性较强,工作效率较高,缺点是服务缺乏整体性和连续性,有时会在衔接上出差错。这种护理形式在老年护理院、康复医院等较多采用。

(四)包干责任制管理

将老人和护理人员分成若干小组,任务到人,责任包干。护理团队中的每位养老护理员在其工作时间内全权负责该小组老人的照料和护理,当其下班或休息时间,该团队的其他养老护理员将继续完成既定的护理任务。此种护理形式容易提高护理员和老人的满意度。护理人员对老人的身体情况和生活习惯了解,但对护理人员的综合工作能力要求较高,他们要面对多种老人。另一种形式的责任制护理是养老护理员包干数名老人,实行24小时全天候的护理,吃住在老人房间。

## 二、护理人员的配备

目前,我国城市养老机构护理人员的配备尚无统一的规定,只有原则性、指导性意见,例如在民政部《老年人社会福利机构基本规范》(MZ008—2001)中只提出了"护理人员及其他人员的数量以能满足服务对象的需要并能提供本规范所规定的服务项目为原则"的要求,没有具体的人员配置比例。《国家二级福利院评定标准实施细则》(民办函〔1994〕74号)中提出了"工作人员与正常老人的比例为1:4,与生活不能自理老人的比例为1:1.5"的要求。由于国家没有统一的养老护理员配置比例标准,各地各类养老机构护理人员配置的比例都比较低。

2006年民政部《关于农村五保供养服务机构建设的指导意见》(民发〔2006〕107号)中提出了"农村五保供养服务机构应当因事设岗,按需设岗,岗位主要由院长、护理服务、炊事、医疗、会计、出纳、保管组成。工作人员与机构供养对象比例原则上不低于1:10"。

2008年,江苏省民政厅颁布了《江苏省示范性养老机构评估细则(暂行)》,明确规定了养老护理员与入住老人配置比例,即护理员与自理老人的配置比例为1:(5~8);护理员与介助老人的配置比例为1:(2~3);护理员与介护老人的配置比例为1:(1~2)。

养老护理员配置比例过低,必然会降低服务标准与服务质量,既不符合要求,也存在极大的安全隐患,但人员比例配置过高,又会增加服务成本,这是一对矛盾,需要认真研究。从这些年江苏各地养老机构的实践情况看,我们认为,江苏省民政厅提出的养老护理员配置比例比较切合实际,符合老年人护理实际需要。

### 三、护理区的管理

护理管理通常以老人居住区、护理区为单元进行。护理区的护理工作由护理区护士长负责。老人居住区的护理工作则由护理区主任或班组长负责。

1. 老人居室布置温馨,家庭化暖色调。

2. 老人住宅区范围内的所有居室、活动场所、卫浴设施、备餐间、开水间等应有统一、规范、醒目的标志牌,便于老人识别,特别是老人居室,应标明居住者和护理责任人的姓名,有的还张贴图案。

3. 老人住宿区应按照"5S"质量管理要求,做好老人居住环境的整理和清洁卫生工作。做到物品堆放井然有序,门窗洁净,地面清洁、干燥、不湿滑、无痕迹、垃圾、无异味。("5S"管理:是日本丰田汽车公司在管理实践中总结出来的经验,其核心是工作井然有序、一丝不苟。分别是:整理、整顿、清扫、清洁、教育,五个日本单词的第一个日语发音组成,它们都是"S"开头,所以称"5S")。

整理:明确区分需要和不需要的东西,要求工作场所不放置与工作无关的物品(如老人换季的衣服要及时整理放在衣橱或仓库里)。

整顿:使物品始终处于需要使用的位置,便于及时获取。

清扫:始终处于无垃圾、无灰尘和整洁状态。

清洁:经常进行整理、整顿和清洁。

教育:正确执行规定和原则,养成良好的习惯(老人和员工)。

养老机构推行"5S"管理的意义:

(1) 改变脏、乱、差的环境,消除安全隐患。

(2) 培养员工良好的工作习惯、严谨的工作作风和为老人服务的精神,增强团队意识。

(3) 降低消耗,减少浪费。

(4) 在舒适整洁的环境中生活和工作,可使老人与工作人员都感到身心愉悦,心情舒畅。

4. 设置宣传廊,定期更换内容,向老人宣传卫生常识和预防保健方面的知识。

5. 对可能存在安全隐患的地方应及时向上级反映、及时整改,并在醒目的地方悬挂安全警示标志。

6. 脑退化症老人居住区应加强走廊和门口的管理,老人的一切活动应在工作人员的视线内。

7. 督促老人遵守院规院纪。处理好同室老人的关系,必要时可开展"五好老人"评比和宿舍流动红旗评比,激发老人自己管理的热情。

## 四、老年人出入院管理

老人出入院管理涉及多个部门,但它是养老护理管理的重要内容。其意义在于消除安全隐患和对出院、转院或辞世的老人做好后续服务工作,给离院的老人及家属留下好的印象。

(一) 入院流程

1. 咨询(相互了解、认可),一般有个过程,短的几天,长的几个月。
2. 填写入院申请,初评老人护理等级。如是卧床老人应当在其亲属陪同下检查老人身体。
3. 核对老人身份证、户口本、近期体检证明、近期照片、近亲属身份证等。
4. 签订试住协议,护理部开入住通知单。老人缴纳备用金和相关费用。
5. 整理房间床铺,老人自备日常生活用品。
6. 医生查体、建立健康档案、观察、再评估。
7. 观察期满老人情况正常可签订入院协议,安排居住护理区床位,否则退回。

(二) 新入住老人的接待工作

接到老人入住通知后,护理主任或班长要检查老人居室床铺、设施等,备齐老人必需用品。老人在亲属的护送下入院,热情做好接待工作,使入住老人感受到机构的温馨,也使家属放心。要求家属常来探望。另外要向老人介绍养老机构的生活环境、服务设施和入住须知。使新入住老人尽快熟悉新的生活环境和入住要求。身体不好的老人要及时通知医护人员检查诊治,以便提供相应护理服务。

(三) 尽快熟悉新入住老人的情况

老人入住后,护理人员要及时查看老人入院前体检资料、入院协议书等,并通过亲属介绍、老人自述、观察老人的行为举止等途径,了解老人的生活习惯、饮食习惯、健康状况、脾气性格、兴趣爱好及特殊要求等。院内医务人员要对每一位老年人及时建立健康档案(48小时),进行健康评估,制定护理计划,实行个体化的照护服务。

(四) 做好试住期间的观察与记录

入住老年人有两周的试住期,工作人员对新入住的老人必须进行床头交接班,必须认真填写试住观察记录。如发现老人病情危重,心理、精神异常等不适合本院居住者,应及时通知老人的家属,无条件的尽快将老人转院或接回,不得挽留。

(五) 出院老人的流程

老人或家属在一周前提出申请,开具出院通知单。护理区检查床位及房间设施无损坏、遗失等,协助老人整理衣物,财务室结账:寄养费用、伙食费、医药费、代办服务费等。然后在通知单上盖章,门卫凭盖章通知单出院。

护理区应在当日的交接班本上有记录,注明出院的时间、原因、护送老人出院时的身体情况。

（六）去世老人的善后处理

正常或因病去世的老人,院方应及时通知家属并协助料理遗体。养老机构的医务人员做好抢救和死亡记录并为去世老人开具死亡证明。护理人员协助家属整理遗物,结清账目。凭出院通知单等待殡仪馆接送遗体。意外死亡的老人如果涉及刑事案件首先应保护好案发现场并拍照,待公安机关勘察完现场后再移动遗体,料理后事。

### 五、照护服务质量管理

科学有效的质量管理是提高护理质量的重要措施。

（一）建立护理服务质量管理体系

1. 建立各项护理服务规范

（1）服务协议:民政部《养老机构管理办法》规定,老年人入住必须签订入住协议书。内容包括:①养老机构名称、住所、法定代表人或者主要负责人、联系方式;②老年人及其代理人和老年人指定的经常联系人的姓名、住址、身份证明、联系方式;③服务内容和服务方式;④收费标准以及费用支付方式;⑤服务期限和地点;⑥当事人的权利和义务;⑦协议变更、解除与终止的条件;⑧违约责任;⑨意外伤害责任认定和争议解决方式;⑩当事人协商一致的其他内容。

（2）各项护理服务操作技术规范和评价标准:老年护理所有的服务项目需要制订正确操作流程、服务规范和评价标准。这既是护理质量管理的基础,也是护理人员必须遵循的规范。

养老护理行业需要制订统一的操作常规和评价标准,养老机构根据自身的环境、借助现代化的信息技术和护理人员现状。可有创新性的管理要求,但不能违背护理常规。

（3）分级护理标准:分级的主要依据是老年人的能力等级、年龄等综合分析后确定护理服务的级别,并根据老人身心状况的变化发展,定期进行调整。

2. 建立养老护理人员的岗位职责　制订完善的老年护理各个岗位的岗位职责,让每个人明确自己的任务、要求、权限和承担的责任。养老护理人员上岗前须进行岗位职责的培训和考核。

3. 建立护理服务质量管理小组　养老机构,特别是护理型养老机构,至少设立1位专职的护理管理人员,一些大型的养老机构可在每个服务单元设立护理管理岗位,定期对机构内护理质量进行监控管理。

4. 建立护理服务质量管理日常运行机制　老年护理服务质量管理可以借鉴

管理学的一些质量管理的模式,建立护理服务质量控制日常运行机制,特别是日常护理服务的检查监督。一般每天由护理组长或单元护士长进行管理区域内的护理服务质量检查,夜间实行值班巡查,每周由护理部主任组织进行各护理区域的护理服务质量检查,发现问题及时处理和改进,每季度召开质量分析会,按奖惩条例进行奖惩,并提出持续的质量改进措施。

(二)护理服务质量检查

1. 建立日常检查制度　老年护理质量检查是养老机构老年护理质量控制的重要环节,应建立每日、每周、每月、每季和每年的检查计划和方案,包括检查人员安排、检查内容、检查步骤、检查要求及信息反馈,落实整改要求、奖惩措施等,定期召开质量分析会,并将护理质量考核结果纳入护理人员的绩效考核中。

2. 设计护理服务质量检查表格　根据国家《养老机构管理办法》规定,养老机构为老年人提供:生活照料、康复护理、精神慰藉、文化娱乐等服务,并为有需要的老年人提供情绪疏导、心理咨询、危机干预等精神慰藉服务。根据服务内容,为方便质量检查人员对信息的收集、汇总和分析,通常设计一些检查表格来配合各项检查之用。

(1) 日间巡查表:护理服务质量检查人员每日对各护理区域的护理情况进行例行常规的巡查,主要巡查内容要建表。

(2) 总值班记录表:为加强老年护理服务质量的控制,应实施机构24小时值班制度,值班由护理管理小组成员担任。总值班实行在岗制,不分节假日,由护理院长或主任统一安排,总值班记录建表。

(3) 护理质量服务分析:每月对护理检查情况进行汇总、分析,找出主要问题,分析相关原因,提出有效的对策,将信息及时反馈到相关护理区,促进整改,提高老年护理质量。

(4) 护理服务问题反馈整改:护理服务质量检查小组发现护理服务问题后,相关信息及时反馈到护士长,由护士长负责落实和整改评价。也可以用关联图或护理服务因果图分析护理质量中的问题及原因,以便找到解决的策略。

3. 护理服务质量检查方法　老年护理服务质量检查方法可采取巡视、抽查、座谈、专项调查等方法主动检查,也可通过设立投诉通道,如设立投诉热线电话、投诉信箱、电子邮箱或微信等方式,接受老人及家属投诉,广泛获取老人及家属的意见。

(1) 巡查:一般每天上午上班时,护理管理者对各护理区域进行例行的常规检查,及时发现护理问题及时整改,同时也了解各护理区域的整体情况,使一天的工作有重点地进行,保证机构内老年人得到安全、高质量的照护。

(2) 抽查:除常规检查外,应组织人员不定期地对护理区域某项护理工作进行检查，也可根据过往的检查情况有重点地进行抽查。

（3）座谈：定期举行老人和（或）家属的座谈会，老人作为护理服务的受体，对护理质量的评价是最直接并较为客观。评价的重点放在老人的满意度方面，评价内容包括：职业道德、工作和服务态度、技术水平、关心老人情况等方面。通过座谈，可以从不同角度了解各护理区域的一些问题。

（4）专项调查：如培训后知识掌握情况、某项制度执行情况，还有老人的满意度、护理人员心理状态等，可根据需要作专项的调查。

（王国俊）

# 第五章 养老机构医疗服务

发展医疗服务与养老服务相结合的健康养老,对于提升养老机构发展水平、提高老年人晚年生活质量和生命质量具有重要意义。

## 第一节 养老机构医养结合

养老机构的服务对象主要是高龄、失能与半失能的老年人。这部分老年人对医疗服务的需求更加迫切,他们既需要"养",更需要"医",因此,医养结合是养老机构的重要发展方向。

### 一、医养结合的内涵及积极意义

(一)医养结合的概念及内涵

关于医养结合的概念及内涵,已有专家学者从不同维度进行了界定。民政部社会福利司在题为《医养结合的模式与路径》一文中提出,医养结合服务是将基本养老服务和医疗服务加以整合,并在社区、养老机构和医疗机构加以实现。有的学者从服务对象、服务主体、服务模式、责任主体、主管部门、结合机制等六个方面对医养结合做出了明确界定。由杜鹏主编的《回顾与展望》一书认为,医养结合是指在政府相关职能部门合作与引导的基础上,将医疗护理服务和养老服务融入到家庭、社区和机构的各个环节中,发展医养结合的核心是依据老年人的实际需求,依托社会养老服务体系整体格局,打破现有制度藩篱,采取科学发展模式,合理配置养老和医疗服务的人、财、物等资源。

作为一种新型的养老服务供给模式,医养结合丰富和拓展了传统养老服务的内涵和外延,即超越传统养老理念中只强调单一性的养老服务,而是将老年人的健康和医疗服务置于重要的地位。养老机构养老服务与医疗服务相结合,其特点在于融合养老机构和医疗机构两部分的资源,集养老、医疗、护理、康复、养生于一体,使老年人在颐养过程中实现医疗诊治、健康咨询、护理保健、心理关爱、大病康复及临终关怀等服务,得到充分的医疗保障,实现老有所养、老有所医。

（二）养老机构医养结合的优势

医养结合的新型养老模式的最大优势在于养老和医疗服务资源的有机共享和功能互补，为老年人提供具有可持续性、协调性、安全性的医疗养护服务。

解决了"医""养"分离的问题。医疗和养老是老年人两大基本需求。传统养老模式是养老机构与医疗机构自成系统、互相独立，养老院不方便就医，医院里又不能养老。医养结合将养老机构照护功能和医院医疗功能相结合，养中有医，医中有养。医养结合的养老模式能为机构住养老人提供日常护理、慢性和急性疾病的诊疗、健康管理、大病康复以及临终关怀等服务，让老年人享受到无缝衔接的养老与医疗两方面的服务。这种养老模式破解"医""养"分离问题，有效地弥补了养老机构缺乏医疗服务的"短板"，使老年人在养老的同时能够及时得到便捷的医疗服务，从而促进了养老机构特别是中、小养老机构的良性运转。

突出了"以人为本"的养护理念。"养"和"医"是老年人最关心的两大问题，其中医护问题在很大程度上影响着老年人的生活和生命质量，而"养老的不治病、治病的不养老"的医养脱节的传统养老模式，让入住养老院的患病老人不得不在养老院和医院之间奔波，不仅得不到及时治疗，而且费时费力费神。医养结合的养老模式注重养老服务与医疗服务的兼得性，注重老年生活保障中"养"和"医"的结合，可以更好地满足老年人对养老和医疗的双重需要，使老年人的身心健康得到较为全面的照护，同时又减少了老年人养护成本，减轻了老年人及其家庭的精神负担和经济负担。

提高了养老和医疗两方面资源的利用率。养老机构与医疗机构牵手的医养结合养老模式，打通了养老机构与医疗机构之间资源割裂的状态，实现了养老和医疗资源利用的最大化。养老机构通过与医疗机构建立联盟，完善了服务功能，增强了服务能力，从而提高了机构入住率，减轻了"空床"压力。医疗机构与养老机构结合，则扩大了自身影响力及医疗服务覆盖面，树立了社会公益形象。这样，一方面从一定程度上缓解了大型综合性医院的"压床"压力，优质的医疗资源发挥出最大效益，另一方面促进一些二级以下中小型医院利用好闲置医疗资源，合理优化病床资源配置，解决养老院护理型床位不足的问题，促进医院转型发展。

## 二、养老机构医养结合的实践模式

国家高度重视推进医养结合工作。2013年以来，国家先后出台了《关于加快发展养老服务业的若干意见》《关于促进健康服务业发展的若干意见》《关于加快推进健康与养老服务工程建设的通知》《关于推进医疗卫生与养老服务相结合的指导意见》《关于做好医养结合服务机构许可工作的通知》等重要文件，都对养老服务与医疗服务结合提出了明确要求，为做好医养结合工作提供了指引和遵循。

各地根据国家的决策部署,积极推进医养结合发展。江苏省于2014年8月在全国率先出台了《关于全面推进医养融合发展的意见》。该意见从基层医疗卫生机构为老服务、养老机构内设医疗卫生设施加强医疗服务、康复服务建设、医护型养老机构建设、综合医院为老服务、发展为老服务专业医疗机构、中医药支持健康养老、基本医疗保险制度和长期护理保险制度等方面提出全面加强医养结合的举措。2016年3月起施行的《江苏省养老服务条例》,要求养老机构应当根据自身规模,在内部依法设立医疗机构或者卫生室、医务室等卫生设施,也可以与医疗卫生机构签订合作协议,为老年人提供医疗服务。江苏省出台医养融合发展专项政策和相关法规,为医养结合的发展提供了非常有利的政策法规环境和政府支持。江苏省各地从实际出发,不断探索医养结合发展模式,并逐渐形成了符合本地区和养老机构自身特点的医养结合模式。

（一）养老机构与医疗机构签订医养合作协议

大量小型的、没有条件单独设置医疗设施的养老机构主要是采取这种方式,就近与医疗卫生机构联盟,签订医疗契约服务协议,由医院安排医师及护理人员定期到养老机构提供上门医疗服务,为老人进行诊治及护理,同时建立应急通道,当养老机构中有老人突发疾病、大病时,由医院及时派遣医护团队进行救治,第一时间提供诊疗服务。截至2016年上半年,江苏省2 200余家养老机构中已有80%的机构与邻近医疗卫生机构签订了医疗契约服务协议,建立了长期合作机制。

（二）养老机构内设医疗机构

具有一定规模和条件的养老机构,在院内设立医务室,配备必要的非处方药、医疗器械、康复器械等,并聘请具有执业资格的医师、护士提供基本医疗和护理服务。规模较大、基础较好的养老机构,则设立相应的医疗卫生机构,完善医疗设置,配备具有职业资格的医师、护士。符合条件的机构纳入医保定点,为住养老人提供不出院门的医疗服务。

（三）扶持护理型养老机构建设

江苏省各地对社会资本投资兴办的护理院和护理型养老机构,在建设补贴、运营补贴、定点医疗等政策上都给予倾斜,同时,注重放开定价机制,充分发挥市场的配置资源作用。各级卫生部门对护理院和护理型养老机构也给予了大力支持,积极提供便利,护理院及医护人员纳入了卫生部门统一管理,在资格认定、职称评定、技术准入和推荐评先评优等方面,与公办医疗机构享受同等待遇。截至2016年上半年,江苏全省护理型床位数占养老机构床位数已达34%。

（四）医院转型为医养结合服务机构

医疗机构依靠专业人员和设备,可以为老年人建立高质量的医养融合服务。江苏省各地在鼓励支持二级以上公立医院与养老机构建立医疗服务协作关系的同时，对于闲置床位较多的一、二级中小型医院，则支持其转型为养老护理院，通过对机构的内部结构及功能进行调整，对医护人员进行职能培训，转型为老年护理院、老年康复院等医养融合服务机构。民政部门对符合条件的由医院转型的老年护理院、老年康复院及时办理养老机构设立许可，并依照规定同样落实护理型养老机构补贴政策。

### 三、养老机构医养结合发展实践中的问题探讨

**（一）搭建不同部门之间协同机制问题**

按照我国现行行政管理体制，医养结合的相关职能分散在民政、卫生计生、人社等部门。养老机构和医疗机构分别隶属于民政和卫生计生两个不同的行政管理部门，涉及医疗费用报销事宜又由人社部门主管。比如，养老机构内设医疗机构的，既需要卫生计生部门的条件许可，又要满足人社部门医保政策的条件。因此，融合发展，关键在合。在实际操作中，既要厘清"医"与"养"的界限，更要搭建不同部门之间的协同机制，并制定相应的配套支持政策，在推进协议合作、对口支援、合作共建、建立医疗养老联合体等多种医养结合模式中形成合力，以减少养老机构医养结合成本。

**（二）养老机构内设医院设置条件问题**

养老机构按照一般的设置医院的标准要求内设医院，包括各类科室设置、医护人员配比以及医疗仪器的配套等，投入大、门槛高，对多数养老机构来说难以承担。应从养老机构的实际医疗需求出发，适当降低卫生计生部门对养老机构内部设立医院的设置标准，比如可以适当减少与老年人无关的科室，适当缩减对于医护人员配比和医疗仪器配套要求，按照法定原则减少审批环节，以更好地实现养老床位和医疗床位资源的优化配置。

**（三）医保对接问题**

医疗机构是否为城镇职工（居民）基本医疗保险和新型农村合作医疗定点单位，对老人在机构就医有着重要的影响。养老机构内设的医疗机构，应申请纳入城镇职工（居民）基本医疗保险和新型农村合作医疗定点单位，让入住的参保老人享受相应待遇。卫生计生部门、人社部门对养老机构内设医疗机构（诊所、卫生所、医务室）以及举办的护理院、康复院等，符合医疗定点机构准入条件的，要优先纳入医保定点范围，完善医保报销制度，解决老年人异地就医结算问题，使得医保在符合条件的养老机构真正落地。

**（四）人才队伍建设问题**

医养结合的养老服务是一种专业化的特殊服务，需要具有不同层次的、经过系统培养的专业人员。医护队伍的专业化建设是养老机构医养结合发展的内生需

求。对养老机构来说,应十分重视引入具有执业资格的专业医护人员,不然,既办不好养老机构,也办不好医疗机构。2014年,国家卫生计生委、发改委、人社部、保监会制定了《关于推进和规范医师定点执业的若干意见》(国卫医发〔2014〕86号),鼓励医师到基层、边远地区、医疗资源稀缺地区和其他有需要的医疗机构多点执业。养老机构要充分利用这一利好政策,吸纳各类专业人才到养老机构工作。

(五)长期护理保险问题

国家对探索建立长期护理保险制度十分重视,建立长期护理保险制度极为迫切。江苏省有的地区已经建立长期护理保险制度,保险基金由个人交纳、医保统筹、财政补助共同组成,同时开设和发展商业性护理保险。这些险种的开设和发展,增强了老年人接受护理照料的支付能力。江苏省人社部门把建立长期护理保险制度纳入了"十三五"人力资源和社会保障发展规划。规划中明确指出:要探索建立个人和政府等多方分担筹资的长期护理保险制度,探索长期护理保险的保险范围、参保缴费、待遇支付等政策。养老机构应积极鼓励老年人投保长期护理保险以及意外伤害保险等社会保险险种。这既有利于增强老年人接受护理照料的支付能力和风险规避能力,也有利于养老机构推进医养结合可持续发展。

## 第二节 养老机构医疗服务内容

养老机构医养结合的"医"不等同于医疗机构的"医",养老机构的医疗服务重点在医疗保健服务。其主要服务内容有以下五个方面:

### 一、老年医疗保健

老年医疗保健是养老机构医疗服务的核心内容,不仅包括疾病的医疗、护理、康复,及组织老年人定期体检、建立健康档案,还要重视预防,以减轻老年人的痛苦、提高老年人的生活质量、延长老年人的寿命。老年人生活活动能力衰退的原因不外乎三类:随增龄发生的自然老化、疾病引起的病理性老化和废用。为此老年医疗保健的实施原则必定是防、治、保、康并重,并把预防列为重中之重。不同于青、少年的预防措施,在慢性非传染性疾病日益严重威胁老年人健康的情况下,医学领域中的预防战略也有别于青少年。采用增强体质消除废用来延缓自然的老化;克服不良卫生习惯、减少危险因素及药物治疗等措施,以预防和控制疾病,减少病理性老化;积极开展康复活动,以降低功能障碍的三级预防策略。

对老年人群中广泛存在的慢性病、退行性病与不良生活方式密切相关的多种疾病,都是可以通过加强推行不同的预防干预措施,予以控制。对诊断早已明确并经较长时间诊疗的老年病人,医疗服务的重点是姑息治疗和保守治疗,尽量解除他们的痛苦和不适,努力提高他们的生活质量,并延长他们的寿命。

1. 健康评估　医务人员应对每一位新入住老人进行体格检查和健康评估,为他们建立起健康档案,定期组织老人体检,准确掌握老人的健康状况,实施个案化服务。对患病住院的老人应按照临床病历书写规范,详细记录老人的诊断、治疗、护理经过。

2. 查房　医务人员每天应深入住区、病房进行查房,具体了解每一位老人健康状况、治疗效果、护理情况和存在的问题,适时调整诊疗、护理和康复方案。

3. 老年常见疾病诊疗　医务人员应在卫生行政部门批准的服务范围内开展临床医疗服务工作。对现有技术条件下能够诊治疾病,应实行就地诊治;对于超出养老机构诊疗能力的疾病,应及时联系老人亲属,转诊治疗。

4. 健康教育　许多老年疾病是由于医学常识、保健知识缺乏和长期不良的生活方式与习惯积累所造成的。医务人员有责任和义务对入住老人进行健康教育,帮助他们客观地认识自己的健康、疾病,掌握一些疾病防治、卫生保健知识,纠正不良生活方式与习惯。

## 二、长期照顾医疗护理

对已基本失去生活自理能力,需要长期医疗护理照料来维持生命的老年人,他们必须得医疗护理,例如身上插有氧气管、导尿管、鼻饲管、输液管、引流管等等。这是伴随终生的医疗护理。

## 三、急性医疗

及时处理老年人突发疾病是养老机构内设医疗机构第一位的任务。在经过第一时间处理后,再经急救通道转诊到合作医院中,并随送随诊,保障老人在身体出现异常情况时得到及时的抢救和治疗。

## 四、康复治疗

康复是医疗的一种模式。人体的主要生理功能引起的疾患都可以通过康复训练(治疗)得到优化,促进功能的逐步恢复,达到治疗的目的。康复是治疗的一部分,康复又是功能恢复的最好的一种手段。老年人除了慢性病患病率高外,残疾率也远高于年轻人,老年人的常见慢性病、退行性疾病的严重性就在于它的高致残率,脑卒中90%发生在60岁以上的老年人,且75%有不同程度的伤残。我国脑卒中的发病率高,特别在北方更高,在强调预防的同时,如果开展早期积极的康复治疗,将会明显减轻功能上的障碍,提高和恢复患病老年人生活自理能力,改善其生活质量。

### 五、心理保健

要重视老年人的心理健康。心理健康与身体健康相互间是密切联系的。由于老年人生活环境的改变,神经系统结构和生理功能的老化以及中枢神经介质的不断变化,认知功能随年龄增长而逐渐下降,并容易出现性格、情结等精神状态的改变。因此在开展老年卫生保健的工作中,关心老年人的精神健康是不应忽视的。在全科医疗的过程中,以生物—心理—社会医学模式来认识和处理健康问题是做好老年卫生保健工作的特点之一。通过丰富老年人的精神文化生活,使老年人能正确认识社会,参与社会,加强自身的社会适应能力,提高生活质量。

## 第三节 机构中常见老年病人医护要点

### 一、老年人患病的特点

老年人患病的主要原因是器官、组织在形态及生理功能上发生衰老变化。另外,老年人在生理、心理上也存在很多不稳定因素。因此,老年人患病在临床上变化、诊断、治疗以及预防上与年轻人存在较大差别。其特点为:

(一)多病共存

老年人患病常是多系统疾病同时存在,一般来说,老人经过检查后,总会有两三种值得注意的疾病。

(二)发病缓慢

老年病多属慢性病,有时生理变化与病理变化很难区分。一般早期变化缓慢,容易误认为是老年生理变化。如有些老人智力减退,动作不灵活,肢体发僵,以为是人体衰老的变化,但后来发现是早期震颤麻痹;有些老人甲状腺功能减退或亢进,初期症状也不明显,常常经过一段时间后才发现。因此,对老人要进行细微观察,对他们在感觉和行动上的可疑变化要提高警惕。当然,也要防止将正常的衰老变化误认为病态而给予不必要的处理。

(三)临床表现不典型

由于体质上的差异,老年病人临床表现与年轻人有很大不同。老年人体温调节功能差,发热反应较一般人低,甚至有些严重的感染(如肺炎、肾盂肾炎等),通常一般人可出现高烧现象,而老人体温却不高。老人痛觉不敏感,一般人会发生剧痛的疾患(如急性心肌梗死、胸膜炎、内脏穿孔后的腹膜炎等),而老年人反应却很小,因此,很容易误诊。特别是有些老人患病常常先出现意识模糊症状,如有的老人患心脏病时首发症状是昏厥,有些严重感染主要表现为嗜睡。老人患病的临床症状不明显,却可能演变为多脏器病变,如充血性心衰时,可出现消化系统症状、应激性溃疡出血等。

### (四)发病诱因与年轻人有时不同

诱发老人患心肌梗死的原因不一定是运动过量,在情绪激动或饮食不当时也可诱发。另外,由于老年人免疫功能减退,原来存活于人体的非致病病菌,也可使老人感染发病,而且这种感染常由多菌种所引起。

### (五)易发生并发症或脏器功能衰竭

老年人脏器功能储备能力差,适应能力弱,机体稳定性差,在无意外打击时尚可保持正常和平衡,但在疾病应激状态下就容易发生功能不全或衰竭,其中以心、肾、肺、脑等最易受影响。由于老人免疫功能降低,在原有疾病的基础上很容易发生感染或其他并发症。如长期卧床的老人容易发生压疮、肺炎、血栓栓塞性疾病、骨质疏松、大小便失禁等。因此,在老年病治疗中,要特别强调早期活动,尽量减少卧床时间。康复医疗在老年病的治疗上极为重要,可维护和改善老年人机体功能。

### (六)药物治疗易出现副作用

老年人对药物的代谢及排泄功能减弱,耐受力差,敏感性增强,容易出现不良反应,甚至危及生命。因此,老人用药剂量要适当减少,可用可不用的药物最好不用。有些药,如巴比妥类药物容易导致低体温,洋地黄类药物容易出现中毒反应,对肝肾功能影响的药物更要慎用。

## 二、常见的老年性疾病

### (一)心绞痛患者

心绞痛是冠状动脉供血不足,心肌急剧、短暂缺血与缺氧所引起的临床综合征,分为劳力性与静息性等多种状态。临床表现典型者为胸骨后或心前区压榨样疼痛,但多数仅有闷痛或不适感,临床表现复杂多变。

1. 症状典型心绞痛的特征 ①部位:疼痛常见于胸骨中段或上段之后,其次为心前区,可放射至颈、咽部,左肩与左臂内侧或其他部位。②性质:突然发作的胸痛,常呈压榨、紧闷、窒息感,常迫使病人停止原有动作。③持续时间:疼痛多持续在几秒或1~2分钟内(称一过性疼痛)。④诱因:疼痛多发生于体力劳动、情绪激动、饱餐、受寒等情况下。⑤缓解方式:休息或含服硝酸甘油后几分钟内可缓解。

2. 心绞痛发作时的护理要求 ①迅速帮助病人平卧在床上安静休息。告诉病人保持安静,精神放松。②不能随便搬动病人。③立即给病人舌下含硝酸甘油1片或硝酸异山梨酯10毫克,数分钟内可缓解。④注意观察病人的呼吸及脉搏。

⑤经以上处置后病人心前区或其他部位疼痛时间超过30分钟,而且一直不缓解,则可能患有急性心肌梗死,应立即呼叫120急救中心请医生到现场抢救。⑥如虽能缓解,但仍反复发作者,也应尽早送往医院诊治。

3. 日常预防疗养方法　①起床宜缓不宜急,应先慢慢起来,稍坐一会儿,再缓缓地下床,从容不迫地穿衣,使身体的功能逐步适应日常活动。如操之过急,可引起心率和血压较大的波动。②洗漱宜用温水,尤其是冬季。寒冷刺激是心绞痛发作的常见诱因,骤然的冷水刺激可致血管收缩而使血压升高。③排便时切忌急于排空而用力屏气,用力过猛可使血压骤升而诱发意外。病人应学会排便时自我放松,轻轻用力。便后不要骤然站起。④遵守每天的作息制度。一天的睡眠不应少于7～8个小时,在晚上8:15～8:30就准备入睡。坚持午休有助于保持血压稳定,对心脏功能较差者尤为必要,老人每天午饭后应有1.5～2个小时的午睡,或者小憩一会儿。⑤心理紧张时不要在房内踱来踱去,最好躺一会儿或把双腿微抬,静坐15～20分钟。⑥血压正常或偏高的老人(尤其是夜间睡眠少的人),在睡眠时可把腿部垫高7～10 cm,这有助于迅速入睡和睡得香甜。开始,可能会出现血液流向头部的感觉,为减轻这种感觉可以使用较高的枕头。重要的是,要使双腿和下肢稍高于心脏的水平线。⑦适当锻炼可改善病情,但锻炼的项目宜柔和,如太极拳、保健操、散步、慢跑等,时间不宜长(不应超过半小时)。运动强度以每分钟心率不超过120～130次为宜,若运动时出现心慌、胸闷或头晕时,应立即中止。⑧注意饮食。早晨空腹时,一定要喝些稀的东西,如茶、果汁等。少吃高脂肪、高胆固醇、高热量食物,限制总热量,减少脂肪、胆固醇摄入。饭菜做得可口、软烂一些,以便消化吸收。少吃或不吃油炸、生冷食品,戒烟酒。⑨尽量不乘拥挤的公共汽车,过度拥挤和嘈杂可致血压升高、心率加快。如距离不远,最好步行。出门的时间要宽裕一些,不要赶急路。

(二)糖尿病患者

1. 观察老人是否有糖尿病　糖尿病的诊断标准:空腹血糖≥7.0 mmol/L 或餐后2小时≥11.1 mmol/L。

糖尿病有以下症状:

(1) 三多一少:"三多"即尿得多、吃得多、喝得多,同时伴有体重和体力下降,即"一少"。多数糖尿病患者不见得消瘦,就是体重比他们自己最重的时候下降了一点。如果发现老人吃饭、喝水都比原来多,但体力并不好,可考虑是否已经患上了糖尿病。

(2) 其他:①口腔。口干、口渴、饮水多,口腔黏膜出现淤点、淤斑、水肿、牙龈肿痛、牙齿扣痛或口腔内有灼热感。②体重。体重缓慢减轻,且无明显的诱因。③体力。疲乏、常有饥饿感、出汗、乏力、心悸、颤抖、低血糖等。④尿液。男性尿频、尿液多。⑤眼睑。眼睑下长有黄色扁平新生物（黄斑瘤）。⑥皮肤。下肢、足部溃疡经久不愈,或有反复的皮肤、外阴感染,皮肤擦伤或抓破后不易愈合,或有反复发作的龟头炎、外阴炎、阴道炎等。⑦血管。动脉硬化、高血压、冠心病等。

2. 糖尿病患者的一般医护要求

（1）饮食控制参照饮食护理。

（2）定时、定量服药。

如需用胰岛素,养老护理员应学会胰岛素注射方法,一般在饭前半小时注射胰岛素,剂量要准确。要经常更换注射部位,以防发生组织硬结。注射部位要严格消毒,以防感染。

无论是用口服药还是注射药,在用药过程中都要防止用量不够或用药过量。药量不足,轻者对纠正血糖过高不利,会促进糖代谢紊乱,加速并发症的发展,重者可引起酮症、酸中毒、昏迷;用药过量,可引起低血糖反应,对老人,尤其是对合并心血管病的病人有危险。

（3）定期检查、复诊。

（4）保持理想体重。体重应不超过理想体重的10%,如超过20%为肥胖,少于20%为过瘦。理想体重为：

$$男性(kg) = 身高(cm) - 100$$
$$女性(kg) = 身高(cm) - 105$$

（5）按时测血糖、尿糖,并加以记录。

（6）建立自测日记。记录每天的饮食量、运动量、胰岛素（或其他药）用量,血糖、尿糖的结果,体重等,以便复查时供医生调整药物剂量时参考。

（7）病人外出时要随身携带所需的药品和适量的糖块或饼干等,以防发生低血糖意外。如发生低血糖时,应立即给病人吃一些饼干或糖块,并让病人平卧休息。

3. 心理　养老护理员要帮助病人克服心理上不平衡的因素,使病人保持良好的心理状态,共同树立战胜疾病的信心,克服悲观情绪;帮助病人了解糖尿病是一种常见的终身疾病,要有长期战胜疾病的思想;帮助家属对病人的思想情绪及时开导,消除不良因素。

4. 饮食　饮食是糖尿病病人重要的治疗措施,应十分注意。

（1）要遵照医嘱,合理安排每日总热量、蛋白质、脂肪及碳水化合物的适当比例,制定较理想的食谱。

（2）在饮食中严格限制胆固醇的摄入量和动物脂肪。动物内脏含胆固醇较高,应少吃,鸡蛋每日最多不超过两个。

（3）食物宜粗不宜精。在主食定量范围内尽可能多吃些粗杂粮及豆类。蔬菜以绿叶菜为好,如油菜、小白菜、韭菜、菠菜、芹菜等。

(4) 进餐的时间、数量应保持一定的稳定性,尽量不吃零食,戒烟,忌酒。

(5) 基本掌握常用食物所含的主要营养成分,尤其是含糖量,了解哪些食物可以多吃,哪些食物应少吃,做到心中有数。

糖尿病病人的正确的饮食原则是:不需要忌口,关键是忌量,严格控制热量总数。

5. 糖尿病并发症的预防

(1) 预防足部病变:糖尿病病人容易出现足部病变,严重影响病人的生活质量。但是,糖尿病足部病变是可以预防的,除了严格控制血糖外,最重要的是养成良好的足部护理习惯。①每天用温水和肥皂清洁双脚,然后用柔软的干毛巾擦拭干净,特别注意脚趾间一定要擦干。洗脚前先用手试水温,以免烫伤。不要将双脚长时间浸泡在水中,如果皮肤干燥,应涂上润肤霜。②修剪脚趾甲时应用指甲刀横向直剪,切勿将脚趾甲剪得太短,也不要深入剪至弯角位置,以免损伤皮肤。③选择天然材质柔软的袜子,如棉质或羊毛袜,避免穿过紧的尼龙丝袜。④选择合适的鞋子。购鞋时应注重舒适程度,选择脚跟稳固、鞋头宽阔的款式,避免穿着人造革材质、鞋头过尖或过紧的鞋;应选择真皮或棉质透气性好的鞋。⑤不要长时间穿新鞋,尽量勤换鞋款,避免脚部同一位置长期承受压力,预防起泡或淤伤。⑥不要用加热垫或电热产品温暖双脚,以免因感觉迟钝而烫伤。⑦不要赤脚走路,在室内或地毯上走路也应该穿拖鞋。

(2) 预防低血糖:低血糖症是由于各种原因使血糖浓度低于 2.8 mmol/L 时的一种临床现象。轻者表现为出虚汗、心慌、头晕、有饥饿感、精力不集中、眼冒金花、双手颤抖、下肢无力等,严重时会出现意识丧失、昏迷。①出现低血糖的主要原因:胰岛素或口服降糖药使用不当;注射胰岛素后没按时进餐;主食摄入太少;体力活动过量;情绪不稳定;极度兴奋或过度悲伤。②预防低血糖发生:用胰岛素治疗的病人一定要定时、定量进餐,要注意注射胰岛素的时间与进餐的关系。后半夜或早晨易发生低血糖的病人应在晚间睡觉前加餐主食 25~50 g。当体力活动增加时要减少胰岛素的用量或加餐。外出时一定要带点糖果、饼干和含糖饮料等,以备急用。当出现饥饿难耐、出虚汗、手哆嗦等低血糖症状时,应立即进食,甚至口服糖水来缓解。

(3) 预防各种继发感染:在日常生活中,糖尿病病人很容易发生感染,所以,在对原发病积极有效地进行康复治疗的基础上,还必须努力做到以下几点:①保持皮肤的清洁,定期洗澡,防止皮肤感染;②注意手足保护,有了外伤应及时处理;③注意会阴部卫生,防止泌尿系统感染;④有胆石症者,应及时处理,防治胆道感染;⑤定期检查肺部,防止肺结核的发生;⑥注意饮食卫生,不吃不洁和腐败变质食物,预防肠道感染。

(4) 预防酮症酸中毒：酮症酸中毒主要表现为：①口渴、多饮、多尿等糖尿病症状较前加重；②有明显的消化道症状，如食欲不振、恶心、呕吐等；③严重脱水者可出现皮肤干燥、眼球下陷、尿量减少、心动过速、血压下降、四肢湿冷、心力衰竭休克等；④伴有酸中毒者可出现头昏、头痛、呼气带有烂苹果味、嗜睡、烦躁，严重者神志不清甚至昏迷。

当糖尿病病人出现上述报警信号时，要尽快去医院检测血糖、尿糖、尿酮体、血酮体、二氧化碳结合力以及血清中的各种电解质，以便及时确诊，妥善治疗。

6. 运动　根据老年糖尿病患者的具体情况，帮助他们选择运动形式，规定运动的时间和强度，运动前指导病人做有关项目检查，如心血管功能检查、眼底检查等，并注意观察运动的治疗效果。

(1) 运动时间：一般在饭后 1～1.5 小时进行为宜，饭前和使用胰岛素后不宜马上运动。

(2) 活动项目及活动量：活动应因人而异，量力而行，一般可选择散步、太极拳，不应进行激烈运动和重体力劳动。如果是卧病在床的老人，可帮助其做些被动运动，如按摩、活动关节等，或指导老人自己做些肢体活动。

(三) 老年痴呆症患者

老年痴呆症又称阿尔茨海默病，是指在没有意识障碍的状态下，记忆、思维、分析判断、空间判断、视空间辨认、情绪等方面的障碍。

1. 老年痴呆的主要表现

(1) 近期记忆丧失，忘记刚刚发生的事情或说过的话。

(2) 叫不出熟悉人的名字和物品名称。

(3) 计算能力下降。

(4) 反复重复同一件事，比如来回走动等。

(5) 言语少或者自言自语。

(6) 容易迷路，在熟悉环境中可能迷路。

(7) 理解能力下降，像小孩子一样幼稚。

(8) 生活自理能力下降，不能从事简单的日常活动。

(9) 淡漠、懒惰，个人兴趣丧失。

(10) 常焦躁不安，情绪反复无常，如大声叫喊等。

2. 一般护理要求

(1) 给予老年病人宽敞、清洁的环境，要把凌乱的东西放置好，把危险物品藏起来，还可以做一些标志性的提示物，如在洗手间门口做标志，关好电炉子、煤气开关，还可以把一些重要的事情写在提示板上，挂在显著位置。

(2) 不要让老年病人单独外出,以免走失。可以带老年病人出去散步,可以在老年病人的身上带一个地址牌或联系电话。

(3) 强化老年病人的记忆力。如果老年病人不知道自己的家、厕所,要反复带其辨认,并说明各处的特点。

(4) 中度老年痴呆病人可能还会出现不知道怎么穿衣服、随地大小便等问题,应该帮助老年病人选择方便解开的衣物,或者定时带着老年病人去厕所。

(5) 建立每日活动时间表,提醒老年病人应做的工作。

3. 安全防护　在老人死亡原因中,60岁以上老人有10%、80岁以上有20%~30%因患老年痴呆症。老年痴呆症死亡原因主要由于多种并发症,多种并发症主要是护理照料不周造成的。所以,必须重视对老年痴呆病人的护理防范。

(1) 预防自我伤害:近年来,痴呆老人的自伤、自杀事件屡见不鲜,究其原因,不外两类。一类是心理脆弱,丧失自理能力的老人不愿给家人增加负担,准备一死了之;另一类是病态表现,由于脑组织蜕变萎缩,病人在抑郁、幻觉或妄想的支配下发生的自我伤害。不论哪一种,都需要家人在做好耐心的心理工作的同时,全面照顾老人,严密观察,随时发现可疑动向,及时排除老年病人自伤、自杀的危险因素,如保管好利器、剧毒药物,关好电源开关等。

(2) 预防跌伤骨折:老年痴呆多伴有锥体外系统病变,表现为舞蹈症、扭转痉挛、震颤麻痹以及各种各样的共济失调等表现,病人站立、行走都会发生困难,虽然愿亲自行动去完成一些力不从心的工作,但结果是经常跌伤。老人骨质脱钙,缺少胶质,骨质疏松,极易骨折,最多见的为股骨、颈骨骨折,也有跌伤头部,引起颅内出血血肿的病例,死亡率相当高。家庭中地板、浴池、厕所地面要防滑,最好铺地毯,并规劝老人不要做难以承担的体力活,上下楼梯一定要有人陪伴和扶助,北方冰雪季节老人要减少外出,预防跌伤。

(3) 预防意外事故:有些痴呆老人合并有糖尿病,有多吃多喝症状,常趁家人不在,自己烧菜做汤,结果造成烧伤、烫伤,严重的还会引起煤气爆炸、中毒或火灾。因为他们毕竟失去了正常生活能力,一旦发生紧急情况,反应迟钝、笨拙,不能做应急处理,结果导致严重后果。对于这类病人,应严密看护,不能让其过多地单独行动,一些有危险的器具,可锁入病人不能进入的房内,不让其单独接触。

(4) 预防药物中毒:老年痴呆病人多合并有其他疾病,用药比较多,如果使用不当极易引起中毒,尤其是一些治疗心脏病的药物,过量服用会导致猝死,有生命危险。所以不要让痴呆病人自己用药。

(5) 预防病人走失:走失的人多半因为痴呆而走失,因为他们失去了认家记路的能力,又难以说明自己的身份与住址,很容易发生意外。所以,对痴呆病人要严加看管,限制其独自外出活动;病人家庭则要避免过多迁居。病人衣兜内应放置卡片,写清病人姓名、疾病、家庭住址、电话号码等,以便病人一旦迷路,能够被人发现并送回。

(6) 预防恶习非命:老人一旦患上痴呆症,多数变得邋遢、不讲卫生,这可能引起严重感染;有的会嗜烟、酗酒,失去控制,这会加重脑损害;有的饮食无度、暴饮暴食,这可能导致胃扩张、胃肠功能紊乱,甚至猝死。对痴呆病人的恶习,不可一味迁就,更不能无原则纵容,要设法使其戒除。

4. 饮食　老年痴呆症病人往往因缺乏食欲,少食甚至拒食,直接影响营养的摄入,抵抗力降低,易产生各种并发症,影响和加重病情。服抗精神病药物的病人由于某些药物反应则可引起吞咽困难或噎食而发生意外。也有的病人表现为食欲亢进、暴饮暴食,影响消化、吸收或出现噎食或呕吐、腹泻等。处在精神极度兴奋状态的病人,体力消耗较大,如无足够的营养保证,容易导致内脏功能衰竭。还有的老人病人乱抓食品或吃生冷不洁食品等,易引起肠道传染病。因此,对病人认真做好饮食护理直接关系到其身体的健康。

(1) 对病情较轻、生活能自理的病人,要选择营养丰富、易于消化、清淡宜口的食品。

(2) 按时照顾好病人进食,保证病人吃饱吃好。

(3) 吃饭时帮助病人去除鱼刺肉骨,饭菜温度要适宜,防止过冷引起胃肠不适,或过热引起烫伤。

(4) 应选用不易破裂的塑料、不锈钢等材料的餐具,以免发生意外。

(5) 对生活自理能力差、病情较重的老人,应协助进食,必要时给以喂食,对吞咽困难者应让其缓慢进食,不可催促,以防其噎食及呛咳。

(6) 对不知饥饱、抢食、暴饮暴食者要适当限制食量,并根据病情适当进行饮食卫生教育。

(五) 高血压

高血压一般是指体循环动脉血压增高,收缩压大于等于 140 mmHg 或舒张压大于等于 90 mmHg 为高血压。

1. 高血压的症状　高血压早期多无明显症状,常见的有头痛、头晕、耳鸣、眼花、失眠、乏力等,严重时会出现烦躁、心悸、呼吸困难、视物模糊等。因此,出现上述症状时,应及时去医院就诊,如确诊为高血压病就要进行药物治疗,平时要做好护理工作。高血压病人常有情绪不稳定、心情烦躁、易怒、记忆力减退等症状。少数病人甚至会出现兴奋、躁动、忧郁、妄想等精神症状。

2. 心理

(1) 除了积极帮助高血压患者就医诊治外,还要体贴照顾,减少其精神和工作上的压力,保持心理平衡(长期紧张的工作和压抑的心情往往是高血压的致病因素)。

(2) 注意保持室内的安静及清洁,减少影响病人情绪激动的因素,并保证充足的休息和睡眠。

(3) 可通过解释、劝说、鼓励等消除病人的紧张和压抑心情。

3. 生活起居　料理好高血压病人的生活起居十分重要,血压较高、症状较多或有并发症的病人需要卧床休息,但血压保持一般水平、重要脏器功能尚好的病人应适当活动,可鼓励他们参加力所能及的体力活动,如散步、打太极拳、养花、参加有趣的活动、做适当的家务劳动等,同时保证充足的睡眠。告诉老人不要久站不动、做突然下蹲或头部朝下的动作,改变姿势时的动作要缓慢,淋浴时水温不宜过高。

4. 饮食
(1) 对高血压病人,要坚持低钠饮食,一般食盐摄入量为每天 5～6 g。
(2) 对肥胖者应限制食物的总热量和脂肪饮食,每日摄入脂肪不超过 30～40 g,并适当增加活动,以减轻体重,减少心脏负荷。
(3) 避免刺激性食物,忌烟酒、辛辣、肥腻及过甜食物。
(4) 避免大量饮水。
(5) 宜少食多餐,不要过饱。
(6) 增加蔬菜、水果、高纤维素食物的摄入。

5. 用药　监督病人遵医嘱服药,不可根据自己的感觉来增减药物;服药要准时,不可忘记服药或以下次服药时补上次的剂量,更不能自行突然撤换药物。

6. 高血压脑病的处理　高血压病人在某些情况下,如精神创伤、过度疲劳、过度兴奋、寒冷刺激等很易引起复发,表现症状为头痛、烦躁、心悸、出汗、恶心呕吐、面色苍白或潮红、视物模糊、抽搐昏迷,这时千万不要惊慌失措,要让病人立即卧床休息,平卧,抬高头部 45°,并给予降压药物,待病情稳定后,送医院治疗。如病人意识不清或昏迷,应把病人头部偏向一侧,取出口内义齿,及时清除呕吐物,保持呼吸道通畅,并立即送医院治疗。在搬动病人时动作要轻,尤其不要随意搬动头部,以免加重病情。

7. 高血压并发症的预防　高血压的并发症主要是脑血管疾病、高血压性心脏病、冠心病、尿毒症等。因此在平时要注意观察预防:①注意头痛性质、精神状态、视力、语言能力等脑血管疾病的表现。②观察有无呼吸困难、咳嗽、咳泡沫痰、突然胸骨疼痛等心脏损害表现。③观察尿量变化、昼夜尿量比例、水准,并参考血肌酐等肾功能检查,以便及早发现肾功能不全等。④要定期门诊复查。

(六) 慢性支气管炎患者

慢性支气管炎是指长期反复发作性咳嗽、咳痰,或伴有喘息为临床表现的呼吸系统常见病。该病病情若缓慢进展,常并发阻塞性肺气肿,甚至肺动脉高压、肺源性心脏病等。

1. 一般医护要求

(1) 环境方面:①保持室内空气新鲜,定时开窗通风,一般室内温度在18～22℃之间,相对湿度为60%左右。②避免煤烟、粉尘的刺激,防止感冒,以预防慢性支气管炎发作。

(2) 饮食方面:①饮食上给予高蛋白、高热量、高维生素、易消化的食物,禁食生冷、肥腻、辛辣食品。若食欲欠佳,可给予半流质或流质饮食,注意食物的色香味。②可选用一些止咳生津化痰的食物,如百合、杏仁、梨、芦柑、萝卜等。③鼓励病人多喝水,每日至少喝3 000 ml水。

2. 心理 由于病人经历长期、反复发作的病痛的折磨,严重影响病人的日常工作和生活,久而久之导致病人情绪低落和焦虑,也会使家属厌倦,容易使病人对疾病治疗失去信心甚至不配合治疗。为此,要及时向病人和家属做好解释工作,增加病人对疾病的了解,激励病人的生存欲望,缓解病人的不安情绪,树立战胜疾病的信心,从而积极配合治疗,争取早日康复。

3. 呼吸运动锻炼指导 坚持呼吸锻炼可延缓疾病的发展,改善呼吸功能,有助于气体交换,促进二氧化碳的排出。

(1) 锻炼方法:采取坐位或仰卧位,两手分别放在前胸和上腹部,用鼻缓慢吸气,因膈肌松弛,腹部的手有向上抬起的感觉,胸部的手原位不动;呼气时,腹肌收缩,腹部的手有下降的感觉。

(2) 次数与时间:每日3次,每次做5～15分钟。

(3) 锻炼要求:要求呼吸深长而缓慢,尽量用鼻呼吸。

4. 病情观察与护理 认真观察病人咳嗽、咳痰情况,痰量及外观,观察病人的精神状况、皮肤黏膜、唇、甲有无发绀等症状。

(1) 咳嗽:仔细辨听咳嗽的声音,观察咳嗽出现的时间和节律。咳嗽剧烈时应让病人取半卧位。

(2) 咳痰:①观察痰液的性质、颜色、气味和量等,并正确留取痰标本,以便送化验室检测。②鼓励病人有效地咳嗽、咳痰,有痰不易排出时,有条件的可使用超声雾化吸入,无条件的,可根据医嘱服用化痰药物,以稀释痰液,便于咳出。③咳痰多的人应取侧半卧位或经常变换体位,使痰易于咳出。

(3) 哮喘:病人若喘感加重,呼吸费力,不能平卧,应采取半卧位并给予低流量吸氧。

5. 耐寒锻炼 帮助病人加强身体的耐寒锻炼,气候变化时注意衣服的增减,避免受凉。耐寒锻炼需从夏季开始,先用手按摩面部,然后用冷水浸毛巾拧干后擦头面部,渐及四肢。体质好、耐受力强者,可全身大面积冷水摩擦,持续到9月,以后继续用冷水摩擦面颈部,最低限度冬季也要用冷水洗鼻部,以提高耐寒能力,预防和减少疾病的发作。

(七) 消化性溃疡患者

消化性溃疡病是一种常见的疾病,也是老人易发的疾病。但其症状多不典型,有的仅有上腹不适、有膨胀感等,约1/3的老年病人没有症状,有的一发病就是胃出血或穿孔,有的病还有可能是由其他疾病引起应激溃疡,所以应加以注意。

1. 消化性溃疡有哪些预警信号　虽然有些部位消化性溃疡可以无声无息地以出血为首发症状出现,但多数都有较长时间的临床症状。常见的有:

(1) 疼痛:疼痛是消化性溃疡病人的主要症状。典型的胃溃疡疼痛表现为:上腹隐痛、灼痛、胀痛,多为轻到中度疼痛,疼痛多在餐后半小时到一小时出现,部分病人可在进食后即刻引起疼痛,进食不能缓解疼痛。胃溃疡的疼痛可概括为:上腹疼痛—进食—疼痛不缓解,反而加重。典型的十二指肠溃疡疼痛则表现为饥饿性疼痛,多发生在餐前或半夜的疼痛,进食后疼痛可减轻。十二指肠溃疡的疼痛可概括为:上腹疼痛—进食—疼痛缓解。当溃疡发生穿孔或者癌变时,疼痛性质发生改变。部分溃疡病人可无疼痛表现。

(2) 消化不良:大多数溃疡都表现为消化不良,主要有上腹部胀满、食欲不振、嗳气、反酸等症状。

2. 心理　家人与养老护理员应主动与病人交流,并耐心听其主诉,了解他们不同的想法和心理状态,给予解释疏导。

3. 按时服药　①应照顾病人遵医嘱按时服药。②用药期间应注意病人有无头昏、嗜睡等不良现象。

4. 饮食　饮食护理是治疗老年消化性溃疡的一个重要环节,若能合理安排饮食可以促进食物的消化和营养的吸收,减少和避免并发症,促进溃疡愈合。

(1) 在饮食上应少食多餐、定时定量,食物制作时要稀、软、熟、烂、少渣,易于消化吸收;避免过冷、过热、过酸、过咸、粗糙的饮食,戒烟、酒、浓茶,饮食有节。

(2) 溃疡病病人发病严重时,应进流食,如牛奶、豆浆、米粉、蛋汤等,但不宜多食,病情好转可改为半流质、软食或无渣饮食,如面条、稠藕粉、蒸鸡蛋羹、稠粥等。待病情好转,逐步增加食物的品种和用量,直至过渡到普通饮食。

(3) 饮食要清洁,因老人胃酸分泌减少,吃进不洁饮食后容易引起肠道出血,因此要注意饮食卫生。

5. 症状观察与护理

(1) 恶心呕吐:①呕吐时协助病人坐起。卧床不起的取侧卧位,头侧向一边,以免呕吐物呛入呼吸道而窒息,或引起吸入性肺炎。②呕吐后用清水漱口,并将被呕吐物污染的衣物、被单等换掉。③注意呕吐物的量、颜色、气味、性质及呕吐次数。

（2）腹痛、腹胀：①了解腹痛的部位、性质，腹痛间隔时间，是否伴有呕吐、腹泻，腹部是否起包块，有否发热。②随时注意体温、脉搏、呼吸的变化。③急性腹痛未明确诊断前应禁食，禁用止痛药，立即送往医院。④腹胀可在腹部做热敷，或用松节油外敷。

（3）腹泻：注意大便颜色、性质以及次数，并留大便标本，以便去医院诊治时化验。

（4）呕血与便血：①轻度出血时，病人应安静休息，并去医院检查治疗。②大量出血时，病人感到头晕、心慌，大便或走路时常易晕倒，可有面色苍白、出冷汗、四肢发凉、口渴、脉搏快、体温、血压下降等休克症状。这时应让病人绝对卧床，禁食，给病人以精神安慰，消除恐惧。同时注意观察并记录呕血、便血的量、颜色、性质和出血时间，保留标本。危急时送病人去医院治疗。

（5）休克：有休克症状时应迅速采取以下措施：抬高床脚，去掉枕头；采取头低卧位，密切观察病情，立即呼叫救护车。注意病人的保温。如有呕血应于上腹部放置冰袋，以利于止血。

（八）痛风患者

痛风病病因是由于嘌呤代谢失调，尿酸浓度增高，生成尿酸钠结晶，沉积附着于关节及附近软组织，使指、趾、踝、膝等关节红肿疼痛。

1. 饮食　痛风病人均应调整饮食，原则为"三低一高"。

（1）低嘌呤或无嘌呤饮食可使血尿酸生成减少。痛风患者在日常生活中一定不能吃含嘌呤高的食物，避免使病情加重。在痛风的急性发作期应选基本不含嘌呤的低脂食物，慢性期和无症状期可适当放宽限制。

（2）低热量饮食。蛋白质摄入每天控制在每千克体重 1 g，碳水化合物占总热量的 50%～60%，少吃糖果，以避免超重或肥胖。

（3）低脂、低盐饮食。可防止动脉粥样硬化、高脂血症及高血压。

（4）高水分摄入。多饮水，以每天排尿量 2 000 ml 以上为宜。有利于尿酸排泄，以防止尿酸在肾脏沉积。

2. 运动　适当的运动锻炼可以增加和保持关节活动范围，增加肌力，增加静力性和动力性运动耐力，减轻关节肿胀，增加骨密度，改善病人的心理状态。运动护理原则是：个别对待，循序渐进，活动时不增加疼痛。常用的运动有被动运动和主动运动。

（1）被动运动。采用轻缓的方法，帮助病人进行关节各轴向运动，活动范围要达最大限度，每天至少 1 次，防止关节挛缩畸形。此法用于不能主动运动者，慎用于急性关节炎或严重疼痛者。

(2) 主动运动。①力量训练。以等长收缩运动为主,即运动时有肌肉收缩,但没有关节活动,适于急性关节疼痛的患者,可以提高肌肉力量,防止肌肉萎缩,还有利于缓解关节周围的肌肉痉挛。②耐力运动。在肌肉力量得到提高,疼痛症状基本控制条件下进行的运动,目的是改善关节功能,增加活动耐力和实际生活活动和工作能力。走路、游泳、骑车等均为适宜的运动方式。③牵伸性训练。主要用于防止关节挛缩,增加关节活动范围。包括被动、助力和主动性牵伸。牵伸之前可施以热疗,以增加胶原纤维的伸展性。

(3) 理疗。理疗主要包括热水浴、热敷、温泉浴等,还包括微波、短波和超声波治疗。

(九)中风(脑卒中)患者

中风是以突然昏倒、意识不清、失语、偏瘫为主症的一种疾病,包括现代医学的脑出血、脑血栓、脑栓塞、短暂脑缺血发作等病,是一种死亡率较高的疾病。

1. 中风的先兆　中风的先兆有头晕、头痛、肢体麻木、昏沉嗜睡、性格反常等。情绪波动、过度疲劳、用力过猛等都有可能诱发上述症状。

2. 中风后的基本护理要求

(1) 心理护理:①尊重老人,耐心倾听老人诉说,与老人谈话时声音要大,速度要慢,措辞应简短清晰,重复重点,必要时可使用辅助器材,如助听器、识字卡片等,以便很好地沟通。②老人可能因偏瘫或失语而自卑、消极,或因生活不能自理导致性情急躁,护理员与家属应注意关心老人,多与老人沟通,给予老人精神及物质方面的支持,解除老人的顾虑,稳定老人的情绪,有利于老人尽快康复。

(2) 保持正确的姿势:正确的姿势(坐姿及睡姿)可防止组织紧缩,减少水肿现象,并有助于活动能力恢复。①睡姿:中风病人睡觉时应注意以下几点:床褥不可太软;病人要用3~4个枕头去铺垫,以保持正确的睡姿;多采用侧卧在患侧的一边(如病人没有肩部及其他不适);夜间应采用一个可使病人安睡的位置。②坐姿:体重要平均分布在两边臀部,不要偏坐一边。背部紧靠椅背,双脚平放在地上。手肘放在扶手上,手掌最好向上(如有困难则可向下),如有水肿应用枕头垫起。

(3) 预防压疮的发生。

(4) 饮食:老人长期卧床,食欲不好,应吃些蛋羹、豆浆、牛奶、藕粉、米粥、水饺、鸡汤、细面条等易嚼、易消化而富有营养的食物。喂饭要有耐心,咽下一口再喂下一口,切不可过急,以免发生吸入性肺炎。

(5) 排泄:①如果瘫痪老人不习惯于卧位排尿,出现排尿困难,可用手轻轻按摩下腹,或用热水袋敷下腹,会收到一定的效果。②卧床的老人由于肠蠕动减慢,常有便秘,而便秘又往往是"中风"复发的原因,故不可轻视。如3天不解大便,就应在医生指导下选用药物治疗。

(6) 居室环境。注意室内通风,适时增减衣服,做好保暖,防止老人感冒。

3. 中风昏迷病人的护理

(1) 眼的护理。对眼睑闭合不全者,每日可用1%硼酸或生理盐水洗眼1次,然后用0.25%或0.5%金霉素眼药水滴眼,并涂上金霉素眼药膏或硼酸软膏,再用纱布遮盖或带眼罩保护角膜;对眼睑闭合较好者,每日滴0.25%氯霉素眼药水或0.5%金霉素眼药水3～4次。

(2) 口腔护理:①如有义齿,应取出义齿。②经常清除口腔分泌物。如果分泌物较深,应用吸引器吸出。③保持呼吸道畅通。④每日用浸泡过生理盐水的棉球或棉签做口腔护理,如有溃疡可涂以甲紫等药物。

(3) 皮肤护理。可按预防压疮的方法护理。

(4) 卧位护理。应让病人取侧卧位,不要仰卧,这样可以避免分泌物、呕吐物误入气管而引起窒息。

4. 中风老人康复训练　防止老人肌肉发生失用性萎缩和关节强直。

(1) 认知锻炼:①阅读锻炼:从简单的句子甚至单词开始训练,逐步加量。阅读又可以分为主动阅读与被动阅读,前者由老人主动阅读,然后检查其对内容的记忆程度,判断其智能的恢复程度。后者由护理员阅读,老人当听众,读完一定的数量后,向患者提问,检查其记忆能力。②综合性的脑力训练:如搭积木、玩纸牌游戏、下棋、听广播、听音乐、看电视、看电影、练习书画、背诵诗词、简单计算、智力拼图等,以不断活跃老人的思维能力,激发老人的志趣,有助于减缓其记忆能力的衰退。

(2) 语言康复训练:主要用于语言障碍患者的康复。对于失去发音能力的老人,每天让其发"啊"音,或用咳嗽,或吹火柴诱导发音。对有发音能力但不能言语的老人,护理员要固定每天有计划地教几个字,不断重复,直至教会为止。让老人学教者的口形发音,先教字,然后教句子。定时给老人朗读文章,进行听觉刺激的语言训练。

(3) 运动功能训练:主要用于肢体功能障碍患者的康复。目的是舒展处于缩短状态的瘫痪肌肉,改善血液及淋巴循环,刺激神经营养功能。同时训练代偿功能,改善中枢神经系统对各肌群的协调控制。①被动运动:被动运动应包括患肢所有关节各个方向的运动,运动幅度从小到大,争取尽量达到最大幅度。动作应平缓柔和,过快地牵伸往往激发牵张反射,使痉挛加重,粗暴地牵拉容易引起损伤。可先按摩或在温水中进行被动运动,肌肉松弛,提高活动效果。②主动运动:运动应轻松平稳,先简单,后复杂。要多做放松紧张肌肉的练习,深呼吸和轻松的腹背肌运动,带动患侧肌肉、关节的活动。然后进一步做恢复协调功能的练习、四肢互相配合的运动训练等。要注意调节运动量,避免因疲劳过度而加重偏瘫病人的肌肉痉挛。

## 第四节 老年人常见急危重病人的病情观察及护理

老年人的观察是一项系统工程,从症状到体征,从生理到精神、心理,将老年人作为一个整体进行全面细致的观察,并且贯穿于整个疾病过程的始终。因此,护士应熟悉病情观察的内容,并在护理工作中不断努力培养自身有目的、有意识地主动观察老年人病情的能力。

### 一、老年人病情观察及护理人员应具备的条件

老年人病情观察,即护理人员在工作中应积极启动视、听、嗅、触等感觉器官及辅助工具来获得有关老年人及其情境的信息的过程。观察必须是审慎且有意识的,是一个连续性的过程,并非临时或偶发的活动。通过观察,及时发现老年人的病情变化,并提供相应的治疗和护理措施,促进老年人尽快康复。

一位有技巧、有能力的医护人员,必须随时都在观察,且能机警、敏锐地以适当的方式反应和处理。这就要求护士必须具备广博的医学知识、严谨的工作作风,一丝不苟,高度的责任心及训练有素的观察能力,做到"五勤",即:勤巡视、勤视察、勤询问、勤思考、勤记录。通过有目的、有计划认真细致的观察,及时、准确地掌握或预见病情变化,为危重老年病人的抢救赢得时间。

### 二、病情观察的方法

(一) 一般情况

面容与表情:急性病容的表现为面色潮红、呼吸急促、兴奋不安、口唇干裂、表情痛苦等,见于急性热病的老年病人;慢性病容老年病人表现为面色苍白或灰暗、面容憔悴、精神萎靡、双目无神等,见于肺结核、恶性肿瘤等慢性消耗性疾病的老年病人。伤寒病人表情淡漠、反应迟钝,我们称它为"无欲貌";破伤风病人由于牙关紧闭显示出苦笑面容;甲亢病人为恐惧面容等等。

(二) 生命体征

1. 体温的变化  体温突然升高,多见于急性感染的老年病人;体温低于35.0 ℃,见于休克和极度衰竭的老人;持续高热、超高热、体温持续不升均表示病情严重。

2. 脉搏的变化  应注意观察老年病人脉搏的频率、节律、强弱的变化,如出现脉率低于60次/分或高于140次/分,以及间歇脉、脉搏短绌、细脉等,均表示病情有变化。

3. 呼吸的变化  应注意观察老年病人呼吸的频率、节律、深浅度、音响等的变

化。如出现呼吸频率高于40次/分或低于8次/分,以及潮式呼吸、间停呼吸等,均是病情危重的表现。

4. 血压的变化  应注意监测病人的收缩压、舒张压、脉压差的变化,特别是观察高血压及休克的老年病人的血压具有重要意义。如收缩压持续低于70 mmHg或脉压差低于20 mmHg,多见于老年休克病人;如收缩压持续高于180 mmHg或舒张压持续高于100 mmHg,是重度高血压的表示。

(三) 意识状态

意识是大脑高级神经中枢功能活动的综合表现,是人对环境的知觉状态。意志正常的老年病人,其反应精确、语言清楚、思维合理、情感正常,对时间、地点、人物的判断力及定向力正常。意识障碍是指个体对外界环境的刺激缺乏正常反应的精神状态。根据其轻重程度可分为:嗜睡、意识模糊、昏睡、昏迷,也可出现谵妄,这是一种以兴奋性增高为主的高级神经中枢的急性失调状态。

(四) 瞳孔

1. 瞳孔的形状及大小

(1) 正常瞳孔:在自然光线下,瞳孔直径为2.5~5 mm,圆形,两侧等大、等圆,边缘整齐。

(2) 异常瞳孔:瞳孔直径小于2 mm称为瞳孔缩小;瞳孔直径大于5 mm为瞳孔扩大。常见异常:①双侧瞳孔缩小,常见于有机磷农药、吗啡、氯丙嗪等药物中毒;②双侧瞳孔扩大,常见于颅内压增高、颅脑损伤、颠茄类药物中毒等;③瞳孔不等大,双侧瞳孔大小不一。

2. 瞳孔对光反应检查方法  用拇指和食指把上下眼睑分开,露出眼球,用聚光电筒直接照射瞳孔,以观察瞳孔对光线的反应。正常情况下,双侧瞳孔经光线照射立即缩小,移去光源后又迅速复原,称为对光反射正常。如瞳孔经光线照射后,其大小不随光线的刺激而变化,称为对光反射消失,常见于深昏迷或危重病人。

三、护理要点

(一) 严密观察老年人病情变化,做好抢救准备

护士须密切观察病人的生命体征、意识、瞳孔及其他情况,随时了解心、肺、脑、肝、肾等重要脏器的功能及治疗反应与效果,及时、正确地采取有效的救治措施。

(二) 保持呼吸道通畅

清醒老年病人应鼓励定时做深呼吸或轻拍背部,以助分泌物咳出;昏迷病人常因咳嗽、吞咽反射减弱或消失,呼吸道分泌物及唾液等积聚喉头,而引起呼吸困难甚至窒息,故应使病人头偏向一侧,及时吸出呼吸道分泌物,保持呼吸道通畅。通过呼吸咳嗽训练、肺部物理治疗、吸痰等,预防分泌物淤积、坠积性肺炎及肺不张等。

（三）加强临床护理

1. 眼睛护理　对眼睑不能自行闭合者应注意眼睛护理，可涂眼药膏或覆盖油性纱布，以防角膜干燥而致溃疡、结膜炎。

2. 口腔护理　保持口腔卫生，增进食欲。对不能经口腔进食者，更应做好口腔护理，防止发生口腔炎症、口腔溃疡、腮腺炎、中耳炎、口臭等。

3. 皮肤护理　危重老年病人由于长期卧床、大小便失禁、大量出汗、营养不良及应激等因素，有发生皮肤完整性受损的危险。故应加强皮肤护理，做到"六勤一注意"，即：勤观察、勤翻身、勤擦洗、勤按摩、勤更换、勤整理，注意交接班。

4. 肢体被动锻炼　病情平稳时，应尽早协助老年病人进行被动肢体运动，每天2～3次轮流将老年病人的肢体进行伸屈、内收、外展、内旋、外旋等活动，并同时做按摩，以促进血液循环，增加肌肉张力，帮助恢复功能，预防肌腱、韧带退化、肌肉萎缩、关节僵直、静脉血栓形成和足下垂的发生。

5. 补充营养和水分　危重老年病人机体分解代谢增强，消耗大，对营养物质的需要量增加，而病人多胃纳不佳，消化功能减退，为保证老年病人有足够营养和水分，维持体液平衡，应设法增进老年病人饮食，并协助自理缺陷的老年病人进食，对不能进食者，可采用鼻饲或完全胃肠外营养。对大量引流或额外体液丧失等水分丢失较多的老年病人，应注意补充足够的水分。

6. 维持排泄功能　协助老年病人大小便，必要时给予人工通便及在无菌操作下行导尿术。留置尿管者执行尿管护理常规。

7. 保持各类导管通畅　危重病人身上有时会有多根引流管，应注意妥善固定、安全放置，防止扭曲、受压、堵塞、脱落，保持其通畅，发挥其应有的作用。同时注意严格执行无菌操作技术，防止逆行感染。

8. 确保老年病人安全　对谵妄、躁动和意识障碍的老年人，要注意安全，合理使用保护具，防止意外发生。牙关紧闭、抽搐的病人，可用牙垫、开口器，防止舌咬伤，同时室内光线宜暗，工作人员动作要轻，避免因外界刺激而引起抽搐。准确执行医嘱，确保病人的医疗安全。

9. 心理护理　危重老年病人常常会表现出各种各样的心理问题，如突发的意外事件或急性起病的老年病人常表现为恐惧、焦虑、悲伤、过分敏感等；慢性病加重的老年病人，常表现为消极、多疑、绝望等。因此，在抢救危重老年病人生命的同时，护理人员还须努力做好心理护理。

（1）态度要和蔼、宽容、诚恳、富有同情心；语言应精练、贴切、易于理解；举止应沉着、稳重；操作应娴熟认真、一丝不苟，给老年病人充分的信赖感和安全感。

（2）在进行任何操作前均应向老年病人做简单清晰的解释，取得配合。

（3）语言沟通障碍者，应注意病人的非语言行为，并与老年人建立其他有效的沟通方式,鼓励病人表达其感受,保证与老年人的有效沟通。

(4) 多采取"治疗性触摸",以引起老年病人注意,传递关心、支持或接受的信息给老年人,并能帮助老年人指明疼痛的部位,确认其身体的完整性和感觉存在。

(5) 减少环境因素刺激,如病室光线宜柔和,夜间降低灯光亮度,使老年病人有昼夜差别感,防止睡眠剥夺;病室内应安静,工作人员应做到"四轻",即说话、走路、操作、关门轻;在操作检查治疗时,应注意保护病人隐私。

## 第五节 养老机构医疗服务管理

### 一、医疗服务管理的目标

#### (一) 维护或增进老人健康

定期向入住老人宣传疾病预防、卫生保健知识,指导老人调整心态,正确地选择健身项目和适量的运动,改变不良生活方式与习惯,以及正确和按时服药。

#### (二) 满足老人基本医疗保健需求

做到常见病、多发病、慢性病的常规治疗不出养老机构,重大、突发性疾病也能得到及时处置和院外就医协助。

#### (三) 杜绝医疗事故发生

及时处置老人突发疾病和突发意外伤害事件,化解养老机构经营风险。

### 二、医疗服务管理的原则

1. 依法行医  养老机构医疗服务应当建立在合法经营、规范服务的基础之上。所有附设的医院、医务室必须经当地卫生行政部门(卫生厅、局)批准,取得合法行医资质,并在规定的范围内开展临床诊疗服务工作;所有医务人员(包括医生、护士、康复师、医技人员)必须具有执业资格,并在当地卫生行政部门注册。凡未取得合法资质,或超范围服务将视为违法,或非法行医行为。

2. 规范服务  养老机构开展医疗服务必须严格按照国家医疗机构管理办法进行管理,严格按照临床诊疗规范开展临床诊疗工作,自觉接受卫生行政部门监督和年审。

3. 热情服务  身患疾病的老人更需要关爱,更需要热情周到的服务,不可冷落、歧视长期患病卧床、经济窘迫的老人。

4. 随叫随到。

### 三、医疗服务管理的方法

(一) 建立健全临床医疗服务管理规章制度

仅设有医务室的养老机构应制定医务室职责,医生岗位职责,护士岗位职责,康复师、药剂师(士)岗位职责,出诊、接诊、转诊、留观管理制度,处方管理制度,药品管理制度,健康档案、病历书写规范与保管制度,药品代替保管、代为发放制度,危重老人抢救处理制度,健康教育制度,消毒隔离制度等。附设有医院的养老机构应制定以下制度。

1. 部门职责　包括医务科职责、护理部职责、质量监控办公室职责、临床诊疗科室职责、临床辅助科室职责等。

2. 岗位职责　包括医生岗位职责、护士岗位职责、药剂师(士)岗位职责、康复治疗师(士)岗位职责、其他医技人员职责、临床科主任岗位职责、护士长岗位职责和主管医疗院长岗位职责等。

3. 工作制度　包括医嘱、处方管理制度,药品管理制度,急救与麻醉药品管理制度,危重老人急救处理制度,事故差错报告等级制度,消毒隔离制度,医疗服务质量管理制度,病历、护理记录书写规范及管理制度,查房制度,会诊制度,医务人员交接班制度,传染病登记报告制度,医生值班室管理制度,护士值班室管理制度,药剂室管理制度,治疗室管理制度,换药室管理制度,手术室管理制度,门诊部管理制度,康复治疗室管理制度,留观室管理制度,检验科管理制度,放射科管理制度,医务人员继续教育制度和考核管理制度等。

(二) 利用养老机构信息化综合管理系统进行医疗服务管理

在该系统中,设有医疗服务模块和药政服务模块,管理者可以适时监控临床医疗服务情况与质量。

(三) 加强质量管理

养老机构应制定医疗服务质量标准,建立医疗服务监督管理机制,考核评价标准与管理方法,真正把医疗服务质量落到实处。

养老机构不管规模大小、所有制性质、人员与设施的多少,有一点相同也是最基本的:即千方百计利用好资源,为养老对象服务,使顾客(养老对象及其家属)满意。如何达到这一基本要求,一个养老机构可以采用多种不同的途径,而质量管理体系标准正是国际标准化组织(ISO)积累世界各国质量管理的经验与做法,经过10多年的修改、总结所提出来的适应各类组织(机构),旨在增强顾客满意的质量管理基本要求。建议有条件的养老机构应通过ISO质量管理认证,加强质量控制。

【案例】

#### 江苏省老年公寓医养结合实践

江苏省老年公寓(江苏民康老年服务中心)自2012年开始运营以来,经过四年多时间的医养结合实践,成功实现了养老机构与医院共同发展的良好初衷,取得了丰硕的成果,走上了良性发展的轨道。

一、医养结合双方基本情况

江苏省老年公寓基本情况:江苏省老年公寓是江苏省政府投资建设的公益性、非营利性、示范性养老服务机构,是集住养照料、餐饮服务、文化娱乐、精神关爱、护理保健、医疗康复为一体的综合性养老服务机构。

江苏省老年医院基本情况:江苏省老年医院(江苏省省级机关医院)始建于1952年,是一所集医疗、教学、科研、康复、保健、医养结合为一体,具有老年特色的综合性医院。医院有床位500张。

二、医养结合的主要做法

江苏省老年公寓与江苏省老年医院合作,在公寓内设置成立了"江苏省老年医院分院"。通过四年多时间的磨合和探索实践,医养结合养老服务模式在公寓落地生根,已经形成一套比较完备的医疗服务保障机制。

1. 组织管理机制:分院实行管理委员会领导下的院长负责制。管理委员会成员由江苏省老年公寓和江苏省老年医院双方按1∶1比例组成,管理委员会主任由江苏省老年公寓负责人担任,院长由江苏省老年医院负责人担任。管理委员会主要负责制定分院发展规划、协调和处理合作过程中出现的问题。

2. 合作原则:按照"共同投资建设、共同管理运行、共享合作成果、共担合作风险"的原则,分院财务单独核算,管理委员会定期审定分院运行期间的收支状况。运行中双方发生的成本均记录备案,每年结算。

3. 主要合作内容:主要合作内容包括为公寓住养老人提供门急诊医疗服务、住院医疗服务和康复服务,为公寓住养老人进行入院评估、健康体检、健康管理、健康教育,共同运营管理公寓的"护养中心",开展养老模式研究、老年医学基础和临床研究等。

三、分院运行基本情况

2013年9月,江苏省老年医院与江苏省老年公寓合作在公寓内开设江苏省老年医院分院。分院核定床位192张,配备了专业的医疗团队,充分发挥医院老年特色和资源优势,努力打造老年医学和康复医学特色。分院为公寓住养老人提供24小时值班服务和医生定期上门巡诊服务,积极为公寓住养老人提供专科巡诊、日间康复医疗、健康体检、生活自理能力评估,建立健康档案,进行健康管理、健康宣教等服务,逐步实现住养老人无缝衔接地享受养老服务和医疗保障,较好地满足了住养老人医疗保健和康复需求,解除了住养老人的后顾之忧。

(王国俊 汪生夫)

# 第六章　养老机构康复服务

随着全球人口老龄化的快速发展,日益严重的高龄化趋势,提高了失能、半失能老年人对养老机构生活照料、康复、护理和紧急救援等服务的依赖。老年人各系统器官的组织结构及生理功能均随年龄增长而衰退,保持适当活动有可能减缓心血管、代谢及肌肉功能的减退速度,进而提高其生活质量。同时老年人常患有某些慢性疾病,也需要通过康复治疗控制病情趋向恶化,减缓功能障碍。养老机构作为社会养老服务体系中的重要组成和基础支撑,其康复作用和价值逐步突显。

## 第一节　康复服务基本内容

康复是指综合地、协调地应用医学的、教育的、社会的、职业的各种方法,使功能障碍者已经丧失的功能尽快地、能尽最大可能地得到恢复和重建,使他们在体格上、精神上、社会上和经济上的能力得到尽可能的恢复,使他们重新走向生活,重新走向社会,提高生活质量。老年康复是康复的重要组成部分,它是指为了恢复有功能障碍的老年人各项功能能力或增强、维持他们的残存功能从而采取的评定、诊断和康复治疗措施。

### 一、康复的基本内容

（一）功能评定

康复功能评定是指对功能状态及其水平进行客观、定性和(或)定量的描述,并对结果做出合理解释的过程,为制定康复目标及康复治疗措施提供依据,又称功能评定。评定是康复治疗的基础,没有评定就无法规范治疗、评价治疗。

康复评定主要不是寻找基本的病因和诊断,而是客观地、准确地评定功能障碍的性质、部位、范围、严重程度、发展趋势、预后和转归,为康复治疗计划的制定奠定坚实的基础。康复全过程往往需要多次进行康复评定,至少也应在治疗的前、中、后进行一次,以便准确、动态地了解老年人的功能状态,评价康复效果。根据评定结果,制定、修改治疗计划和对康复治疗效果做出客观的评价,以寻找更有效的治疗方法。因此,可以说康复治疗始于评定,止于评定,是一个"评定→康复→再评定→再康复→再评定"的循环过程。

1. 评定的目的　康复评定是掌握现存的功能、评估功能恢复的潜力、确定康复目标制定出有效的康复方案或程序、检查康复治疗效果并修订康复计划、判断老年人功能结局所必需的。

2. 评定的方法　康复功能评定方法主要有访谈、问卷调查、观察、量表评定、设备检测。可以借助仪器直接进行测量一些指标,如等速肌力、关节活动度、肌电图等。但大部分指标是不能直接进行定量测量,如精神、心理的各项功能、感觉功能、言语功能、运动控制功能、步态功能、生活自理能力、家庭生活能力、人际交往能力等通常用访谈、问卷调查、观察的方法,康复中评定还可大量使用量表,运用标准化的量表对老年人的功能进行测量。

3. 评定的内容　康复功能评定能够使功能水平量化,全面制订有效、客观、合适的康复目标与治疗计划。康复评定的主要内容包括:①运动功能评定,如肌力、肌张力、关节活动度、感觉、平衡与协调功能、心肺运动实验等评定及步态分析等;②日常生活活动能力与社会功能评定,包括日常生活活动能力评定和生活质量评定;③生物力学评定;④脑高级功能评定,包括言语功能评定、吞咽功能评定、心理功能评定等;⑤神经生理功能检查,包括肌电图、诱发电位、低频电诊断等;⑥特殊问题的评定,包括压疮、疼痛、二便和性功能等的评定;⑦环境评定等。

(二) 康复治疗

康复治疗是康复的主要内容之一,是促进伤、病、残者身心功能康复的重要措施。康复治疗是一个主动的、动态的过程,从而最大限度获得躯体、精神和社会功能。

康复治疗的目标是以提高康复对象功能水平为中心,实际工作中应根据康复对象自身个体条件的不同、功能障碍的情况与程度的不同,并在全面康复评价的基础上制定出能发掘老年人全部最大潜在的能力,且通过努力能达到的客观目标。同时制订康复目标时还应遵循实事求是及康复效益最大化的原则。

康复治疗采取的主要方法包括三个基本方面:一是减轻功能障碍的方法;二是通过获得新的技能和决策能力,从而减少功能障碍影响的方法;三是通过改变环境,使老年人适应环境,将导致残障的可能降到最低的方法。

完整的康复治疗方案应综合协调地运用各种治疗技术。常用康复治疗的内容很多,包括物理疗法、作业疗法、言语疗法、心理疗法、康复工程和中国传统医学疗法。由此可知,康复的手段和内容具有多学科性、多维性、复杂性、协调性和综合性的特点。

康复治疗前应先对老年人进行康复评定,然后制定一个康复治疗方案,并在实施过程中不断总结、评定、调整。

## 二、养老机构的康复服务流程

老年人因其特殊的疾病谱及心理状态,从而对康复服务性质、种类、质量等方面都有特殊的需求。在养老机构内开展康复服务,即可以预防健康老年人患病,又可以最大限度帮助老年病人恢复功能及活动能力,因而对老龄化社会有着重要的意义。

(一)进行初次功能评估,制定康复计划

由康复人员在训练前对康复对象进行一般体格验查,各项功能检查,以及必要的专项会诊和检查,确定康复对象的功能水平和生活自理、社会生活等能力,并以此为据制定切实可行的康复计划。

(二)选择适宜的训练项目

养老机构中提供的康复训练项目不是对每一位康复对象都适用,而应当因人而异地选择一种或几种康复训练项目,才能获得最佳效果。

(三)指导进行康复训练

由专业康复人员指导和帮助老年人进行康复训练并做好记录。训练时要充分调动康复对象的主动积极性,帮助他们战胜困难。还应力求使训练项目活泼、新颖,注意从易到难,从简到繁,从少到多,循序渐进。通常可把一个繁杂动作分解成若干个简单动作,分阶段完成。

(四)定期的康复评定

对康复训练的定期评定(通常为一个月)是康复训练中很重要的一步。通过评定,了解训练项目是否适合、是否有效、康复对象对训练的态度等。根据评定结果,提出改进意见,必要时对康复计划予以修改。应采取实用、易操作的方法对康复对象进行康复训练效果的评估,同时还应强调,康复训练的评估,主要依据生活自理能力、活动能力、交往以及参与家庭生活和社会生活能力的变化程度。

(五)选用及制作训练器材

根据实际情况和康复对象的训练需要购置或制作康复器材,如平行杠、阶梯、沙袋、滑轮拉力器等。

(六)用品用具的信息、供应、维修等服务

如假肢可恢复残缺肢体原有的形态或功能;矫形器能从多方面减轻四肢或躯干的功能障碍。如无条件供应辅助用品用具,应提供有关方面的产品和供应信息。

(七)心理支持服务

通过了解、分析、劝说、鼓励和指导等方法,帮助老年人树立康复信心,正确面对自身功能障碍,鼓励老年人亲友理解、关心功能障碍者,支持、配合康复训练。

（八）知识普及服务

为老年人及其亲友举办知识讲座，开展康复咨询活动，发放普及读物，传授功能障碍预防知识和康复训练方法。

（九）转介服务

掌握当地康复资源，根据老年人在康复医疗、康复训练、心理支持及用品用具等方面不同的康复需求，联系有关机构和人员，提供有针对性的转介，做好登记，进行跟踪服务。

## 第二节　养老机构常用的康复器材

### 一、康复器材的选择

康复训练器具能够有效地弥补或训练老年人丧失的部分功能，为老年人参与社会生活、全面回归社会提供了物质实体的支撑，也是为老年人补偿和改善功能、提高生存质量、增强社会参与能力的最直接最有效的手段之一。随着康复事业的发展，为老年人提供的训练器具也越来越多，提供辅助器具服务在老年人康复和日常生活等方面具有不可替代的作用。养老机构为老年人配备辅助器具时应该充分依靠当地的辅具中心，由专业人员评价老年人功能状况，结合原有辅助器具的配置及使用情况，确定配置辅助器具，经过产品调试和使用训练，为老年人选配合适的辅助器具，教会老年人正确使用辅助器具，并能够提供一些咨询和建议。

（一）平行杠

平行杠是用上肢支撑体重进行站立、步行等训练的康复训练设备，它有多种结构形式，常见的是移动折叠式平行杠。主要用途：

1. 站立训练　帮助老年人从座位上站起，训练立位平衡。

2. 练习步行　老年人手扶双杠，帮助下肢支撑体重，保持身体稳定，练习步行。在老年人拄拐杖步行初期，为防止跌倒，可先通过平行杠练习步行。

3. 肌力训练　利用平行杠做身体上举运动，训练背阔肌、上肢伸肌的肌力。

4. 关节度活动训练　下肢骨折、偏瘫等老年人，用健足登在 10 cm 高的台上，手握住平行杠，前后左右摆动患侧下肢，做保持或增大髋关节活动度的训练。

5. 训练辅助　与平衡板、内收矫正板、内翻矫正板、外翻矫正板等配合使用，在相应时训练中起辅助作用。

（二）姿势镜

姿势镜是对身体异常姿势进行矫正训练的大镜子，可以映照全身。有的固定

在墙上,有的带有脚轮,可以移动;有的是仅看正面像的正面镜式,有的是可同时看到侧面的三面镜式。主要用途:

1. 用于步态、姿势的矫正。由老年人面对镜子观察其步态、姿势,自行纠正,比仅靠治疗师指导效果更好。

2. 帮助老年人自我控制头、颈、躯干的不随意运动以及平衡训练。

3. 用于协调性训练,帮助面部神经麻痹者进行表情肌练习。

(三) 训练台

训练台是采用坐、卧等不同体位进行多种康复训练的台子。主要用于:

1. 综合基本动作训练 卧、坐位训练,在训练台上进行仰卧位前后左右移动、翻身、起坐、俯卧位移动,以及从轮椅到床上的转移动作。

2. 平衡训练 可进行坐位、手膝位的平衡训练。

3. 训练辅助 治疗师可以在训练台上对老年人进行徒手训练。训练台可与悬吊架配合使用。

(四) 运动垫

运动垫是进行多种康复训练的垫子。主要用于:

1. 综合基本动作训练,卧、跪、单腿跪、手膝位、坐位及垫上移动训练。

2. 长坐位平衡及耐力训练。

3. 基本姿势动作训练,翻身、坐起、爬行及异常姿势矫正训练。

4. 与肋木配合,进行站立、蹲起等训练。

(五) 站立架

站立架是一种训练站立功能的装置,它可将功能障碍者固定于站立位。主要用途:用于站立功能障碍者的站立训练。老年人位于站立架前并固定装置,以便对人体予以固定,使其稳定地保持在站立位,可以预防和改善并发症,如骨质疏松、压疮、心肺功能降低、泌尿系统感染以及心理障碍等,站立时利用桌面可以进行阅读等多种活动,应长期坚持使用。

(六) 直立床

直立床是从平卧位逐步转动到 $0°\sim90°$ 之间任一倾斜位置进行训练的设备。主要用途:用于站立训练。一些老年人经长期卧床后,不能从卧、坐位立即变换到站立位,需先用倾斜台开始斜位适应性再过渡到站立位,作渐进适应性站立训练,也可以预防因为站立功能障碍所导致的多种并发症,如骨质疏松、肌肉痉挛、肢体畸形等。

(七) 悬吊架

悬吊架是用滑轮和绳索将肢体悬吊起来进行训练的装置。主要用途:

1. 肌力训练 ①可进行辅助的主动运动。当老年人肌力低到一定水平,不能抗重力时,可用悬吊架把运动部位吊起,以减轻自身重力的影响,协助进行运动训练;②可进行抗阻力运动。肌力达 4~5 级、能克服外加阻力的老年人,运动部分拉动另一端挂有一定重物的绳索,可进行重物抗阻力运动。

2. 关节活动度训练,预防畸形　适合关节活动受限的老年人进行多种关节的训练。利用滑轮模拟可将挛缩关节进行被动伸展。

3. 可进行牵引治疗。

### (八) 踝关节矫正站立板

踝关节矫正站立板是为矫正下肢姿势、防止出现畸形的一种设备。主要用途:

1. 矫正姿势、防止畸形　用于踝关节功能异常的老年人。使用者取站立位,身体倚靠靠板,手扶扶手杆,系上防护带,脚踩在踝关节矫正板上,在自身体重作用下,强制踝关节保持在功能位,并保持一段时间,可以起到预防畸形、矫正异常姿势的作用。选择不同的关节矫正板,或采用不同的使用方法,可起到不同的矫正作用,如足下垂、足内翻、足外翻等。在有些场合如家庭中,为了节省经费和空间,老年人身体状况也许可的情况下,可以不安装靠板,仅使用踝关节矫正板,进行简化训练,但为了安全起见,需要用手扶住某种可靠的支撑物以防摔倒。

2. 站立训练　站立功能障碍者可用踝关节矫正站立板保持站立位,进行站立功能训练。

### (九) 楔形垫

楔形垫是外形呈楔状的垫子,用法较多。主要可用于关节活动度训练和综合基本动作训练。

### (十) 平衡板

平衡板用于训练平衡功能。平衡板可以由一人独立使用,也可以两人共同使用,以便接受指导。常与平行杠配合使用,使平行杠起到辅助支撑和防护作用。

### (十一) 砂袋

砂袋是装有铁沙或砂子、具有一定重量的条形袋子,可进行增强肌肉力量的训练。主要用于:

1. 肌力训练　用于肌力低下者。把砂袋卷绕固定在上肢、下肢等部位,作为负荷进行抗阻力主动运动,以增强相应部位的肌力。

2. 关节活动度训练　依靠砂袋的重力,进行关节活动的矫正训练。

### (十二) 实用步行练习装置

实用步行练习装置是一套为训练老年人步行动作而设计,模拟在实际生活中步行可能遇到的斜坡、台阶以及不同的障碍物,根据训练的需要,可由木块等材料做成不同的组合,并铺防滑垫。主要用途:

1. 步行训练　包括上下斜坡、上下台阶、跨沟、跨浴池等。初练者可根据情况，大小台阶块依次排列在平行杠内练习。

2. 综合基本动作训练和关节活动训练。

（十三）多用组合箱

多用组合箱是一组高度不同的木质箱体，用法较多。主要用途：

1. 基本动作训练　如起坐、上下台阶等训练。

2. 步行训练　把4个箱体依次并列，可进行阶梯步行训练。训练可与平行杠配合使用。

3. 关节活动训练　与平行杠配合使用，可训练髋关节活动。

4. 辅助训练　如作为凳子使用。

（十四）阶梯

阶梯用于步行功能的训练。阶梯扶手的高度可根据需要进行调节。主要用途：

1. 利用阶梯扶手或拐杖进行上、下阶梯的步行训练。

2. 上、下阶梯可以锻炼和增强躯干和下肢肌力，活动下肢关节。

（十五）功率自行车

功率自行车是位置固定的踏车，可骑此车做下肢功能训练，在训练时可以调整增加阻力负荷，也可以记录里程。此踏车可用于：

1. 训练老年人下肢的关节活动。

2. 增强下肢肌力。

3. 提高身体平衡能力。

4. 增加心肺功能。

5. 健身，提高身体整体功能。

（十六）股四头肌椅

股四头肌椅是一种训练大腿股四头肌的座椅装置，可用固定带固定身体于坐位，受训关节如膝关节可自由活动，小腿胫前有一横档作为阻挡，横档与一有轴杠杆相连，杠杆另一侧可施加负荷重锤，借以作为伸小腿的阻力，以做增强股四头肌肌力的训练，同时也可做关节活动度训练。

（十七）分指板

分指板是将手指分开和伸展，使手指保持正确位置的器具。使用时，把手指分别放到分指板之间的指槽内，用固定带把手掌固定，保持一段时间，以防止指间关节挛缩变形，也可以防止手的屈肌挛缩。夜间和休息时可使用便携式的分指板，以保证使用时间，利于取得较好的预防、矫正效果。对防止偏瘫的"钩形手"有帮助。

### (十八) 滚筒

滚筒是训练老年人上肢功能的一种长圆柱状的器械。主要用途：

1. **协调性训练、关节活动度训练**　偏瘫、脑瘫等运动失调老年人，坐在训练桌前，双臂压于滚筒上，在桌上推动滚筒，可以训练上肢粗大动作的协调性以及上肢的关节活动度。

2. **综合基本动作训练**　脑瘫等患儿可以利用滚筒进行多种综合基本动作训练，例如患儿俯卧，将滚筒置于其胸下，双上肢伸直于滚筒前，推动滚筒，练习患儿的保护性姿势反射抬头功能。

3. **平衡功能训练**　脑瘫等患儿可以利用滚筒进行多种平衡功能训练，例如，患儿骑跨在滚筒上，分别先后抬起双脚时，滚筒左右滚动，迫使患儿不断地调节重心，以适应滚筒多变的位置。

### (十九) 肋木

肋木是靠墙壁安装的、具有一组横杆的平面框架。它的结构简单，用途广泛，使用方便；既可以单独使用，也可以几个一起成组使用；既可以单侧使用，也可以前后双侧使用。主要用途：

1. **矫正姿势，防止畸形**　可利用肋木以保持正常的姿势体位，矫正异常姿势。

2. **肌力、耐力训练**　利用体重或部分体重，做肌肉等长性或者等张性收缩，保持和增强肌力、耐力。

3. **关节活动度训练**　关节活动度受限者可利用肋木进行有节律的摆动运动，既可以主动运动，也可以借助于整个体重或部分体重做被动运动，可以二人相互配合做被动运动。

4. **训练辅助**　利用肋木在运动时部分固定身体，可防止代偿性运动。还可以使用挂架附件，挂在肋木任意高度的肋杆上，供双手悬吊；在挂架上安装滑轮训练装置，可以进行肩、膝运动，或者进行颈椎垂直牵引。

### (二十) OT 桌

OT 桌用于作业训练，桌面高度可以根据训练要求调整，适合各种体位进行上肢、下肢、躯干的各种训练，并可配合模拟作业工具等进行方便的作业训练。

### (二十一) 砂磨台

砂磨台是供老年人模仿木工砂磨作业、进行上肢功能训练的台子。主要用途：

1. **协调性训练**　模仿木工用砂纸磨木板的动作，进行上肢伸展运动，以改善协调运动。可从坐位开始训练，逐渐达到立位姿势。砂磨具的主体是一块木板，它可以在倾斜的台板上滑动，不同砂磨具的区别之处在于手柄的形状、位置不同，供不同的需要选用。

2. **关节活动度训练**　在上肢伸展运动，同时也可训练上肢的关节活动度。

3. 肌力训练　砂磨具木板底面不加砂纸或加不同粒度的砂纸,可以在磨砂作业中获得不同的运动阻力,起到训练上肢肌力的作用。

(二十二) 木钉盘

木钉盘是训练上肢协调功能的木板,上面有孔洞,可插入木钉。主要用途:协调性训练。手功能障碍者手持木钉,把木钉插入木盘的孔中,可以练习手精细动作和手眼协调性。木钉两端利用记号加以区分,进行木钉的翻转插入练习,可训练手翻转动作的协调性。抓握协调性好的老年人,可进一步使用较细的木钉(但要注意防止手痉挛),并训练较快的插入动作。

(二十三) 套圈

套圈是由若干靶棍和环圈构成的装置,环圈可于远处抛掷而套入靶棍上。主要用途:

1. 协调性训练　套圈是一种游戏性训练,是握住圈、投掷圈、拾起圈的综合动作过程。投掷训练需要上肢的运动功能良好、手眼协调以及躯干和下肢的平衡。套圈训练的方式有水平投掷、垂直投掷,可以取坐椅位、平行杠内站立位、一般站立位等。

2. 肌力训练、关节活动度训练　通过此训练可增强肌力和扩大关节活动度。

3. 心理调整　作为一种游戏性训练,可以起到转换心情、缓解抑郁的作用。

(二十四) 助行架(器)

助行架(器)是含有四条支柱的框架,带有扶手,可把持此助行架,稳定身体,练习行走。有的助行架由轻便的铝合金制成,可折叠,便于携带。有的助行架前脚装有轮子,可推动前进,后脚装有橡皮垫,可起安全保护作用,以免速度过快、地面太滑而跌倒。

(二十五) 哑铃

由1～10 kg若干个重量不等的哑铃构成一个哑铃组,可用于各种肌力增强训练。

(二十六) 颈椎牵引椅

颈椎牵引椅是用于各型颈椎病、颈椎间盘突出症、颈椎压缩性骨折、肩关节周围炎症、颈性头疼痛、跌打损伤、脑供血不足等症的治疗。

(二十七) 腰椎牵引床

牵引床是一种采用机械传动实行牵引的一种器械。应用人体生理学与机械物理力学科学结合特点,用于各种急慢性损伤引起的腰椎间盘突出、腰痛、放射性腿脚麻木、行走无力而引起腿脚肌肉萎缩,以及外伤性颈椎骨折、错位、脱位等症状。牵引床分为电动牵引床、三维牵引床和手动牵引床三种。

## 二、常用康复训练器材的使用

(一)康复训练器具的安全使用

1. 树立安全意识　防止在训练中发生损伤,要把安全放在首位。

2. 防止机械故障　复杂产品、含有运动件的产品、受力大的产品、重量大的产品、速度快的产品、重心高的产品、电器产品,要注意防止出现机械故障。

(1) 购买前要对其技术性能作全面的、客观的评价。

(2) 仔细阅读有关机械安装的说明资料,组装、安装产品前,既要注意带械内部零件部件组装连接,也要注意机械整体在周围环境中的安装质量。螺丝、螺栓、螺母、包括打在墙及地中的膨胀螺栓,必须固定,应具备防松措施。

(3) 加强器械的保养、维护:平时注意保持机械清洁,保持使用环境的清洁,需要平时加油的地方要按要求加油润滑。要定期维护,注意检查螺钉、螺母是否松动,检查易损件的磨损的情况,必要时更换易损件。

(4) 留心机械使用中各种异常情况,发现问题及时修理。异常晃动、振动、噪声、力的变化都要引起足够的重视,小异常往往是大故障的前奏。该调整的调整,该换件的换件。

(5) 未经培训的人员在没有专业人员的指导下,不得动用器械,以防造成不必要的损坏。

(6) 注意与生产厂家保持联系,有解决不了的问题,及时请厂家协助。

3. 使用方法　因使用者一般都存在一定的身体功能障碍,因此使用时发生安全问题的可能性比健全人大。

(1) 新购置的器械应先由健全人试用,确定没有问题后再交有功能障碍者使用。

(2) 使用前应接受培训和指导,仔细阅读使用说明书,对其中的使用注意事项要给予足够的重视。

(3) 使用时要循序渐进,需有一个适应过程,否则,许多老年人是无法承受的。

(4) 正确使用防护带。

(5) 有认知障碍等老年人进行机械训练时,旁边应有专人陪伴、指导。

(6) 训练中阻止不相关人员进入训练场活动,以免妨碍训练。

4. 注意用电安全　需要用电的训练器械,首先要检查供电线路是否能满足器械供电要求,如电压(进口机械尤其注意电压)、额定电流、是否有地线和保险丝。其次,要懂得一些常识,比如:应先插电源,后操作器械上的电器开关;关闭时,应先关机械开关,后拔出电源插头。电线、开关的布置应在使用者本身可触及范围之外。

5. 应具备必要的环境条件　场地要足够大,康复训练器械与其他器械、家具、墙壁、障碍物之间要留有足够的空间,防止使用者和机械磕碰的损伤。要有必要的照明条件,防止看不清楚导致误操作。训练场所要相对清静,防止使用者注意力转移导致误操作。

6. 要在监控下使用　使用者的身体、精神状态不佳者避免器械训练,以防因误操作发生意外。

(二) 提高使用康复训练器具的兴趣

1. 利用器具适当开展游戏性、竞技性训练,寓练于乐。
2. 加强老年人之间的交流,集体练习,促进训练欲望。
3. 把日常活动融到训练当中,避免有枯燥感。
4. 有训练的奖励办法,增进训练兴趣。
5. 由他人陪练,提高康复训练的趣味性。

## 第三节　养老机构常用的康复方法

导致老年人功能障碍常见的慢性疾病有很多种,患病后症状及体征不典型,容易漏、误诊,发病快、病程短,并发症多,易有意识障碍,易发生多器官功能衰竭。同一老年人常有两种以上疾病同时存在,且易出现心理和精神问题。因此老年人康复不仅要针对功能障碍本身,而且要着眼于整个人,从生理上、心理上、社会上进行全面康复。

根据老年人群康复需求调查资料的整理和分析,可以明确哪类人群最需要服务也就是最应优先考虑的人群以及其服务、分布和需求内容,这些都是"以人为本"制定康复计划的客观依据。

### 一、老年人的健康运动方法及注意事项

应当鼓励老年人去主动参与社会活动,而不是卧床不动。老年人不能因为缺乏动机而不进行运动。许多老年人在一生劳作后,认为自己老了不宜运动,不愿意进行运动锻炼。如果确定老年人没有运动的禁忌疾病如抑郁及营养不良等,都应该鼓励他们参加运动锻炼。

(一) 健康老年人的身体活动建议

美国运动医学会(ACSM)和美国心脏协会(AHA)针对于健康成年人和老年人提出的身体活动建议,运动时可结合中等强度和剧烈强度以达到身体活动建议量,例如每周两天从事慢跑20分钟,另外两天从事轻快走。亦可采用多回合中等

强度的活动,每回合至少持续 10 分钟,只要累积达至少 30 分钟即可。美国公共卫生服务部在 2008 年出版了美国人身体活动的指导原则,指出成年人为了健康效益应该以中等强度从事有氧活动,每周至少 150 分钟;或是从事剧烈强度活动,每周至少 75 分钟;老年人也应该每周至少两天从事强化肌力的活动,具体如表 6-1。

表 6-1 老年人身体活动建议量

| 族群<br>(≥65 岁) | 有氧运动 | | | 强化肌力的活动 | | | 柔软度与<br>平衡活动 |
| --- | --- | --- | --- | --- | --- | --- | --- |
| | 时间 | 强度 | 频率 | 组数 | 强度 | 频率 | |
| 少活动者 | 150<br>分/周 | 轻(RPE=<br>3~4)至中<br>度(RPE=<br>5~6) | 5天/周 | 1 | 轻(RPE=<br>3~4)至中<br>度(RPE=<br>5~6) | 2~3天/周 | 老年人从事规律身体活动与日常活动应进行伸展操以维持身体柔软度,平衡性活动≥3天/周 |
| 常活动者 | 150~300<br>分/周 或<br>75~150<br>分/周 | 中度(RPE=<br>5~6)或剧烈<br>(RPE=7~<br>8) | ≥3天/周 | ≥1 | 中度(RPE=<br>5~6)或剧烈<br>(RPE=7~<br>8)8~12PM | ≥2天/周,<br>不连续天数 | |

近年来有人提出了一个运动金字塔模型。他们指出在日常生活中,只有同时遵循食物金字塔和运动金字塔两种模型,才能达到健康的目的。

1. 第一层是生活中的有氧运动　生活中的有氧运动项目有强度适中的散步、慢跑、骑车、游泳等。每天可分数次进行,需累计 30 分钟以上。

有氧运动能增加人体自身免疫能力、减少生病的几率、抵抗情绪压力。研究证明,低至中等强度的有氧运动在保护心血管方面作用最强,可以大大降低冠心病、高血压等心血管疾病的发病率,对糖尿病、结肠癌等疾病也能起到很好的预防作用。散步、慢跑、骑车、游泳等都是典型的有氧运动,此外还包括爬楼梯、园艺活动、家务、逛街、购物等。其中最好的是走路、骑车和园艺。如果平时没有机会做园艺,可多走路和骑车,最好每次能坚持 30 分钟以上。家务劳动中擦窗、拖地、洗衣服都是不错的运动。

2. 第二层是伸展运动　伸展运动的项目有瑜伽、拉筋动作、柔软体操、八段锦等。每周 5~7 次,每次 6~10 个动作,每个持续 30 秒,强度要求伸展至有拉紧感。

伸展运动主要通过牵拉肌肉和关节来提高机体的供氧能力。经常进行伸展运动,能提高关节的活动度,增强身体的柔韧性,减少运动伤害,还有助于疲劳的消除和全身淋巴的畅通。长期采取坐姿的老年人尤其需要伸展运动。位于第二层的伸展运动最好也是每天进行,但在时间安排上比较灵活,可以见缝插针。伸展的部位包括手臂、腰部、臀部、大腿、小腿等,同时要注意配合呼吸进行。这类运动主要包括柔软体操、瑜伽、太极拳、八段锦等。老年人应多做肩颈背部的拉伸,比如站在墙边,双手沿墙不断向上伸的爬墙运动;双手在身后握拳拉伸背部;手举过头顶,腰部后弯,拉伸腹部。每次伸展并不需要急速地做到极限,而是要在宽松的状态下,徐徐地持续拉引10~30秒钟。每次做伸展的时候,都想着身体的感觉,不要勉强它。另外,伸展时配合深呼吸效果会更好。

3. 第三层是有氧休闲运动　有氧休闲运动的项目有慢跑、骑车、游泳、登山、有氧舞蹈、健身操、网球、篮球、高尔夫等。每周3~5次,每次20分钟以上。要达到中等偏高强度。有氧运动有慢跑、骑自行车、游泳、登山、舞蹈、健身操等。休闲运动包括网球、篮球、高尔夫等。这些运动可以锻炼心肺功能,陶冶情操。体重较重的人,可以首选游泳,减轻关节负重。

4. 第四层是力量训练　力量训练的项目有重量训练、仰卧起坐、俯卧撑、拉力带等。每周2~3次,每10个动作为1组,做1~3组,可采取略超肌肉负荷强度。位于运动金字塔上层的力量训练,不单能强健人的骨骼和肌肉,还能提高身体基础代谢率,帮助消耗更多的热量。例如一个没有进行过力量训练的坐位工作的女性,其一天消耗的热量大概是5 440.5 J(1 300 cal)。经常做适当力量训练的女性,即使一天摄入6 277.5 J(1 500 cal)热量,不做什么运动,这些热量也可以消耗掉,而不会堆积变成脂肪。所以每周要抽出时间进行专门的力量训练。适合日常训练的有仰卧起坐、立卧撑(先做一个俯卧撑,然后收腿、站起来,再重复上述动作),还可以用哑铃进行一些上肢的负重练习。

5. 第五层是静态活动　静态活动的项目主要是指看电视、玩电脑、工作等。建议时间不要连续超过60分钟。要记得每隔一个小时起来活动一下身体。虽然坐着也能消耗能量,但量很小。可以规定自己每次上完厕所后站3分钟,或做一组伸展运动。

(二)老年人运动健身的注意事项

1. 适量补充能量　运动前适当补充些营养物质是很有必要的。对于普通人来说,运动前以摄取高糖低脂肪的食物为宜,例如面食、米饭、水果等,因为这些食物容易消化,又能提供糖类来作为运动的能量。如果运动时间超过60~90分钟,可以选择血糖指数较低的食物,如香蕉、全脂牛奶、米饭、麦片粥等,这些食物被缓慢地消化吸收,能够长时间地供应糖分,为运动中的肌肉所使用。如果运动的时间少于60分钟,则可以选择高血糖指数食物,如面包、运动饮料等,这些易消化吸收,能迅速提供糖分。

2. 及时适量补水　运动时出汗多,盐分丧失量大,容易使细胞渗透压降低,导致钠代谢失调,发生抽筋等现象,所以及时补充水分非常重要。补水方法最好是少量多次，运动中每 10～15 分钟饮水 150～200 ml。但不要喝过甜的饮料，以避免增加胃的负担。运动后也应及时补充水分，但不要一次喝得太多，狂饮会增加心脏的负担。

3. 不要贪食冷饮　有的人运动后习惯吃冷饮。事实上，在运动后身体温度很高的情况下吃冷饮会伤害肠胃。这是因为运动时大量血液涌向肌肉和体表，而消化系统则处于相对贫血状态，这时进食大量冷饮不仅会降低胃的温度，还会冲淡胃液，使胃的生理机能受损，轻者会引起消化不良、呕吐、腹泻、腹痛等急性胃肠炎，重者还可能为以后患慢性胃炎、胃溃疡等埋下祸根。研究发现，5～15 ℃的运动饮料被人体吸收的速度最快，而且没有什么不良刺激。运动后温稀盐水是最好的饮料。

4. 不要立即冲凉　人体充分运动后会大汗淋漓，全身的毛孔都打开了。如果这时突然用冷水浇身，会引起感冒、发烧。且冲凉并不能帮助肌肉放松，反而会使肌肉更加紧张。正确的方法是等身上的汗都干了，再用温水冲澡，水温应高于体温 1～2 ℃。

另外，很多有晨练习惯的人都是很早就出门运动，但晨练不宜太早。运动时人体能量消耗很大，要控制好强度。运动着装以棉织品为最好，款式宜宽松，棉织品透热、吸汗优于化纤制品。

## 二、老年病人的日常生活康复方法及注意事项

老年人由于年龄增加，生理机能下降，常伴随不同程度的功能障碍，因此，阻止或延迟其功能衰退的干预措施就显得尤为重要。对于老年病人而言，康复治疗和服用药物的重要目的之一就是日常生活自理。日常生活活动的康复训练可以帮助老年病人恢复身体功能，把潜在功能发挥到最大限度，使老年病人对生活有更好的适应能力，增进健康、延缓衰老，预防活动功能的丧失。

（一）老年病人日常生活康复训练方法

养老机构老年病人康复的主要目的是恢复老年人日常生活的活动能力以及生活自理能力。有人研究显示老年人患病后虽经康复医疗，日常生活活动能力会一度好转，但若干年后常常会再出现明显退步，甚至卧床不起。因此，老年人要减少功能倒退，预防久病卧床，就要坚持日常生活活动的康复训练，这是大多数老年病人家庭康复的关键所在。

老年病人在患病初期，连起码的生活自理都有困难，往往在心理上总是认为自己无所作为，感到悲观失望，对生活活动能力的训练缺乏足够信心。就鼓励老年人对一些生活上的小动作开始训练，这样当老年人自己能够完成时，就会从心理上建立起独立生活的信念，从而对康复治疗充满信心，最后取得康复成功。

日常生活活动虽然是老年病人身边的一些琐碎小事，如起床、穿衣、脱衣、盆

洗、沐浴、饮食、如厕、使用拐杖、乘坐轮椅,但这些活动动作的完整性,对老年人不依赖他人,而维持独立生活是不可缺少的,具有重要意义。

养老机构要为日常生活活动训练有困难的老年人准备一些辅助工具和特制器皿、家具和衣服等,如加大钥匙、加长拉线开关、加粗铅笔、长把牙刷、床罩百宝袋、弹簧筷子、带扶手便桶等。这些老年人自助器将更有效地发挥老年人残存功能,达到独立完成日常生活活动的目的。

(二)老年病人日常生活康复训练的注意事项

在日常生活康复训练的具体过程中,老年病人及养老机构人员要注意以下几个问题:

1. 可将日常某些生活动作分解成几个简单的动作,然后从简单的、断续的动作练习起,再连贯成一个完整的生活动作。

2. 老年病人如果肌力不足,或者缺乏动作的协调性时,可先做一些准备训练,如加强手指肌力训练等,然后再做日常生活动作的训练。

3. 为老年病人制作的自动器,一定要适合老年人的习惯和特点。

4. 训练饮食动作时,除用特制的自助器外,开始时还可不用食物,仅练习手指动作或模仿进食,经反复练习后,再摄取饮食。

5. 有的老年病人训练穿、脱衣服动作时,因手的协调性差,无法完成扣纽扣、解衣带等动作,对普通衣服的穿、脱存有困难,还需为他们设计特别服装或自动器。如偏瘫病人衣服不用纽扣,改用尼龙搭扣。

## 第四节 常见老年病的康复训练方法

目前我国已经步入老龄化社会,由于老年群体有着特有的身体、心理、社会特点,其日常活动能力随年龄增长而降低,神经系统功能的衰退、各种慢性病、退行性疾病或变化导致各种机体功能障碍,使得针对老年人的养老服务不再仅局限于简单的日常生活照料,越来越多的养老服务已向常见老年疾病康复治疗方面等延伸。

### 一、偏瘫康复方法

偏瘫又称脑卒中或中风,对偏瘫进行有效的康复能够加速康复的进程,减轻功能障碍。偏瘫康复治疗的目的是通过从生理上、功能上、精神上和日常生活活动能力上全面提高病后的生存质量。

(一)注意维持床上正确体位

宜鼓励偏瘫老人采取对抗痉挛的体位。患侧卧位时可加强患侧的感觉刺激,同时有利于健侧肢体的活动。对于上肢屈肌痉挛明显的老年人,仰卧位可降低上肢屈肌张力。对于下肢伸肌痉挛明显的老年人,俯卧位能降低下肢伸肌张力。

(二)按摩和被动活动

进行从远端至近端的按摩,尤其要注意对患侧手、肩及下肢的按摩,这有利于改善血液循环,消除肿胀,缓解疼痛,预防压疮和静脉炎。如果为了促进功能恢复,则按摩宜从近端至远端,以促进患侧肢体功能的恢复。按摩后可进行各关节各个方向的被动活动,在体力允许的情况下,自我按摩效果更好。

(三)日常活动能力的练习

鼓励有意识地运用患肢完成各种日常活动,提高患肢实际操作能力。健手带动患手完成一些简单伸展性的活动,鼓励交叉手下的过身体中线的活动,引导和帮助偏瘫侧上肢的活动,以正确的运动方式,从身体周围不同的高度、远近不一的距离与不同的方向,用手取放不同大小与形状的物体,用手背的力量压橡皮泥等。训练中不能急于求成,应将动作逐一分解进行,直至最后全部完成。

(四)呼吸练习

应鼓励病人进行呼吸练习,如进行腹式呼吸训练时腹部要放松,经鼻缓慢深吸气,吸气时意念将气体吸往腹部。呼气时缩唇将气缓慢吹出,同时收缩腹肌以增加腹内压,把气体尽量呼出。卧位腹式呼吸训练中吸气时可用双手置于腹部,随吸气双手随腹部膨隆而向外扩张,呼气时腹部塌陷,同时双手逐渐向腹部加压,促进横膈上移,也可将两手置于肋弓,在呼气时加压以缩小胸廓,促进气体排出。

(五)体位转换和平衡训练

在床上练习翻身,开始先做双髋向两侧摆动,带动躯干向左右转动,注意转动躯干时,健手应握住患手随躯干同时翻转。当老年人自己能在床上完成翻身和半桥动作后,可逐渐训练从卧位转为坐位,从健侧卧位坐起,然后过渡到患侧卧位坐起,从需要他人帮助到自己独立坐起。能够坐起后则可以进行坐位平衡训练和站位平衡训练。也可以在投接气球、打羽毛球、打乒乓球、踢毽子、跳绳等活动中训练老年人的平衡性、反应性和灵活性。

(六)肢体控制能力的训练

加强患侧髋、膝、肩的控制能力,可以练习患侧髋、膝在屈伸不同的角度时的静态保持,卧位时患侧上肢伸展推椅、坐位下躯干向患侧偏斜、患侧上肢支撑保持等。加强身体协调控制能力,注意矫正坐、立位的异常姿势。

(七)加强患侧肢体力量的训练

用偏瘫侧手在身体周围的各个方向、不同的平面抓取大小不同的球,向身体的前方抛球,去撞击另一个物体。可以通过器械活动,如固定自行车、下肢踏步器、平衡板、肩关节旋转器、腕关节旋转器或借助肋木完成一些难度较大的功能活动,从中提高患侧肢体的力量。

（八）步态训练

开始由他人帮助或借助辅助具，以后逐渐过渡到独立完成动作。注意在未具备良好的步态之前，不要急于过早行走，也不要过早使用手杖或拐杖，因为这样不利于患侧肢体功能的恢复，而且容易产生异常的步态。在老年人具备了步行条件后应该先作步行分解动作练习，以步态训练为重点。实用步行训练主要侧重步行的稳定性、节律性及实用性训练，同时进一步纠正步行中的不正确动作及姿势，需彻底打破下肢的伸肌痉挛模式。

（九）配备合适的辅具

上肢常用的有肘关节、腕、指关节矫正支具。一侧上肢失用时可借助一些辅助用具，如碟档、有吸盘的碗、纽扣器、持物器、固定式切板等完成单手操作。下肢常用的有踝足支具、膝踝足支具，主要是矫正足下垂、内翻畸形和膝过伸、膝不稳。老年人应在专业人员指导下学习如何穿脱支具及在支具保护下进行功能活动。对于那些无法步行者，可以用轮椅代步，要会正确地使用轮椅。

（十）理疗

很多养老机构或者老年人自己都配备有理疗设备，如湿热敷、温水浴、红外线等可改善血液循环，减轻疼痛。

（十一）言语治疗

偏瘫老人常见的构音障碍训练方法包括感觉刺激、口运动语言肌肌力的训练、呼吸训练和发音模式及姿势次序的再训练。选择性的交流方式和增加交流方式的器具可用来提高生活质量，如可用交流板和电子交流器具。

（十二）心理康复

尽管对一些患者来说，痉挛、疼痛和感觉缺失可出现问题，但心理因素（恐惧、焦虑、抑郁和不适）远比器质性因素重要。心理治疗包括心理治疗、心理社会支持、环境治疗和药物，在一定程度上情绪随着老年人身体独立性水平提高而改善。对一些参与日常活动和治疗训练项目有明显障碍的老年人抗抑郁药有效，这些药物不仅改善情绪，也改善其他功能活动。

（十三）偏瘫康复体操

养老机构偏瘫老年人每天做偏瘫康复体操是一个很好的选择。坚持做可以改善偏瘫老年人的运动功能，增加关节活动范围，预防因长期不活动造成的关节挛缩和肌肉萎缩，提高生活自理能力。

1. 偏瘫康复初级体操　此期以健侧主动活动为主，体位为仰卧位。重点是加强健侧肢体的主动或抗阻活动，尽量接近日常功能活动，促进患肢功能活动的出现。

第1节，健手梳发：头转向患侧，用健侧手从健侧额部开始向头后颈部梳理，要求手指紧压头皮，缓慢向后推动，重复20次。

第2节，捏挤患手：用健侧手将老年人手臂置于胸前，用健手拇指、示指沿患侧各手指两边由远端向近端捏挤，并在手指近端根部紧压20秒。每个手指重复5次。

第3节，健手击拍：将患侧手臂置于胸前，用健侧手掌从患侧肩部沿上肢外侧拍打至手部，往返进行20次。如果衣服较厚，可握拳叩击。

第4节，组指上举：用健侧手与患手交叉于胸前，患手拇指压在健手拇指上，然后健手带动患手用力前举或上举过头，直至两肘关节完全伸直，保持10秒后复原，重复20次。

第5节，环绕洗脸：将健手抓住患手使其伸展，然后在健手带动先在脸部做顺向和逆向模仿洗脸的动作，重复10次。

第6节，半桥运动：两上肢伸展置于体侧，两下肢区屈髋、屈膝位，可用枕或由家属或治疗人员将患侧下肢固定或将患腿翘于健膝上，然后尽量抬臀离开床面，保持10秒，重复做5～10次。注意不应有屏气动作。

第7节，抗阻夹腿：两下肢屈髋、屈膝，两足支撑于床面，由他人固定患腿，然后让健腿向患腿靠拢，同时由他人在健膝内侧施加一定的阻力，以增强完成抗阻力夹腿力量，重复20次。

第8节，跷腿摆动：患腿被动屈髋屈膝支撑，由他人固定于足部，健腿翘在患膝上，在健腿的带动下向左、右摆动髋部，活动中要求健腿对患腿起固定作用，重复20次。

第9节，直腿抬高：健侧下肢伸直抬高30°，保持10秒，也可将健腿托住患腿做直腿抬高，重复5次。

第10节，手足相触：用健侧手去触及健侧足背，重复进行10次。

第11节，健足敲膝：用健侧足跟击及患侧膝，从膝下沿小腿前外侧由上向下至足外侧来回敲打10次。

第12节，呼吸练习：在仰卧位下做缓慢的深呼气和深吸气运动。

2. 偏瘫康复中级体操　重点强调患侧肢体的助力或主动活动。

第1节，搭肩上举：做患侧上肢向前上举，要求肘关节充分伸展。如力量较差，可用健手固定患侧肘后再做此动作，也可将健侧上肢向前平举，让患侧手掌沿健侧肩部向手部来回转换，每个动作重复10次。

第2节，对角击掌：患侧上肢取外展侧上举位，掌心朝上，健侧上肢向前平举，让患侧上肢渐向健侧肢体靠拢，同时用力击掌，重复做10次。

第3节，耸肩运动：双肩同时向前向上耸起，并做环绕运动，重复20次。

第4节,合掌击肘:双手合掌置于额前,然后分别做两肘夹紧及分开运动,重复10次。

第5节,跷腿运动:健腿屈髋、屈膝支撑于床面,将患腿翘在健膝上,如患腿伸肌张力较高(有肌痉挛),让患腿取弯曲状态置于膝上和放下。完成上述动作困难者,可将健腿取伸直位,然后患腿置于健膝或小腿上并放下,重复10次。

第6节,左右摆髋:双腿弯曲、靠拢支撑于床面,分别向左右两边摆动髋部,重复10次。

第7节,夹腿屈曲:双腿伸直靠拢,然后同时屈髋、屈膝,要求足跟紧贴床面移动,在充分弯曲后,双足抬起,双膝向腹部靠拢。如果患腿力量不足,则将患足置于健足上完成这一动作。

第8节,单腿半桥:双上肢伸展置于体侧,患腿屈髋、屈膝,足撑于床面,健腿伸直抬高30°～40°,或翘在患膝上,用力抬臀伸髋,并保持10秒,重复10次。

第9节,抗阻伸肘:健侧上肢弯曲置于胸前,患手与健手对掌并用力向前推,以达到肘关节充分伸展。要求健手给予相反方向的阻力,重复10次。

3. 偏瘫康复第三期体操 第三期体操内容重点突出两侧肢体的主动活动,加强肢体的精细运动,提高肢体的协调控制能力。此期的动作幅度并不大,而是加大了动作的难度。

第1节,左右击锤:一侧上肢向前平举,手握拳,拳心向上,另一侧手握拳,在体侧做划圈锤击动作,并握拳敲击另一侧拳,然后交换动作,两边交替进行10次。

第2节,手膝相拍:双上肢伸直置于体侧,下肢做屈髋屈膝踏步活动,用一侧手举起去拍打对侧膝部,然后换另一侧手重复上述动作,交替进行20次。

第3节,手足打拍:两上肢伸直于体侧,掌心朝下,两侧手腕紧贴床面,双手交替在床面上打拍,然后两下肢弯曲,足跟紧贴床面,做左右交替击拍动作,也可在座位或立位下双手、双足交替拍打桌面或地面。可重复进行直至疲劳。

第4节,下肢划圈:取仰卧位或坐、立位,两侧下肢足跟紧贴床面或地面,交替做划圈动作,重复10次。

第5节,半桥踏步:取仰卧位,在前面半桥运动的基础上,双下肢弯曲支撑抬臀位下,双足交替抬起做踏步动作,重复10次。

第6节,侧位踏踩:取健侧卧位,患腿做从前向后划圈踏踩自行车的运动或坐位下踏踩自行车,重复做20次。

第7节,敲击跟腱:取卧位或坐位,健腿充分伸展,患足从健膝沿小腿前外侧至足外侧来回敲击,往返10次。

第8节,旋转屈伸:取卧位,患侧下肢屈髋、屈膝,以足支撑于床面,将髋外旋放倒膝部,腿外侧贴于床面,再做髋内旋回到开始时的支撑位,然后伸直下肢,重复进行20次。

第9节,床边摆腿:取卧位,患腿取外展位,将小腿置于床沿自然下垂于屈膝90°,注意屈膝时避免屈髋,然后进行膝屈伸的小腿摆动活动,重复20次。

无论是完成哪级体操,都应注意以下几点:①在完成体操的过程中,应配合有节律的呼吸运动,避免过度屏气造成血压升高;②老年人应根据自己的体能循序渐进地从初级向高级体操过渡,每级体操不一定要求全做,可选择自己能完成的5~6个动作,每节动作完成的次数可上下调整,每天重复1~2次;③对血压偏高(>180/110 mmHg)波动较大者暂时不做操;④活动量可通过心率掌握,以不超过110次/分为宜。

### (十四)其他

患侧体功能虽不能恢复,但仍要注意加强该侧肢体的被动或主动活动,防止关节、肌腱、韧带挛缩造成的关节活动范围受限,尽量发挥患手的辅助功能。注意防治痛肩、肩关节半脱位、误用综合征等常见的并发症。

## 二、肺康复方法

肺康复的对象主要是患慢性阻塞性肺病(如慢性阻塞性支气管炎、阻塞性肺气肿等)多年并已伴有不同程度肺功能损害的患者。已有充分证据表明,养老机构通过对老人采取全面的肺康复措施,老人的症状可明显改善,呼吸运动效率增加,生活自理能力加强,疾病的复发减少,生活质量得到提高。在对老人的身心状况进行评价以后,应确定肺康复的目标。制订目标时应充分考虑疾病范围、病损程度,老人的性格、体能、生活方式及环境条件。要把目标定得具体,简单明了,又切实可行。让老人充分表达自己的愿望以确定合理的目标。为实现确定的目标,需进一步制定康复的步骤和方法及详细的康复内容和计划。必要的医疗和训练条件及器材均应提供。肺康复方法通常包括以下内容:

### (一)宣传教育

教育的目的是讲解疾病知识,提高老人自我保护和防治疾病的能力,明确康复对自己的好处和解除对疾病的忧虑。因人施教,针对老人的疾病和所关心的问题。教育应深入浅出,可以利用录像、电视、电影、广播等视听教育法。在讲解呼吸锻炼、体位引流、呼吸疗法或氧疗的仪器使用等内容时,一定要有示范和实际操作,并尽量让每个老人都能有实践机会,在实践操作时详细辅导。

### (二)一般的康复措施

老人应避免吸入污染空气和其他刺激性气体,避免和呼吸道感染老人接触。在呼吸道传染病流行期间,应尽量避免去人群密集的公共场所或参加大型集会。环境因素如温度、湿度、海拔高度也应予以考虑。温度和湿度过高或过低均可使气道阻塞的症状加重。室内应用空调器、湿化器或空气过滤系统可能是有益的。每年在流感流行季节到来之前，应给予流感疫苗注射；如有条件，可注射肺炎球菌疫苗。

戒烟应该是任何康复方案的不可缺少的部分。慢性阻塞性肺病老人避免吸烟十分重要，如果在气道阻塞的早期就戒烟，慢性阻塞性肺病的病程可能改变。在慢性阻塞性肺病的任何阶段戒烟，均可延缓疾病的发展和恶化。医生不仅要讲戒烟的好处，而且要具体帮助和指导老人如何戒烟，吸烟者有不同的想法和戒烟的具体困难，医生应和老人一起讨论，帮助找出最适合的戒烟技术和方法。各种尼古丁代用品可减轻与尼古丁成瘾相关的戒断综合征。

（三）药物治疗

慢性阻塞性肺病老人往往同时服用多种药物，需仔细避免药物的副作用和药物之间的交叉反应，应科学地安排用药时间和其他治疗或康复锻炼，以便使老人每天的日常生活协调、规律。

（四）氧气疗法

伴低氧血症的慢性阻塞性肺病老人应给予持续低流量吸氧，在心理试验、活动协调、运动耐力和睡眠方式诸方面可得以改善。有研究认为每天吸氧至少 15 小时可使慢性阻塞性肺病老人的肺动脉高压和肺心病延迟发生。国内外均已有多种便携式氧源或氧气发生装置，可供老人在家中或外出活动时应用。

（五）呼吸锻炼

呼吸锻炼可以恢复膈肌至较正常的位置和功能，控制呼吸频率和呼吸方式以减少气体陷闭，减少呼吸功，增加呼吸肌的工作效率，减轻老人呼吸困难和焦虑。

1. 缩唇呼吸　老人闭嘴经鼻吸气，然后通过鼓腮、缩唇（吹口哨样口形）缓慢呼气 4～6 分钟，呼气时缩唇大小程度由老人自行选择调整，呼气时可伴有或不伴有腹肌收缩。没有呼气气流经鼻通过，因为做缩唇呼气动作时，软腭无意的升高使鼻咽部气流入口关闭。在开始缩唇呼吸以后，呼吸困难几乎即刻缓解。

2. 头低位和前倾位　头低位或前倾位常可以缓解慢性阻塞性肺病老人的呼吸困难。头低位时让老人斜卧床上或平板床上垫高床脚。前倾位则是老人坐位时保持躯干往前倾斜 20°～45°，为保持平衡老人可用手或肘支撑于自己的膝盖或桌上。立位或散步时也可采用前倾位，可用手杖或扶车来支撑。

3. 有控制的慢而深地呼吸　慢性阻塞性肺病老人经常呼吸浅快，如能对浅快呼吸进行控制并代之以慢而深的呼吸，减少呼吸频率后潮气量可明显增加。但老人不容易做到，即使做到了，也不容易持久，并容易导致呼吸肌疲劳。只有和其他呼吸锻炼方式联合应用，才有可能使慢性阻塞性肺病老人获益。另一方面，应教育老人避免浅快呼吸的倾向，尤其是在老人紧张和焦虑时。

4. 腹式呼吸锻炼　腹式呼吸锻炼的关键在于协调膈肌和腹肌在呼吸运动中的活动。呼气时,腹肌收缩帮助膈肌松弛,随腹腔内压增加而上抬,增加呼气潮气量;吸气时,膈肌收缩下降,腹肌松弛,保证最大吸气量。练习腹式呼吸时,先做示范动作,然后给予具体的辅导和纠正。开始时每日训练 2 次,每次 10～15 分钟,掌握方法后增加锻炼次数和时间,以力求成为老人自己不自觉的呼吸习惯形式。一般说来,大多数老人经 3～7 周示范和指导均能顺利学会腹式呼吸,只有少部分难以掌握。如是技术问题,应耐心地指导并给予鼓励;如是身体(肺功能)原因,可能老人不适用此项锻炼,应予放弃。

侧卧位腹式呼吸老人取侧卧位,膝关节轻度屈曲。坐位腹式呼吸盘腿坐位或坐在椅子上,双手分别置于前胸部和上腹部。

立位腹式呼吸老人两腿稍微分开,轻松姿势站立。

随着卧位、坐位、立位训练的深入,已可自由调节腹式呼吸的深浅,可以进行步行中的腹式呼吸。大体上按呼气 4 步、吸气 2 步的比例进行。步行速度为正常人的 1/2～1/3。步长可自由选择。

大多数坚持腹式呼吸锻炼的老人,都可取得较好的效果,呼吸困难和疲劳的症状缓解,运动耐力提高,自觉呼吸功能改善。

5. 其他呼吸锻炼的方式　为了帮助老人学习和掌握各种呼吸锻炼技术,近年来世界各国都设计和制造了一些呼吸锻炼装置,老人可根据自己的情况予以选择。

6. 呼吸肌力量锻炼　锻炼时间一般限制在 5～20 分钟,每天 2～3 次,可在静息通气和增加通气条件下进行。锻炼时要注意防止过度通气导致呼吸性碱中毒。随呼吸肌力量增加,应及时调整阻力负荷并相应缩短锻炼时间。阻力与时间的搭配应根据老人主观症状和适应情况而个体化。

7. 其他呼吸锻炼方法　各种传统的民间锻炼方法,如太极拳、气功、呼吸操、保健操等,都很讲究运纳吐气和呼吸方式,如体力能胜任并能坚持锻炼,有助于缓解 COPD 老人的呼吸困难,锻炼呼吸肌的功能和协调。

8. 运动和体疗　可进行游泳、散步、骑自行车、呼吸操等以增加运动的体力和耐力。运动锻炼重要的是要循序渐进,开始时可以只运动几分钟,以增加老人信心,但要逐步增加运动强度以便增加运动能力。以后的运动时间一般每次运动至少 20～30 分钟,每周运动锻炼至少 3～4 次。当运动锻炼有规律进行时,老人对呼吸困难的耐力往往已增加,食欲也已增进,表明老人的体能也有所恢复,生命质量得以改善。

(六) 气道卫生疗法

气道卫生疗法又称气道分泌物廓清技术,常用技术包括体位引流、胸部叩拍震动、有效咳嗽训练和用力呼气等。

1. 体位引流　确定体位引流体位的原则是将病变部位置于高位,使引流支气管的开口方向向下。摆放体位引流的各种体位时,可用斜板、斜床、摇床,或垫高床脚,床上应用枕头等。

2. 胸部叩拍、振动和摇动　叩拍是将手掌微屈呈碗口状或用机械叩拍器在吸气和呼气时叩击老人胸壁,叩拍频率大约为每秒 5 次。一般认为叩拍力可通过胸壁传至气道,将支气管壁上的分泌物松解。由受过训练的人或家属给予叩拍,重点叩拍需要引流的部位,最好沿着支气管的大致走向从上往下拍或从下往上拍。高龄或皮肤易破损者可用薄毛巾或其他保护物包盖在叩拍部位以保护皮肤。

3. 咳嗽训练　立位或坐位时的咳嗽比其他体位时咳嗽更有效,因为立位或坐位时可产生较高的胸内压和气流速度。在一阵咳嗽里,往往第一声和第二声咳嗽对大气道内分泌物的廓清效果最明显。没有控制的咳嗽经常导致疲倦、胸痛、呼吸困难以及支气管痉挛加重。用力呼气技术由 1~2 次用力呼气组成,呼气由中肺容量开始持续到低肺容量(用力呼气时不关闭声门),接着咳痰或进行有效的咳嗽,随后放松呼吸(最好用膈肌呼吸),一段时间后再重新开始。呼气时老人以双上臂快速内收压迫自己侧胸壁来辅助用力呼气。

(七) 日常生活能力的训练

对老人日常生活能力的仔细观察可发现很多问题,然后可针对问题教其各种节省体能的动作,指导老人学会日常生活中很多常用的各种动作,如有适用的装置或工具也可提供给老人,以便老人在完成日常动作(如从地板上捡东西、穿衣、洗脸、洗澡、吃饭等)时既方便又省力,目的是减少日常活动时的氧耗,使体能更有效,从而增加老人生活的独立性,减少对他人的依靠。

(八) 营养的调理

慢性阻塞性肺病老人一般给予低脂、复合碳水化合物饮食。饮食时应避免过多的液体量,因入量过多可引起水肿和加重心脏的负担。因呼吸困难引起食欲减退时要分析原因,有时可能是不自主的吞咽动作咽下空气引起腹胀,有时可能是药物引起恶心,应分别处理。食欲未恢复前可少食多餐,而不是一天 2~3 餐。食欲很差的老人应补充营养。就餐时吸氧有助于低氧血症老人吃得舒适。肥胖老人应设法减轻体重以减少呼吸功。老人的血钾、镁、磷水平应维持正常,以保证肌肉的强度和耐力。

(九) 心理康复

焦虑和压抑是常见的,老人往往对呼吸困难有恐惧心理,否认各种症状,易怒、孤独、整天静坐不动,不参加娱乐、社会活动和人际交往。依赖家人或医疗服务。性功能障碍和害怕性活动也很常见。有些老人伴有各种神经精神症状,如失眠、多梦、记忆力减退、识别不能、谵妄等等,这也许与低氧血症导致脑缺氧有关。

处理办法应该是热情地关心、同情、帮助老人,鼓励老人与疾病斗争的勇气,增强和疾病作斗争的信心,通过耐心细致的说服和解释工作,解除各种不必要的顾虑,支持其力所能及的各种社会活动和正常的交往。并动员老人的家属、朋友一起来做工作。除以上心理治疗外,也可考虑给予必要的神经精神药物。

(十) 定期检查

定期对老人进行体格、肺功能及必要的实验室检查,了解分析康复情况进行全面总结,并把总结和老人情况详细向相关的医疗单位和保健医生介绍,以便负责老人医疗的单位和医生能在今后继续给予康复锻炼的指导和监督,并进行长期随访。

### 三、冠心病康复方法

冠心病的康复是综合性心血管病管理的模式,长期坚持生活方式改变和有效药物治疗将降低老人再发心血管事件的风险,显著改善老人整体健康水平。冠心病的康复必须建立在药物治疗的基础上,因此根据指南循证规范用药是心脏康复的重要组成部分。运动康复应除外不稳定性心绞痛、心功能Ⅳ级、未控制的严重心律失常、未控制的高血压(静息收缩压>160 mmHg 或静息舒张压>100 mmHg)。开展心脏康复应具备一定的人员编制、场地和设施条件。冠心病康复的具体内容包括:

(一) 合理膳食

指导老人养成健康饮食习惯。评估饮食习惯和营养结构包括每日能量摄入,饮食中饱和脂肪、盐及其他营养成分的比例。例如目标可以是每天摄入蔬菜 300～500 g,水果 200～400 g,谷类 250～400 g,鱼、禽、肉、蛋 125～225 g,鲜奶 300 g 的奶类及奶制品和相当于干豆 30～50 g 的大豆及其制品。胆固醇每天少于 300 mg(一个鸡蛋黄),食用油少于 25 g,每日饮水量至少 1 200 ml;减少钠盐摄入,在现有水平的基础上先减 30%,逐步达到每天食盐摄入在 5 g 以内;增加钾盐摄入,每天钾盐不少于 4.7 g(含钾多的食物有坚果、豆类、瘦肉及桃、香蕉、苹果、西瓜、橘子等水果以及海带、木耳、蘑菇、紫菜等)。

(二) 戒烟限酒

劝导每个吸烟者戒烟,评估戒烟意愿的程度,拟定戒烟计划,给予戒烟方法指导、心理支持和(或)戒烟药物治疗,强调避免暴露于烟草环境。

不建议任何人出于预防心脏病的目的饮酒,包括少量饮酒,有饮酒习惯者原则上应戒酒或严格控制饮酒量。建议成年男性饮用酒精量每日不超过 25 g(相当于啤酒 750 ml,或葡萄酒 250 ml,或高度白酒 50 g,或 38 度白酒 75 g)。成年女性饮用酒精量每日不超过 15 g(相当于啤酒 450 ml,或葡萄酒 150 ml,或 38 度白酒 50 g)。酒精量(g)=饮酒量(ml)×酒精含量(%)×0.8(酒精比重)。

### (三) 控制体重

目标使身体质量指数(body mass index,BMI)(BMI＝体重 kg/身高 m²)维持在 18.5～23.9;腰围控制在男性≤90 cm、女性≤85 cm。鼓励老人通过体力活动、降低热量摄入来维持或降低体重。不推荐使用药物控制体重。

### (四) 控制血压

所有老人根据需要接受健康生活方式指导包括控制体重、增加体力活动、限量饮酒、减少钠盐摄入、增加新鲜蔬菜水果摄入,注意发现并纠正睡眠呼吸暂停,血压≥140/90 mmHg 的老人开始给予降压治疗,目标血压＜130/80 mmHg。

### (五) 调节血脂

开始或维持健康的生活方式,减少饱和脂肪酸占总热量的比例(＜7%)、反式脂肪酸和胆固醇的摄入(＜200 mg/d);增加植物固醇的摄入(2 g/d)。增加身体活动并控制体重,血脂异常要启动并坚持使用药物加以调整。

### (六) 控制血糖

指导并监督老人改变生活方式,包括严格的饮食控制和适当运动,无效者使用降糖药物;强化其他危险因素的控制。包括控制体重,控制血压和胆固醇,必要时与内分泌科合作管理糖尿病。控制血糖的目标是使糖化血红蛋白≤7%。

### (七) 睡眠管理

冠心病与睡眠障碍关系密切,有研究显示,失眠(＜6 小时)和睡眠过多(＞9 小时)是发生冠心病的独立危险因素,也是冠心病老人发生抑郁的标志之一。要指导老人学会记录睡眠日记,了解老人睡眠行为,纠正老人不正确的失眠认知和不正确的睡眠习惯。应尽早开始心理治疗,有助于减轻老年人的紧张情绪,改善睡眠。

处理失眠时首先需明确老年人失眠原因,同一老年人可能有多重原因。着重消除当前疼痛、失眠、焦虑、恐惧、惊恐发作等症状,应注意治疗原发疾病和诱发因素,如心肌缺血、呼吸困难、低血压、电解质紊乱、焦虑等,同时给予对症药物治疗。

### (八) 心理康复

冠心病的心理康复应贯穿冠心病全程管理的始终。常出现的躯体不适使老人出现焦虑、抑郁症状。这主要源于对冠心病的错误认识和对运动康复的不了解。对其进行疾病的咨询与程序化教育非常重要,且讲解需多次重复,这是帮助老人克服不良情绪的关键之一。

康复过程中,老人情绪变化波动,常伴躯体不适,医生有责任帮助老人判断这种不适是否由心脏病本身引起,很多时候这种表现与神经功能失调有关。运动康复可非常有效缓解这种症状,同时有助于老人克服焦虑、抑郁情绪,提高自信心。当老人能够完成快步走或慢跑,或能够完成一个疗程的运动康复后,会更加坚信自己可以从事正常活动,包括回归工作、恢复正常的家庭生活。

## （九）冠心病的常规运动康复

冠心病老人运动的指导应因人而异，低危老人的运动康复无需医学监护，中、高危老人的运动康复中仍需医学监护。因此应根据老人的评估及危险分层，给予有指导的运动。每位冠心病老人的运动康复方案须根据老人实际情况制定，即个体化原则，但应遵循普遍性的指导原则。经典的运动康复程序包括三个步骤。

第一步：准备活动，即热身运动，多采用低水平有氧运动，持续5～10分钟。目的是放松和伸展肌肉、提高关节活动度和心血管的适应性，预防运动诱发的心脏不良事件及预防运动性损伤。

第二步：训练阶段，包含有氧运动、阻抗运动、柔韧性运动等，总时间30～90分钟。其中，有氧运动是基础，常用有氧运动方式有行走、慢跑、骑自行车、游泳、爬楼梯，以及在器械上完成的行走、踏车、划船等。常用的确定运动强度的方法有心率储备法、自我感知劳累程度分级法等。评估运动强度临床上最常用心率储备法，其目标心率=（最大心率－静息心率）×运动强度％＋静息心率。例如，老人最大心率160次/分，静息心率70次/分，选择的运动强度为60％，目标心率=（160－70）×60％＋70＝124次/分。自我感知劳累程度分级法多采用Borg评分表，通常建议老人在12～16分范围内运动（表6-2）。

表6-2　Borg评分表

| Borg评分 | 自我理解的用力程度 |
| --- | --- |
| 6～8 | 非常非常轻 |
| 9～10 | 很轻 |
| 11～12 | 轻 |
| 13～14 | 有点用力 |
| 15～16 | 用力 |
| 17～18 | 很用力 |
| 19～20 | 非常非常用力 |

第三步：放松运动，是运动训练必不可少的一部分。放松方式可以是慢节奏有氧运动的延续或是柔韧性训练，根据老人病情轻重可持续5～10分钟，病情越重放松运动的持续时间宜越长。

一般情况下低危老人运动康复时无需医学监护，中危老人可间断医学监护，高危老人需严格连续医学监护。对于部分低、中危老人，可酌情使用心率表监护心率。同时应密切观察老人运动中表现，在老人出现不适反应时能正确判断并及时处理，并教会老人识别可能的危险信号。运动中有如下症状时，如胸痛，有放射至臂部、耳部、颌部、背部的疼痛;头昏目眩;过度劳累;气短;出汗过多;恶心呕吐;脉搏不规则,应马上停止运动,停止运动上述症状仍持续,特别是停止运动5~6分钟后,心率仍增加,应进一步观察和处理。如果感觉到有任何关节或肌肉不寻常疼痛,可能存在骨骼、肌肉的损伤,也应立即停止运动。

（十）冠心病老人日常生活指导

指导老人尽早恢复日常活动,是心脏康复的主要任务之一。应根据运动负荷试验测得老人最大运动能力,以最大代谢当量表示,将目标活动时的代谢当量值与老人测得的最大代谢当量比较,评估进行该活动的安全性(表6-3)。

表6-3　各种活动的能量消耗水平(METs)

| 能量消耗水平(METs) | 日常生活活动 | 休闲活动 | 体育锻炼活动 |
| --- | --- | --- | --- |
| <3 | 洗漱、剃须、穿衣、案头工作、洗盘子、开车、轻家务 | 高尔夫(乘车)、编织、手工缝纫 | 固定自行车,很轻松的健美操 |
| 能量消耗水平(METs) | 日常生活活动 | 休闲活动 | 体育锻炼活动 |
| 3~ | 耙地、使用自动除草剂、铺床或脱衣服、搬运6.75~13 kg重物 | 交际舞,高尔夫(步行)、帆船、双人网球、6人排球、乒乓球、夫妻性生活 | 步行(速度4.8~6.4 km/h),骑行(速度10.0~13.0 km/h),较轻松的健美操 |
| 5~ | 花园中简单的挖土,手工修剪草坪,慢速爬楼梯、搬运13.5~27 kg重物 | 羽毛球(竞技),网球(单人),滑雪(下坡,低负荷远足),篮球,橄榄球,捕鱼 | 步行(速度7.2~8.0 km/h),骑行(速度14.5~16.0 km/h),游泳(蛙泳) |
| 7~ | 锯木,较重的挖掘工作。中速爬楼梯,搬运27.5~40.5 kg重物 | 独木舟,登山,乒乓球,步行(速度8.0 km/h),跑步(12 min跑完1 600 m),攀岩,足球 | 游泳(自由泳),划船机,高强度健美操,骑行(速度19.0 km/h) |
| ≥9 | 搬运大于40 kg的重物,爬楼梯,快速爬楼梯,大量的铲雪工作 | 手球、足球(竞技)、壁球、越野滑雪、激烈篮球赛 | 跑步(速度>10.0 km/h),骑行(速度>21.0 km/h),跳绳,步行上坡(速度8.0 km/h) |

乘坐飞机因受高空气压影响,可能会有轻度缺氧。因此乘坐飞机的老人应具备静息状态下无心绞痛发作、无呼吸困难及低氧血症,并且对乘坐飞机无恐惧心理。同时必须有伴同行,并备用硝酸甘油。

尽管当前社会对性的话题日渐开放,但老人心脏病发作后的性生活在心肌梗死康复计划中通常被忽略。研究表明,老人在心肌梗死后,性生活减少,大都源于老人及其伴侣的焦虑与不安,并非真正身体功能障碍所致。许多人错误认为性生活会诱发老人再次心肌梗死。事实上,这种情况很少发生。通常性生活可使心率加快到 130 次/分钟,随之血压也会有所升高。如果老人能够在 10~15 秒内爬完 20 步楼梯未感呼吸急促、胸痛等症状,心跳与安静时相比增加不超过 20~30 次/分,或进行心脏负荷试验,最大心脏负荷>5 METs,老人进行性生活是安全的。如老人在性生活时出现心绞痛或其他相关不适,应及时停止并就医。同时应提醒老人随时备用硝酸甘油。要特别提醒老人,西地那非类药物与硝酸甘油严禁同时使用,以避免严重低血压,甚至导致生命危险。此外,某些治疗冠心病、高血压的药物可能对老人性功能有影响,如发生,及时更换药物。

(十一)冠心病的其他康复方法

太极拳、八段锦等中医传统康复方法也有利于冠心病老人康复。例如可以坚持做降压舒心操:

第一节　起势呼吸:重复 8 次。

第二节　摇橹:共做 4 个八拍。

第三节 托天呼吸:重复8次。

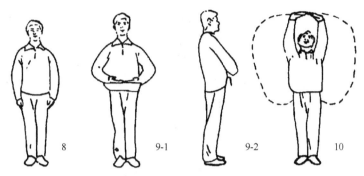

第四节 左右揽雀尾:共做4个八拍。

第五节 平血呼吸:重复8次。

第六节 捶背:共做4个八拍。

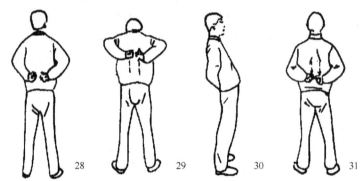

第七节 联合呼吸:共做4个八拍。

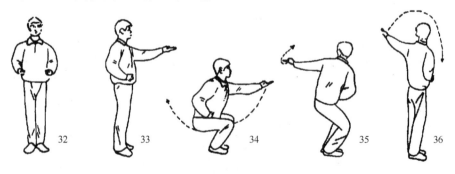

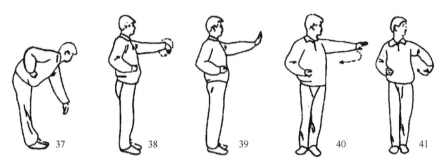

第八节 拍心:共做4个八拍。

第九节 丹田呼吸:左右交替进行8次。

**四、糖尿病康复方法**

糖尿病的康复治疗方法包括饮食、运动、药物、糖尿病教育及血糖自我检测五项内容。即以饮食治疗和运动治疗为基础,根据不同的病情予以药物治疗,糖尿病教育及血糖自我检测是保证治疗实施的必要手段。对老年人及其家属进行糖尿病宣传教育,使他们了解糖尿病的特点、治疗和预防并发症的重要性和相应措施。

(一)糖尿病康复的饮食疗法

饮食疗法的目的是有效地控制热量的摄入,减轻胰岛的负担,减轻或减缓并发症的发生和发展。由于2型糖尿病老年人存在胰岛素抵抗,完全依靠控制饮食不能改善胰岛素的敏感性,所以必须配合运动锻炼才能发挥理想的治疗效果。

1. 饮食疗法原则

(1) 严格控制每日的总热量:以能维持标准体重为目标调整热卡量,肥胖者限制总热量以减肥,消瘦者保证热量摄入以增加体重。

(2) 合理搭配三大营养素

1) 糖类(碳水化合物)占总热量的50%～60%为宜;糖类的控制要合理,进食量以每天200～350 g为宜。

2) 蛋白质的摄入量宜接近正常人。蛋白质占总热量的15%～20%,以肉、蛋、乳、豆等优质蛋白为主;

3) 减少脂肪摄入,脂肪占总热量的25%～30%,其中胆固醇每天宜低于300 mg。

(3) 充足的食物纤维素摄入,保证维生素和电解质的摄取量。

(4) 保持有规律的饮食时间,定时、定量进食,杜绝零食,生活习惯规律化。

(5) 以上习惯终身维持。

2. 糖尿病人的合理饮食搭配　在确定总热量后,对三大营养成分——碳水化合物、蛋白质、脂肪及维生素进行合理搭配。

(1) 适当控制饮食量:为避免一吃就超量,可以多样化地品尝一点,选择性地少吃一些。这样既饱了口福,也不至于超量。一般情况下,每日主食250～300 g,新鲜蔬菜500 g以上,牛奶250 ml,鸡蛋1个,瘦肉100 g,豆制品50～100 g。五谷杂粮、荞麦面、燕麦面、玉米面、含维生素B、多种微量元素丰富的食材可降低血糖血脂,苦瓜、洋葱、番茄、柚子、南瓜可降低血糖,糖尿病人可选用。但是豆类及豆制品对于病程超过三年者慎用。选择富含必需氨基酸或质量较高的动物蛋白质,如瘦肉、鱼类、蛋、无皮鸡肉、牛奶等,其中脂肪的摄入应以不饱和脂肪酸为宜。高脂肪膳食不仅会增加体重而且会降低体内胰岛素敏感性,升高血糖,还会诱发高血脂、心脑血管疾病,所以糖尿病老年人要少吃荤和油炸食品。最好选择蒸、煮、炖、氽、拌、卤加工的食品。食盐摄入量控制在每日6 g以内。

(2) 宜少食多餐:一日不少于三餐,有条件上下午安排间食及睡前进食,即保证吸收,又减轻对胰岛负担。

(3) 许多主食是精细面粉制作,有的甚至加了奶油、糖、蜂蜜、肉末、果酱等升糖物质,食用后血糖很快上升,故尽量少用。应多食用一些富含膳食纤维素、低血糖生成指数的粗粮,如全麦粉、莜麦、荞麦、煮玉米、高粱米等。这些食品具有饱腹、延缓葡萄糖吸收、通便、减肥、降脂的功效。美国糖尿病学会推荐糖尿病人每天膳食纤维素摄入30 g左右。

(4) 少酒多茶。不宜饮酒,饮酒对糖尿病弊多利少。酒精热量高,大量饮酒往往影响正常进食,引起血糖波动。长期饮酒还会引起血脂升高、动脉硬化、脂肪肝等,故糖尿病人不饮为佳。但宴席上为了不使大家扫兴,在病情许可的情况下可饮一小杯干红或啤酒,但应减去半两主食。最好是以茶代酒,在无糖饮料中,糖尿病专家最提倡的是喝茶。茶具有多种保健功能,如绿茶富含防止机体老化的茶多酚,可利尿、提神、健脑。青钱柳茶富含黄酮、氨基酸、微量元素,具有降糖、降脂功效,又不影响睡眠,是糖尿病人的最佳饮品。

(5) 早餐量要少,上午肝糖原分解旺盛,易发生早餐后高血糖。合理安排进餐,一般早、中、晚三餐热量的分布以 1/5、2/5、2/5 为宜。

(6) 糖尿病人并不是一点甜食都不可以吃,主要根据食品的热量来决定,而且必须要限制总热量。

总之,糖尿病病人的饮食必须注重营养平衡,饮食结构多样化,以植物性食品为主,适当限制蛋白质,严格限制脂肪、烟、酒及含糖饮料。

3. 糖尿病人的水果选用 具体来说,糖尿病人吃水果应该遵循以下原则:一般空腹血糖<7.8 mmol/L,餐后血糖<10 mmol/L 和糖化血红蛋白<7.5 以下的,不常出现高血糖或低血糖的老年人可在指导下选用含糖量较低,味道酸甜的水果。

(1) 推荐选用:每 100 g 水果中含糖量少于 10 g 的水果,包括西瓜、猕猴桃、西红柿、柚子、橙子、柠檬、桃子、李子、杏、枇杷、菠萝、草莓、青梅、樱桃、椰子乳等。

(2) 慎重选用:每 100 g 水果中含糖量为 11~20 g 的水果,包括香蕉、石榴、甜瓜、橘子、苹果、梨、荔枝、芒果和山楂等。

(3) 不宜选用:每 100 g 水果中含糖量高于 20 g 的水果,包括红枣、柿饼、葡萄干、杏干、桂圆等干果以及果脯。含糖量特别高的新鲜水果,如红富士苹果、柿子、莱阳梨、肥城桃、哈密瓜、葡萄、冬枣、黄桃等也不宜食用。

(4) 吃水果的时间:通常情况是在两餐之间,饥饿和体力活动后,可作为能量和营养的补充,一般在上午九点或下午三点或是晚餐后一小时和睡前一小时,不能餐前或餐后立即吃水果,避免一次摄入过多的碳水化合物引起血糖升高,加重胰腺的负担。

4. 糖尿病饮食疗法的注意事项

(1) 不同类型糖尿病饮食疗法有所不同。对肥胖的 2 型糖尿病人的重点是控制热量的摄入,减轻体重;对 1 型糖尿病人及用胰岛素或口服降糖药治疗的 2 型糖尿病,尤其是同时进行运动疗法的老年人,饮食管理更为严格,定时定量,增加餐次,根据活动量或运动量的变化调整饮食量。

(2) 制定饮食处方要充分尊重老年人个人的饮食习惯。糖尿病饮食治疗控制每日摄入总热量以达到或维持理想体重。一般以低热量、低脂肪、低糖、高纤维膳食为主,注意膳食平衡。食物选择多样化,谷类是基础。适量选择优质蛋白质,限制脂肪摄入量,减少或禁忌单糖及双糖食物。减少食盐摄入。坚持少量多餐、定时、定量、定餐。多饮水,限制饮酒。

(3) 对有并发症的老年人,在饮食上要特别加以个别的指导,以阻止或减轻相应脏器的功能损害。如合并糖尿病肾病者,采用低蛋白高热卡饮食;合并糖尿病肾病者,采用低蛋白高热卡饮食;合并高胆固醇血症者,以低胆固醇饮食为主;合并高甘油三酯血症者,宜限制糖类为主的饮食疗法。

(4) 指导老年人学会使用食品交换表。食品交换表是由食品的分类表和各类食品的单位热卡含量所组成的,1 单位食品定义为 334.8 kJ(80 kcal)。如 1 两米饭(50 g)=1 碗稀饭=1 碗面条=1 碗米粉=2 片面包=6 片苏打饼干。植物油 1 茶匙(10 g)=花生 18 粒=瓜子 50 粒=杏仁果 5 粒=开心果 10 粒=核桃 2 个。食品交换表的使用可以使老年人根据自己的喜好选择食物而又不至于摄入过多,在热卡相等的情况下可以按照表内食品的种类进行替换,保证营养素的均衡摄入,提高糖尿病老年人的生存质量。

(5) 糖尿病老人在感冒、发烧、消化不良等生病期间,饮食更要少食多餐,适当吃一些软食,如粥类、面汤类;要清淡,量少,适量加一些蔬菜;多饮白开水;注意休息,暂时停止运动。

(二) 糖尿病康复的运动疗法

在近十余年来,运动疗法作为糖尿病康复治疗的一项措施,越来越受到重视。

1. 糖尿病的运动处方　糖尿病的运动疗法必须根据个体的生活方式和习惯的差异,应该本着个性化的原则,选择适当的运动量。调查老年人的日常生活方式,参考日饮食摄入量,决定运动种类和运动量,制订相应的运动处方。

(1) 运动种类:以有氧运动为主,适当加入肌肉力量训练的内容,但必须考虑不要加重心血管和骨关节系统的负荷,以保证运动处方的安全性。适宜的运动方式有步行、慢跑、游泳、划船、阻力自行车、有氧体操等,可根据老年人的兴趣爱好和环境条件加以选择。

(2) 运动强度:有条件者可考虑使用代谢当量和自觉费力程度分级来计算运动强度。如果无条件作运动试验,可选用公式计算:

$$靶心率 = 安静心率 + 安静心率 \times 50\%$$

所以运动开始时,宜采用低运动强度进行。

(3) 运动时间:根据能量代谢特点,通常每次运动时间可自 10 分钟开始,逐步延长至 30~40 分钟,以达到燃烧多余脂肪的目的。餐后 60~120 分钟时段运动效果较好,避免空腹运动。

(4) 运动频率:一般每周运动锻炼 3~4 次较为合理,可根据每次运动量大小而定。如果每次运动量较小,且身体条件较好,每次运动后不觉疲劳的老年人,可坚持每天运动一次。

2. 运动疗法实施中的注意事项

(1) 运动疗法必须在严格控制饮食的基础上进行,可以达到最佳的运动疗效,较满意地控制血糖水平。

(2) 运动实施前后要有准备运动和放松运动,以避免心脑血管意外或肌肉骨关节损伤的发生。

(3) 运动疗法的指导以集体教育指导效果为佳,根据各人的病情及体力,循序渐进,指导老年人从较低强度的运动逐渐过渡到较大强度的运动;同时强调运动锻炼应持之以恒,养成终身运动的习惯。

(4) 定期测量体重、体脂量、身体质量指数(body mass index,BMI)、肌力,检测血糖和血脂等代谢指标,评价运动疗法的效果。

(5) 伴有并发症的老年人,运动处方除了考虑改善糖代谢因素外,更重要的是要兼顾受损脏器的残存功能,需请专科医生指导,切不可盲目行事。

3. 运动中特殊情况的处理

(1) 运动性低血糖:究其原因主要考虑运动前血糖水平偏低;胰岛素用量较大、运动时间在胰岛素作用的高峰期;运动强度过大或持续时间过长;运动前摄入糖类食品少或者不摄取。所以,运动要在餐后1~3小时内进行,并且运动中注意补充糖分,如糖水或饮料,以避免低血糖的发生。

(2) 有并发症老年人的运动安排:有糖尿病人合并轻度视网膜病变、外周血管病变以及周围神经病变的情况,只要在适应证范围内,仍然可根据并发症的情况适当选择运动方式。如视网膜病变可采取步行或低阻力功率车,周围神经病变可采用游泳、上肢运动、低阻力功率车等等。

(三) 糖尿病教育

糖尿病的康复教育是贯穿糖尿病治疗始终的一条极其重要的措施。只有通过糖尿病教育,把疾病的防治知识教给老年人,充分发挥老年人的主观能动性,积极配合医护人员,进行自我管理,自觉地执行康复治疗方案,改变不健康的生活习惯(如吸烟、酗酒、摄盐过多、过于肥胖、体力活动太少等),控制危险因素和疾病的进一步发展。糖尿病康复教育的内容包括疾病知识、饮食指导、运动指导、药物指导、胰岛素使用方法、血糖的自我监测、糖尿病日记、并发症的预防、应急情况的处理等。

生活方式干预是预防和控制糖尿病的基本治疗策略,有针对性地对糖尿病人进行健康生活方式的教育和综合管理,才能达到康复治疗的目标:使血糖达到或接近正常水平,纠正代谢紊乱,消除糖尿病症状,防止或延缓并发症,减少心脑血管事件,降低死亡率和致残率,提高生存质量。

### 五、骨折后的康复方法

骨折是老年人常见的创伤,可因为各种意外事故而发生。骨折后需要康复的常见问题有损伤后炎性反应、肢体肿胀、局部肌肉萎缩和肌力下降、关节活动障碍、骨强度降低、关节稳定性减弱、日常生活活动能力下降、心理障碍、整体机能下降等。骨折常用康复评定包括人体形态评定、感觉功能评定、肌力评定、步态评定、日常生活活动能力评定等。

骨折后的康复治疗一般分为两个期来进行,一是愈合期,也就是在固定期,断端尚未达到坚固稳定,局部肢体尚需固定制动,可进行第一期的康复治疗,由于此期骨折处于愈合过程中,又称愈合期康复。另一是恢复期,也就是固定拆除以后,包括石膏、牵引撤除以后,断端已达稳固,外固定已去除,由于此期骨折已基本愈合,康复治疗着重于功能恢复,又称恢复期康复。

(一)愈合期康复的基本方法

愈合期康复的基本方法是以运动疗法为主。

1. 固定部位远端和近端的关节进行主动或被动活动训练,此种活动应在关节所具有的各个活动平面上进行,逐渐增加活动范围和运动量,避免影响骨折断端的稳定性。每日2~3次,每个活动轴位10~20次。

2. 固定区域的肌肉在复位基本稳定,无明显疼痛时可进行等长收缩,每日2~3次,每次5~10分钟,是预防废用性肌萎缩及减轻肌腱粘连的重要方法之一。

3. 尽可能保持包括未受伤肢体的正常活动,尽早起床站立、负重行走,即使是下肢骨折者也应努力挂拐或扶持物体起立,必须卧床的病人要做卧位保健体操,内容应包括深呼吸和咳嗽练习、腹背肌练习、未受伤肢体的正常活动以及大肌群的用力收缩等。

4. 关节内骨折固定3~4周后,可于每日取下外固定物,受累关节进行短时间、不负重的主动活动,然后再予以固定,每日1~2次,活动幅度及重复次数逐渐增加。局部夹板固定时,关节的主动活动可提前至伤后半月,活动量也应逐渐增加。

5. 理疗包括光疗、电疗、热疗等也常使用。

6. 在骨折部位的近端与远端未被固定部分进行按摩,应从远端向近端逐渐进行。

7. 骨折已经内固定且无需外固定则可早期进行持续被动活动治疗,使肢体在伤后早期进行持续、缓慢、无痛范围内的被动活动,并逐渐增加活动范围。

(二)恢复期的康复

恢复期康复治疗的主要目的是争取关节活动度及肌力的最充分和最迅速的恢复,恢复日常生活、工作和运动能力。

1. 关节活动度练习　轻度的关节活动受限经过主动、助力和被动锻炼可逐步改善,关节存在较牢固的挛缩和粘连时需进行关节持续牵引,热疗因可放松挛缩粘连的组织,软化瘢痕,在锻炼前和牵引中配合使用能增强练习的效果。

2. 肌力练习　如无周围神经损伤或特别严重的肌肉损伤,肌力多在3级以上,应进行抗阻练习,肌力练习应和关节活动度练习同时进行。

3. 作业治疗　随着关节活动度和肌力的恢复,应逐渐增加肢体动作的复杂性和精确性练习,以恢复其实用功能。上肢着重于完成各种精细动作的各种练习,下肢着重于正常负重和行走的各种练习。

## 第五节　康复服务管理质量控制

养老机构为促进康复专业的规范化建设和管理,提高康复质量管理水平,提升康复服务能力,推动康复的发展,有必要进行康复服务管理质量控制。

### 一、明确工作流程

在养老机构全面推进康复工作需要多部门各司其职、密切配合、共同推进。老年人能否得到全面有效的康复服务,取决于各项计划和服务是否能切实落实。康复训练与服务的关键在于把握好各项工作环节和衔接,有序地开展工作。工作流程大体为:建立社会化工作体系、制定工作计划、培训人员、明确康复资源和老年人康复需求、组织实施、检查评估。

### 二、制定工作计划

养老机构应结合当地实际情况,制定本地工作计划,明确任务目标、主要措施、实施进度、统计检查及经费保障等。为确保工作计划的落实,还要制定年度工作计划,部署工作任务,提出工作要求,检查工作进度,解决发现问题,为下一年工作打好基础。

在制定康复工作计划的过程中,应加强与当地有关政府部门和单位的沟通,听取各方意见,认真研究问题,反复修改文稿,达成共识,推动工作开展。

### 三、建立康复工作队伍

养老机构为老年人提供康复服务需要管理人员、康复专业人员、志愿工作者、老年人及其亲友密切配合。其中培训康复人员要遵循实用性原则,注意选择好适宜的专业人员作为师资承担教学工作,培训内容与工作需要紧密结合,组织进行考核和教学评估,以不断改进培训工作。

### 四、服务要求及考核指标

质量是康复机构管理的核心内容。高质量是品牌和核心竞争力形成的基础,高质量才能有高效益,高效益才能有高竞争力。管理—质量—效益—竞争力是市场经济环境下最重要的机构管理链条。质量是指符合技术标准和技术安全的要求以及满足服务对象的需求和愿望的所有特性的总和。针对养老机构康复专业发展水平和要求,应当从多个方面进行康复服务管理质量控制,并以此推动康复质量的提高、技术操作的规范和学科的整体发展,通过老年人康复技术的持续改进进一步促进整体康复服务能力的提升。

1. 建立由康复专业技术人员负责康复技术指导,专人负责康复服务实施,团队协同开展康复服务的康复服务网络。

2. 有开展康复服务的专用场所,分设康复治疗室或康复训练室。配备与提供康复服务相适应的康复设备、器材。开展经济实用、便于使用或家庭租借的康复器材和辅助用具租借服务。

3. 康复训练可以通过机构、家庭等方式开展,但均应建立康复训练档案,制定康复训练计划,进行初期、中期、末次评估。

4. 每次提供服务后及时将服务相关信息记录在康复服务档案中,以保证康复服务资料的完整与连续性。

5. 加强与其他单位的沟通和协作,共同做好康复服务工作。

由于老年康复服务对象具有需求多元化、多层次的特点,因此要求从业人员必须具备良好的职业道德、扎实的文化基础知识、过硬的专业技能、良好的素质。目前我国大部分养老机构不能提供高质量的医疗和康复服务,这也是很多老年人不愿到养老机构养老的重要原因。而养老机构之所以不能提供高质量的医疗和康复服务,主要是因为缺乏相应的人才。因此,要加强老年康复人才培养,通过再培训等手段提高在岗人员技能水平;也可以通过提高待遇吸引人才等方式增加人才数量、提高人才质量,加快康复人才队伍建设。在许多发达国家,养老机构会根据老年人特点,在其经常出入的场所安装康复器械,为其配置各种助行器以及可以调节高度的洗脸盆和扶手坐便器;对于行动不便的老年人还提供可推坐排便的多功能轮椅,甚至配备生物反馈仪、脑循环治疗仪、超短波治疗仪等。而国内目前对影响老年人日常生活的骨关节疾病、心脑血管疾病、糖尿病及其后遗症的系统康复治疗和功能训练设施配置尚不完善或基本没有。因此,应加大政府资金投入力度,提高我国养老机构老年康复服务水平。

(张秀伟)

# 第七章 老年人心理健康服务

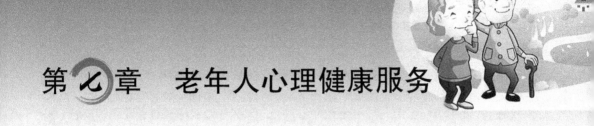

## 第一节 老年人心理特征

随着老年人社会地位、经济地位的改变,家庭环境的变化,生理机能的逐步衰退和疾病等因素干扰,其在心理上逐渐表现出老年人特有的心理特征。综合老年人的生理、疾病、年龄、经济状况等诸多因素,老年人的心理特征主要表现为以下几个方面。

### 一、感知觉减退和运动迟缓

随着老年人神经系统机能逐渐衰退,导致其感知觉能力逐渐降低,运动逐渐迟缓,除需要更强的刺激之外,常常还需要充分的感知时间,多表现为感觉迟钝和运动迟缓。老年人的听觉、视觉、嗅觉、味觉、皮肤触觉和痛觉等感知功能均可出现减退,并因此会出现相应的变化。比如,视觉下降需要佩戴老花镜,味觉降低会抱怨食品食之无味,皮肤触觉的温度感下降可导致其对室温低时也不觉得冷,容易受凉等。此外,老年人的机体觉、平衡觉、运动觉也会下降,因此老年人常常走路不稳,容易失去平衡而跌倒。老年人因感知觉功能减退,对外界各种刺激往往表现为反应迟钝,动作缓慢不灵活,注意力不集中等情况。在多数情况下,老年人在行动之前对环境条件的改变持非常谨慎的态度,只有对环境和刺激信号充分感知,并能预见行动的后果时,老年人才会开始行动。在行动过程中,老年人会关注自己的行动是否符合环境的要求,注意监视和控制自己行动的准确性,当客观环境要求老年人行动的速度过快或过于精细,违背了老年人特有的活动规律时,就容易出现过度紧张状态,容易产生失落感和衰老感,甚至出现焦虑、烦躁和抵触情绪。

### 二、记忆力下降

老年人记忆力下降是一种较普遍的现象,且以近事记忆下降明显,他们对年轻时的远期记忆保存效果尚好,能对往事很好回忆,但对近期内发生的事或听到的信息健忘,保存效果较差。如记不起昨天吃的什么菜,几天前谁来看望过自己,忘记东西放哪儿了,经常要寻找钥匙、眼镜等随身物品。此外,老年人的记忆特点还包括记忆速度明显减慢,机械记忆能力下降,速记、强记困难,但有意记忆是主导,理解性、逻辑性记忆常不逊色。需要注意的是,记忆力的个体差异很大,在老年人中也是如此,其中一个重要原因是:有的人任其自然,让它衰退下去,而有的人却积极地和记忆减退作斗争。科学证明,人脑受训练越少,记忆衰退越快。因此,老年人应遵循"用进废退"的原则,坚持学习,坚持科学用脑,来达到减慢记忆力衰退的目的。

### 三、智力改变

不少人认为,人老了脑子就会变糊涂,这种不正确的看法常常使老年人产生消极、悲观情绪,其实,许多健康老人的智力并没有明显减退。老年化过程中智力减退并不是全面性的,概念学习、解决问题等思维能力有所衰退,但思维的广阔性、深刻性等却由于老年人的知识经验比较丰富,往往比青少年强。研究发现,老年人的智力具有很大的可塑性,学习和训练能有效提高老年人的智力水平。需要注意的是,如果老年人的智力出现明显的或快速的减退,常常与某些常见的老年疾病有关,如老年期痴呆、中枢神经系统疾病等。除疾病的原因外,智能的高低与文化教育、职业、生活经验、家庭和社会条件等关系密切。

### 四、情绪变化

情绪是一种心理体验,有喜、怒、哀、乐等表现。老年人的情绪体验往往有增强或不稳定,常表现为易兴奋、激动、唠叨、与人争吵,情绪激动后恢复平静需要较长时间,比较容易产生消极的情绪反应:如冷落感、孤独感、抑郁感、疑虑感和老朽感等不良情绪。比如,老年人由于年老体弱、能力减退、行走不便、集体生活减少、大部分时间闲待在家无所事事,被冷落感、孤独感便会油然而生;老年人饱经风霜,历经坎坷,由于职务或地位的变化,遇事更为敏感,常怀疑别人另眼看待;老年人经常因家庭纠纷难以和解、长期疾病困扰等原因,容易产生焦虑和抑郁情绪;人到老年,体力受到限制,感觉迟钝,生活能力逐渐降低,因而常常会产生老朽感。老年人的情绪体验持续时间一般比较长,其情绪一旦被激发就需要花费较长时间才能恢复平静。

### 五、人格改变

人格是以性格为核心的,包括先天素质和后天家庭、教育、社会环境等综合因素影响所形成的气质、能力、兴趣、爱好和习惯的心理特征的总和。老年人人格改变多为主观、敏感、多疑和固执,有的甚至会出现偏执、孤独、冷漠、刻板。老年人由于与外界接触减少,生活圈子狭窄,往往习惯于自己熟悉的事务和做法,不愿接受新事物,喜欢坚持自己的老看法,显得思想保守、固执己见。因为固执、主观,任意猜测他人动机,很容易产生多疑和偏执,导致人际关系紧张。研究发现,有明显心理困扰的老年人大多存在不同程度的人格缺陷,主要表现为自我中心、孤僻偏执、敏感多疑、性格急躁、虚荣心强等。需要注意的是少数老年人出现严重的人格改变,可能与某些疾病特别是脑器质性疾病有关。

### 六、睡眠障碍

老年人睡眠潜伏期延长,非快速动眼相睡眠的浅睡眠期减少,快速动眼相睡眠减少并均匀分布,夜间觉醒次数和时间增加,表现为入睡困难,睡眠浅而易醒,夜间睡眠减少,白天睡眠增多。

## 第二节 老年人心理健康标准

健康不仅仅是没有躯体疾病,还包括心理健康和良好的适应社会的能力。心理健康是一个相对概念,其标准一直处于动态变化过程中。美国著名心理学家马斯洛和米特尔曼曾提出心理健康十条标准:充分的安全感;充分地了解自己;生活目标切合实际;与外界环境保持接触;保持个性的完整与和谐;具有一定的学习能力;保持良好的人际关系;能适度地表达与控制自己的情绪;有限度地发挥自己的才能与兴趣爱好;在不违背社会道德规范的情况下,个人的基本需要应得到一定程度的满足。世界卫生组织提出心理健康的"三良"标准是:良好的个性、良好的处事能力和良好的人际关系。

目前,专门针对老年人的心理健康标准,还没有达成统一的共识。我国老年心理医学专家于恩彦主编的《实用老年精神医学》提出了老年人心理健康的标准为:感知觉保持尚好;能充分运用老年人的记忆特点使记忆保持较好状态;具有日常生活所需要的足够的逻辑思维能力;情感反应适度,对精神刺激或压力具有承受力和抵抗力;意志坚强,有良好的自我认识;热爱生活,有奋斗目标,善于接受新事物;具有现实主义态度;具有良好的人际关系;有良好的适应能力;意识保持清晰。我国著名老年心理学家许淑莲教授将老年心理健康的标准大体概括为:性格健全,开朗乐观;情绪稳定,善于调适;社会适应良好,能应对应激事件,有一定社会交往能力,人际关系和谐。

老年人的心理健康标准往往因社会、时代、文化传统、民族等因素的不同而有差异,综合国内外心理学专家对心理健康标准的研究,结合我国老年人的实际情况,我们认为老年人心理健康的标准可以从以下几个方面进行评判。

1. 认知正常,智能良好　在感知事物时,客观全面;在分析判断事物时,条理清楚,符合逻辑;在应对事物变化时,能从容自如,保持理性;观察力、注意力、记忆力、想象力和思维能力等保持良好。

2. 情绪稳定,人格健全　能保持愉快、乐观、稳定的心态,积极的情绪多于消极的情绪,能正确评价自己和外界的事物,能控制自己的言行,能按照社会公共规则来约束自己的言行。

3. 人际关系良好,社会适应正常　乐于帮助别人,也乐于接受别人的帮助。与家人、朋友能融洽相处。与人为善,不求全责备,有集体荣誉感和社会责任感。乐于接受新事物,主动学习新的知识和技能,能根据社会和环境的变化及时调整自己。积极参与社会交往,自发维护人际关系的良性互动和谐融洽。

4. 社会功能保持良好　能保持良好的生活、工作、学习和社交能力,其在生活、工作、学习和社交时的行为符合其在各种场合的身份和角色。

## 第三节　老年人心理健康保健

影响老年人心理健康的因素较多,常见的有生理功能减退,疾病及死亡困扰,离退休问题,丧偶、离婚、分居或再婚问题,家庭矛盾与冲突,经济问题,心理卫生重视程度等。根据老年人的心理特征和心理健康标准,对老年人心理健康保健提出以下几点建议:

1. 躯体疾病,坦然面对　老年人要正确对待自己的躯体疾病,既要重视防治疾病,又不必过于敏感。可定期体检,及时发现疾病,早期治疗。对待躯体疾病,要抱着"既来之,则安之"的态度,坦然面对,并保持积极的心理状态。

2. 乐天知命,知足常乐　理解新老交替、生老病死的自然规律,对发生在自己身上或身边的重大变故想得宽,看得开,能正确看待各种矛盾困难,泰然处之,不要过分介意。

3. 性格开朗,情绪乐观　性格开朗和情绪乐观不仅是老年人保持身心健康的基本要求,也是老年人长寿的一个重要因素。生活就像一面镜子,你对它哭,它就对你哭;你对它笑,它就对你笑。一位长寿学者曾经说过,在一切对人不利的影响因素中,对人的寿命伤害最大的因素是不良情绪和恶劣心境。

4. 生命不息,活动不止　这里的活动是广义的,包括各种体力劳动、脑力劳动和文体娱乐活动。脑子越用越灵,"用进废退"的科学哲理同样适用于大脑功能。坚持活动有助于老年人身心健康,有利于培养老年人广泛的兴趣和爱好,克服依赖心理,使生活更有意义。

5. 生活有序,环境适宜　老年人要根据自己的身体状况和生活习惯合理安排好自己的生活,注意美化自己的起居活动场所,摆放一些花卉盆景或工艺品,经常听一些轻音乐,这不仅对情绪有良好的调节作用,还可以改善自己的精神状态,延缓衰老。

6. 理解宽容,家庭和睦　老年人的精神状态与家庭关系、家庭氛围密不可分。老年人要心胸豁达,宽容一点、潇洒一点、糊涂一点,使自己生活更轻松、更愉快。

7. 学会忘记,善于忘记　老年人要学会忘记,善于忘记。忘记年龄,不要总惦记着自己老了;忘记疾病,有病当然需要积极治疗,但不要过度担心自己的疾病;忘记怨恨,即要忘记过去的恩恩怨怨。

8. 人际交往,社会支持　老年人要主动地与他人联系交流,从与他人的交往中吸取积极向上的东西,可以有效延缓心理老化。有效的社会支持能增强老年人对突发生活事件的耐受性和应对能力,缓冲各类应激所产生的压力,从而提高心理功能的整体水平。

## 第四节　老年人心理沟通的基本原则和方法

与老年人进行心理沟通,必须掌握老年人心理健康的基本标准,了解老年人的心理特征和变化规律,并按照以下基本原则和方法进行。

### 一、基本原则

与老年人进行心理沟通需遵循以下三个原则:

(一) 以人为本,助人自助

老年人心理沟通的根本目标是"助人自助"。在与老年人心理沟通时,必须以人为本,对老年人要尊重、理解、支持和帮助,充分发挥老年人自身潜能,引导老年人更好地处理自身的心理困扰,自我接纳,增加内省,在各种人际交往中保持积极乐观心态。

(二) 关注老年人的心理需求

老年人的心理需求多种多样,各不相同,如健康需求、工作需求、依存需求、自主需求、被尊敬需求和求偶需求等。如果这些需要长期得不到满足,就可能产生一系列的身心不良反应,甚至出现心理问题。在与老年人进行心理沟通过程中,要充分认识老年人心理特征和心理需求,并从老年人内心需要层面加以积极关注,通过持续有效地深入沟通来了解其迫切需求,再根据实际情况制定切实可行的计划。

### （三）实事求是，量力而行

现有的养老服务机构中老年心理工作者的数量较少，提供心理服务的能力也参差不齐。在当前现实条件下，要实事求是，量力而行。养老服务机构要根据本机构实际情况，为住养老人提供力所能及的老年人心理服务工作，必要时可与当地老年心理研究服务机构建立合作关系，争取以最小的人力投入，实现工作效能的最大化。

## 二、基本方法

### （一）倾听

倾听是心理沟通的首要技能，其核心是尊重老人，鼓励老人勇敢而自由地表达其内心真实的感受。良好的倾听有利于营造和谐的沟通氛围，建立起良好的人际互动关系。倾听时应面向老人，全身心投入，认真倾听，保持开放的身体姿势，肩部放松，身体稍稍前倾，并保持良好的目光接触。倾听中须注意：要选择光线柔和安静清洁的环境，尽可能避免外在环境的干扰。要耐心倾听，不可在倾听的过程中表现出焦躁和不耐烦，不能随意打断老人的讲话或有意无意地引开话题。要保持中立，不可按自身的价值观来评判老人的言行。在与听力困难的老人沟通时，应适当增加面部表情；在与视力障碍的老人沟通时，应增加言语方面的回应频度；在与乘坐轮椅的老人沟通时，可以边推轮椅边倾听老人诉说，并不时低头反馈；在与卧床老人沟通时，则应根据实际情况，或坐或站，靠近床边，并注意保护老人安全，防止其跌落。

### （二）访谈

访谈是心理沟通的首要方式，是心理沟通最便捷的手段。访谈的内容可以涉及老人学习生活情感经历的方方面面，访谈过程中"听"重于"说"，让老人自由谈论困惑，随时表现出对谈话内容的关注和兴趣，保持非批判性态度，避免先入为主和自身价值观的影响。不要回避"死亡"话题，只有对死亡有思想准备，不回避、不幻想，才能让老人克服恐惧心理，从容不迫地给自己的人生画上一个圆满的句号。

### （三）共情

共情是指人类个体深入他人的主观世界，切身体会他人真实感受的能力，并对他人的情感做出恰当反应。共情是具有建设性意义的互动手段。在与老人的心理沟通中，需要以共情为手段去深入了解老人的内心世界，并为施加影响而建立和巩固良好的人际关系。共情没有一个完整、清楚的操作流程，而是贯穿于整个沟通过程。实际操作中需要注意：注重设身处地的感受模式，以老年人的视角看待事物，避免自身社会角色的干扰，最大可能地接近老人的情感体验，全身心地体会老人的内心感受。根据老人的实际情况和反应来动态调整共情技术的实施，把握共情表达的时机和程度。

#### （四）接纳

沟通中应强调无条件接纳，也就是说，面对任何老人，都相对恒定地、非批评性地加以对待，不能受到自身已有价值观左右而持有强烈情感色彩的态度。无条件接纳的理论核心强调的是操作层面的标准化、一体化和系统化，而不是思想、观念、认识方面的整齐一致。无条件接纳要注意了解老人的时代背景、生活现状、现实困难和心理需求，以老人的利益和切身感受为基准，具体工作要求包括以下几个方面：①心理准备：要调整好自己的心理状态，不能因为遇到与自己价值观极为冲突的谈话而导致反应过度，从而引起老人的不快和怀疑。②适度回应：在适当的时候，给予表情等非言语行为的回应。③补偿机制：在沟通过程中有可能让老人感觉到被冒犯或批评，这时应诚实面对，坦率承认，争取老人的谅解。

#### （五）心理社会支持

心理社会支持是指为保护和促进心理健康及防控心理障碍所采取的任何形式的内部或外部支持，包含社会支持和心理帮扶双层含义。心理社会支持的内容包括：生存和安全、陪伴和鼓励、解释和说明、安慰和同情、提供重要信息等。需要注意的是，在心理沟通过程中，对于心理承受能力和调节能力低的老人，承诺要慎重，做不到的事情不可随口答应。

## 第五节　老年人常见的心理（精神）疾病

老年人常见的心理（精神）疾病主要有以下几种：①老年谵妄；②轻度认知功能损害；③老年期痴呆；④老年期精神分裂症；⑤老年期情感障碍；⑥老年期神经症：如焦虑症、强迫症、疑病症等；⑦其他：如器质性老年精神障碍、老年期偏执障碍、性功能障碍、人格改变、睡眠障碍等。

### 一、老年谵妄

#### （一）概念

谵妄是由多种因素引起的急性可逆的广泛性认知障碍，以意识障碍为主要特征的综合征。因起病急、病程短、病变发展快，又称急性脑病综合征，常见于老年人。

#### （二）疾病表现

老年谵妄通常急性发作，持续数小时或数天，其主要临床表现为：①意识障碍：因意识障碍而引起定向障碍（时间、地点、人物定向障碍）和记忆障碍（以瞬时记忆障碍为主,近记忆力损害比远记忆力损害更常见);②认知障碍:常伴有幻觉(多为恐怖性幻觉,幻觉的内容极为鲜明、生动和逼真,如见到奇怪的昆虫、猛兽袭击自己)、错觉和妄想(多继发于幻觉),思维不连贯,推理判断能力下降,因而患者可表现为情绪紧张、恐惧,出现躲避、逃跑或攻击行为;③注意障碍:患者对各种刺激的警觉性和指向性下降,不能对新的刺激及时作出反应,注意力难唤起,不集中,表情茫然;④睡眠觉醒周期障碍:常表现为白天昏昏欲睡,夜间失眠,间断睡眠或完全的睡眠周期颠倒;⑤情感障碍:可出现恐惧、愤怒的情感反应;⑥精神运动性障碍:精神运动性兴奋或迟滞,行为无目的、刻板。

(三) 处理原则

谵妄常常起病急骤,可以是严重疾病和死亡的先兆,发病率和死亡率相当高,国内有关报道表明,老年谵妄的病死率为 22%～76%,因此,必须立即送医院住院治疗。治疗的关键在于明确病因,立即去除易感和诱发因素,对症及支持治疗,预防并发症。支持护理包括保证患者呼吸道通畅,防止误吸,维持水和电解质平衡,补充血容量,营养支持,皮肤护理,活动患肢,预防压疮和深静脉血栓。

(四) 典型病例

患者男性,75 岁,已婚,既往有高血压、糖尿病、冠心病史 10 多年,不规则服药,具体不详;5 年前曾发生脑卒中,治疗后无明显后遗症。6 天前睡觉醒来后,发现其口齿不清,口角左歪,右上下肢无力,不能抬举,伴饮水呛咳、吞咽困难,无头晕及头疼,无视物双影,无恶心、呕吐及视物旋转,无肢体麻木及抽搐,无语言障碍,偶有神志含糊,无大小便失禁。体检:体温 37.6 ℃,脉搏 64 次/分,呼吸 20 次/分,血压 200/120 mmHg。神志含糊,精神萎靡,查体欠合作,眼球活动自如,口齿不清,口角左歪,右侧鼻唇沟变浅,伸舌右偏;肌力检查欠合作,右侧肢体肌张力增高,左侧肢体肌张力正常;右侧肢体腱反射(＋＋＋),左侧肢体腱反射(＋＋),病理征检查不配合;颈软,克氏征(－)。心肺听诊正常,腹部体检无特殊。头颅 CT 示多发性脑梗死。2 天前开始出现夜不眠、躁动不安,胡言乱语,幻视。给予奥氮平 2.5 mg qn 及其他对症治疗,2 天后睡眠明显改善,躁动不安、胡言乱语和幻视消失。诊断:脑梗死、老年谵妄。

## 二、轻度认知功能障碍

(一) 概念

轻度认知功能障碍(MCI)特指有轻度记忆或认知损害,但没有达到痴呆的状态。MCI 患者是痴呆的高危人群,代表了痴呆的临床前期的临床表现,是正常衰老和痴呆的中间状态。

### (二)疾病表现

轻度认知功能障碍(MCI)的主要表现有:①记忆障碍:比如忘记朋友及家人的姓名,忘记物品的名称,忘记电话号码,忘记约会等;②记忆障碍:一般为近事记忆障碍,找词困难;③言语缓慢,注意力不集中;④同时进行多项任务或在不熟悉的地方定向有困难;⑤兴趣减退,缺乏主动性;⑥有自知力,一般没有神经系统的定位体征,日常生活能力基本正常,复杂的工具性日常能力可以有轻微的损害,但尚未达到痴呆的程度。

### (三)处理原则

早期发现,早期治疗十分重要。治疗的目的是提高患者的记忆和认知功能,预防和延缓痴呆的发生。关于MCI的药物治疗目前尚没有统一的方案,通常情况下是参照痴呆的治疗方法进行经验性治疗。需要强调的是,尽管不是所有的MCI最终都转变为痴呆,但每年10%~15%的转化率还是很高的,因此进行积极的预防具有重要的实际意义。预防的原则是:早期、全面、系统、长期。所谓早期,是指越早越好,宜早不宜迟。所谓全面,指的是要从生理、心理、社会三个层面进行,生理层面强调的是积极防治各种躯体疾病;心理层面强调的是保持乐观心态,防治各种精神疾病;社会层面强调的是积极参加各种有益的社会活动,培养并保持有益的兴趣爱好,养成健康的生活方式。所谓系统,是指预防要有目的、有计划、有评估,遵循科学的原则,讲究方法,循序渐进。所谓长期,是指要持之以恒,坚持不懈。

### (四)典型病例

患者男性,76岁,退休干部,近一年来无明显原因渐感记忆力下降,很熟悉的人就是叫不出名字,还常忘事,有一次答应给儿子办一件事,但第二天把此事忘得一干二净,等到儿子问起事情办的结果如何时才想起,类似的情况出现过多次,为此懊恼不已。为防止误事,他现在每天都将要做的事情记在随身携带的小本子上。日常家务活动正常。精神检查:认知功能未见明显异常,存在明显焦虑症状,担心自己会变成老年痴呆。MMSE总分25分,蒙特利尔认知评估量表总分20分,血生化、甲状腺功能、营养指标未见异常,头颅MRI可见点状梗死灶,老年性脑改变。诊断:轻度认知功能障碍。

## 三、老年期痴呆

### (一)概念

老年期痴呆是指60岁以上的老年人持续出现广泛性的认知功能损害,表现为记忆、计算、思维、定向障碍,伴有情感障碍、人格改变、社会功能和日常生活能力减退。临床上常见的有阿尔茨海默病(AD)、血管性痴呆(VD)、额颞叶痴呆(FTD)和路易体痴呆(DLB)等多种类型。

（二）疾病表现

老年期痴呆主要表现为：①记忆障碍：记忆障碍常最早出现，多为近事遗忘；②言语障碍：可出现找词困难，命名不能或赘述，常喋喋不休、东拉西扯或答非所问，交谈困难，后期可出现口吃或说话含糊不清；③视空间技能障碍：不能准确判断物品位置，伸手取物时或未达该物而抓空，或伸手过远将物品碰倒，在熟悉的环境中迷路；④书写困难：书写内容词不达意，书写错误或失写，甚至不认识、也写不出自己的名字；⑤计算障碍：如购物不会算账或算错了账，严重者连简单的加、减法也不会计算，甚至不认识数字和算术符号，也不能回答检查者伸出的是几个手指；⑥失用和失认：不认识亲人和熟悉的朋友，不能正确做出连续复杂动作，已熟练掌握的技能丧失，如不会骑车、游泳了，严重者不会使用任何工具，甚至不会执筷或用勺吃饭；⑦社会功能减退：工作、学习、日常生活和社会交往能力均下降；⑧精神障碍：可出现幻觉、妄想，情感障碍和异常行为。

（三）处理原则

早期发现，早期治疗。对于由某种原发疾病导致的痴呆，要积极治疗原发病。大多数老年期痴呆没有特效的治疗方法，治疗的重点在于对症和支持治疗，社会心理治疗的目的在于尽可能维持社会功能和日常生活能力，保证患者的安全和一定的生活质量。对早期轻症患者，应加强心理社会支持和日常功能训练，对重症患者应以护理和生活照顾为主。心理治疗主要采用认知疗法和行为指导。在与患者沟通时，应以人为本，无批判地接受老人，尊重老人，给予老人以人文关怀，确保老人感觉自己是被接纳和受欢迎的，让老人有归属感。恰当的照护，赋予老人适当的自由，允许并尊重老人力所能及的贡献，创造和保持互相信任的环境，关注老人积极的一面，比如尚存能力。

（四）典型病例

患者，女，69岁，大学本科文化，已婚，退休教师，3年前开始无明显诱因逐渐出现记忆减退，做事丢三落四，经常忘记刚做过的事和刚说过的话，刚刚收拾好的东西转眼就忘记放在哪儿了，在家不是找不到眼镜就是找不到钥匙。家人以为是年老所致，未予诊治。随着时间的推移，她的记忆减退日渐严重，常忘记炉子上正在烧水，并因此烧坏多个水壶，幸被家人及时发现而未引起火灾。有一次去银行取钱后不知把钱放在哪里了，便认为银行没有给她钱，跑到银行大吵大闹。最近她的脾气渐变得暴躁、自私、多疑敏感，常为小事与家人发脾气、骂人，不关心子女，找不到东西就怀疑被儿子媳妇偷了，一旦东西找出又认为是儿子儿媳偷偷放了回来。对以前喜欢的社交活动也没有兴趣，无法回忆老朋友的姓名，不再看电视看报纸，整天在家翻箱倒柜找东西，不听劝阻。去年冬天，因与家人争吵独自离家出走，家人焦急万分，四处寻找，最后在有关部门帮助下才找到。原来是她离家后不久就迷了路,从此家人再不敢让她独自外出。近一年来,她变得更加不可理喻,无故怀疑丈夫(72岁,瘫痪在床)有外遇,认为丈夫和保姆有不正当关系,每天纠缠丈夫承认所谓的相好,为此家里更换了若干次保姆,最终也无济于事,常用粗话谩骂丈夫,甚至动手殴打丈夫。体检未见阳性体征。精神检查欠合作,神清,地点、时间定向错误,交谈困难,记忆力减退,近事遗忘更为突出,计算力明显下降,简单的加减法也计算错误,有嫉妒妄想,无自知力。头颅MRI示脑萎缩。简易智力状态检查(MMSE):10分;Hachinski缺血指数量表(HIS):2分。诊断:阿尔茨海默病(AD)。

### 四、老年期精神分裂症

**(一)概念**

老年期精神分裂症是指年龄在60岁以上的老年人的精神分裂症,包括延续至老年期的早发精神分裂症、晚发精神分裂症(40岁以后首次发病的精神分裂症)以及60岁以后起病的极晚发精神分裂症样精神病患者。

**(二)疾病表现**

老年期精神分裂症的临床表现错综复杂,除不常见意识障碍、智能障碍外,可出现各种精神症状。①感知觉障碍:最突出的感知觉障碍是幻觉,以言语性幻听最为常见,幻听的内容可以是评论性或争论性的,也可以是命令性的,患者的行为常受幻听支配。②思维障碍:包括思维形式障碍和思维内容障碍。思维形式障碍又称联想障碍,表现为思维联想过程缺乏连贯性和逻辑性;思维内容障碍主要是指妄想,患者的妄想往往荒谬离奇,易于泛化。③情感障碍:主要表现为情感迟钝或平淡,有的可表现为情感不协调或情感倒错。④意志行为障碍:活动减少,缺乏主动性,行为变得孤僻、被动、退缩,有的患者吃一些不能吃的东西,有的可出现幼稚愚蠢的行为,还有的可表现为全身肌张力增高的紧张综合征(紧张性木僵或紧张性兴奋)。

**(三)处理原则**

早期发现,早期治疗。须转送精神病专科医院门诊或住院治疗,一般给予药物治疗或MECT治疗,但MECT治疗会给老年期精神分裂症患者带来比较严重的认知损害,故应谨慎。心理治疗在疾病的发作期效果不佳,在疾病缓解期或康复期进行支持性心理治疗有助于了解患者对疾病的态度、顾虑,帮助患者建立良好的人际关系,协助患者解除生活中的急慢性应激因素,消除其孤独感,增强治疗的依从性,促进患者康复和回归社会。

**(四)典型病例**

患者,男性,65岁,农民,小学文化,一年前因宅基地的事与自己的弟弟发生口角,后则闷闷不乐,虽然弟弟上门赔礼道歉,但患者就是不开心,夜间不眠,说听到村支部书记说他是特务,专门留下来搞破坏的,因此,非常害怕,白天不敢出门,说有人跟踪他,监视他,说不定什么时候就把他抓起来了,不再到田里干活,整天待在家里。患者平时性格内向,敏感,交际少。既往体健,体检未见异常。精神检查:意识清,不修边幅,有体味,接触被动,言语贫乏,联想缓慢,存在幻听,被害妄想,关系妄想,被跟踪、被监视感,情感淡漠,行为退缩,无自知力。实验室检查未见异常。诊断:老年期精神分裂症。

### 五、老年期情感障碍

**(一)概念**

老年期情感障碍是指存在于老年人群中的心境障碍,包括抑郁症、躁狂症和双向情感障碍等。其中以老年期抑郁症最为常见。

**(二)疾病表现**

1. 老年期抑郁症的临床表现　研究表明老年期抑郁症的临床表现与一般抑郁症有所不同,其焦虑、自杀观念、疑病、偏执、记忆力减退、迟缓症状较为突出,而抑郁心境、睡眠障碍不典型。其中,老年期抑郁症患者中大约有 1/3 的患者以疑病为首发症状,约 2/3 的老年期抑郁症有疑病症状,表现为对正常躯体功能的过度注意,对轻度疾病的过分反应;焦虑、激越常常是比较严重的抑郁症的继发症状,也可能成为患者的主要表现,可表现为坐立不安、六神无主、惶惶不可终日,整天担心自己和家庭将遭遇不幸;情绪低落,悲观消极,自杀意念特别坚决,自杀观念常常不会清楚地表露,也否认自己有自杀的念头,要仔细观察患者的反常表现,如变得勤快、对亲人特别关心、把有关事情交代得特别清楚等,提示有自杀可能,必须引起足够重视;记忆力减退、反应迟缓;有的还会出现各种各样的躯体不适症状,如全身疼痛、胸闷、心悸、厌食、腹胀、口干、出汗、周身乏力等。

2. 老年期躁狂症的临床表现　躁狂症的主要表现是心境高涨、思维奔逸、意向增强和精神运动性兴奋。老年期躁狂症常缺乏明显的情感体验,主要表现为活动过多、兴奋、话多、易激惹、到处跑、爱管闲事,整天忙忙碌碌,但做事虎头蛇尾,一事无成,自我感觉良好,自我评价过高,食欲和性欲增强,睡眠需求减少,可在夸大观念的基础上继发关系妄想、被害妄想。老年期躁狂症如果首次发病在 65 岁以上,应警惕有无脑器质性病变的可能。

3. 老年期双向情感障碍的临床表现　上述两类情况交替出现。

**(三)处理原则**

及时发现、及时治疗,必须转送精神病专科医院诊治。护理要点:对老年期抑郁症患者重点是防自杀、防自伤,对老年期躁狂症患者重点是防冲动、防意外。心理治疗适用于轻型患者或恢复期患者。通过心理治疗,可改变患者认知错误,改善患者人际交往能力和心理适应能力,矫正患者不良行为方式和人格缺陷,提高患者应对不良事件的应激能力,增强患者的治疗依从性,促进康复,预防复发。

(四)典型病例

患者,女性,65岁,3年前患者因儿子行胃肠道手术而担心着急,逐渐出现失眠,主要为入睡困难,多想,上床后心慌心跳,紧张,容易醒,伴早醒,白天精神差,乏力,全身游走性疼痛,以跳痛为主,全身紧绷,无法放松,有时头晕头胀。心情不好,胃口差,烦躁,情绪低落,做什么事也没有兴趣,觉得"活着没有意思",悲观厌世,但没有消极行为,无法做家务,体重下降3公斤,曾因身体不适多次到各大医院消化科、心脏科、神经科等就诊,做了B超、心电图、头颅CT等多种检查,均未见明显异常。病前性格内向、急躁,与老伴同住,家庭关系好。无烟酒嗜好。既往体健,体格检查未见明显阳性体征。精神检查:意识清,定向准确,服饰整洁,表情焦虑,对答切题。未查及幻觉、妄想等精神病性症状,对身体担心、着急,希望能查出原因,烦躁,心情低落,高兴不起来,即使孙子来看自己也没有笑容,自我评价下降,没有信心,悲观消极,觉得"生活没有意义",责怪自己不应该拖累孩子。自知力部分存在。神经心理学检查:HAMA 16分,HAMD 23分。诊断:老年期抑郁症。

其他老年人常见的心理(精神)疾病还有许多,限于篇幅,不再一一介绍。

(王震宇)

# 第八章 养老机构膳食营养服务

养老机构入住老年人多属高龄、失能和半失能人群。随着年龄增长,他们的身体器官逐渐退化,尤其是消化系统的退化,每日膳食和能量总摄入量随之减少,容易发生营养不良和低体重现象。为了预防老年营养过剩或营养不良,当今养老机构需要引入先进的膳食服务管理模式,改进烹饪方式,为入住老年人提供容易消化吸收利用、口味满意的膳食,从而提高集体伙食服务水平;同时学习和正确运用中国营养学会制定的"中国老年人膳食营养指南"和"老年居民膳食营养素参考摄入量"(DRIs),采用现代"食谱设计"软件,根据入住老年人个体特点,编制和推荐营养膳食食谱,提升养老机构膳食营养服务水平。机构工作人员可以依据"膳食指南和宝塔",指导老年人合理膳食,科学搭配一日三餐,协助老年人自我调节膳食营养和能量平衡,共同维系入住老年人适宜的健康和体重;通过膳食营养指导和监控,减少或减缓老年人慢性代谢性疾病的发生率,如高血压、冠心病、糖尿病和肥胖等。因此,对养老机构管理人员的膳食营养培训和对入住老年人膳食营养指导,是改善机体养老的老年人健康和生活质量的重要手段之一。

## 第一节 膳食营养服务概述

养老机构合理的膳食营养服务,是增进老年人健康生存的重要途径之一,对改善入住老年人的健康、增强体质,预防疾病、延年益寿,提高生活质量具有十分重要的积极作用。

老年人的膳食营养不是简单的吃饭问题,除在服务管理遵循一般伙食团体管理规则和严格执行《我国餐饮业和集体用餐配送单位卫生规范》外,尚需根据老年人特殊生理状况和营养需求,运用"营养学"和"烹饪学"等科学技术和现代化服务手段,才能有效提高我国养老机构膳食营养服务水平。

## 一、老年人生理特点

众多的老龄人口已引起我国政府的高度重视,老年人生存质量是反映全体中国人生活质量的重要因素之一。1996年世界卫生组织(WHO)对老年人群重新界定,平均提高了5周岁,老龄阶段延后至65岁。

按年龄段,WHO将老年人群划分为3个阶段,即低龄老人(70周岁以内)、中龄老人(70~80周岁)和高龄老人(80周岁以上),90周岁以上为长寿老人。

### (一)较年青老人

一般指退休不久,年龄小于70周岁的低龄老人。他们刚离开熟悉的工作环境,生活状态由繁忙而规律转变为松弛而散漫的老年阶段。此时的老年人需要调整生理和心理状态,逐步过渡并适应退休后生活方式,以保持良好身体状况。

据认为,此阶段老年人生理机能无明显衰退,其膳食营养需要与中年人相仿,但略有减少,需要注意膳食营养的摄入与体能消耗的平衡,预防和减缓因活动量不足所引起的肥胖,以及预防相伴而行的老年性慢性代谢性病。

### (二)中龄老人

介于70~80周岁之间的老年人。随着我国居民生活条件的改善和医疗卫生水平的提高,我国人均寿命延长,女性平均预期寿命达到78周岁,男性接近74周岁,银发老人处处可见,并活跃在社会的每一个角落。

此时期,老年人机体的器官和功能逐渐退化,只是不同个体的器官和功能退化不尽相同;如有人表现在听觉、视觉的退化,有人表现在心脑血管的病变,有人表现在运动系统的衰退等。

他们对膳食营养的需要,尤其是膳食能量的需要量逐年下降,平均每十年下降5%~10%。因此,对他们的膳食营养管理和指导,既要注重六大营养素供给全面和足量,同时也对考虑老年人体能消耗的减少而对膳食能量需求的减少。

### (三)高龄老人

通常指80周岁以上的老年人。该阶段老年人随着老龄化进程,活动范围逐步减小,多数开始局限于家庭或小区内。生理机能衰退显而易见,尤其是消化系统的退化,对食物的咀嚼、营养的消化吸收利用明显不如以前。特别是入住养老机构的老年人,一旦配餐服务不到位,极易引发老年人营养不良、体力衰退明显等问题。

## 二、老年人膳食营养指导

中国营养学会根据我国经济发展,每 5~10 年调整一次"中国居民膳食指南",2015 年更新和发布了中老年人 3 个阶段的膳食营养素参考摄入量(DRIs),对老年人群膳食营养具有更精确的指导意义。

养老机构的工作人员可依据"中国居民膳食指南及平衡膳食宝塔 2016"和老年人 DRIs2015,为入住老年人个性化编制食谱和推荐营养配餐,指导老年人合理用膳。

### (一)食物要粗细搭配、松软、易于消化吸收

老年人消化器官的生理功能有不同程度的减退,咀嚼功能和胃肠蠕动减弱,消化液分泌减少。因此,老年人食物的烹制宜松软,需易于消化吸收;选择食物时要注意粗细搭配,适当补充粗粮,因为粗粮中富含 B 族维生素、膳食纤维、钾、锌及植物化学物质等益于健康的营养物质。

### (二)合理安排饮食,提高生活质量

为了促进老年人身心健康,减少疾病,延缓衰老,养老机构的食堂应该从各方面保证入住老年人的膳食质量、进餐环境和进食情绪;通过提供丰富且多样的膳食食谱,保证老年人摄入充足的各种营养素和能量。同时建议,子女常来养老院,陪同入住老年人进餐,也可增进食物营养素的有效摄入量。

### (三)重视预防营养不良和贫血

60 周岁以上的老年人由于生理、心理和社会经济情况的改变,以及日常活动量的减少,消化机能退化(牙齿、口腔、胃肠道等问题),情绪不佳和食欲减退都会导致营养素和能量摄入不足,从而容易发生营养不良、体重减轻和贫血等。因此,膳食要多提供优质蛋白源和富含元素铁的食物,如肉类、奶类、蛋类等,既容易消化吸收,又可以改善贫血和维系健康。

### (四)多做户外活动,维持健康体量

户外活动是最天然的有利资源,阳光下,太阳发射的紫外线直接照射在皮肤上,刺激了皮下胆钙化醇的转化和维生素 D 合成,可帮助机体对钙的吸收利用,增强骨骼和肌肉;同时户外运动,如散步、慢跑、打球等,可很好帮助骨骼和肌肉的锻炼,有利于钙沉积与骨骼和肌肉的强壮,起到很好的预防骨质疏松症和老年少肌症的作用,有效减少老年性骨折,明显改善老年人生活质量。

## 三、养老机构膳食营养配给原则

随着我国入住养老机构的老人越来越多,对养老机构膳食服务管理的需求也日益个性化。2013年10月23日民政部和国家发改委有关部门组织培训班,对国务院国发〔2013〕35号文《意见》进行解读,要加快老年学专门人才的培养,加强养老机构职业技能培训,以提高养老服务水平和质量。

养老机构应根据国家有关政策法规,配备专职营养师,为入住老年人提供高水平的科学膳食营养指导和服务;建立入住老年人营养健康档案,定期为老年人设计和调整个性需求的"菜单式"营养配餐。同时对膳食服务管理人员进行老年膳食营养培训和引导,不断提高膳食营养的服务意识和能力,才能不断提高养老机构的入住老年人生活质量和健康水平(图8-1平衡膳食营养餐)。

(一)科学安排膳食营养

根据入住老年人身体机能状况,制定饮食计划和膳食制作要求。以中国居民膳食营养素参考摄入量(DRIs2015)和我国居民膳食指南2016为准则,依据食物多样和同类替换的基本原理,为不同年龄段入住老年人设计科学的膳食食谱,提出合理的膳食营养建议,指导老年人根据自身特点和营养需求,选择适宜营养配餐。

(二)膳食烹饪基本要求

入住老年人口味迥异,而且身体状况不同,饮食的禁忌和偏好也比较多。为此,要对入住老年人提供个性化膳食烹饪和营养指导。

可依据老年人体况和罹患疾病情况,制作符合老年人需要的膳食食谱,如制备流质、半流质、糊状和软食等膳食,以及特殊膳食,方便和有利于老人进食及消化吸收;还可根据慢性病对膳食的特殊要求,专门为高血压患者提供低盐饮食,为糖尿病人提供低升糖指数(GI)膳食,为高血脂等患者提供低脂饮食等。

(三)膳食服务与管理

养老机构应依据入住老年人的不同身体情况,提供多种就餐服务模式。

行动方便的健康老年人多可采用食堂供应的形式,每日推荐多套营养配餐,供老年人选择,以求长期入住老年人的膳食营养基本平衡和体重基本稳定。

失能和半失能老年人的膳食营养服务,不仅做到送餐到床边或桌边,提供软食或糊状食物,而且应该遵循营养师的指导,为失能和半失能老年人设计营养均衡的食谱,缓和和改善这类老年人的身体机能。

无法自主进食并需采取鼻饲等方法的失能老年人的膳食营养服务,养老机构需要准备辅助使用器具,以辅助老年人对食物的摄取,减少和尽量避免营养不良、贫血等症状的发生。

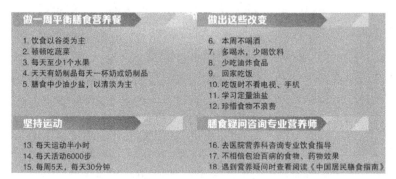

图8-1 平衡膳食营养餐

注:中国营养学会2016。

## 第二节 膳食营养服务的基本要求

养老机构膳食营养服务和管理人员,需要普及营养学知识,树立正确的饮食观念,掌握必备的科学和技能,才能高水平服务入住老年人。

入住老年人对提供的膳食有着不同的营养需求,这就要求养老机构食堂做到一日三餐变换花色品种,每周每餐食物不重样,有条件的食堂可达到四种食物不重复。科学搭配膳食结构,注重膳食营养均衡合理。针对不同的入住老年人,采用多种的伙食标准与供餐形式,达到"营养均衡,膳食合理;标准统一,价格低廉;品种多样,可选可点;兼顾习惯,尊重风俗;科学配餐,健康饮食"的目标。

### 一、老年人膳食营养结构

食物为人类提供了必不可少的各类营养,保证了生命的延续。当膳食营养供应充足且搭配适宜时,才更有利于老年人健康养老。

老年人尽管年事已高,需要量有所减少,但仍然需要更优质的营养和营养素,只有当老年人营养需要与机体的生理需要相匹配时,才能保持健康体魄,延缓衰老。因此,有必要先了解膳食营养组成和基本功能。

(一) 膳食营养素的功能

共包括六大营养素和能量,其中营养素又分为宏量营养素和微量营养素,以下分别进行表述和功能简介。

1. 宏量营养素 有水、碳水化合物、蛋白质、脂肪和矿物质等五种。

它们的主要功能是构建机体组织,提供能量,参与生理功能调节等。

水的生理功能是提供其他营养素体内代谢的温和环境,缺水时会影响机体的正常代谢,严重时影响健康乃至生命。人们可通过进食和饮水获得90%以上的水分。

2. 三大供能营养素 分别是碳水化合物、蛋白质和脂肪,它们每克完全燃烧后,可依次提供 16.74 kJ(4 kcal)、16.74 kJ(4 kcal)、37.67 kJ(9 kcal)能量(热能),其中脂肪的能量供应最高。当饥饿或缺乏能量时,人们会感到疲劳,就需要及时通过食物补充能量并恢复体力和精力。

谷类食物是碳水化合物的主要来源,也是主要的能量来源;鱼肉蛋禽和大豆是蛋白质的主要食物提供者;烹饪油是我国居民脂肪的主要供应者,也是能量提供者。

近年烹饪用油的调查发现,我国居民平均每日消费量每天高达83~85 g,是成年人高血脂、脂肪肝、脑卒中的重要危险因子。因此,中国营养学会根据我国膳食结构和慢性病调查,建议我国居民食用油等脂肪摄入量应控制在每天25~30 g 以内,以减少和预防上述慢性病的发生率和死亡率。

3. 微量营养素 包括维生素和微量元素,它们不提供能量,不构建机体组织器官,但参与机体能量代谢和物质代谢及生理功能的调节。

(1) 维生素:分为水溶性维生素和脂溶性维生素,前者包括 B 族维生素和维生素 C;后者包括维生素 A、维生素 D、维生素 E、维生素 K,均可从食物中获得补充。

叶酸、维生素 $B_{12}$ 和钴元素还共同用于预防巨幼红细胞性贫血。钴元素是维生素 $B_{12}$ 的核心元素,缺乏时血液中红细胞无法正常成熟,故引起巨幼红细胞性贫血。

近年对维生素 D 的研究更加深入,它通过靶细胞受体的介导帮助钙吸收并促进钙在骨骼、牙齿中的沉积,不但预防老年性骨钙丢失、骨质疏松等引起的骨折,而且还可帮助老年人尤其是女性老年人减缓肌肉组织的衰减。

因此,当给予老年人适宜的钙和维生素 D 补充,同时结合户外活动,可有效抑制老年人骨骼肌量的减少,维系下肢腿部的支撑力量,从而减少了老年人摔跤引起的骨折,提高了老年人生活质量。

(2) 宏量和微量元素:宏量元素主要有钙、磷、钠、钾、镁、氯、硫等七种元素。钙和磷主要分别在骨骼、牙齿中,维系骨骼强度和硬度;也分布于肌肉等软组织中,参与肌肉收缩等;钠和钾分别是细胞外液和细胞内液的主要离子,维系正常的水盐代谢平衡等。

必需微量元素,1995年世界卫生组织(WHO)和粮农组织(FAO)依据它们的必不可缺的生理功能,确定为10种,即铁、铜、锌、锰、钼、铬、钴、硒、氟、碘。当食物和饮水中长期缺乏时,会出现对应的缺乏症。

食盐是人类主要的钠元素供应体。我国居民钠的其他来源除食物外,常见的有各种调味品,如酱油、醋、酱、味精等。我国居民普遍盐摄入量过高,北方每人每天可达到15~25 g,已经成为我国居民高血压的重要危险因素之一。通过十多年的营养宣教,中国营养学会希望人们降低食盐摄入量,以减少高血压的发生。

老年人易发生缺铁性贫血。随着年龄增长,老年人尤其是高龄老人,由于膳食摄入量的减少,或受到某些不正确营养观念影响,长期素食,往往铁元素摄入不足,而发生贫血。动物性食品,如鱼肉蛋禽中含有丰富的铁,而且比较容易吸收;而植物中尽管也有铁的存在,但常被植物的有机酸所结合,不易吸收利用,其吸收率不足10%。

碘是人体内甲状腺素的重要原料。缺乏时甲状腺不能有效合成甲状腺素,机体生长、三大营养素和能量代谢因此失常。

我国采用碘酸钾强化碘盐,近年强化量有所下降,为22.5~30.0 $\mu g/g$,每人每天通过食盐获得碘150~300 $\mu g$。

(二) 膳食营养指导

2015年中国营养学会发布中老年人不同阶段的膳食营养素参考摄入量(DRIs),明确了50~64周岁、65~79周岁和80周岁以上中老年人群的3个阶段主要膳食营养素和能量的参考摄入量(表8-1、表8-2、表8-3)。

2015年版DRIs重点在能量、蛋白质参考摄入量的调整,均较之前明显下调和减少。这是由于,随着老年人年龄增长,活动量的减少,而每日总能量的需要量随着减少。如果膳食能量摄入过高,容易引起老年人能量过剩的肥胖。又因为,我国居民膳食结构在发生改变,其中动物性食品逐年增加,因此膳食中优质蛋白质的比例增加并容易被人体吸收利用,故降低膳食蛋白质的参考摄入量,也能满足老年人的营养需要。

由于养老院入住老年人多在 65 岁以上,因此仅简单介绍中龄和高龄阶段的老年人膳食营养指导

1. 能量参考摄入量　65~79 周岁老年人的能量需要,不但根据性别,而且与每天活动量关联,男性平均每天为 8 579.25~9 834.75 kJ(2 050~2 350 kcal),女性平均每天为 7 114.50~8 160.75 kJ(1 700~1 950 kcal);80 周岁以上老年人的能量需要,男性平均每天为 7 951.50~9 207.00 kJ(1 900~2 200 kcal),女性平均每天为 6 277.50~7 323.75 kJ(1 500~1 750 kcal)。

高龄阶段男性老年人能量需要较中龄阶段每天减少 209.25~627.75 kJ(50~150 kcal);高龄阶段女性老年人能量需要较中龄阶段每天减少 837.00 kJ(200 kcal);目的是避免能量过多摄入所导致的老年性肥胖。

2. 三大营养素供能比例　中国营养学会建议碳水化合物:脂肪:蛋白质供能适宜比例为(50~60):(20~30):(15~20),并建议碳水化合物供能比例不低于 50%,脂肪供能比例不超过 30%,精制糖占碳水化合物比例不超过 10%,食用油每人每天 25~30 g。

以 70 周岁老年女性为例,她平时活动量一般,因此中国营养学会能量需要量建议为每天 7 114.50 kJ(1 700 kcal)。

(1) 碳水化合物供能比例设为 50%,3 557.25 kJ(850 kcal)能量需由碳水化合物提供。按谷物约含 80%的碳水化合物,大约每天需要进食 266 g 谷类才能满足需要。

必需注意到每天碳水化合物的摄入,不仅仅来自主食,还包括零食等,如饼干、蛋糕、糖果等。依据同类食物互换原则,日常谷类、薯类食物可选择当地常见食材,如大米饭、杂粮粥、面条、饺子、汤团、馒头、面包、玉米、山芋、南瓜等相互替换,可达到主食食物的多样性。

(2) 蛋白质供能比例设为 20%,约 1 422.92 kJ(340 kcal)能量由蛋白质提供。但根据最新蛋白质推荐量 DRIs 为每天 55 g,每天仅提供 920.70 kJ(220 kcal)能量,需要提高优质蛋白质的摄入量。

优质蛋白质主要来自鱼肉禽蛋,它们蛋白质含量约 20%。若设老年女性每天 50%蛋白质来自优质蛋白质(30 g),大概每天需要 150 g(3 两)的动物性食物;其他部分则由豆制品和谷类食物等(266 g 谷类含 21.3 g 蛋白质)提供。

(3) 脂肪供能比例设为 30%,约 2 134.35 kJ(510 kcal)能量由脂肪供应,大约

需要摄入 57 g 脂肪,其中烹饪油限制在 30 g 以内,其他 27 g 来自于食物。

中国居民的脂肪摄入主要来自烹饪油,前 5~10 年的人均摄入量很高,达到每天 83~85 g,属于高脂饮食结构,极大增加了老年人群中高血脂、脂肪肝和心脑血管疾病发生的危险性。因此中国营养学会近年一直致力于低油脂饮食的营养宣教,试图减少居民食用油摄入量,以降低相关慢性病的风险。

3. 矿物质和微量元素  2015 版中国 DRIs 主要对食盐、钙、铁、碘的摄入量进行了强调。

(1) 食盐(NaCl):$Na^+$ 是细胞外液维持细胞跨膜电位晶体渗透压的主要离子,食盐是保持肌肉紧张性和体力的重要矿物质。因此,2015 版 DRIs 中中国营养学会建议,食盐摄入量每天 6~8 g 减少到每天 5 g,高血压患者食盐摄入量每天不超过 3 g,以降低高血压风险。

(2) 钙(Ca):是人体第一大宏量元素,是构成骨骼和牙齿的重要组成成分,也是神经肌肉正常兴奋收缩的主要元素,因此 2015 版 DRIs 中对老年人钙适宜摄入量的建议是每天 1 000 mg,最高不超过每天 2 000 mg。

牛奶中含有丰富的优质钙源,平均钙含量为每 100 ml/100 mg,并容易被人体吸收。中国营养学会建议,老人家每天饮用 200~500 ml 牛奶(2 杯),以减缓骨钙丢失。谷物、蔬菜和水果等中均含有钙,但这类植物钙往往与有机酸结合形成不吸收钙盐,钙的吸收率一般不足 10%,不是理想钙源。由于骨组织主要成分是磷酸钙盐,传统上以为"骨头汤"能补钙,但事实上骨头中的钙盐还被骨胶原等包裹,难以吸收利用,因此也不是理想的钙补充剂。只有当其制成超细骨粉时(细度小于 200 目)其中的钙才可能被吸收利用。

(3) 铁(Fe):2015 版 DRIs 对老年人铁适宜摄入量的推荐为每天 12 mg,男女一样。

铁的摄入主要来自鱼肉蛋禽,由于瘦肉、肝和血含有丰富的卟啉铁,这种化学形式的铁吸收率较高,接近 30%,是理想预防贫血的食物铁源。老年人还是需要通过食用动物性食品来补铁。植物中也含有铁元素,但吸收率很低。

(4) 碘(I):2015 版 DRIs 对老年人铁适宜摄入量的推荐为每天 120 μg,国家 1987 年通过法规,以碘酸钾实行强化碘盐,进行全民补碘。历时近 30 年,基本消灭了国民碘缺乏症。但是,早期通过食盐补碘量过高,近年通过食盐补碘降至每天 150 μg,以避免碘过量。

我们早期研究发现,海带等海产品尽管富含碘元素,但由于是以好像螯合物的形式存在,几乎没有补碘效果。

4. 维生素　分为脂溶性和水溶性两类。

(1) 维生素 A 和维生素 D:主要由人体肝脏合成。经阳光照射,其紫外线诱导皮肤胆钙化醇转化,经肝、肾最终形成 1,25-2OH-$D_3$,帮助钙的吸收利用;肝脏合成维生素 A,营养视神经,有利于和上皮细胞角质化和减少损伤,是预防干眼症和夜盲症的重要营养素,因此户外活动和适量动物性食物摄入,是预防维生素 A 和维生素 D 缺乏的有效手段。

植物中没有维生素 A 和维生素 D,只有 β-胡萝卜素;而 β-胡萝卜素是二分子维生素 A 的结合物,本身不具备直接营养视神经的作用。在体内,β-胡萝卜素需分解为维生素 A,才能被吸收利用并发挥其生理功能。

(2) 维生素 B 和维生素 C:生鲜的动植物食材中均富含 B 族维生素和维生素 C,但经过高温高压等加工或烹饪,食材中的水溶性维生素基本消失殆尽;同样,谷物经过暴晒和去谷皮,谷皮中丰富的维生素也基本损失掉了。

补充水溶性维生素最好方法是食用新鲜的水果和蔬菜,尤其是时令果蔬,能从中获取较多数量。

5. 水　人体平均含 60% 水分,婴儿大约达到 75%,老年人减少至 50% 左右。所有重要的生命现象和物质代谢都是在体内水环境中完成,故水对人而言是十分重要的。

人分别从食物、饮水和机体代谢中得到水,并通过尿、汗、粪和呼吸排出体外,每人每天水平衡 2 300~2 500 ml。50%~60% 的水分来自于食物,40%~50% 水分来自于饮水。

中国营养学会建议,每人每天需饮水 5~6 杯,1 000~1 200 ml,包括水、汤、酒和软饮料等。

6. 膳食纤维　是一类不被人消化道消化吸收的碳水化合物,近年对它的结构和组分研究认为,它具有一些特殊的生理功能。在体内,它遇水膨胀,形成类似网状结构,能够吸附肠道内过多的脂肪、糖和蛋白质,减少各营养素和能量的吸收,预防能量过剩和减缓血糖升高,又能增进胃肠运动,从而达到减肥、降糖、降脂的作用,并改善了老年人的健康。

中国营养学会建议,每人每天食入 24 g 为佳,并认为膳食纤维主要来自谷类食物,中国人膳食纤维摄入量偏少。

表 8-1　中国 50~64 岁成年居民膳食营养素参考摄入量

| 能量或营养素 | RNI 男 | RNI 女 | AMDR 女 | 营养素 | RNI 男 | RNI 女 | PI | UL | 营养素 | RNI 男 | RNI 女 | PI | UL |
|---|---|---|---|---|---|---|---|---|---|---|---|---|---|
| 能量[a](MJ/d) | | | | 钙(mg/d) | 1000 | 1000 | — | 2000 | 维生素 A(μgRAE/d)[e] | 800 | 700 | — | 3000 |
| PAL(Ⅰ) | 8.79[a] | 7.32[a] | — | 磷(mg/d) | 720 | 720 | — | 3500 | 维生素 D(μg/d) | 10 | 10 | — | 50 |
| PAL(Ⅱ) | 10.25[a] | 8.58[a] | — | 钾(mg/d) | 2000(AI) | 2000(AI) | 3600 | — | 维生素 E(mgα-TE/d)[f] | 14 | 14 | — | 700 |
| PAL(Ⅲ) | 11.72[a] | 9.83[a] | — | 钠(mg/d) | 1400(AI) | 1400(AI) | 1900 | — | 维生素 K(μg/d) | 80 | 80 | — | — |
| 蛋白质(g/d) | 65 | 55 | — | 镁(mg/d) | 330 | 330 | — | — | 维生素 $B_1$(mg/d) | 1.4 | 1.2 | — | — |
| 总碳水化合物(%E[c]) | — | — | 50~65 | 氯(mg/d) | 2200(AI) | 2200(AI) | — | — | 维生素 $B_2$(mg/d) | 1.4 | 1.2 | — | — |
| —添加糖 | — | — | <10 | 铁(mg/d) | 12 | 12 | — | 42 | 维生素 $B_6$(mg/d) | 1.6 | 1.6 | — | 60 |
| 总脂肪(%E) | — | — | 20~30 | 碘(μg/d) | 120 | 120 | — | 600 | 维生素 $B_{12}$(μg/d) | 2.4 | 2.4 | — | — |
| —饱和脂肪酸(%E) | — | — | <8 | 锌(mg/d) | 12.5 | 7.5 | — | 40 | 泛酸(mg/d) | 5.0 | 5.0 | — | — |
| —n-6 多不饱和脂肪酸(%E) | — | — | 2.5~9.0 | 硒(μg/d) | 60 | 60 | — | 400 | 叶酸(μgDFE/d)[g] | 400 | 400 | — | 1000[h] |
| —亚油酸(%E) | 4.0(AI) | 4.0(AI) | — | 铜(mg/d) | 0.8 | 0.8 | — | 8 | 烟酸(mgNE/d)[i] | 14 | 12 | — | 35/310 J |
| —n-3 多不饱和脂肪酸(%E) | — | — | 0.5~2.0 | 氟(mg/d) | 1.5(AI) | 1.5(AI) | — | 3.5 | 胆碱(mg/d) | 500 | 400 | — | 3000 |

续表 8-1

| 能量或营养素 | RNI 男 | AMDR 女 | 营养素 | RNI 男 | RNI 女 | PI | UL | 营养素 | RNI 男 | RNI 女 | PI | UL |
|---|---|---|---|---|---|---|---|---|---|---|---|---|
| —α-亚麻酸(%E) | 0.6(AI) | — | 铬(μg/d) | 30(AI) | | — | — | 生物素(μg/d) | | 40 | — | — |
| —DHA+EPA(g/d) | — | 0.25~2.0 | 锰(mg/d) | 4.5(AI) | | — | 11 | 维生素C(mg/d) | 100 | 100 | 200 | 2000 |
| | | | 钼(μg/d) | 100 | | — | 900 | | | | | |

注：EAR＝Estimated Average Requirement，平均需要量；RNI＝Recommended Nutrients Intakes，参考摄入量；AI＝Adequate Intake，适宜摄入量；UL＝Tolerable Upper Intake Level，可耐受最高摄入量，有些营养素未制定 UL，主要是因为研究资料不充分，并不表示摄入过量没有健康风险；AMDR＝Acceptable Macronutrient Distribution Range，宏量营养素可接受范围；PAL＝Physical Activity Level，身体活动水平：Ⅰ＝1.5(轻)，Ⅱ＝1.75(中)，Ⅲ＝2.0(重)；建议摄入量；EER．Estimated Energy Requirement，1000kcal＝4.184MJ，1MJ＝239kcal；PI＝Proposed Intakes for Preventing Non-communicable Chronic Disease，预防非传染性慢性病的建议摄入量；

a. 能量需要量。

b. 未制定参考值者用"—"表示；

c. %E 为占能量的百分比；

d. 单位为 g/d

e. 维生素 A 的单位为视黄醇活性当量(RAE)，1μgRAE＝膳食或补充剂来源全反式视黄醇(μg)＋1/2 补充剂纯品全反式 β-胡萝卜素(μg)＋1/12 膳食全反式 β-胡萝卜素(μg)＋1/24 其他膳食维生素 A 类胡萝卜素(μg)；维生素 A 的 UL 不包括维生素 A 原类胡萝卜素 RAE。

f. α-生育酚当量(α-TE)，膳食中总 α-TE 当量(mg)＝1×α-生育酚(mg)＋0.5×β-生育酚(mg)＋0.1×γ-生育酚(mg)＋0.02×δ-生育酚(mg)＋0.3×α-三烯生育酚(mg)。

g. 膳食叶酸当量(DFE，μg)＝天然食物来源叶酸(μg)＋1.7×合成叶酸(μg)；

h. 指合成叶酸摄入量上限，不包括天然食物来源叶酸(mg)，单位为 μg/d；

i. 烟酸当量(NE，mg)＝烟酸(mg)＋1/60 色氨酸(mg)。

j. 烟酰胺。

表 8-2 中国 65~79 岁老年居民膳食营养素参考摄入量

| 能量或营养素 | RNI 男 | RNI 女 | AMDR 女 | 营养素 | RNI 男 | RNI 女 | PI | UL | 营养素 | RNI 男 | RNI 女 | PI | UL |
|---|---|---|---|---|---|---|---|---|---|---|---|---|---|
| 能量a(MJ/d) | | | | 钙(mg/d) | 1000 | | — | 2000 | 维生素 A(μgRAE/d)d | 800 | 700 | — | 3000 |
| PAL(Ⅰ) | 8.58a | 7.11a | — | 磷(mg/d) | 700 | | — | 3500 | 维生素 D(μg/d) | 15 | | — | 50 |
| PAL(Ⅱ) | 9.83a | 8.16a | — | 钾(mg/d) | 2000(AI) | | 3600 | — | 维生素 E(mgα-TE/d)e | 14 | | — | 700 |
| PAL(Ⅲ) | — | — | — | 钠(mg/d) | 1400(AI) | | 1900 | — | 维生素 K(μg/d) | 80 | | — | — |
| 蛋白质(g/d) | 65 | 55 | — | 镁(mg/d) | 320 | | — | — | 维生素 $B_1$(mg/d) | 1.4 | 1.2 | — | — |
| 总碳水化合物(%Ec) | — | — | 50~65 | 氯(mg/d) | 2200(AI) | | — | — | 维生素 $B_2$(mg/d) | 1.4 | 1.2 | — | — |
| —添加糖 | — | — | <10 | 铁(mg/d) | 12 | | — | 42 | 维生素 $B_6$(mg/d) | 1.6 | | — | 60 |
| 总脂肪(%E) | — | — | 20~30 | 碘(μg/d) | 120 | | — | 600 | 维生素 $B_{12}$(μg/d) | 2.4 | | — | — |
| —饱和脂肪酸 | — | — | <10 | 锌(mg/d) | 12.5 | 7.5 | — | 40 | 泛酸(mg/d) | 5.0 | | — | — |
| —n-6 多不饱和脂肪酸(%E) | — | — | 2.5~9.0 | 硒(μg/d) | 60 | | — | 400 | 叶酸(μgDFE/d)f | 400 | | — | 1000g |
| —亚油酸(%E) | 4.0(AI) | — | — | 铜(mg/d) | 0.8 | | — | 8 | 烟酸(mgNE/d)h | 14 | 11 | — | 35/300 J |
| —n-3 多不饱和脂肪酸(%E) | — | — | 0.5~2.0 | 氟(mg/d) | 1.5(AI) | | — | — | 胆碱(mg/d) | 500 | 400 | — | 3000 |

续表 8-2

| 能量或营养素 | RNI 男 | AMDR 女 | 营养素 | RNI 男 | RNI 女 | PI | UL | 营养素 | RNI 男 | RNI 女 | PI | UL |
|---|---|---|---|---|---|---|---|---|---|---|---|---|
| —α-亚麻酸(%E) | 0.60(AI) | — | 铬(μg/d) | 30(AI) | | — | — | 生物素(μg/d) | 40(AI) | | — | — |
| —DHA+EPA(g/d) | — | 0.25～2.0 | 锰(mg/d) | 4.5(AI) | | — | 11 | 维生素 C(mg/d) | 100 | | 200 | 2000 |
| | | | 钼(μg/d) | 100 | | — | 900 | | | | | |

注:EAR=Estimated Average Requirement,平均需要量;RNI=Recommended Nutrients Intakes,参考摄入量;AI=Adequate Intake,适宜摄入量;UL=Tolerable Upper Intake Level,可耐受最高摄入量.有些营养素未制定 UL,主要是因为研究资料不充分,并不表示过量摄入没有健康风险;AMDR=Acceptable Macronutrient Distribution Range,宏量营养素可接受范围;PI=Proposed Intakes for Preventing Non-communicable Chronic Disease,预防非传染性慢性病的建议摄入量;PAL=Physical Activity Level,身体活动水平;Ⅰ=1.5(轻),Ⅱ=1.75(中),Ⅲ=2.0(重)。

a. 能量需要量,EER, Estimated Engergy Requirement;1000kcal=4.184MJ,1MJ=239kcal;

b. 未制定参考值者用"—"表示;

c. %E 为占能量的百分比;

d. 单位为 g/d

e. 维生素 A 的单位为视黄醇活性当量(RAE),1μgRAE=膳食或补充剂来源全反式视黄醇(μg)+1/2 补充剂纯品全反式 β-胡萝卜素(μg)+1/12 膳食全反式 β-胡萝卜素(μg)+1/24 其他膳食维生素 A 类胡萝卜素(μg);维生素 A 的 UL 不包括维生素 A 原来胡萝卜素 RAE;

f. α-生育酚当量(α-TE),膳食中总 α-TE 当量(mg)=1×α-生育酚(mg)+0.5×β-生育酚(mg)+0.1×γ-生育酚(mg)+0.02×δ-生育酚(mg)+0.3×α-三烯生育酚(mg);

g. 膳食叶酸当量(DFE,μg)=天然食物来源叶酸(μg)+1.7×合成叶酸(μg);

h. 指合成叶酸摄入量上限,不包括天然食物来源叶酸,单位为 μg/d;

i. 烟酰胺,单位为 mg/d。

表 8-3 中国 80 岁以上老年居民膳食营养参考摄入量

| 能量或营养素 | RNI 男 | RNI 女 | AMDR |
|---|---|---|---|
| 能量[a](MJ/d) | | | |
| PAL(Ⅰ) | 7.95[a] | 6.28[a] | — |
| PAL(Ⅱ) | 9.20[a] | 7.32[a] | — |
| 蛋白质(g/d) | 65 | 55 | — |
| 总碳水化合物(%E[c]) | — | — | 50~65 |
| —添加糖 | — | — | <10 |
| 总脂肪(%E) | — | — | 20~30 |
| —饱和脂肪酸(%E) | — | — | <10 |
| —n-6 多不饱和脂肪酸(%E) | — | — | 2.5~9.0 |
| —亚油酸(%E) | 4.0(AI) | — | — |
| —n-3 多不饱和脂肪酸(%E) | — | — | 0.5~2.0 |

| 营养素 | RNI 男 | RNI 女 | PI | UL |
|---|---|---|---|---|
| 钙(mg/d) | 1000 | 1000 | — | 2000 |
| 磷(mg/d) | 670 | 670 | — | 3500 |
| 钾(mg/d) | 2000(AI) | 2000(AI) | 3600 | — |
| 钠(mg/d) | 1400(AI) | 1400(AI) | 1900 | — |
| 镁(mg/d) | 310 | 310 | — | — |
| 氯(mg/d) | 2200(AI) | 2200(AI) | — | — |
| 铁(mg/d) | 12 | 12 | — | 42 |
| 碘(μg/d) | 120 | 120 | — | 600 |
| 锌(mg/d) | 12.5 | 7.5 | — | 40 |
| 硒(μg/d) | 60 | 60 | — | 400 |
| 铜(mg/d) | 0.8 | 0.8 | — | 8 |
| 氟(mg/d) | 1.5(AI) | 1.5(AI) | — | — |

| 营养素 | RNI 男 | RNI 女 | PI | UL |
|---|---|---|---|---|
| 维生素 A(μgRAE/d)[d] | 800 | 700 | — | 3000 |
| 维生素 D(μg/d) | 15 | 15 | — | 50 |
| 维生素 E(mgα-TE/d)[e] | 14 | 14 | — | 700 |
| 维生素 K(μg/d) | 80 | 80 | — | — |
| 维生素 $B_1$(mg/d) | 1.4 | 1.2 | — | — |
| 维生素 $B_2$(mg/d) | 1.4 | 1.2 | — | — |
| 维生素 $B_6$(mg/d) | 1.6 | 1.6 | — | 60 |
| 维生素 $B_{12}$(μg/d) | 2.4 | 2.4 | — | — |
| 泛酸(mg/d) | 5.0 | 5.0 | — | — |
| 叶酸(μgDFE/d)[f] | 400 | 400 | — | 1000[g] |
| 烟酸(mgNE/d)[h] | 14 | 11 | — | 35/300 J |
| 胆碱(mg/d) | 500 | 400 | — | 3000 |

续表 8-3

| 能量或营养素 | RNI 男 | RNI 女 | AMDR | 营养素 | RNI 男 | RNI 女 | PI | UL | 营养素 | RNI 男 | RNI 女 | PI | UL |
|---|---|---|---|---|---|---|---|---|---|---|---|---|---|
| α-亚麻酸(%E) | 0.60(AI) | — | — | 铬(μg/d) | 30(AI) | — | — | — | 生物素(μg/d) | 40(AI) | — | — | — |
| DHA+EPA(g/d) | — | — | 0.25~2.0 | 锰(mg/d) | 4.5(AI) | — | — | 11 | 维生素C(mg/d) | 100 | — | 200 | 2000 |
|  |  |  |  | 钼(μg/d) | 100 | — | — | 900 |  |  |  |  |  |

注:EAR=Estimated Average Requirement,平均需要量;RNI=Recommended Nutrients Intakes,参考摄入量;AI=Adequate Intake,适宜摄入量;UL=Tolerable Upper Intake Level,可耐受最高摄入量;有些营养素未制定 UL,主要是因为研究资料不充分,并不表示过量摄入没有健康风险;AMDR=Acceptable Macronutrient Distribution Range,宏量营养素可接受范围;PI=Proposed Intakes for Preventing Non-communicable Chronic Disease,预防非传染性慢性病的建议摄入量;PAL=Physical Activity Level,身体活动水平: Ⅰ=1.45(轻),Ⅱ=1.7(中);EER, Estimated Engergy Requirement;1000kcal=4.184MJ,1MJ=239kcal;
a. 能量需要量,未制定参考值者用"—"表示;
b. %E 为占能量的百分比;
c. 单位为 g/d;
d. 维生素 A 的单位为视黄醇活性当量(RAE),1μgRAE=膳食或补充剂来源全反式视黄醇(μg)+1/2 补充剂纯品全反式 β-胡萝卜素(μg)+1/12 膳食全反式 β-胡萝卜素(μg)+1/24 其他膳食维生素 A 类胡萝卜素(μg);维生素 A 的 UL 不包括维生素 A 原类胡萝卜素 RAE;
e. α-生育酚当量(α-TE),膳食中总 α-TE 当量(mg)=1×α-生育酚(mg)+0.5×β-生育酚(mg)+0.1×γ-生育酚(mg)+0.02×δ-生育酚(mg)+0.3×α-三烯生育酚(mg);
g. 膳食叶酸当量(DFE,μg)=天然食物来源叶酸(μg)+1.7×合成叶酸(μg);
h. 指合成叶酸摄入量上限,不包括天然食物来源叶酸,单位为 μg/d;
j. 烟酰胺,单位为 mg/d。

## 二、养老机构配膳与食谱编制

近 10 年我国营养软件如雨后春笋,蓬勃发展起来,以适应营养学科专业发展需要和公众对膳食营养均衡与健康的需求。众多的营养软件一般都携带巨大的中国食物成分数据库,配套的计算程序和应用界面,但又各具地方特色,为营养师职业培训和执业提供现代化工具,使一家一户的营养配餐变得实际,更方便了集体伙食机构膳食营养管理等升级。目前比较常见的营养计算软件有中国疾病控制中心的膳食营养软件,还有上海营康软件、武汉汉阳软件和西安青秦软件等,为个性化食谱设计带来便利,更有利于初学者掌握和使用。

(一) 食物供给

集体就餐单位如养老机构,应该对当地食物种类、供给状况做到心中有数。江苏地处长江三角洲地区,气候适宜,物产丰富,品种繁多,养老机构食堂应尽可能采购时令新鲜蔬菜和鱼肉蛋禽,达到食物多样化和膳食营养互补的目的。同时,了解入住老人饮食习惯和膳食结构,得到相对准确的食物消费数据,以备配餐所用。

食物主要分为五类(图 8-2)。

图 8-2　中国居民平衡膳食宝塔
注:中国营养学会 2016。

1. 谷物与薯类　主要包括五谷杂粮和马铃薯、红薯、南瓜等。它们是碳水化合物的主要提供者,也是我们的主食。

为了达到食物多样化、餐餐不重样,养老机构食堂可以依据同类互换原则,烹饪花色不同的各种主食,如白米饭、菜饭、面条、馒头、包子、饺子、馄饨、蒸南瓜、煮山芋等,供入住老年人选择。

2. 蔬菜与水果　这类食品还有丰富的膳食纤维、维生素和矿物质,尤其是深色蔬菜和水果,还能为我们提供大量功能物质,如茶多酚、类胡萝卜素、番茄红素、叶黄素、黄酮和类黄酮等植物化合物,有利于人体健康。

通过营养宣教等科普形式,建议老年人膳食天天有蔬菜,养成每日吃2～3份水果。

由于蔬菜和水果是有不同的成熟和采摘时期,在此建议养老机构伙食团在采购果蔬时,要尽量考虑选择时令蔬菜和水果,这样才能通过果蔬摄入更多的维生素。

因为,果蔬储藏过久,或高温加工,都会导致大量维生素的损失。

3. 鱼肉蛋禽　是优质蛋白质的主要提供者,老年人每日需要摄入150 g(3两)左右。中国营养学会建议,每人每日1枚鸡蛋,2份肉类、鱼类或家禽等;还建议每周食用2次鱼、虾等。

这类动物性食品还含有丰富的矿物质和微量元素,尤其是畜肉中的铁、锌等更容易被吸收,是预防缺铁性贫血的理想食物。

蛋还含有丰富的卵磷脂等,在体内转化为神经磷脂等,营养神经系统,是老年人减缓脑功能退化的理想食物来源。

4. 奶类与豆类　牛奶是我们最常饮用的奶类,全脂牛奶大约含有3%蛋白质、2%～3%脂肪、5%～6%乳糖和每100 ml 100 mg钙,铁含量很少。因此,奶是大家优质蛋白质和优质钙的食物来源,但奶制品不能作为补铁的食物来源。必须了解的是,奶源不仅仅是饮用牛奶,我们还能从其他奶制品中得到,如奶糖、奶酪、烧烤食品、冰淇淋等。

大豆是植物食物中蛋白质含量最高的食物,大概含有30%～35%的蛋白质。中国人有喜食大豆制品的传统,如豆腐、豆腐干、豆浆、豆皮等,因此是我们蛋白质理想食物来源。

5. 调味品　我国居民常用的主要是糖、盐、酱油、醋、味精(鸡精)、食用油等。中国营养学会建议精制糖的摄入量不超过总碳水化合物的10%,以减缓糖尿病的发生;食用油每天限制在25～30 g,预防高血压、高血脂、脂肪肝等;盐、酱油、醋、味精均含有大量的钠,平时限盐,应同时考虑4者总摄入量,以避免过多进食盐。

(二) 膳食结构分析

各地养老机构可根据当地物产,规划春、夏、秋、冬膳食结构。并根据我国居民膳食指南、平衡膳食宝塔2016和老年人DRIs2015,以及中国常见食物成分表等,分阶段、分人群分析养老机构食堂的膳食结构合理性。

1. 当地食品供应特点

(1) 主粮:例如,南京市某老年公寓,地处长江中下游的产米区。不同品种大米供应丰富,居民喜食稻米,除制作各种米饭主外,还以稻米为食材,制作各种糕点。

南京位于我国南北交界处,百姓对面食、薯类也多有喜好。因此,养老机构食堂可综合粮食供应和饮食习惯,建立主粮原料数据库,为入住老年人提供合理的、多样的各类主食。

(2) 副食:包括畜产品和蔬菜、水果等。

了解入住老年人饮食习惯、宗教信仰和经济收入等,为不同人群选择各自需要的猪肉、禽蛋或牛羊肉等;了解蔬菜、水果的采摘季节,分别对应不同时期老年人对果蔬的需要。

(3) 调味品:主要有油、盐、酱、醋、糖。应该依据入住老年人的身体状况,安排他们的适宜需要量。饮食上做到低盐、低油、清淡。

2. 膳食结构调整依据　为了解决近年我国高脂和高能量饮食结构问题及老年人消瘦问题,养老机构应将膳食结构重点放在3个比例上。

(1) 三大营养素供能比例:我国营养学会还建议,碳水化合物、脂肪、蛋白质供应能量的适宜比例分别为50%～60%、20%～30%和15%～20%。其中碳水化合物供能比例不得少于50%,即谷类和薯类食物每日不得少于150 g(3两);脂肪供能比例不得大于30%,其中50%左右应来自食物,50%左右来自于食用油。

(2) 三餐供能比例:我国营养学会还建议,早餐、午餐、晚餐食物的供应能量比例分别在25%～30%、40%～45%、25%～30%。对于65岁以上的老年人群,晚间活动减少,一般在9～10点就寝。为了避免膳食能量在体内积累,建议老年人晚饭后适当活动,如散步等;也可将晚餐的能量比例下降到25%或更低。

(3) 优质蛋白质供给比例:优质蛋白质主要是指动物性食品,如鱼、肉、蛋、禽、奶。老年人优质蛋白质供给比例应该等于大于1/2,才能保证老年人对蛋白质的利用并维持较好的健康状态。尤其对高龄老年人,优质蛋白质能较好地减缓肌肉衰减和消瘦等现象。

(三) 食谱编制(设计)

目前主要可采用膳食营养计算软件进行。

由于中国地域广大,不同地域养老机构应选择适合当地的应用软件,进行食品设计和配餐,使推荐的营养配餐的营养搭配更符合老年人个体,更有利于他们的健康。

1. 食材列表选择　根据当地当时食物供应状况,列出市场上能够得到的各类食物清单并输入"膳食营养软件"系统,分别就主食、菜肴、调味品、水果等分类计算各类营养素和能量的供给量;并按照三餐供能比例,分别计算三餐食物的营养供应和能量供应(表8-4和表8-5)。

2. 与DRIs2016比对　将计算出的营养配餐中各营养素总和与能量总和与中国营养学会推荐的不同阶段老年人DRIs2016进行比较,要求配餐中各营养素和能量尽量接近DRIs。设计出的营养配餐营养参数与DRIs越相近,表明所设计的营养配餐在营养学上更加合理(计算表8-6)。

3. 与3项比例核对　计算值越接近推荐值时,表明所设计的营养配餐营养均衡、合理(分配比例表8-7、表8-8、表8-9)。

表8-4　每人每日膳食食谱计算

| 餐次 | 品名 | 食物名称 | 食部(%) | 重量(g) | 蛋白质(g) | 脂肪(g) | 碳水化合物(g) | 热能(kcal) |
|------|------|----------|---------|---------|-----------|---------|----------------|-----------|
| 早餐 | | | | | | | | |
| | | | | | | | | |
| | | | | | | | | |
| | | | | | | | | |
| | | | | | | | | |
| 小计 | | | | | | | | |
| 中餐 | | | | | | | | |
| | | | | | | | | |
| | | | | | | | | |
| | | | | | | | | |
| | | | | | | | | |
| 小计 | | | | | | | | |
| 晚餐 | | | | | | | | |
| | | | | | | | | |
| | | | | | | | | |
| | | | | | | | | |
| | | | | | | | | |
| 小计 | | | | | | | | |

续表 8-4

| 餐次 | 品名 | 食物名称 | 食部(%) | 重量(g) | 蛋白质(g) | 脂肪(g) | 碳水化合物(g) | 热能(kcal) |
|---|---|---|---|---|---|---|---|---|
| 调料 | | | | | | | | |
| | | | | | | | | |
| | | | | | | | | |
| | | | | | | | | |
| | | | | | | | | |
| | | | | | | | | |
| 小计 | | | | | | | | |
| 合计 | | | | | | | | |

表 8-5 每人每日膳食食谱计算

| 餐次 | 钙(mg) | 磷(mg) | 铁(mg) | 维生素 | | | | | |
|---|---|---|---|---|---|---|---|---|---|
| | | | | A(IU) | D(IU) | $B_1$(mg) | $B_2$(mg) | PP(mg) | C(mg) |
| 早餐 | | | | | | | | | |
| | | | | | | | | | |
| | | | | | | | | | |
| | | | | | | | | | |
| 小计 | | | | | | | | | |
| 中餐 | | | | | | | | | |
| | | | | | | | | | |
| | | | | | | | | | |
| 小计 | | | | | | | | | |

续表 8-5

| 餐次 | 钙(mg) | 磷(mg) | 铁(mg) | 维生素 | | | | | |
|---|---|---|---|---|---|---|---|---|---|
| | | | | A(IU) | D(IU) | $B_1$(mg) | $B_2$(mg) | PP(mg) | C(mg) |
| 晚餐 | | | | | | | | | |
| | | | | | | | | | |
| | | | | | | | | | |
| | | | | | | | | | |
| | | | | | | | | | |
| 小计 | | | | | | | | | |
| 调料 | | | | | | | | | |
| | | | | | | | | | |
| | | | | | | | | | |
| 小计 | | | | | | | | | |
| 合计 | | | | | | | | | |

表 8-6 膳食营养素计算

| 各种营养素 | 蛋白质(g) | 脂肪(g) | 糖类(g) | 热量(kcal) | 钙(mg) | 铁(mg) | 视黄醇当量(μg) | 维生素$B_1$(mg) | 维生素$B_2$(mg) | 烟酸P(mg) | 维生素C(mg) |
|---|---|---|---|---|---|---|---|---|---|---|---|
| 每日供给量(DRIs) | | | | | | | | | | | |
| 实际每日摄入量 | | | | | | | | | | | |
| 摄入量/供给量(%) | | | | | | | | | | | |

表 8-7 食物源的营养素分配比例 1

| 营养素来源 | 能量 | 蛋白质 | 铁 |
| --- | --- | --- | --- |
| 动物食物(%) | | | |
| 豆类(%) | | | |
| 植物(%) | | | |

表 8-8 一日三餐能量分配比例 2

| 能量比例 | 早餐 | 中餐 | 晚餐 |
| --- | --- | --- | --- |
| (%) | | | |

表 8-9 三大营养素能量分配比例 3

| 类别 | 能量(kcal) | 能量比例(%) |
| --- | --- | --- |
| 蛋白质 | | |
| 脂肪 | | |
| 碳水化合物 | | |

(三) 营养配餐

1. 配餐程序　利用现代营养学的膳食营养软件系统编制。
(1) 建立常用食物的各种营养素含量数据库并不断补充;
(2) 分菜系建立各色菜肴数据库并不断补充;
(3) 导入最新版本中国 DRIs 并建立数据库;
(4) 建立营养素和能量分配比例模块;
(5) 建立入住老年人个人营养健康数据库;
(6) 应用软件为老年人个人设计营养配餐。

图 8-3　中国居民平衡膳食餐盘(2016)

注:中国营养学会 2016。

推荐四周食谱(表 8-10、表 8-11、表 8-12 和表 8-13)。

表8-10 老年人膳食推荐食谱一周

| | 周一 | | 周二 | | 周三 | | 周四 | | 周五 | | 周六 | | 周日 | |
|---|---|---|---|---|---|---|---|---|---|---|---|---|---|---|
| | 食物 | 重量(g) | 食物 | 重量(g) | 食物 | 重量(g) | 食物 | 重量(g) | 食物 | 重量(g) | 食物 | 重量(g) | 食物 | 重量(g) |
| 早餐 | 馒头 | 100 | 大米红薯粥 | 50 | 小米粥 | 50 | 燕麦片 | 80 | 红枣糕 | 100 | 小米粥 | 150 | 馒头 | 100 |
| | 鸡蛋 | 50 | 蛋糕 | 80 | 蛋糕 | 80 | 蛋糕 | 50 | 鸡蛋 | 50 | 菜肉包 | 100 | 鸡蛋肉松 | 50+10 |
| | 牛乳 | 200 | 酸奶 | 200 | 牛奶 | 200 | 煎鸡蛋 | 120 | 豆浆 | 200 | 酱黄瓜 | 20 | 牛乳 | 150 |
| 中餐 | 菜肉水饺 | 150 | 米饭 | 120 | 面条 | 120 | 米饭 | 120 | 米饭 | 120 | 玉米山芋 | 150 | 米饭 | 150 |
| | 鲫鱼豆腐汤 | 200 | 梅干菜烧肉 | 120 | 番茄炒蛋 | 150 | 红烧肉 | 80 | 红烧鲳鱼 | 80 | 卤猪肝 | 80 | 山药炖鸡 | 100 |
| | | | 香菇青菜 | 90 | 海带冬瓜汤 | 200 | 糖醋藕 | 150 | 青椒鸡蛋 | 120 | 香芹肉丝 | 120 | 金针菇肉丝 | 120 |
| | | | 虾仁豆腐汤 | 150 | | | 番茄蛋汤 | 150 | 榨菜肉丝汤 | 150 | 菠菜豆腐汤 | 150 | 平菇豆腐汤 | 150 |
| 晚餐 | 小米粥 | 100 | 小馄饨 | 100 | 米饭 | 100 | 红枣粥 | 100 | 米饭 | 100 | 猪肉饺子 | 150 | 米饭 | 100 |
| | 红薯 | 50 | 小花卷 | 25 | 油焖茄子 | 80 | 小馒头 | 25 | 鸡肉块 | 80 | 素三丝 | 80 | 鱼香肉丝 | 100 |
| | 韭菜肉丝 | 100 | 蒜苗肉丁 | 110 | 虾皮三丝 | 100 | 茭白毛豆肉丁 | 100 | 平桥豆腐羹 | 150 | 茼蒿蛋汤 | 150 | 清炒包菜 | 80 |
| | 白菜粉丝 | 120 | 青椒土豆丝 | 80 | 豆腐羹 | 120 | 萝卜丝 | 80 | | | | | 番茄蛋汤 | 100 |

续表 8-10

| 营养计算 | 周一 食物摄入量 | 周一 重量(g)/能量比 | 周二 食物摄入量 | 周二 重量(g)/能量比 | 周三 食物摄入量 | 周三 重量(g)/能量比 | 周四 食物摄入量 | 周四 重量(g)/能量比 | 周五 食物摄入量 | 周五 重量(g)/能量比 | 周六 食物摄入量 | 周六 重量(g)/能量比 | 周日 食物摄入量 | 周日 重量(g)/能量比 |
|---|---|---|---|---|---|---|---|---|---|---|---|---|---|---|
| 合计(g) |  | 1 070 |  | 1 125 |  | 1 200 |  | 985 |  | 1 150 |  | 1 150 |  | 1 210 |
| 总能量 | 1 702 |  | 1 766 |  | 1 919 |  | 1 807 |  | 1 699 |  | 1 730 |  | 1 655 |  |
| 碳水化合物 | 236 | 55 | 269 | 61 | 223 | 49 | 224 | 56 | 175 | 49 | 280 | 62 | 254 | 60 |
| 脂肪 | 59 | 31 | 45 | 23 | 63 | 33 | 63 | 35 | 71 | 28 | 42 | 22 | 44 | 23 |
| 蛋白质 | 69 | 16 | 68 | 15 | 75 | 18 | 57 | 14 | 98 | 23 | 70 | 16 | 73 | 17 |
| 钙(mg) | 701 |  | 830 |  | 875 |  | 557 |  | 662 |  | 620 |  | 730 |  |
| 铁(mg) | 20 |  | 19 |  | 26 |  | 21 |  | 17 |  | 21 |  | 19 |  |
| 三餐能量比 | 27:42:31 |  | 28:41:31 |  | 27:41:32 |  | 25:47:28 |  | 26:42:32 |  | 29:38:33 |  | 27:40:33 |  |
| 三营养素平均供能比 | 55:28:17 |||||||||||||| 
| 三餐平均供能比 | 27:42:31 |||||||||||||| 

注:水果自备;能量摄入量以 kcal/d 计,其他营养素以 g/d 计。

表8-11 老年人膳食推荐食谱二周

| | 周一 | | 周二 | | 周三 | | 周四 | | 周五 | | 周六 | | 周日 | |
|---|---|---|---|---|---|---|---|---|---|---|---|---|---|---|
| | 食物 | 重量(g) | 食物 | 重量(g) | 食物 | 重量(g) | 食物 | 重量(g) | 食物 | 重量(g) | 食物 | 重量(g) | 食物 | 重量(g) |
| 早餐 | 红薯玉米粥 | 100 | 豆浆 | 200 | 馒头 | 100 | 燕麦片 | 50 | 小米粥 | 100 | 牛奶麦片 | 150+50 | 小馄饨 | 100 |
| | 花卷 | 50 | 蛋糕 | 100 | 豆浆 | 200 | 花卷 | 75 | 枣糕 | 50 | 肉包 | 50 | 鸡蛋 | 50 |
| | 海蜇萝卜丝 | 50 | 花生米 | 50 | 什锦菜 | 50 | 鸡蛋 | 50 | 酱黄瓜 | 50 | 腐乳 | 20 | 卤汁豆干 | 50 |
| 中餐 | 面条 | 100 | 米饭 | 100 | 米饭 | 100 | 菜肉包 | 100 | 香肠菜饭 | 100 | 米饭 | 100 | 米饭 | 100 |
| | 炖鸭 | 120 | 苔条腊肠 | 200 | 韭菜炒蛋 | 100 | 红烧鲫鱼 | 200 | 木须肉 | 100 | 小鸡炖蘑菇 | 150 | 红烧排骨 | 150 |
| | 青菜豆腐汤 | 150 | 胡萝卜丝 | 50 | 平菇肉片 | 80 | 粉丝鸡汤 | 200 | 冬瓜排骨汤 | 150 | 芹菜肉丝 | 80 | 炒三丁 | 100 |
| | | | 菠菜蛋汤 | 150 | 罗宋汤 | 150 | | | | | 拌黄瓜 | 50 | 紫菜蛋汤 | 100 |
| 晚餐 | 菜肉水饺 | 150 | 红枣赤豆粥 | 150 | 焖烂面 | 100 | 栗子粥 | 100 | 米饭 | 100 | 米饭 | 100 | 花卷 | 100 |
| | 黄瓜炒蛋 | 100 | 发糕 | 100 | 大排 | 100 | 蒸饺 | 50 | 番茄炒蛋 | 100 | 栗子焖肉 | 100 | 山药木耳肉片 | 150 |
| | 番茄蛋汤 | 150 | 雪菜冬笋肉丝 | 100 | 青菜 | 80 | 红烧豆腐 | 100 | 炒双冬 | 80 | 炒青菜 | 80 | 黄瓜虾皮汤 | 150 |
| | | | 海蜇黄瓜萝卜丝 | 50 | | | 糖醋藕片 | 80 | 豆腐羹 | 100 | 榨菜蛋汤 | 150 | | |

续表 8-11

| 合计(g)/营养计算 | | 周一 | | 周二 | | 周三 | | 周四 | | 周五 | | 周六 | | 周日 | |
|---|---|---|---|---|---|---|---|---|---|---|---|---|---|---|---|
| | | 食物摄入量 | 重量(g)/能量比 | 食物摄入量 | 重量(g)/能量比 | 食物摄入量 | 重量(g)/能量比 | 食物摄入量 | 重量(g)/能量比 | 食物摄入量 | 重量(g)/能量比 | 食物摄入量 | 重量(g)/能量比 | 食物摄入量 | 重量(g)/能量比 |
| 合计(g) | | | 920 | | 1 100 | | 1 060 | | 1 005 | | 930 | | 1 080 | | 1 050 |
| 总能量 | | 1 827 | | 1 794 | | 1 893 | | 1 962 | | 2 022 | | 2 270 | | 2 165 | |
| 碳水化合物 | | 232 | 64 | 219 | 50 | 260 | 64 | 360 | 62 | 192 | 65 | 317 | 62 | 295 | 53 |
| 脂肪 | | 29 | 16 | 59 | 38 | 32 | 21 | 36 | 21 | 39 | 17 | 78 | 24 | 68 | 25 |
| 蛋白质 | | 68 | 20 | 77 | 22 | 63 | 15 | 75 | 17 | 65 | 18 | 100 | 14 | 72 | 22 |
| 钙(mg) | | 454 | | 603 | | 526 | | 656 | | 454 | | 870 | | 650 | |
| 铁(mg) | | 16 | | 19 | | 18 | | 21 | | 25 | | 23 | | 17 | |
| 三餐能量比 | | 25:41:34 | | 28:42:30 | | 30:40:30 | | 30:43:27 | | 26::43:31 | | 28:41:31 | | 27:40:33 | |
| 三营养素平均供能比 | | | | | | 60:22:18 | | | | | | 28:41:31 | | | |

注:水果自备;能量摄入量以 kcal/d 计,其他营养素以 g/d 计。

# 第八章 养老机构膳食营养服务

表8-12 老年人膳食推荐食谱三周

| | | 周一 | | 周二 | | 周三 | | 周四 | | 周五 | | 周六 | | 周日 | |
|---|---|---|---|---|---|---|---|---|---|---|---|---|---|---|---|
| | | 食物 | 重量(g) | 食物 | 重量(g) | 食物 | 重量(g) | 食物 | 重量(g) | 食物 | 重量(g) | 食物 | 重量(g) | 食物 | 重量(g) |
| 早餐 | | 稀饭 | 100 | 酸奶 | 150 | 牛乳 | 150 | 豆腐脑 | 100 | 小米粥 | 100 | 阳春面 | 100 | 鲜牛奶 | 200 |
| | | 菜包 | 50 | 花卷 | 100 | 鸡蛋 | 50 | 烙饼 | 150 | 馒头 | 75 | 荷包蛋 | 50 | 油条烧饼 | 100 |
| | | 鸡蛋 | 50 | 鸡蛋榨菜 | 50+10 | 面包 | 100 | 鸡蛋 | 50 | 火腿片 | 50 | 雪菜肉丝 | 50 | 花生拌豆腐 | 50 |
| 中餐 | | 玉米窝窝 | 100 | 米饭 | 100 | 菜肉饭 | 100 | 胡萝卜山芋饭 | 100 | 荞面饼 | 100 | 米饭 | 100 | 米饭 | 100 |
| | | 香菇炖鸡 | 100 | 回锅肉 | 100 | 荠白肉丝 | 100 | 芙蓉鸡片 | 100 | 盐水虾 | 100 | 糖醋排骨 | 80 | 红烧黄鳝 | 80 |
| | | 白菜粉条 | 80 | 醋溜包菜 | 80 | 家常豆腐 | 80 | 咖喱土豆丝 | 80 | 青菜口磨 | 100 | 炒三丝 | 100 | 芮苣松子鸡蛋 | 100 |
| | | 紫菜蛋汤 | 100 | 冬瓜小排汤 | 100 | 黑木耳鱼汤 | 100 | 西湖牛肉羹 | 100 | 番茄蛋汤 | 100 | 冬瓜海带汤 | 100 | 菠菜豆腐汤 | 120 |
| 晚餐 | | 小米粥 | 100 | 盖浇面 | 100 | 米饭 | 100 | 红豆粥 | 100 | 米饭 | 100 | 大馄饨 | 150 | 稀饭 | 50 |
| | | 韭菜饼 | 50 | 熏鱼 | 80 | 山药木耳肉片 | 100 | 花卷 | 50 | 猪肉粉丝 | 100 | 猪肝番茄青菜汤 | 150 | 锅贴 | 50 |
| | | 皮蛋拌豆腐 | 80 | 雪菜冬笋 | 80 | 青菜粉丝 | 80 | 芹菜肉丝 | 100 | 韭菜鸡蛋 | 80 | | | 韭黄肉丝 | 100 |
| | | | | | | | | 毛豆土豆肉丁 | 80 | 芹菜榨菜汤 | 100 | | | | |

续表 8-12

| 合计(g)/营养计算 | 周一 食物 | 周一 重量(g) | 周二 食物 | 周二 重量(g) | 周三 食物 | 周三 重量(g) | 周四 食物 | 周四 重量(g) | 周五 食物 | 周五 重量(g) | 周六 食物 | 周六 重量(g) | 周日 食物 | 周日 重量(g) |
|---|---|---|---|---|---|---|---|---|---|---|---|---|---|---|
| 合计(g) | | 810 | | 960 | | 960 | | 1 010 | | 1 005 | | 880 | | 1 000 |
| 营养计算 | 摄入量 | 能量比 | 摄入量 | 能量比 | 摄入量 | 能量比 | 摄入量 | 能量比 | 摄入量 | 能量比 | 摄入量 | 能量比 | 摄入量 | 能量比 |
| 总能量 | 1 862 | | 1 706 | | 1 706 | | 2 073 | | 1 603 | | 2 080 | | 1 839 | |
| 碳水化合物 | 309 | 63 | 392 | 58 | 253 | 55 | 326 | 56 | 203 | 48 | 304 | 56 | 280 | 59 |
| 脂肪 | 44 | 21 | 65 | 27 | 52 | 28 | 50 | 29 | 52 | 29 | 67 | 29 | 55 | 27 |
| 蛋白质 | 75 | 16 | 65 | 15 | 70 | 17 | 119 | 15 | 93 | 23 | 78 | 15 | 65 | 14 |
| 钙(mg) | 536 | | 966 | | 627 | | 797 | | 393 | | 756 | | 597 | |
| 铁(mg) | 24 | | 14 | | 30 | | 23 | | 20 | | 25 | | 19 | |
| 三餐能量比 | 29:45:26 | | 27:39:34 | | 29:39:32 | | 27:40:33 | | 29:42:29 | | 32:34:34 | | 33:40:27 | |
| 三营养素平均供能比 | 57:27:16 | | | | | | | | | | | | | |
| 三餐平均供能比 | | | | | | | | | | | 29:40:31 | | | |

注:水果自备;能量摄入以 kcal/d 计,其他营养素以 g/d 计。

表8-13 老年人膳食推荐食谱四周

| | 周一 | | 周二 | | 周三 | | 周四 | | 周五 | | 周六 | | 周日 | |
|---|---|---|---|---|---|---|---|---|---|---|---|---|---|---|
| | 食物 | 重量(g) | 食物 | 重量(g) | 食物 | 重量(g) | 食物 | 重量(g) | 食物 | 重量(g) | 食物 | 重量(g) | 食物 | 重量(g) |
| 早餐 | 豆腐脑 | 150 | 豆浆 | 200 | 牛奶 | 200 | 米粥 | 100 | 豆浆麦片 | 200 | 红薯米粥 | 100 | 牛奶 | 200 |
| | 豆沙包 | 50 | 花卷 | 100 | 烙饼 | 100 | 肉包 | 100 | 油条 | 50 | 鸡蛋 | 50 | 馒头 | 50 |
| | 甘薯 | 100 | 挑三丝 | 50 | 鸡蛋 | 50 | 拌三丝 | 50+50 | 肉松 | 50 | 凉拌豆芽 | 60 | 鸡蛋 | 50 |
| 中餐 | 米饭 | 100 | 米饭 | 120 | 米饭 | 100 | 米饭 | 100 | 米饭 | 100 | 米饭 | 80 | 米饭 | 100 |
| | 糖醋里脊 | 100 | 虾仁豆腐 | 100 | 大肉圆 | 100 | 清蒸鲳鱼 | 100 | 青椒肉丝 | 100 | 鱼香肉丝 | 100 | 番茄鸡蛋 | 100 |
| | 鲜菇菜花 | 100 | 香菇油菜 | 100 | 工瓜条 | 100 | 西蓝花 | 100 | 青蒜干丝 | 100 | 木耳花菜 | 150 | 清蒸茄子 | 100 |
| | 紫菜蛋汤 | 150 | 番茄蛋汤 | 150 | 蒿蒿豆腐汤 | 150 | 萝卜骨头汤 | 150 | 萝卜排骨汤 | 150 | 鲫鱼豆腐汤 | 150 | 冬瓜海带汤 | 150 |
| 晚餐 | 菜肉水饺 | 150 | 黑米粥 | 150 | 玉米糊 | 100 | 面条 | 100 | 小米粥 | 100 | 藕粉 | 50 | 稀饭 | 150 |
| | 榨菜蛋汤 | 150 | 肉包 | 50 | 红薯 | 80 | 荠白肉丝 | 100 | 糯米糖藕 | 100 | 煮玉米 | 100 | 韭菜合子 | 100 |
| | | | 芹菜干丝 | 100 | 葱油鸡丝 | 100 | 青菜 | 50 | 腰果鸡丁 | 100 | 豆腐肉沫 | 100 | 黄瓜 | 100 |
| | | | 皮蛋 | 50 | 素三丝 | 50 | | | 拌黄瓜 | 50 | | | 猪肝 | 100 |

续表 8-13

| 合计(g) | 周一 食物 | 周一 重量(g) | 周二 食物 | 周二 重量(g) | 周三 食物 | 周三 重量(g) | 周四 食物 | 周四 重量(g) | 周五 食物 | 周五 重量(g) | 周六 食物 | 周六 重量(g) | 周日 食物 | 周日 重量(g) |
|---|---|---|---|---|---|---|---|---|---|---|---|---|---|---|
| 营养计算 | | 950 | | 1 070 | | 1 130 | | 1 000 | | 1 050 | | 890 | | 1 000 |
| | 摄入量 | 能量比 | 摄入量 | 能量比 | 摄入量 | 能量比 | 摄入量 | 能量比 | 摄入量 | 能量比 | 摄入量 | 能量比 | 摄入量 | 能量比 |
| 总能量 | 1 660 | | 1 487 | | 1 851 | | 1 868 | | 1 742 | | 1 607 | | 1 833 | |
| 碳水化合物 | 272 | 62 | 218 | 57 | 295 | 60 | 253 | 50 | 199 | 50 | 235 | 56 | 251 | 55 |
| 脂肪 | 40 | 22 | 40 | 23 | 45 | 22 | 66 | 32 | 66 | 30 | 51 | 27 | 65 | 32 |
| 蛋白质 | 67 | 16 | 75 | 20 | 81 | 18 | 85 | 18 | 94 | 20 | 71 | 17 | 81 | 18 |
| 钙(mg) | 548 | | 807 | | 953 | | 690 | | 366 | | 837 | | 1 057 | |
| 铁(mg) | 23 | | 17 | | 28 | | 48 | | 19.4 | | 21 | | 17 | |
| 三餐能量比 | 22:37:31 | | 27:41:32 | | 26:35:29 | | 27:42:31 | | 29:40:31 | | 26:43:31 | | 30:43:27 | |
| 三营养素平均供能比 | 55:27:18 | | | | | | 三餐平均供能比 | | | | 30:40:30 | | | |

注:水果自备;能量摄入量以 kcal/d 计,其他营养素以 g/d 计。

2. 配餐原则　一般根据入住老人的营养需要量、饮食习惯、食物供应状况等，将一周或一月各餐主、副食的食物原料品种、数量、各种食物的烹调方法、进餐时间等详细列表并展示给就餐者及食物加工人员；计算营养配餐中主要营养成分、能量供应和能量供应比例，使其接近《中国居民膳食营养素参考摄入量(DRIs)》该人群适宜营养参数，符合老人营养生理需要。

依照每位老人具体情况，列出个人可能存在的慢性病和特殊营养要求，个性化编制一日三餐食物的搭配与组成，以及一周乃至半月的膳食营养供给均衡尺度，给予营养配餐具体意见。

总之，要根据原料营养素分布特点，合理搭配食材，选择适宜的烹调方法，做成可口的营养配餐，才能既促进食欲，提高食物中营养素消化吸收率，又能避免能量和营养素摄入过量而导致的肥胖等慢性病发生，更利于养老机构的膳食管理。

### 三、养老机构膳食服务的管理

(一) 膳食管理

1. 原料管理

(1) 粮食：袋装粮食离地 10 cm 以上堆码排放，干燥，灭虫鼠害。

(2) 蔬菜瓜果：避光、干燥处室温存放。

(3) 生鲜动物食品：除蛋类外，-18 ℃冰箱储藏。

(4) 调味品：避光、干燥处室温存放。

2. 加工管理　可根据不同的加工方式，分别对待。参照烹饪学。

(1) 动植物食材：不同厨具分别处理，不得混淆。

(2) 生熟食材：不同厨具分别处理，不得混淆。

3. 成品配餐管理

(1) 冬季保温，提供热餐。

(2) 夏季剩余饭菜及时处理，以防变质。

(二) 工作人员管理

1. 营养师　养老机构应该配备兼职或专职的专业营养师，持证上岗。

(1) 运用营养学专业知识，定期为养老机构入住老年人制定食谱。

(2) 与食堂厨师共同选购食物和编制菜肴。

(3) 提供营养处方，配餐指导老年人合理用膳。

(4) 对入住老年人开展膳食营养和健康指导，定期进行营养风险筛查和评估。

2. 厨师　配备具有烹饪学和一般营养学知识的专业厨师，持证上岗。

(1) 具有职业技能，能够制作卫生、安全的普通膳食。

(2) 能在医护人员和营养师的指导下，为慢性病老年人提供特殊膳食。

（3）能够根据老年人营养需要，提供科学且合理的营养配餐。

（三）入住老年人

1. 健康老年人　建议老年人自行前往食堂就餐，营养需要可根据中国营养学会的推荐，在营养师指导下，选择适宜的营养配餐。

2. 慢性病老年人　如果行动方便建议食堂就餐，可根据中国营养学会推荐的慢性病膳食营养指导原则，在营养师指导下，选择能够改善或有益的营养配餐。

3. 失能或半失能老年人　应制作适合老年人吞咽的食物，帮助他们进食；对营养不良的老年人，要尽早进行营养干预，以改善他们的体况。

## 第三节　膳食服务管理质量控制

养老机构厨房与餐厅是提供优质膳食服务的场所，工作人员是优质服务与管理的执行者，二者有机结合，才能有效管控膳食服务管理质量。

### 一、厨房与餐厅卫生

1. 养老机构餐厅须持有卫生部门颁发的《食品卫生许可证》，严格执行食品卫生法规。

2. 卫生是厨房与餐厅需要遵守的第一准则，在食品生产和供给过程中必须符合卫生规范；厨房和餐厅环境、设备及餐具等要求清洁，及时清洗，防止污染。

3. 所有工作人员必须到指定单位进行年度健康体检，持健康证上岗，餐饮服务时严格按食品卫生法规执行。

### 二、食品安全监督

1. 食品原料定点采购并保留采购发票和质量证书等，以备追索；食材应储备于卫生许可条件下，预防鼠害、霉变、致病菌污染及其他理化污染等。

2. 饮食烹饪需符合食品卫生要求，严防食物中毒。检测和剔除变质原料、关注原材料新鲜度及卫生状况、生熟食品严格分开配置、彻底清洗和消毒各种器具，以避免交叉污染。

3. 冷藏间、专用冰箱和器具要做到专人保管，使紫外线消毒设备、防蝇/防尘设备健全完好，正常使用。

4. 将配餐后的荤、素食品分别留样并保留 24 小时，以备检查和追溯，以保证为入住老人提供卫生安全且烹制美味可口的膳食。

### 三、配餐营养质量

1. 应依据中国营养学会膳食指南、膳食宝塔、DRIs 和入住老年人情况，营养师每周为老年人推荐营养配餐并留存食谱档案；根据他们的健康状况，及时调整膳食结构和食谱，保证膳食营养供给合理；一周至四周食谱不重样，荤素/干稀搭配适当，指导老人均衡膳食。

2. 有条件的养老机构应配备专职营养师，指导食物采购、烹饪和膳食营养搭配，从配给制转向菜单式服务。

3. 按照老人营养需要和他们的民族习惯，分灶供应膳食；建立一日三餐准时供应制度并采取必要保温措施。

为老人提供个性化膳食服务时，开辟膳食辅助治疗领域，逐步提升膳食服务质量。如为冠心病和高血压老人，提供低盐、低脂饮食；对肾病患者，可开设低钠、低蛋白饮食；对痛风患者，提供低嘌呤饮食，为贫血老人设计补铁营养餐等。满足入住老人各类营养需要，提高他们的生活质量和改善他们的健康。

（金邦荃）

# 第九章 养老机构社会工作服务

社会工作,是由英文"Social work"翻译而来,它指的是非营利性的、服务于他人和社会的专业化、职业化的工作。社会工作产生于19世纪末20世纪初,西方发达国家在工业化迅速发展的同时带来了各种各样的社会问题,于是在这一大背景下催生出"社会工作"。

在国外,社会工作介入养老已经不是一件新鲜的事。但在我国,专门从事养老服务方面的社工人员还是少数,而我国面临的老龄化的社会结构正越来越凸显,养老服务社工正面临着巨大的社会需求。一方面是市场巨大需求,一方面又是社工专业就业难。问题出在哪里?如何解决?我们认为:一是要加大政府的推动力度。二是社会要努力营造"崇尚一技之长、不唯学历凭能力"的社会氛围。三是整合校企资源,形成养老院与高校对接、学用一体的高技能人才培养新机制。四是做好职业通道和职业环境激励工作,让许多社工专业人士做到学以致用,不至于本来就匮乏的专业人才流失。五是加强养老机构对社会工作服务的了解和认可。社会工作能否有效地介入养老服务,在很大程度上取决于养老院长。六是加强老年人及其家属对社会工作的了解。

由于社会工作专业有其独特的价值理念、理论基础、专业方法、专业技巧等,这些与社会福利事业中的价值目标是一致的,因此对推动社会福利事业有着独特的功效。社工介入养老机构的优势是显而易见的,社工的作用首先是养老院与住院老人之间、养老院与家属之间、养老院与护理员工之间的一个协调剂,他(她)整合养老院内的资源,对院内的资源实现有效的调动,从而大大提高了效率,使得护理员能够更安心地为老人提供专业化的服务。

## 第一节 养老机构社会工作概述

### 一、社会工作及老年社会工作

社会工作,简称社工,是一门以助人自助为核心理念,以个案工作、小组工作、社区工作为三大工作方法的专业活动。它主要指具备一定社工专业知识的工作人员,在助人自助的价值理念指导下,运用科学的知识和方法为社会上处于不利地位的个人、群体以及社区提供专业的服务,从而帮助服务对象解决在与环境互动过程中所产生的各种问题。最终达到恢复、改善和发展社会功能,提高生活质量的目标,这种科学的助人服务活动就是社会工作。

老年社会工作作为社会工作的重要应用领域,是因应老年问题产生而产生的一种专业服务活动。它是指受过专业训练的社工在专业的价值理念指导下,充分运用社会工作的理论和方法,为老年人特别是处境困难的老年人提供各种服务,去支持他们维持高质量晚年生活的专业服务。

### 二、社会工作在养老机构中的重要作用

中国人口结构进入到老龄化社会后,随着物质条件越来越好,家庭养老模式及养老观念的改变,养老机构中老人数量急增,其中高龄老人人数比重有较大增加,他们对社会服务的需求也越来越多,范围越来越广。他们的生活用品需要人代购,生活环境卫生需要人打扫,饮食起居需要人照料,特别是随着年纪的增大与身体衰弱,他们在医疗上需要特别的陪送与护理。除了在日常生活以及医疗服务的照料之外,老人在精神上的需求也在不断的加深,例如情感的交流、社会人际交往甚至对新事物的渴望等,具体来说就是家人的看望问候、儿孙的陪伴、老友的探视,以及希望有人聆听他们对于社会发展的评价等。然而当前养老机构的服务水平不高、功能单一,很多时候,养老机构的工作人员只是负责好老人的一日三餐等基本生活起居,而对于老人更高的精神需求则很难完全满足。

然而,老年社工作为专业的社工人员,能够认识到老人在老化过程中的生理、心理及社交需要各方面如何互相影响,在养老机构中按照老人不同健康状况以及需要提供适合的照顾计划和服务建议。能够开展个案工作、小组工作满足老年人服务对象的需求,能够开展行政社会工作辅助个案工作与小组工作,在为老人提供高质量服务的同时,也促进养老机构的发展。因此养老机构需要将社会工作引入机构,也需要老人社工。

## 第二节 社工的工作内容、原则及技巧

### 一、社会工作服务内容

首先,帮助新入院的老人适应机构生活。社工要在老人入院后,为他们提供适应情况的评估,并根据评估结果和老人的不同需求分别予以处理,从而帮助老人尽

快地了解和熟悉养老院的生活,为新入住老人提供社会支持。

其次,社工在解决老人入住适应困难、舍友关系不良、社会交往缺乏等方面的问题上成效显著。对有心理、情绪、行为问题的老人,社工要及时进行心理咨询和辅导。首先社工会对老人进行需求评估,通过建立专业关系,共同制订实施介入方案,最后根据实际情况选择转介或结案。帮助老人改变生活规律、交往方式,以便更好地融入养老机构的日常生活中去。

第三,社工还可以运用小组工作的知识为有共同需要或有共同问题的老人开展小组活动。通过小组的形式,让老人在游戏和讨论中体验团队精神,和谐相处,分享心得,帮助解决共同问题,增进老人和工作人员间的沟通,促进良好关系的建立,达到助人自助的目标。

最后,社工能够整合资源。首先社工要充当组织者,通过主动联系同其他机构形成相对稳定的合作关系,并通过需求和能力评估,建立义工制度;通过对义工的培训,指导与各种老人沟通的方法,建立起一套义工管理的规范,从而初步形成社工、义工的联动机制。此外,整合社会资源,为老人提供义工服务也是养老机构社工的一项特别工作。社会上有一些团体和个人很热衷于来老人院为老人提供服务,他们都是养老院可利用的宝贵资源。

## 二、老年人社会工作的基本工作原则

由于老年人具有不同于其他社会群体的独特的生理和心理特点,因此老年社会工作除了应遵循一般社会工作的基本原则外,即案主自决原则、接纳原则、不批判原则、尊重原则等,还应遵循其自身独有的原则,这些原则主要是:

1. 从价值观上尊重老年人,努力理解和接纳老年人。
2. 耐心了解老年人的需要,热情鼓励老年人的进步。
3. 协助老年人自立、自决。
4. 与老年人建立相互信赖的良好情感关系。

## 三、老年人社会工作的基本工作技巧

工作技巧主要体现在会谈过程中,主要工作技巧概括如下:

1. 表达专注  专注是指工作者面向案主、愿意和案主在一起的心理态度。
2. 主动倾听  主动倾听是指工作者主动积极地运用视、听觉器官去搜集案主信息的活动。
3. 同理心  所谓同理心是指工作者进入并了解服务对象的内心世界,并将这种了解传达给服务对象的一种技术与能力。
4. 鼓励支持  鼓励是指工作者通过恰当的话语和身体语言,去鼓励案主继续表达他们的感受和看法的技术。

## 第三节 老年人社会工作方法

一、老人入住工作

（一）入住申请

1. 接案、会谈与介绍机构特色　不论是亲自来访还是电话洽谈，社工人员应该依照机构收住老人的条件，逐项了解老年人的概况，并且介绍机构功能，让家属了解机构提供的服务项目。

2. 文件审核　目的是在了解及确定案主的基本资料、健康状况等，以提供社工人员初判是否符合机构入住条件。

（二）评估

1. 评估的内容

（1）确认老人是否符合机构入住条件，并且向家属说明机构服务项目的内容、收费标准、家属应尽的权利与义务，澄清彼此的期待。

（2）确认老人是否愿意入住以及家庭无法照顾的原因，评估家庭动力关系（即家庭支持系统）。

（3）评估老人的生活功能以及相关资料的收集，主要包括老人的生理、心理及社会各层面功能、家庭的支持系统等，以便为日后机构制定服务方案提供服务。

2. 评估的流程

（1）利用评估表评估老人的生理、心理状况、人格特质与行为能力、认知功能以及个案史并了解其家庭状况，从而判断是否符合机构的入住条件。

（2）整合基本资料以及家访资料，撰写初步评估，包括老人的基本资料、老人生理、心理资料、家庭动力与社会支持以及相关的福利资料等。说明机构的照顾项目及照顾内容。

（3）了解并澄清老人或者家属对机构的期许，建立沟通机制。

（4）观察家庭成员互动情况及了解其相关的支持系统。

（5）了解老人的入住意愿。

（6）提供结果是否安排入住。

（三）入住流程

1. 报到　老人由家属陪同前来报到，并向社工人员办理各项报到程序。

2. 身体评估　机构护理人员进行身体评估，包括基本生活资料（身高、体重等)、生命象征测量(体温、血压等)、日常生活习性、过去病史、目前健康状态、用药情况以及老人入住当天的身心情况。

3. 签订约定以及交相关资料并且缴纳相关费用　签约,依据机构制定的定型化契约以及家属的审阅意见,完成签订约定的手续。交相关的资料,如老人的保健卡、病历摘要、药等。缴费,家属缴费,机构开出收据等。

4. 安排与环境介绍　协助家属摆放老人的物品,并进行环境与相关工作人员的介绍。

5. 再次说明与澄清服务内容及家属需要配合的事项　主要包括机构的日常生活作息与日常生活照顾项目、家属探访注意事项、请假规定、紧急送医的配合事项。

6. 拟定新入住老人的照顾服务计划　老人在申请入住时,社工人员已经对其进行了评估,在入住当天再予评估,并拟定服务计划。

(四)协助新入住老人熟悉适应机构

1. 机构相关情况介绍　以机构内外各生活空间、工作人员(包括院长、护理人员、社会工作人员、服务人员、志愿者人员等)、环境(机构内活动室、值班室、工作室、图书室、教室、住宿区等)、生活作息(用餐时间、文康活动安排、各个活动室开放时间以及访客探访时间等)、生活规范(如宿舍用电规范、公共物品使用规范等)、安全设施使用等为主要介绍内容。机构主管可依项目指定专人负责。

2. 开展新入住老人联谊会　大型机构可依据老人入住人数每三个月办理一次新进老人的联谊会,借机掌握老人对机构相关制度及措施的了解,工作人员适时疏导、说明及支持;小型机构也可安排老人联谊会活动,介绍新入住老人,以加强老人之间的接纳程度及适应力。举办联谊会时,除宣传相关服务措施及解答老人相关问题外,建议在会中提供娱乐活动,以活跃气氛,并将过程记录存档。

## 二、个案工作

在养老机构中,个案工作是社工运用社会工作的三大方法之一,在服务过程中,社工与老人通过一对一的专业关系服务,收集老人的资料进行社会心理诊断,建立专业关系,连接可以运用的正式及非正式的资源,以达到提高老人在机构内的适应能力的目标。老人个案工作流程见图9-1。

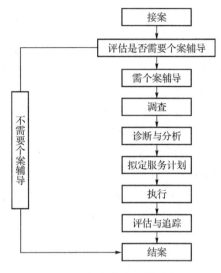

图 9-1 老人个案工作流程图

（一）接案与建立关系

此时主要的工作内容为筛选以及评估老人是否可以作为社工服务的对象。主要评估内容包括案主的求助类别；了解案主的主要问题以及对问题的看法、生活状况的评估、家庭资料以及个人特质；评估案主是否为需要社工服务的对象，并依据其需要提供福利咨询及其他资源转介服务。

（二）调查

1. 建立专业关系　社工人员自我介绍并说明自己的角色与功能，同时运用亲切的态度给予案主良好的第一印象，增加案主日后愿意求助的意愿；与案主建立良好的专业合作关系。

2. 收集老人的资料　需简单告知与案主会谈的目的，在会谈过程中需要运用亲切、同理、倾听的会谈态度，并事先准备好要收集资料的问题，才不至于遗漏欲收集的重要资料。要预先准备好纸笔，在访谈中进行记录。通过与案主及其重要关系人的会谈，才能收集到老人的具体资料。对于新进的社工，必须先确定自己收集资料的目的，避免有探人隐私的想法或者例行公事的想法。资料收集越完整，越能真正协助案主。

3. 诊断与分析　收集所有的资料以后，针对案主的问题进行诊断分析，描述出主要问题，并且分析解决问题的阻力以及助力，从而有针对性地制定服务计划。但是需要注意的是，诊断可以随着与案主的多次接触而进行调整，以便于更加适合服务对象。

4. 制定服务计划　针对老人的服务需要制定具体可行的计划，在制定计划的时候,应依据问题对老人的影响程度而安排好优先顺序。

5. 执行　执行是动态的过程,计划的执行过程会因新的资料的获得,或执行过程中所遭遇到的阻力或者助力,而需要重新修正诊断,以达到服务目标。另外执行是助人的过程,社工如何运用专业知识以及专业技巧,增强案主的行动力,提升家属及其资源的支持力量是影响执行效果的关键。

6. 评估与追踪　结案时需要评估服务成效,目标是否达成,方法是否得当。在对老人服务较长时间以后,评估会因发现新的资源而需要重新修订诊断内容,以达到更加完整和高效的服务效果。当目标达成以后便可以进行结案。案主死亡或者退住不表示结案,应提供机构转介的追踪或家庭适应的关怀协助老人,对于已亡故的老人则需要给予丧葬方面的协助以及家属的节哀辅导。

7. 结案　结案的老人的资料需要完好的保存,以便日后所需。社工应该协助机构建立制度化、有系统、便于查阅的结案资料保存管理模式。建立一份完整的个案资料夹应包括如下内容:

①入住老人基本资料:入住申请书、健康检查资料;②遗嘱:在老人辅导工作中,协助老人交代后事是重要的工作之一,如果老人不同意立遗嘱也不勉强,遵循自愿原则;③老人在机构内的个案记录;④紧急联络人;⑤老人的就医状况;⑥老人就医情形包括住院、留院观察、急诊、门诊均需一一记录,通过就医情形记录,可以详细了解老人的身体状况,以便及时提供服务;⑦健康记录以及护理记录,有助于病情的追踪与辅导;⑧请假记录;⑨财物保管记录;⑩契约或者保证书。

### 三、小组工作

老人小组工作是一种社会工作干预的取向和方法。由具有共同兴趣或困扰的老人定期聚集的团体形式,进行各种静态讨论及动态活动,达成情绪问题的处理、信息交流、社交技巧的发展、价值观的改变及社会行为的改正等特定目标,协助小组中的个人达成个人成长,增强社会功能并达成社会期待的目标。

(一)小组工作的类型及其特征

养老机构的小组工作,除了休闲娱乐的团体外,还包括教育性、心理成长性及治疗性等,通过小组活动过程以减缓老人孤立与疏离,即从参与小组活动的过程中,老人可以获得同辈的支持,建立新的友谊,接受新的人生角色与社会地位,增加归属感与安全感,产生自信自尊,学习成长,发展新的能力。

常见的小组类型以及各种小组的特征:

1. 娱乐社交性小组　但凡所有娱乐、休闲、社团活动均属于此。娱乐社交性小组是养老机构中实施最早、最多的一种小组活动形式,大部分的娱乐社交性小组活动较适合老人参与,依小组活动内容可做如下分类:

（1）体能保健：健康操、简易体操、太极拳等。

（2）日常休闲：卡拉OK、影片欣赏、下午茶等。

（3）社团活动：根据老人的专长成立各类社团，麻将、棋艺、书法、歌唱、乐器弹奏、手工艺、文艺创作等。

（4）庆生会：每个月固定日期为当月寿星办理庆生会。

（5）户外活动：如定期旅游、参访、新体验之旅（大卖场购物）等。

（6）节日庆典：春节、端午节、中秋节、重阳节、圣诞节、父亲节、母亲节等，可邀请社区居民或老人家属共同参与。

（7）宗教活动：如念经、佛学讲座、基督教聚会、天主教聚会。

2. 社会性小组（又称服务型小组） 为鼓励老人参与机构内部的事务，发挥老人的智慧，强化自治能力，增进团结和谐及互相合作精神，并协助推动行政事务，机构内社会工作人员应视需求协助支持老人成立社会性组织。通过民主程序推选各项自治干部，或成立志愿者团队。一般在大型机构都设有老人委员会，包括自治干部（纪律小组、善后处理小组、福利小组、康乐小组、膳食管理小组、区室长组织等）及举办院内老人相关会议（座谈会、生活适应座谈会以及联谊会）。社会性小组具有下列特征：

（1）小组目标：通过与成员的合作提供对其他成员的服务，以提升成员的自我价值感与成就感。

（2）实施对象：成员可由工作人员推荐、成员互选或自由组合而成。一般人数以十到十五人为佳，以利互动与决议。一般在中大型机构中有此类组织。

（3）小组形式：工作者协助组成小组，以任务为导向。有老人自治小组（座谈会、联谊会等）、互动小组、志愿服务小组（医院慰问、社区关怀）等。

（4）小组带领者：通常由社工带领。

另外，机构可以充分发挥老人的积极作用，鼓励支持身体健康、有热忱的老人发挥其年轻时的特长，参与机构内简易土木、水电维修、警卫、花木修剪、厨房洗菜等工作，也可以成立长者志愿服务队定期探视机构内老人，无论是志愿服务或给予奖励金，除了可以建立老人的自信、自我价值感之外，对人力不足的机构也可以借此发挥部分替代人力之效。

3. 教育性小组 教育性小组主要是为了提供各类知识的学习。其特征如下：

（1）小组目标：通过再教育的过程，提升老年人的认知能力。

（2）实施对象：一般以生活能够自理的老人为主。

（3）小组形式：分为两种形式，一种是具有进修或修身学习性质，在特别的场所进行的教育小组，如参加老年大学学习等。另一种是直接传授相关的知识，如健康知识或者心理知识等。

（4）小组带领者：参加进修的主要到社会相关组织和部门联系办理；传授知识学习的主要由护理人员或者相关专家指导带领。

4. 支持性小组　此类小组主要由类似身心状况、相似需求的成员组成，小组提供温暖、支持的环境，通过小组互动，彼此相似经验的分享，获得情感支持力量。小组的特征如下：

（1）小组目标：通过小组互动，辅导成员对老年过程中的心理现象与变化、环境转换、家属照顾困境等有明确的了解与接纳，让小组成员可以畅所欲言，表达心中的感受，提供情感支持，帮助减轻内心的压力以及忧郁。

（2）实施对象：老人或家属，以同为家属或全为老人的同质性小组为宜。一般以八到十人为宜，可有工作人员特意筛选有共同问题需求者参加。

（3）小组形式：封闭式的小组，尽量避免其他成员中途加入。

（4）小组带领者：以社工为主。工作者营造和谐、接纳的气氛，以利于团体信任感与安全感的建立，促进成员情感的表达。

另外，还有介于教育性与支持性小组之间的特殊疾病适应小组。

5. 治疗性小组　在养老机构中，因应老人不同的身心状态，需要不同的治疗性处理，主要包括怀旧小组、生命回顾小组、忧郁症小组、人际互动取向小组等。失智老人适合怀旧小组、感官治疗（包括音乐治疗、芳香治疗、宠物疗法、触觉板等）、现实导向治疗（多由护理员带领）等。近几年来，在养老机构中，怀旧治疗是一种有效的治疗模式，以下简单介绍怀旧治疗与特殊治疗小组的特征。

（1）小组目标：怀旧小组的目的在于肯定老人的人生经验、增进人际互动、拓展人际关系、增进自信与自我价值、整合人生肯定生命的意义。特殊治疗小组则在于协助成员适应生活压力，处理成员有关个人人际、心理、精神行为等问题，以减少负面情绪，增强生活适应。

（2）实施对象：怀旧小组的参加对象为身心状况正常，具有与人沟通的能力，基本条件和生活背景相似的老人们。特殊治疗小组则主要由工作者筛选具有共同问题困扰的同质性成员参加，如人际困扰者、生活适应不佳者、忧郁症，小组人数以八至十人为宜。

（3）小组形式：封闭式，避免成员中途进入。

（4）小组带领者：一般由受过专业训练的社会工作人员带领，所以社工除了需要具备专业的知识外，还需要掌握丰富的心理分析、小组互动、人机互动理论，以及敏锐的观察力，也可以结合医疗院所精神科医生、心理师担任主要工作者，由机构社工担任协助者。

上述的小组分类,在实务操作上,有时候因小组前后时段或实施阶段的不同,可采取相结合的方式进行,如先以娱乐活动作为暖身技巧以利于小组互动等。简言之,由浅到深入,依序为娱乐性小组、教育性小组、支持性小组、治疗性小组,而两两小组之间又有其重叠即连续性之处,不是完全独立的。因此我们在进行小组活动的过程中应根据小组方向发展综合运用这几种小组形式。

(二)小组工作流程　见图9-2。

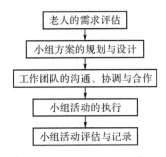

图9-2　小组工作流程图

1. 老人的需求评估　小组类型不同,特性与价值也各有不同,这些完全取决于小组任务与目标,事先有清楚的需求评估,所提供的方案才是老人所需要的,也才能确保老人的参与。从老人入住的评估表中可以初步得知老人过去的专长,观察老人平时的活动状况,可以了解老人对活动小组的偏好。在这些评估的基础上,决定小组的类型以及目标。

2. 小组方案的规划与设计　评估了需求以后,制定出良好的小组方案是必要的。良好的小组方案包括小组内容、方式、小组目的、预期效益、经费来源、经费分配、工作分工,使方案有一完整的蓝图,才能圆满妥善地执行。

3. 小组工作的沟通、协调与合作　小组方案的实施需要多方的支持配合,因此社工在此过程中要注意与多方资源进行协调。

4. 小组活动的执行。

5. 小组活动的评估与记录　小组工作记录可以作为评估的依据,评估是否达成预期的小组目的。小组记录的主要内容应该包括:

(1) 整体过程描述——可以以分段进行的主题与内容描述。

(2) 团体互动情形——团体气氛、团体动力以及团体成员特殊情况描述。

(3) 团体事件——团体成员发生竞争、冲突、辱骂、敏感话题等。

(4) 评估与检讨——团体目标达成情形、个案评估(成员收获与贡献,伤害情形)、带领者技巧评估。

(5) 追踪辅导事项——未出席成员的追踪、团体中特殊言行内容成员的追踪、下次团体注意事项。

小组工作强调通过同伴的影响达到目标，在解决问题的同时舒缓老人的苦闷，减轻老人的孤独感，是养老机构中较常用的工作方法。

**四、行政社会工作**

目前养老机构中负责人并不是很了解社会工作专业，所以聘用了社工以后不知道让他们做什么，很多时候只是参与一些行政工作。而事实上行政社会工作也是社工的一种工作手法。有效发挥社会工作行政作用对于机构的规范化运行具有重要的意义。

（一）协助机构连接专业人员

养老机构中，为了高品质的专业服务，机构需要依赖专业团队合作，提供医疗、护理、康复、营养、社会心理等综合性服务计划。而如今，除了较大型的养老机构有自聘的各类专业人员提供服务外，很多机构仍需要以特约的方式与专业单位合作，从而连接各单位的资源提供服务。社工在机构中需要处理连接资源的相关工作，此时的工作内容如下：

1. 依据机构老人的背景分析（如疾病类别、自理能力状况等）及机构规模、经济能力等，协助机构确认或者优先需联系的专业人员。

2. 确认连接单位的期待（包括付费方式、参与频率、可提供的服务内容）与机构是否一致。

3. 协助机构建立与连接合作单位的评估方式（如老人照顾品质评估、照顾计划执行与达成度或老人满意度等），以作为日后是否继续合作的参考。

（二）志愿者的招募、培训与督导

社会工作专业向来讲究专业与实务的结合，二者间存在着兼容互补的关系，社会工作服务多属于人力密集服务提供的过程，而专业人力不足又是社会福利普遍存在的情况。在政府经费有限，专业人员不足，社会问题多元化、复杂化的状况下，福利服务业务对工作人员的依赖日益显著，机构运用志愿服务人力，参与服务的提供，可以创造及提升服务品质。

对于养老机构来说，让志愿者参与机构的服务不仅可以节省机构的人力成本，还可以充分发挥志愿者的资源，提高机构的知名度；对于社工来说，志愿者的加入可以减轻他们的工作负担；而对志愿者来讲，参与服务可以锻炼技能，拓宽交际圈，提升自我价值。但是如何招募志愿者，以及如何对现有志愿者进行培训和督导，使其具有一定的服务理念以及服务技能，已经成为养老机构中社会工作专业人员的工作内容。

1. 志愿者的招募　社工在招募志愿者之前拟定招募计划,计划主要要点包括机构简介;志愿者招募需求以及服务内容;志愿者福利与注意事项;志愿者报名方式(电话预约报名、亲自报名);面谈与甄选;职前训练方式与课程内容。

2. 志愿者的培训　社工在志愿者的培训这一块主要扮演链接资源、提供培训机会、策划培训活动的角色。志愿者的招募、培训流程见图9-3。

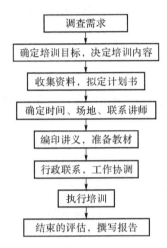

图9-3　志愿者的招募、培训流程图

3. 志愿者的督导　志愿者督导的责任内容主要包括检查志愿者服务的品质;志愿者的需求与服务对象的需求是否满足。

志愿者督导应该要有一定的评核标准,如工作热忱度、守时、服务伦理的遵守等。而且督导的评估应该是定期的,不轻易改变。以个案服务为主,建立以服务个案为中心的督导模式,引导志愿者建立以服务内容为督导讨论的主题,建立专业督导形态。志愿者督导的形式主要分为个别督导和集体督导。督导是机构组织中最基层的领导者,对上要完成机构赋予的任务,对下必须带领一群人有效达到机构的目标。

志愿者的运用如同一把双刃剑,运用好的话可以实现双赢,但是如果运用不当,机构与志愿者常陷入争斗纠纷之中,不利于机构的发展,因此社工在志愿者的招募、培训以及督导方面要做好工作,充分发挥志愿者的潜能,促进机构的发展。

(三) 接待参观

接待参观是养老机构中经常会遇到的情况,接待参观可以相互学习、交流经验。而在有的养老机构中这一部分有专人负责,但是目前小型机构建议运用社会工作人员进行参观的接待。因此要求社会工作人员对机构的情况较为熟悉,而且要充分了解来访者的状况并且准备好机构应准备的资料。

在养老机构中,社会工作行政工作内容除了以上几大块之外,还包括一些日常管理工作的协助,如老人入退住事宜的相关管理;所有老人的资料档案的整理;养老机构护工的招聘、培训以及绩效考核工作;做好与入住老人的家人之间的沟通工作以及他们来访时的接待工作;评估养老机构内每一项社会工作活动的实施效果并及时给予反馈,起到监督的作用;建立养老机构内部信息共享和对外宣传以及信息交流平台等。

**五、与家属的协作**

老人生活在一个复杂的社会系统中,这一系统会有效帮助或者妨碍老年人保持高品质的生活和独立生活的能力。这一系统中最主要的构成因素是家属。家属不仅对老人来说是至关重要的资源,对老年社工来说也是为老人提供综合性服务的极其重要的资源。

(一)入住过程的转接管理需要家属的共同参与

社工需要了解适应新环境对于老年人来说也是一个挑战,所以对于刚入院的老人需要较多的支持,最主要的还是来自于家人和照顾人员的情绪支持。而此时社工应该从以下4点进行协助:

1. 找到在机构中生活的意义和对他人的重要性。
2. 协助老人慢慢适应和配合机构的需要,提升他在机构中生活的现实感。
3. 协助老人的家属与老人维持一定程度的联系,这对于缓解进入陌生环境的压力有重要作用。
4. 协助维持情绪上的平衡。

(二)与家属共同协助老年人维持原本的自我认同

在老人入住以后,针对老人的问题我们需要制定相应的服务计划,但是任何一个介入计划和活动,都必须与老年人的生活脉络和发展相连接,即要从老人的生命过往去了解。但是在设计方案的时候家属是根本不参与方案设计的,因而对老人的家庭关系、职业、文化背景、信仰是一无所知。当任何诊断、评估和介入计划,只做横断面的制定而缺乏对老人的过往的了解时,通常是无效的,所以需要家属的协助来更加了解老人,维持老人原本的自我认同。

文化是自我认同中很重要的影响因素,因此社工应该与老人的家属进行沟通交流,家属主要可以从以下五点进行协助:

1. 老人的沟通方式和语言使用习惯。
2. 老人空间距离,可以接受的亲密距离。

3. 家庭亲密关系。
4. 环境控制的认知特点(如相信传统医院不去西医诊所等)。
5. 对时间的主观感受(如很快就好或表示很久时间)。

家属应从以上五点对社工进行协助,以便设计合理的活动,让老人在其中找回自我认同。

(三) 维持和营造老年人与家属的连接

研究表明,入住老人的身心健康与家属的探视和关系维持有着密切的关系。老年人晚年生活的意义是来自于家人关系,其次才是本身的健康。而长期以来老人家属的需要被我们忽略,因为重心都落在了老年人本身。但是家属把老年人送到机构以后,内心也会存在内疚,所以也应该对她们提供积极的情绪支持。

总之家属的位置应该在老人入住养老机构之前就要被重视,老人服务方案的设计需要家属的参与,才能符合老人的个性化需要,同时社工需要明确在以老人为中心的基础上也不能忽视家属的需要,必要时为他们提供服务,在共同的沟通合作下促成老人生活品质的提高。

## 六、老人退住工作

(一) 退住申请

社工在处理退住事宜前需要了解老人申请退住的原因,一般而言老人退住原因主要包括:因疾病或者身体功能退化而不符合机构收住标准、病况改善由家属接回照顾、死亡或者不适应机构环境而转出等。

(二) 退住后续服务

如果是由于机构提供的服务不能满足老人的需求而退住,社工应积极协助家属寻找适当的资源,协助转介事宜。如因身体情况好转由家属接回照顾,社工应该积极提供退住以后家属可以利用的社区资源供家属参考。如因身体状况变差,社工应积极提供老人及家属的情绪关怀支持。如因死亡造成的退住,社工应及时通知家属,并且请相关人员开出死亡证明。开死亡证明时最好有死者家属在场,如果没有家属可以通知,可以选择紧急联系人。要安抚死者家属情绪,并且根据需要适时提供丧葬资讯。

协助老人及家属确认照顾费用的收退费事宜,协助老人及家属确认保管财物的归还等事宜。

(三) 退住结案

1. 处理离别情绪　社工人员应为退住的老人提供和机构说再见的机会,让退住的老人对机构留下良好的印象。

2. 机构内老人情绪关怀与处理　任何一位老人离开，无论是死亡、转介或者回家，对机构内其他的老人来说，都会有些情绪，如悲伤、忧郁或者不确定感，此时社工应妥善处理老人们的情绪。

3. 追踪关怀　老人退住以后并不代表永远与机构失去联系，社会工作人员应该适当地与退住的老人保持联系、关怀，以适时提供协助，必要时仍有重新开案的可能性。

4. 结案与记录归档　针对已经结案的个案，机构应该归档保存。

每个养老院都有自己的规章制度，关于老人入住养老机构，以及离开养老机构的时候都要按照一定的流程办理相关手续。这样才能保证养老机构的规范化运转，从而促进养老行业的发展。

（韩品嵋　陆　云）

# 第十章 养老机构规章制度建设

养老机构规章制度是指全体机构成员共同遵守的、按一定程序规则办事的规定。建立健全规章制度是养老机构管理的重要内容,是保证为老年人提供各种服务,完成各项工作任务的需要;是实行规范化管理的需要;是提高服务质量和工作效率的需要;是提高社会效益和经济效益的需要;对养老机构的建设和管理都具有十分重要的意义。

养老机构主要涉及的规章制度类型有部门职能、岗位职责和工作制度。如:办公室职能、院长岗位职责、老年人入住管理制度、技术操作规程与标准、员工考核管理办法等。

## 第一节 养老机构规章制度的制定

### 一、制定的原则

养老机构规章制度的制定应遵循以下原则。

(一) 以人为本

在管理的各项要素中,人的因素是第一位的,制定规章制度应坚持以人为本的原则。养老机构的规章制度应有利于调动和发挥老人和员工的积极性。主要包括两个方面:一是以服务老年人为中心。为老年人服务是养老机构的核心任务,是养老机构的办院宗旨和一切工作的出发点和落脚点,建立健全规章制度是为了服务工作真正落到实处。二是养老机构的规章制度应有利于发挥员工为老年人服务,做好各项工作的积极性,明确应怎么做,不能怎么做,做到奖罚分明。

(二) 适用可行

规章制度不在于数量的多少,篇幅多长,而在于是否适合我们的养老机构。养老机构的规模、功能、条件差别很大,不同的机构适用的规章制度也不尽相同。当前,老年群众、社会各界、行业主管部门越来越欢迎建在社区里的中小型养老机构。以往政府办的机构规模大、功能全,规章制度篇幅长、数量多,用在小型机构就不适用,即使规章制度再多、再细也不能发挥作用,往往束之高阁。规章制度还应具有可操作性,责任明确,任务具体,通俗易懂,易于操作。

### (三) 全面完整

养老机构为老年人服务责任非常重大,不可有半点疏忽大意。规章制度建设应做到事事有人负责,件件工作落到实处。再小的养老机构也是"麻雀虽小,五脏俱全",当然不一定每项工作都设有专人负责,有的可以一岗多人,一人多岗,但制度不要有遗漏的管理点。比如"门卫制度"、"老人外出制度"等,看似不太重要,但是,痴呆老人一旦走失,就是大事。以往,因为制度不全,在诉讼中败诉的情况也常有发生,养老机构的规章制度不在于篇幅长,而在于管理点要全面,不可疏忽一些容易大意的细节。

### (四) 依法合规

养老机构制定的规章制度不能与国家、地方的法律法规相抵触。例如员工管理制度不能违背《劳动法》、《妇女权益保障法》的有关规定;财务管理制度不能违背《会计法》的有关规定;消防安全管理制度不能违背《消防法》的有关规定。养老机构的各项规章制度还应符合行业主管部门的规章、规范和有关文件的规定。

## 二、制定的程序与方法

### (一) 调查

对同类机构的各种规章制度进行调查、搜集,学习借鉴兄弟机构的管理经验,这样可以节省时间,少走弯路。

### (二) 草拟

从本机构的实际出发,分析各种制度对本机构的适用性、可操作性。取长补短,在此基础上草拟本机构的规章制度。

### (三) 讨论

草拟的规章制度往往存在着这样或那样的不足,广泛听取老人(服务对象)和员工的意见,在此基础上修改完善,才更容易被老人和员工理解和支持,讨论的过程也是学习规章制度、进行制度教育的过程。

### (四) 公示

经过反复讨论修改的规章制度,应在机构内公示,进一步听取意见。最后在全体(或代表)会议上通过。

# 第二节 养老机构规章制度的执行

## 一、规章制度建设的关键在于贯彻落实

一个养老机构的规章制度定得再好,如果不能在日常管理中贯彻落实,那它的

规章制度就是一纸空文,没有任何意义。所以,规章制度的建设关键在于落实。

(一)管理者要带头遵守规章制度

管理者必须带头执行规章制度。在制度面前人人平等,没有特殊的员工,领导者、管理者也不例外,要求员工做到的,管理者必须带头做到,一个好的管理者,应该是带头执行制度的模范。

(二)落实规章制度要赏罚分明

落实规章制度一定要赏罚分明。对违反规章制度的员工,应根据其造成的影响和后果及时处理。对模范遵守规章制度、自觉履行岗位职责、做出成绩的员工,也应及时表彰奖励。

(三)落实规章制度要常抓不懈

执行和落实规章制度,不能想起来就"抓一抓",忘掉了就"松一松"。在养老机构的日常服务、管理和经营活动中,应时时、事事、处处都执行和落实规章制度,使遵守制度成为全体员工的工作习惯。

(四)落实规章制度要发动群众

养老机构的规章制度能否有效地贯彻落实,要靠广大的老年人和全体员工。因此,要充分发动和依靠群众,使人人都自觉地成为遵守规章制度的模范,人人都主动地监督违反规章制度的现象,才能真正确保各项规章制度都得到有效落实。

## 二、在实践中不断改进提高

养老机构的规章制度既要保持相对稳定,避免随意修改,更不能"朝令夕改"。但也不能固化僵化,要从机构的实际出发,在贯彻执行规章制度的实践中,随着机构面对的形势、环境、任务等等变化,对不适应的部门条款定期(如一年)通过全体(或代表)会议,作适当修改,使规章制度更加符合机构的实际情况。养老机构的规章制度在实践中不断地改进提高,使之更有利于调动群众的积极性,更有利于提高管理和服务水平,更有利于养老机构的发展。

# 第三节 养老机构规章制度范例

这里收录部分机构的规章制度,仅作为制定养老机构规章制度的参考和借鉴。

## 一、部门职能

(一)办公室职能

1. 在院长领导下,协调各行政、业务、后勤职能部门和科室工作,当好院长参谋、秘书，协助行政管理工作。

2. 负责全院行政规章制度制定，并协助院长检查、督促规章制度实施。

3. 组织安排各种行政会议。

4. 负责公文签收、文件起草、打印、分发和文件、公文分类整理、保管工作。

5. 负责对外接待工作。

6. 负责全院车辆管理工作。

7. 负责对外宣传、安全保卫、突发事件协调处置。

8. 负责相关信息收集、分析。

9. 做好来信来访工作。

（二）人事部门职能

1. 在院长领导下，负责全院人事调配、劳动工资、人才引进、教育培训等工作。

2. 协助院长考察干部政治思想素质、业务水平、组织管理能力和干部任用工作。

3. 负责全院专业技术职务、职业技能考核、申报工作。

4. 负责全院职工年度考核、聘用、晋级、评先、奖惩工作。

5. 负责全院职工人员调动、退休、退职、辞退工作。

6. 负责全院人事教育、劳动工资等有关报表的统计、上报工作。

7. 负责全院职工人事和技术档案管理工作。

（三）财务部门职能

1. 在院长的领导下，负责全院财务、资金和资产管理。

2. 负责全院财务预决算编制和财务报表统计分析、说明和上报工作。

3. 负责全院财务报账工作。

4. 负责全院成本核算工作。

5. 负责入住老人收费及欠费催缴工作。

6. 配合相关部门做好老人现金代保管工作。

（四）护理服务管理部门职能

1. 在主管院长的领导下，负责全院护理服务管理工作。

2. 负责全院入住老人生活护理、疾病护理、康复护理、心理护理和护理安全管理等工作。

3. 负责全院护理工作组织、实施、指导、监督、质量控制和满意度调查工作。

4. 负责各科室、护理区护理工作考核。

5. 负责全院护理人员的技术培训、考核工作。

6. 负责与相关部门协调工作。

7. 负责入住老人的亲属及单位联络工作。

8. 协助相关部门做好意外伤害事故矛盾纠纷调解、处置工作。

9. 负责协调老人贵重物品保管工作。

（五）医务服务管理部门职能

1. 在主管院长的领导下，负责全院临床医疗保健服务管理工作。

2. 负责全院临床工作组织、实施、指导、监督、质量控制和满意度调查。

3. 负责全院临床科室医疗保健服务工作考核。

4. 负责全院医务人员的进修培训、考核工作。

5. 负责全院药品管理工作。

6. 负责与相关部门协调工作。

7. 负责全院突发事件的现场急救和危重病老人的会诊、转诊协调工作。

8. 负责全院医疗纠纷调解、医疗事故鉴定和事故调查、分析、处理工作。

（六）后勤服务管理部门职能

1. 在主管院长的领导下，负责全院后勤保障工作。

2. 负责全院设施设备维修、保养工作。

3. 负责全院物资采购、保管、供应工作。

4. 负责全院食堂管理工作。

5. 负责全院园林绿化、美化和保洁工作。

6. 负责全院消防等安全工作。

## 二、岗位职责

（一）院长职责

1. 依照国家有关法律、政策与行业规范，负责养老院的全面工作。

2. 领导制定养老院发展规划和年度工作计划，按期部署、检查、总结工作，并接受有关部门监督检查。负责制定养老院目标责任，与全院各部门负责人签订责任书，并组织检查督促，保证目标责任得以落实。

3. 经常深入科室、住区、病房，检查指导工作，帮助基层及时解决服务管理工作中存在的问题。

4. 经常督促检查以岗位目标责任制为中心的规章制度和技术操作规范的执行，严防差错事故的发生。

5. 加强经营管理，提高运营效益，检查督促财务收入开支。对于重大财务开支，坚持集体讨论决定。

6. 加强班子内部团结，实行民主管理、科学决策，规避经营风险，提高服务质量，增强养老院持续发展能力。

7. 坚持以人为本，关心员工生活，切实帮助解决员工的实际困难，增强养老院凝聚力、向心力。

8. 加强对外交流与宣传，努力争取上级部门和社会各界对养老院工作的支持。

（二）办公室主管职责

1. 在院长领导下，负责制定本部门工作计划，认真组织实施，定期总结汇报。

2. 协调各行政、业务、后勤职能部门和科室工作，当好院长参谋助手。

3. 组织本部门做好各种会议、活动的组织和安排工作，做好会议、活动记录。

4. 组织本部门做好公文签收登记，文件材料起草打印、转递传阅、立卷归档、保管工作。负责印鉴保管、使用工作。

5. 组织本部门做好全院车辆管理工作。

6. 组织本部门做好对外宣传、安全保卫工作，协助院领导做好突发事件处置工作。

7. 组织本部门做好相关信息收集和分析工作。

8. 组织本部门做好对外接待工作和来信来访工作。

9. 完成领导交办的其他工作。

（三）人事主管职责

1. 在院长领导下，负责制定本部门工作计划，认真组织实施，定期总结汇报。

2. 组织本部门做好全院人事调配、劳动工资、人才引进、教育培训等工作。

3. 熟悉掌握员工的业务水平、工作能力和工作业绩，提出考核、晋升、评先、奖惩意见。

4. 组织本部门做好全院专业技术职务、职业技能审核、申报工作。

5. 组织本部门做好全院职工人员调动、退休、退职、辞退工作。

6. 组织本部门做好全院人事、劳动工资等有关报表的统计、上报工作。

7. 组织本部门做好全院职工人事和技术档案管理工作。

8. 完成领导交办的其他工作。

（四）会计职责

1. 在财务主管的领导下，搞好会计核算工作。

2. 认真贯彻执行国家有关法律、法规和国家统一会计制度。

3. 及时、准确编制财务预决算和各类会计报表，保证所提供的会计信息合法、准确、及时、完整。

4. 负责各项会计事务处理，做到科目准确，数字真实，凭证完整，装订整齐，记载清晰，日清月结，报账及时。做好财务分析，当好领导参谋。

5. 抵制一切违反财经法规的现象，对违反财务制度的收付凭证拒绝登账，并及时向主管领导报告。

6. 负责财务档案管理。

7. 负责全院的固定资产管理工作。

8. 完成领导交办的其他工作。

(五) 出纳职责

1. 在财务主管的领导下,认真执行财务制度。

2. 认真做好银行存款及现金的收付,并随时记账,每日向会计提交银行存款及库存现金日报,做到日清月结,账实相符,并无白条抵库存的现象。

3. 负责各种有价证券及收据的保管,按时做好工资、奖金等发放工作。记账凭证一事一单,及时记账,内容完整,科目规范。

4. 每日将全院收款入库,并当日存入银行,做好安全防范工作。

5. 对违反财务报销制度的支付,应拒绝报销。

6. 完成领导交办的其他工作。

(六) 医务主管职责

1. 在主管院长的领导下,负责全院老人的医疗、预防、康复、健康教育工作。

2. 组织本部门做好全院临床工作组织、实施、指导、质量监督和满意度调查。

3. 定期查房,定期检查各种医疗文件的书写质量,做好记录。

4. 督促检查医务人员执行各项规章制度和诊疗技术规程,保证医疗工作正常运转,完成医疗任务,防范医疗事故发生。

5. 负责医疗突发事件和危重病人的现场急救处置,以及会诊和转诊协调工作。

6. 组织本部门做好医务人员的进修培训和考核工作。

7. 组织本部门做好药品管理。

8. 负责全院医疗纠纷调解、医疗事故鉴定和事故调查、分析与处理工作。

9. 负责本部门员工业务指导、监督和考核。

10. 完成领导交办的其他工作。

(七) 医生职责

1. 在医务主管的领导下,承担院内临床医疗、康复保健、健康评估、健康教育和医疗值班工作。

2. 每天至少查房一次,如遇病情发生或变化,应随叫随到,及时处理。上级医师查房时,应详细汇报病情和诊治情况,并及时填写查房记录,严格执行上级查房意见。建立老人病历和健康档案。

3. 对入住老人进行及时体检和相应辅助检查,并提出诊断和制定治疗、康复方案,做好明确的书面医嘱和规范处方,负责病人的治疗,指导、帮助其康复。

4. 进行急、重、危病人的现场抢救,并及时告知家属和向上级领导汇报,并提出会诊、转诊、出院意见。如确定病人转诊,则应按要求书写病历摘要,记录处理情况,协助转诊;如留院治疗则应由家属代表签字同意方可留院治疗。

5. 严格执行临床诊疗规程,并认真、及时、规范地完成有关医疗文件书写,严防医疗差错事故。

6. 随时了解入住老人思想、生活情况和心理变化,针对性地做好思想引导和心理疏导工作。

7. 加强业务学习,不断拓宽知识面,提高医疗服务技能。

8. 完成领导交办的其他工作。

(八) 医技人员职责

1. 在医务主管的领导下,负责医技诊疗工作。

2. 严格执行医技工作制度和技术操作规程,严格执行查对制度,防止和杜绝差错事故发生。

3. 及时完成各种检查、治疗工作,按时发出诊查报告单。

4. 负责保管各种仪器,定期保养,发生故障及时报修,并做好记录。

5. 完成领导交办的其他工作。

(九) 药剂人员职责

1. 在医务主管的领导下,严格遵守规章制度、操作规程,认真做好药品的预算、分发、保管、采购、回收、下送、登记、统计和处方调配等工作。

2. 认真检查药品的使用、管理情况,杜绝使用失效药品。

3. 严格管理毒、麻、限制、贵重等药品,严防差错事故发生。

4. 主动接受上级领导监督检查与考核。

5. 完成领导交办的其他工作。

(十) 护理主管职责

1. 在主管院长的领导下,负责全院的护理工作。

2. 负责制定护理工作计划并做好组织实施工作。

3. 经常督促护理人员严格执行各项规章制度和技术操作规程,检查各种护理措施的执行情况,加强医护配合,严防差错事故。

4. 组织护理人员的业务学习、技术培训和考核工作。

5. 协助相关部门做好意外伤害事故矛盾纠纷调解和处置工作。

6. 组织本部门做好其他工作。

7. 完成领导交办的其他工作。

(十一) 护士长职责

1. 在护理主管的领导下,制定本护理区护理工作具体计划,并组织实施。

2. 经常督促护理人员严格执行各项规章制度和技术操作规程,检查各种护理措施的执行情况,加强医护配合,严防差错事故发生。

3. 随同医生查房,参加会诊和疑难病例、死亡病例的讨论。

4. 组织护理人员配合医生做好危重病老人、意外伤害事件的救治。

5. 负责做好本护理区感染控制工作,督促检查护理员、配膳员做好清洁卫生和消毒隔离工作。

6. 负责本护理区各类仪器设备、药品和老人居住安全管理。

7. 负责本护理区护理人员的工作纪律、服务态度、服务质量监督与考核。

8. 定期召开本护理区护理工作会议,组织护理人员业务学习,研究改进护理工作,提高服务质量。

9. 完成领导交办的其他工作。

(十二) 护士职责

1. 在护士长的领导下,严格执行各项护理制度和操作规程,正确执行医嘱,准确、及时地完成各项护理工作,严格执行查对和交接班制度,防止差错事故发生。

2. 妥善保管护理器械、用品和用具,及时清洗、消毒护理用品和用具。

3. 做好基础护理和心理护理工作,定期巡视病房(居室),根据病员的病情,密切注意危重病老人病情变化,做好护理记录,发现异常及时报告。

4. 配合医生做好危重病老人的抢救及转诊工作,负责各种抢救物品和药品的准备和保管工作。

5. 协助医师进行各种诊疗工作,负责采集各种检验标本。

6. 参加护理学习教育,指导护理员进行护理工作,承担实习带教任务。

7. 定期开展入住老人健康教育,传播卫生知识。

8. 完成领导交办的其他工作。

(十三) 护理班组长职责

1. 在护理主管的领导下,统筹安排、组织和管理好本班组护理工作。

2. 组织和指导护理员熟悉了解老人生活习惯、健康与心理状况,采取针对性措施,做好老人的生活护理、心理护理,并协助医务人员做好老人医疗保健和康复工作。

3. 指导并督促护理员按照护理标准和操作规程开展工作,定期检查,确保护理质量。

4. 提出值班护理员应注意的各种事项和要求,督促护理员做好交接班工作,填写好交接班记录。

5. 认真做好老人委托保管财物的管理工作。

6. 做好老人矛盾与冲突调解工作,组织开展各种有益于老人身心健康的文娱活动。

7. 协助护理主管组织护理员业务学习和考核。

8. 完成领导交办的其他工作。

（十四）护理员职责

1. 在护理班组长的领导下，负责老人的生活护理工作。

2. 熟悉了解分管老人的生活习惯、健康与心理状况，采取针对性措施，做好老人的生活护理、心理护理、康复活动，并协助医务人员做好老人医疗保健工作。

3. 自觉严格遵守护理程序和技术操作规程，确保护理质量。定时巡视居室，密切观察老人情况，发现问题及时向班组长和护理主管汇报，防止意外事故发生。

4. 自觉遵守各项规章制度，服从班组长的工作调配，确保老人安全及生活区的其他设施安全。做好交接班工作，并有记录。

5. 负责老人居室卫生、个人卫生及公共卫生，做到老人居室安静、清洁，室外干净、整齐。

6. 服务态度端正，热情、周到、细心、耐心地为老人提供优质服务。

7. 积极参加院内组织的护理员培训学习。

8. 完成领导交办的其他工作。

（十五）康复治疗师职责

1. 在主管院长的领导和医务主管的指导下遵医嘱进行各项康复工作及评估工作，做好康复治疗的登记、医疗记录和相关医疗文书书写。

2. 严格遵守操作规程，执行治疗处方，注意观察病情、治疗效果及反应，及时向医务人员报告情况，严防差错事故发生。

3. 负责对患者进行康复常识的宣传工作，介绍各种康复方法的治疗作用及注意事项，以使患者能理解、配合并主动参与康复。

4. 熟悉掌握各种康复治疗设备的基本理论、基本知识和基本操作。

5. 负责康复设备的管理与保养，定期检查维修，检查电源线路，保证治疗与操作安全。

6. 积极钻研康复医学业务，不断更新康复知识，掌握新技术、新疗法。

7. 完成领导交办的其他工作。

（十六）社会工作者职责

1. 在主管院长的领导下，负责院内的社会工作，拟定社会工作计划并组织实施。

2. 协同管理人员及医护人员共同完成入住老年人的综合评估和多维健康评估，确定护理等级，规范专业服务流程，并定期进行服务效果的评估。

3. 关注入住老年人的精神健康、心理问题及情绪变化。根据老年人的生理、心理特点，运用专业知识、方法和技巧开展个案工作、小组活动，为老年人提供精神交流和与社会交往的平台。

4. 负责院区内老年人社会文化生活、娱乐活动项目的策划、组织与实施和管理。

5. 为有需要的老年人协调联系社会资源的支持帮助,使老年人获得安全感、归属感和满足感。

6. 负责志愿者、义工队伍的管理及专业指导。

7. 建立和完善案主的档案,撰写社会工作报告与总结。

8. 关注员工的精神健康、心理问题及情绪变化。

9. 完成领导交办的其他工作。

(十七)后勤主管职责

1. 在主管院长的领导下,根据工作需要和人力、物力、财力情况,制定本部门工作计划,认真组织实施,按时总结汇报。

2. 组织本部门做好全院设施设备维修和保养工作。

3. 组织本部门做好全院物资采购、供应、保管和固定资产管理工作。

4. 组织本部门做好老人食堂和职工食堂管理工作。

5. 组织本部门做好全院园林绿化、美化和保洁工作。

6. 督促检查本部门员工严格落实各项安全管理制度,保证安全操作,严防安全事故发生。

7. 负责本部门员工业务指导、业务考核,提出奖惩意见。

8. 组织本部门做好其他工作。

9. 完成领导交办的其他工作。

(十八)水、电工职责

1. 在后勤主管的领导下,做好全院水电设施维护、维修,确保全院水电正常供应,水电设施正常运转、安全使用。

2. 坚守工作岗位,严格执行安全操作规程,节约使用水电。

3. 定期主动到各部门巡回检查,及时维修,保证质量,做到一般小修不过夜。

4. 负责全院临时用水用电设施安装和抢修工作。

5. 按时参加专业培训、年检工作。努力学习业务知识,不断提高业务水平。

6. 完成领导交办的其他工作。

(十九)食堂管理员职责

1. 在后勤主管的领导下,负责全院老人和职工食堂的管理工作。

2. 负责每周食谱的制订,督促采购员做好主副食品的采购工作,督促检查采购食品的数量和质量。

3. 督促检查食堂规章制度和工作人员职责的执行情况,负责人员的调配、食品制作质量的食品留样,并定期进行考核工作,保证全院饮食供应工作质量。

4. 检查食堂财务开支情况,做好成本核算,做到账目清楚、收支平衡,定期公开食堂账目。

5. 定期召开食堂管理委员会会议,听取老人和职工意见,不断改进食堂工作,提高服务质量。

6. 负责搞好食堂环境卫生、食品卫生和个人卫生工作。

7. 负责组织厨师、炊事员的学习和食堂的安全保卫工作。

8. 做好食品卫生许可证的年检工作。

9. 完成领导交办的其他工作。

(二十) 厨师、炊事员职责

1. 在食堂管理员的领导下,做好餐饮烹调工作,根据食谱和特殊需要,按质、按量制备膳食,保证按时供应。

2. 虚心听取老人和职工意见,不断提高烹调技术和服务质量。

3. 负责做好厨房清洁卫生和整理工作,未使用完的食品、原料妥善储存。

4. 精打细算,节约用电、用水,计划用粮、用菜,爱护公物,管好食堂炊事用具。

5. 做好防火、防盗、防毒、防腐工作。

6. 定期检查身体,发现患有传染性疾病,应及时治疗并向领导汇报,及时离开工作岗位。

7. 完成领导交办的其他工作。

(二十一) 采购员职责

1. 在后勤主管的领导下,负责全院的物资采购工作。

2. 根据各部门的需要,制定各类物品的年度、季度、月份和临时的采购计划,经领导审批后即时采购。

3. 采购物品讲究质量和价格,并在采购中厉行节约,精打细算,廉洁奉公。

4. 做好采购用款的申报、报销工作,严格执行财务制度,履行验收入库手续,做到物、钱、凭证三相符,一次借款,一次结清。

5. 对工作急需的物品必须全力以赴,积极采购。

6. 完成领导交办的其他工作。

(二十二) 保管员职责

1. 在后勤主管的领导下,负责仓库物资的验收、保管和分发工作。

2. 入库物资要验收入账,细心保管,防止积压浪费、霉烂、损坏、变质、盗窃。

3. 库存物资要堆放有序,并做到账物相符。

4. 根据领料单发放物品,并及时做好领料登记。

5. 对常用物资应保持一定数量的库存,并做好请购工作。

6. 经常深入各部门了解需求和使用情况，实行定期送货上门，并做到计划供应，满足需要。

7. 完成领导交办的其他工作。

（二十三）洗衣房工作人员职责

1. 在后勤主管的领导下，负责全院老人衣被等物品的洗涤、消毒、晾晒、烘烤、折叠和接送工作。

2. 严格执行洗涤物品的收发制度且做好记录，杜绝差错发生。

3. 洗涤物品要分类洗涤、分类消毒、分类安放，保证洗涤质量。

4. 使用洗衣机、烘干机等设备应有专人负责，严格遵守操作规程，及时做好设备维修保养，保证设备安全使用。

5. 做好洗衣房防触电、防火、防盗工作，设备运转不离人，操作完毕及时关闭电源，锁闭门窗。

6. 爱护公物，修旧利废，节约使用水、电、洗涤用品及其他材料。

7. 洗涤时发现衣袋钱物应及时寻找失主，出现分发差错要及时报告，并查找、纠正。

8. 完成领导交办的其他工作。

（二十四）保洁员职责

1. 在后勤主管的领导下，按照操作规范与要求做好责任区路面、墙壁、门窗、电梯等保洁工作，保证责任区内清洁卫生。

2. 做好责任区垃圾收集，公共厕所、浴室和垃圾桶保洁。

3. 熟练掌握各种保洁的操作技能，提高保洁工作质量。

4. 听取工作人员和入住老人对保洁工作的意见与需求，发现问题及时解决，不能解决的及时向领导报告。

5. 爱护公物，节约资源，正确使用并妥善保管好保洁用具和用品。

6. 完成领导交办的其他工作。

（二十五）门卫人员职责

1. 在后勤主管或办公室主管的领导下，坚守岗位，履行职责，切实做好安全保卫工作，维持秩序，如遇突发事件立即报告有关部门处理。

2. 检查出院老人的出院凭证，并做好登记。

3. 外来人员来访应填写会客单、查看证件，车辆出入应登记车牌号码。

4. 负责分发邮件、报刊、信函。

5. 搞好周围的环境卫生。

6. 完成领导交办的其他工作。

### 三、工作制度

**（一）行政总值班制度**

1. 节假日及行政管理人员下班后至次日上班均应设置行政总值班。
2. 全面处置值班期间内发生的事宜，如遇突发紧急、重大事项应及时报告相关领导后妥善处理。
3. 负责检查工作人员的工作情况，夜间巡视不少于两次。
4. 交班前写好值班记录并将值班期间发生的事情向有关人员交代清楚。
5. 因故不能值班须事前请假并另行安排值班人员。

**（二）会议制度**

1. 院长办公会　由院长主持，副院长和有关人员参加。每周一次，传达上级指示和文件精神，研究和安排工作。
2. 院务会　由院长主持，副院长、各部门负责人和有关人员参加，每周或每半月一次，听取各部门工作汇报，传达上级和院长办公会的工作安排。
3. 部门例会　由各部门负责人主持，各部门所有人员参加，每月1～2次，研究解决服务质量、服务态度、服务管理等有关问题，协调各科工作。
4. 交接班会　由护理区负责人主持，护理区所有人员参加。每日上班十分钟内召开，进行交接班，听取值班人员汇报，解决服务与管理工作中存在的主要问题，布置当日工作。
5. 老人和家属座谈会　由院领导、护士长或指定专人召开，老人和家属代表参加。每半年一次，听取并征求住院老人及家属的意见，增强理解，改进工作。

**（三）财务管理制度**

1. 正确贯彻执行财经政策和财政纪律，加强财务监督，做到账、款、物专人负责，会计账簿齐全，登账规范，科目设立正确，财务报告真实完整。
2. 根据工作计划，正确及时编制年度和季度的财务计划，办理会计业务，按照规定的格式和期限，报送会计报表。
3. 按照规定标准发放工资及报销其他费用，开支合理、凭证真实、手续齐全。
4. 加强院经济管理，定期进行经济活动分析，并会同有关部门做好经济核算的管理工作。合理组织收入，严格控制支出，凡是该收的要抓紧收回。
5. 对外采购开支等一切事项，均应取得合法的原始凭证。原始凭证由经手人、验收人和主管负责人签字后，方能以据报销。
6. 及时清理债权和债务，防止拖欠，控制呆账。
7. 配合有关部门做好定期对院内固定资产及各类设备、器械等资产的监督检查工作，及时清查库存，防止浪费积压。

8. 每日收入的现金要当日存入银行,库存现金不得超过银行的规定数额。

9. 按规定妥善保管原始凭证、账本、工资清册、财务结算等资料。

10. 努力学习专业知识,依法做好财会工作,若有违法违纪行为,应承担相应法律责任。

(四) 收费公示制度

1. 将收费项目、收费标准等内容在收费场所显著位置进行公示,建有门户网站的同时在网站进行公示,接受社会监督。

2. 公示内容包括机构基本设施与条件、服务内容与等级、收费项目与标准等事项。

3. 收费标准如需变动或调整,应提前进行公示。

4. 应同时公布监督电话,方便群众监督。

(五) 捐赠款物管理制度

1. 凡社会各界(包括单位和个人)捐赠的款物必须建立专门台账,做好登记。

2. 登记捐赠款物,应注明捐赠者名称(姓名)、时间,款物品种、数量、价值以及捐赠者的意愿。

3. 捐赠款由财务部门登记入账,并做到专款专用,不得挪作他用;使用捐赠物品必须符合捐赠人的意愿,特殊情况下经院领导批准可变更用途。

4. 使用捐赠款物应填写"捐赠款物使用申请表单",并由院领导批准;每一项捐赠款物的使用都有账可查,并有接受部门负责人签字。

(六) 质量管理制度

1. 各部门负责人负责本部门的质量管理工作,形成全院的质量管理网络。

2. 将本部门的每一项工作内容规范化,形成质量管理标准。

3. 对每一项工作进行量化考核,每月须定期(一次)、不定期考核且有记录。

4. 对所存在的问题要采取相应措施及时予以纠正、预防。

5. 相关部门接口之间的工作质量问题要及时予以沟通、协调、解决,并有相关记录可查。

6. 加强质量教育,增强员工的质量意识。

(七) 服务满意度测评制度

1. 机构必须在醒目的地方公示投诉的路径并设置投诉箱和投诉电话。有专人负责受理处置(每宗投诉都应有回复)并有记录可查。

2. 机构必须定期、不定期地召开老人及家属座谈会听取意见,并有记录可查。

3. 采取不同形式一年2~4次进行服务满意度测评(测评方须由第三方操作),并汇总分析,解决问题,切实改进工作。

（八）突发事件管理制度

1. 遵循"预防为主，常备不懈"的方针，建立健全各类突发事件应急处理预案，明确组织机构、部门职责、工作流程、应急措施。

2. 定期对全体人员进行突发事件的应急管理教育、技能培训，并组织应急预案模拟演练。

3. 做好相关物资储备，进行动态管理。

4. 按规定及时向相关主管部门上报突发事件。

5. 发生突发事件时，应配合相关部门开展调查、控制、检测和医疗救治工作。

6. 发生火灾、地震等各类突发事件时，统一领导、听从指挥，做好报警、人员疏散及现场抢险等各项工作。

7. 根据突发事件的变化和实施中发现的问题，及时进行应急预案的修订和补充。

（九）护理等级评估制度

1. 机构必须为新入院老人进行首次护理等级评估，并填写《老年人能力评估表》。

2. 入住老人接受养老服务后，若无特殊变化，每6个月定期评估一次；出现特殊情况导致能力发生变化时，应进行即时评估。每次评估都须做详细的记录。

3. 根据老年人护理等级评估结果，安排老人居室。

4. 严格按照护理等级提供照护服务。

（十）查房制度

1. 院长、副院长、医务和护理主管查房每周1～2次，管床医师、护士查房每天1～2次，查房一般在上午进行。

2. 对重病老人，医师、护士应随时观察病情变化，及时处理，并做好记录。

3. 查房时要按各自的岗位职责严格要求，认真负责。对需要治疗、护理和康复的老年人按各专业情况提出进一步检查或治疗意见，给予必要的临时医嘱。主动征求患病老人对医疗、护理、康复、生活等方面的意见。

4. 上级医师查房，要审查新入院、重病老人的诊断、治疗计划，决定特殊检查治疗，抽查医嘱、病历、护理质量，听取医师、护士对诊疗护理的意见，并做出针对性的指示。

（十一）医疗服务制度

1. 严格按照医疗服务机构管理办法、临床诊疗规范为入住老人开展临床医疗服务，确保医疗服务安全。

2. 医务人员要定期查房，每天1～2次。

3. 每年组织入住老人体检1次。

4. 每月组织 1 次卫生宣传教育工作。

5. 自觉接受当地卫生行政部门监督检查、参加行医资质年检。

（十二）医嘱制度

1. 医嘱一般在上班后二小时内开出，要求层次分明，内容清楚。转抄和整理必须准确，一般不得涂改，如需更改或撤销时，应用红笔填"取消"字样并签名。临时医嘱应向护士交代清楚。医嘱要按时执行。开写、执行和取消医嘱必须签名并注明时间。

2. 医师写出医嘱后，要复查一遍。护士对医嘱有疑问时，必须查清后方可执行。原则上不得下达口头医嘱，抢救或手术中下达口头医嘱，护士需复诵一遍，经医师查对药物后执行，医师要及时补记医嘱。每项医嘱一般只能包含一个内容。严禁不看病人就开医嘱的草率作风。

3. 护士每班要查对医嘱，夜班查对每日医嘱，每周有护士长组织总查对一次。转抄、整理医嘱后，需经另一人查对，方可执行。

4. 凡需要下一班执行的临时医嘱，要交代清楚，并在护士值班记录上注明。

5. 医师无医嘱时，护士一般不得给病人做对症处理。但在紧急情况或医师不在时，护士可针对病情临时给予必要处理，但应做好记录并及时向经治医师报告。

（十三）护理服务制度

1. 按照每日生活护理程序，按时为老人提供生活护理服务。

2. 严格按照生活护理操作规程和等级护理内容进行各项护理操作。

3. 凡需要压疮护理的老人，床前须有明显标志，并建立床前翻身卡；必须定时翻身（一般 2 小时左右），并有详细记录；对患压疮老人应在床边重点交班。

4. 加强巡视，对危重病人每日巡视不少于 4 次，如发现老人情况异常，应及时通知医务人员。

5. 注意老人的生活安全，防止意外情况发生。

（十四）医师值班与交接班制度

1. 节假日须设有值班医师。

2. 值班医师应按时接班，交接班时应巡视居室（病房），了解患病老人情况，并做好床前交接。

3. 医师在下班前应将重病老人的病情和处理事项记入交班簿，并做好交班工作。值班医师对重病老人应做好病程记录和医疗记录，并扼要记入值班日志。

4. 值班医师负责各项临时性医疗工作和病员临时情况的处理。

5. 值班医师夜间必须在值班室留宿，不得擅自离开。护理人员邀请时应立即前往视诊。如有事必须离开时，应向值班护理人员说明去向。

6. 每日晨，值班医师将老人情况重点向上级医师报告，并向经治医师交清重病老人情况及尚待处理的工作。

（十五）护理员值班与交接班制度

1. 生活区护理员实行三班轮流值班，建立交接班制度。

2. 值班人员应严格按照生活护理程序、等级护理内容，对老人进行生活护理。

3. 交班者应提前填写好交班记录，做好交班准备；接班者应提前接班，清点人数、物品，并办理交接班手续。

4. 接班者应详细阅读交班簿，了解老人情况，对重点护理老人应在床头交接。

5. 晨间交接班时，由夜班护理员全面报告老人生活及疾病变化情况。

（十六）老年人健康档案书写管理制度

1. 新入院老人必须在24小时内完成老年人能力评估，建立老年人健康档案，并进行管理和保管。

2. 老年人健康档案力求详尽、整齐、准确，字迹清楚整洁，不得删改、剪贴，医师签全名，并按规范整理。

3. 健康档案原则上每月应有一次记录，特殊情况随时记录并签全名。

4. 各种检查报告单应按顺序规范粘贴。

5. 老人出院、转院、死亡，应在当日完成出院、转院小结和死亡记录。死亡记录除病史摘要、治疗经过外，应记录抢救措施、死亡时间、死亡原因，由经治医师书写，上级医师审查签全名。

6. 借阅老年人档案，要办理借阅手续，阅后按期归还；对借用的档案，应妥善保管和爱护，不得涂改、转借、拆散和丢失。

7. 老人出院、转院、死亡后，档案由行政部门统一专人管理，原则上应永久保存。

（十七）药品管理制度

1. 采购药品应严格按照卫生行政部门规定的渠道采购，验明药品相关合格证书，并对药品进行进货检查验收，保证药品质量。

2. 根据基本用药目录和用药需求，做好常用药物的储备。

3. 设专人管理药库药品。根据药品特性（如避光、低温）分别保管，注意药品的失效期，避免变质、损失和浪费。

4. 每月对机构内的药品进行盘点，做到账物相符，盘点登记表及处方应妥善保管。

5. 实行药品零差率销售的品种，应在指定的配送企业采购，按统一药品价格销售，不得以任何方式加价销售。零差率药品与非零差率药品应分别采购、分别入账、分别管理。

6. 毒麻药品和一类精神药品应有安全贮存设施，实行专库、专柜、双人、双锁管理。

7. 临床使用新药需提出申请，经药事管理委员会讨论通过后方可购入。使用新药时，要注意临床观察，收集、整理、分析、反馈药物安全信息，并及时上报主管部门。

（十八）医疗废弃物管理制度

1. 严格执行《一次性使用医疗用品废弃物管理暂行办法》，防止医源性感染。建立医疗废弃物管理责任制，明确医务主管为第一责任人。

2. 医疗废弃的暂存场所要合理选址，有明显的警示标志和防鼠、防蚊蝇、防盗等安全措施，定期消毒，保持环境整洁。

3. 产生医疗废弃物的科室，要有专人负责登记、分类收集、暂存、密闭运送。

4. 医务人员出诊治疗后，应将医疗废物带回，不得留在出诊地点与生活垃圾混放。

5. 医疗废物按类别分置于专用的包装物或密闭的容器内，进行交接登记。登记内容包括来源、种类、重量或数量、交接时间、处置方法、最终去向以及经办人签字等，登记资料至少保存三年。

6. 收集医疗废物的容器或收集袋要有统一标志，锐利废物和高度污染的医疗废物按规定分别放入密闭、防刺、防渗容器或收集袋内。

7. 使用专用运送工具，将分类分装的医疗废物按规定时间、路线，运送到指定的暂存场所，不得渗漏、遗撒、污染环境。医疗废物暂存时间不超过2天。

8. 医疗废物管理人员应进行相关法律和专业技术、安全防护以及紧急处理等知识的培训。

（十九）防止交叉感染消毒制度

1. 老年人居室应每天按规定消毒。

2. 老年人住院期间，如发现传染病，应按规定消毒原则处理。

3. 入住老年人应经常保持整洁，应定时淋浴或擦澡、理发、洗头、剪指甲等。

4. 老年人用过的便盆、便壶应进行消毒，脸盆、澡盆，每次用后应及时擦洗与消毒。

5. 餐具用后消毒，茶具固定使用并按期消毒。

6. 被脓、血、排泄物所污染的敷料和布等用可靠的方法进行浸泡消毒后洗涤，必要时再行煮沸消毒，小件敷料可焚烧处理。

7. 患者的衣服、被单、枕套等应定期更换，必要时随时更换。

8. 打扫厕所的清洁工具，与打扫其他场所的工具，应严格分开。

9. 建立消毒隔离工作记录册和传染病登记册。

(二十)财产物资管理制度

1. 各种财产物资均有后勤部门负责采购、调入、供应、管理、维修。要根据需要并按照勤俭节约的原则进行采购,大宗采购应实行公开招标采购;要尽可能修旧利废,做到物尽其用,节约成本。

2. 各类财产物资应建立健全账目,指定专人采购、领发、保管,并定期不定期清点实物,核对账目,做到账物相符。有关人员要经常了解使用部门的需要,指导、协助有关人员管好、用好物资。

3. 加强财产物资管理,保证财产物资安全,防止积压、损坏、变质、被盗。

4. 各部门所需物资,按月、季、年编制计划送后勤部门,经院领导审批后列入财务计划进行购买,按计划供应。临时需要的物资,应由使用部门提出书面申请,经院领导审批后,方可采购供应。

5. 各部门应指定专人负责物资的领用、保管及注销工作。

6. 各种财产物资报废,要办理报废手续。对重大财产物资的报损、报废、转让、变价处理或无价调拨,须根据具体情况,由后勤部门审核,经院领导批准后,方可处理。

(二十一)设备维修工作制度

1. 维修组(维修人员)每日一次巡视检查,发现问题及时维修。

2. 对各部门提出的设备报修要求,应按轻重缓急妥善处置,确保工作正常进行。

3. 部门报修需填写保修单,维修完毕后由部门负责人签字验收。

4. 维修部门要建立维修记录并注明"工时"和所用的材料数量。

5. 维修时要按规范操作,并注意施工现场的安全。

(二十二)食堂管理制度

1. 机构必须将员工、老人食堂的成本独立核算,分开管理。结算情况按月公布。

2. 食品须定点采购,不得采购霉烂变质食物,及时验收入库。

3. 生食品、熟制品应认真按《食品安全法》要求储存,防止交叉污染。

4. 食品的加工程序严格按有关流程操作。做好48小时食品留样,并有记录。

5. 根据老人的身体状况确保提供低脂、低糖、低盐食物。

6. 尊重少数民族的习惯,在膳食上给予照顾。

7. 要留存每日菜单和提供特殊饭菜的记录。

8. 按规定要求定时消毒餐具。

9. 保持室内外环境卫生整洁,做好灭蝇、灭鼠工作。

10. 定期召开伙食委员会会议,广泛听取意见,改进工作。

11. 工作人员每年体检一次,有禁忌证(活动性肺结核、病毒性肝炎、皮肤病、肠道病、伤寒)者必须调离。

(二十三)洗衣房工作制度

1. 负责对全院各种被服和布制用品进行清洗、消毒、缝补、干燥、烫平,按要求折叠,做好供应工作。

2. 被服消毒、洗涤、供应要严格遵守操作规程和隔离消毒制度,做到分类处理,防止交叉感染。

3. 被服和布制用品等破损时应修补后方能发出。需报废的被服,按规定处理。

4. 洗衣房各种工具、机器、被服,要有专人保管,防止霉烂、遗失、差错等。

5. 做好各类设备维修、保养工作。

(二十四)传达、门卫制度

1. 传达室工作人员必须坚守工作岗位,不擅自离岗。工作中既要坚持制度,又要热情接待,态度和蔼,文明礼貌。

2. 对外来人员和探望家属应办理会客登记手续,方可入院,离院时交回会客单。

3. 住养老人外出需凭出门证,出入院做好记录。

4. 携带物品出门需凭货物出门证,经检查方可出门。

5. 传达室内外应保持整洁,室内不逗留闲杂人员。

6. 分发各类报刊、杂志、信函,保证正确无误。

(钱国亮)

# 第十一章 养老机构质量管理与标准化建设

随着科学技术和生产力发展,人们对质量的要求越来越高,追求高质量的产品、追求高质量的服务,这是人类进步、历史发展的必然。没有质量,物质文明和精神文明都是一句空话。在文明社会中,无处不在质量的保护之中。养老机构的质量关系到老人能否在养老机构安全养老、幸福养老、和谐养老,甚至关系他们的生命财产安全。质量管理是养老机构管理的中心环节。

## 第一节 养老机构质量管理概述

质量普遍存在,也为大家关注。工业化国家早期是工人、工头关心质量,后来是厂长经理抓质量,再后来发展到国家管理质量,基本都是沿着标准化路径进行的。1947 年成立了国际标准化组织(ISO),在其后的近 40 年中,主要通过产品技术标准控制质量。国际标准化组织为满足国际经济贸易交往中质量保证活动的客观需要,在总结各国质量管理经验基础上,经过 10 年工作,于 1987 年发布了 ISO 9000 系列标准(族标准),推动质量管理的标准化、系列化。这套标准具有科学性、系统性和实践性,具有对质量管理的规范指导作用。所以一经问世就受到许多国家的关注,不仅在工业领域得到应用,在服务、教育等各个领域也得到广泛应用。

我国于 1981 年参加国际标准化组织,1988 年等效采用了 ISO 9000 系列标准,1992 年又等同采用 ISO 9000 系列标准,并开始了质量认证工作。学习贯彻 ISO 9000 系列标准,按质量管理体系要求建立质量管理体系,大大提高了质量管理水平,大大提高了产品或服务质量。ISO 9000 系列标准为质量管理提供了科学先进的方法。

### 一、质量的概念

(一)定义

质量:一组固有特性满足要求的程度。

(二)理解要点

质量通常是表明产品、工作(服务)优劣程度,常使用形容词好、优秀或差来修饰。在质量的定义中涉及"特性"和"要求"两个术语,了解这两个术语能帮助我们更好地理解"质量"概念。

1. 特性　指"可区分的特征"。固有特性中有物质的,如机械、化学的特性;有功能的,如空调制冷制热性;有时间的,如准时、按时;有人体工效的,如有关人身安全的特性;有感官的,如嗅觉、味觉等。任何产品或服务一般都是由众多特性构成。

2. 要求　要求指"明示的、通常隐含的或必须履行的需求或期望"。

(1)"明示的"可以理解为得到明确或规定的要求,如顾客明确提出的要求,文件中(如标准)阐明的要求,相关方(与组织的业绩或成就有利益关系的个人或团体)规定或提出的要求。不同的相关方对同一产品或服务的要求可能是不相同的。

(2)"通常隐含的"是指组织(职责、权限和相互关系得到安排的一组人员及设施,如公司、企事业单位、集团、社团等)、顾客和其他相关方的惯例或一般做法,所考虑的需求或期望是不言而喻的。例如:银行对顾客存款的保密、化妆品对顾客皮肤的不损伤等。一般情况下,顾客或相关的文件中不含对这类要求提出明确的规定。

(3)"必须履行的"是指法律法规的要求及强制性标准、行政规章的要求。

综上所述某产品或服务的质量是指该产品或服务的特性满足顾客、相关方、法律法规、强制标准、行政规章需要、要求或期望的程度。满足这类需求或期望的程度越高质量就越好,相反质量就越差。

3. 质量的核心是满足要求　要求包含"明示的、通常隐含的或必须履行的需求或期望"。满足顾客需求是满足其他相关方的前提。

需求是动态的、发展的,还有潜在的。随着生产力、科学技术的发展,随着社会进步、文明程度的提高,人们对质量的要求也随之发生变化。正因为需求的这一特点,任何组织提供的产品或服务不能一成不变,应不断调整对质量的要求,针对顾客的变化需求(包括潜在需求)不断推出新的产品或服务。

4. 质量由适用性和符合性两个层次构成　适用性是指满足顾客需求的程度,符合性是指符合标准要求的程度。组织提供的产品或服务不能满足顾客需求或不适用于顾客,就无质量可言。组织为实现产品或服务的适用性,还需要通过符合、或达到相应的标准作保障,所以,组织提供的产品或服务不符合或达不到标准要求,同样也无质量可言。从适用性和符合性两个层次理解质量才是比较全面和正确的。

## 二、质量管理的概念

(一)定义

质量管理:在质量方面指挥和控制组织的协调的活动。

（二）理解要点

1. 质量管理是组织管理的中心环节　每个组织为了实现自身目标,都会对各个方面实行管理,如行政管理、人力资源管理、财务管理、业务管理、后勤保障管理、技术管理、安全管理和质量管理等。每项管理中都包含质量管理,抓好质量管理就能带动各项专业管理。质量管理必须由最高管理者推动,质量管理的实施需要组织中全体员工共同承担、共同努力。质量管理始终把顾客满意列为首要目标,有效的质量管理在取得良好社会效益的同时也会取得良好的经济效益。紧紧抓住质量管理这一中心环节,将会事半功倍。

2. 质量管理是综合管理　由于质量的综合性,所以在管理上也必须是综合性的。它不同于一般的专业单项管理,而是多方面的综合管理。质量管理的职能是制定质量方针、质量目标,通过质量策划、质量控制、质量保证和质量改进等系列活动来实现目标任务。

3. 质量管理应从"扫地"抓起　生产或服务现场是质量管理的一面镜子,一个脏、乱、差的现场,很难使人相信有好的产品或好的服务。一个整齐清洁的现场,可以使人引发产品或服务优质的联想。生产或服务现场也反映了组织的管理状态,试想一个连"扫地"都抓不好的组织,能提供优质产品或优质服务吗？这里"扫地"的含义是指质量管理应从最简单的事情抓起,它不需搞突击,而是需要每个员工在日常工作中把每项工作都做到正确无误、圆满无缺。

### 三、养老服务质量和养老服务质量管理概述

（一）养老服务质量

养老服务质量是指养老服务的固有特性满足要求的程度。

养老服务的特性通常包含功能性、安全性、时间性、舒适性和文明性。功能性指服务所发挥的效能和作用；安全性是指服务过程中保障老人安全的能力；时间性是指服务在时间上满足老人要求的能力；舒适性是指服务过程中满足老人舒适程度的能力；文明性是指服务过程中满足老人精神需求的能力。

要求包含"明示的、通常隐含的或必须履行的需求或期望"。

明示的即得到明确的需要和要求,包括老人的需求,如等级护理要求、医疗、康复、餐饮、居住环境、安全、精神慰藉等的需求。同时包括老人家属、行业、主管部门、社会、机构内部的要求。隐含的即形成惯例的要求,如工作人员对老人隐私的保密、餐后餐具消毒等。必须履行的要求包括相关法律法规和强制性标准、行政规章,如老年人权益保障法、消防法、食品安全法、养老服务条例、老年人建筑设计规范、老年人社会福利机构基本规范、老年养护院建筑标准、养老机构安全管理、养老机构基本规范、养老机构医务室、护理站基本标准、养老护理员国家职业技能标

准等。

养老服务质量是养老服务的功能性、安全性、时间性、舒适性、文明性满足老人、老人家属、社会、行业、主管部门、法律法规、强制性标准、行政规章需要和要求的程度。养老机构提供的服务满足这些需要和要求的程度越高,质量就越好,反之质量就越差。养老机构提供的服务不能满足老人需求,或不适用老人就无质量可言。同样养老机构提供的服务不符合标准或达不到标准要求也无质量可言。

(二)养老服务质量管理

养老服务质量管理是指指挥和控制养老机构内与服务质量有关的相互协调的活动或过程。这里所指的指挥和控制有关的活动,通常包括建立质量方针、质量目标、质量策划、质量控制、质量保证、质量改进。

1. 养老服务质量管理原则:八项质量管理原则  ISO 9000 给出的八项质量管理原则是国际标准化组织在总结质量管理实践经验的基础上,吸纳国际上一批质量管理专家的意见整理编撰而成,是质量管理实践经验和理论的总结;是领导者实施质量管理工作必须遵循的原则,完全适用于养老服务质量管理。

八项质量管理原则分别是:

(1)以顾客为关注焦点:组织(职责、权限和相互关系得到安排的一组人员及设施,如公司、集团、企事业单位、社团等)依存于顾客(接受产品或服务的组织或个人)。因此,组织应当理解顾客当前和未来的需求,满足顾客要求并争取超越顾客期望。

(2)领导作用:领导者确立组织的宗旨及方向,创造并保持使员工能充分参与实现组织目标的内部环境。

(3)全员参与:各级人员都是组织之本,只有他们的充分参与,才能使他们的才干为组织带来收益。

(4)过程方法:将活动和相关的资源作为过程(一组将输入转化为输出的相互关联或相互作用的活动)进行管理,可以更高效地达到期望的结果。

(5)管理的系统方法:将相互关联的过程作为系统(相互关联或相互作用的一组要素)加以识别、理解和管理,有助于组织提高实现目标的有效性和效率。

(6)持续改进:持续改进总体业绩应当是组织的一个永恒目标。

(7)基于事实的决策方法:有效决策是建立在数据和信息分析的基础上。

(8)与供方互利的关系:组织与供方(提供产品或服务的组织或个人)是相互依存的,互利的关系可增强双方创造价值的能力。

2. 养老服务质量管理的方法  提供高水平的服务质量,必须学习和采用先进的、科学的质量管理方法和技术,加强对服务质量的管理。多年来,广大养老服务工作者为提高服务质量进行了长期努力,提出了许多管理方法,由于在科学性、实用性方面还存在一些问题,所以效果不令人满意。ISO 9000系列标准的广泛运用,证明这是一套实用而有效,具有科学性、先进性,对各行各业包括养老服务质量管理都有指导作用的管理标准。结合养老服务工作的性质和内容,ISO 9000系列标准非常适合在养老服务质量管理中的应用和推广。

按照ISO 9000系列标准建立质量管理体系,为养老服务质量管理提供了科学、有效的方法。体系的建立有利于贯彻"一切以老人为中心"的服务宗旨;有利于规范服务人员的日常服务行为和技术操作;有利于培养和教育服务人员的职业道德和服务规范;有利于激发和调动服务人员的工作积极性、自觉学习钻研业务知识提高专业技术水平;有利于提升人们对养老机构服务质量的信任;有利于促进服务质量的持续改进提高服务能力;从而达到社会效益和经济效益的同步提升。

## 第二节 质量管理的主要活动

质量管理主要活动有:制定质量方针和质量目标、质量策划、质量控制、质量保证和质量改进。

### 一、制定质量方针和质量目标

（一）关于质量方针

质量方针是机构总的质量宗旨和方向,是机构在质量方面发展的远景规划和蓝图,是全面开展质量活动遵循的准则,是机构的追求。机构主要负责人是制定质量方针和确保质量方针贯彻、实施、保持的责任人。

1. 质量方针的制定

（1）制定质量方针的基础是八项质量管理原则:制定质量方针应以八项质量管理原则为指导,考虑老人及相关方的需求,尤其是变化需求、潜在需求;考虑预期的老人满意程度、所需资源、持续改进的需求、供方和合作方的作用等因素,结合机构的中长远发展规划,科学制定,使其具有较强的指导作用。

（2）质量方针的制定要做到"一个适应,两个承诺,一个框架":质量方针要与机构的宗旨和总方针相适应;质量方针要作出满足要求和持续改进的承诺;质量方针要为制定和评审质量目标提供框架。

质量方针不宜简简单单地以一两句话表述,可采用短文,力求语句简洁,蕴含内容丰富。

举例(仅为举例说明):以老人为中心,以需求为导向,以标准为依据,竭诚服务;持续改进,创新发展,不断满足新要求;让老人百分之百满意是永远的追求。

2. 质量方针的管理　为保持机构的有效运行,把握发展方向及提高整体合力,同时也为适应内外部条件和社会需求的不断变化,因而要定期对质量方针进行适宜性方面的评审和修订。

质量方针颁布后,机构主要负责人要确保质量方针的贯彻实施,要让全体员工都能正确理解质量方针的含意,要做到深入人心。

(二)关于质量目标

质量目标是指在质量上所追求的目标,是机构全体员工追求并加以实现的主要工作任务。

1. 质量目标的制定　质量目标制定以质量方针为基础,是质量方针的具体化。

质量目标制定要求做到"一致性、前瞻挑战性和可测量"。质量目标要与质量方针相一致;质量目标应具有前瞻挑战性,质量目标不要太低也不要过高。质量目标低于现状,容易导致员工满足于现状不求进取,使机构服务难以满足不断变化的社会需求,影响机构的可持续发展。质量目标也不要过高,太高的质量目标难以达到,会挫伤员工的工作热情和积极性,甚至会导致资源浪费、质量过剩。适宜的质量目标应当是通过不懈努力可以达到,具有前瞻挑战性。

质量目标是否达到可通过考核测量进行评价。

举例(仅为举例说明):协议书中服务约定兑现率100%;

服务达标率≥95%;

老人满意率≥90%;

责任事故发生次数为0。

2. 质量目标的管理　质量目标管理一般分为目标的制定、目标实施、目标实施情况检查、目标实现与否的评价。

为对质量目标实施有效的管理应建立相应的管理制度,定期对照标准进行检查评价,动态控制。同时要重视对员工的管理,全体员工是实现目标的核心和动力,没有员工的积极参与,什么事情也办不好。要营造员工主动积极为实现质量目标而努力工作的氛围。

二、质量策划

质量策划是质量管理的一部分,致力于制定质量目标并规定必要的运行过程和相关资源以实现质量目标,是开展质量活动之前的"运筹帷幄"的过程。

质量策划的主要内容:

1. 走访、问询老人及相关人员,清理、分析老人及相关方的需求和期望,定位主要服务群体。

2. 依据服务需求,确定服务功能、服务内容、服务过程、服务标准(包括制度、操作规程)。

3. 为满足服务需求,依据相关标准(如老年人建筑设计规范、养老机构基本规范等)确定所需设施设备、环境(生态、人文)和人力资源。各级各类人员的资质、配备的数量、比例以满足服务需求符合相关标准为原则。人力资源建设是重点。

4. 职责、权限划定,明确各级各类人员的岗位职责、权限和相互关系。管理中出现的许多问题往往直接来自于职责不清,权限混乱。机构功能的最佳发挥取决于机构中每个部门、每个岗位职责、权限明确合理,履行发挥充分以及部门、岗位之间的关系明确、顺畅、协调。在作出规定前,应当先理顺相互关系。要加强岗位责任制建设。

5. 确定不合格(未满足要求)服务改进的途径和方法。由于需求是动态的、发展的,同时由于养老服务还存在一些难以预测的不确定因素,因而不合格服务有时会发生。对可能出现的不合格要确定改进的途径和方法以利于改进,同时要规定相应措施,防止同类问题的再发生。

6. 确定并评价相关业绩指标。养老服务是综合服务,只有机构内外各方通力合作形成合力才能实现预期目标。因此,相关业绩指标应得到明确并予以评价。例如:设施设备完好率,测量设备(血压计、磅秤、压力表)、压力容器校验间隔时间及检测率,与供方合作的要求及兑现率等。

7. 记录要求。记录是开展工作(服务)和取得成果的证据,是管理的重要资源。要重视记录在质量管理中的作用,对记录应用范围,记录的书写、填写、收集、保管,记录的应用等要作出相应规定。要重视记录建设。

### 三、质量控制

质量控制是质量管理的一部分,致力于满足质量要求,是质量管理的重要环节。

(一)质量控制的目的

质量控制的目的是使每项质量活动、每个过程、每个环节始终处于受控状态,使服务、活动和结果都能达到质量要求。质量控制的活动、方法、技术等都必须始终围绕这一目的进行。由于需求的不断变化,质量控制活动、方法、技术也应随时调整、更新,以适应不断变化的需求,保证控制的实时性和有效性。

(二)质量控制的范围

凡是为满足服务需求开展的各项工作(活动),确定的过程,应采用的技术和方法,都属质量控制范围。包括养老服务的生活照料、医疗、康复、医疗护理、心理护理、文化体育活动、安全防护、消防、卫生、资源(设施设备、环境、人力)、餐饮、采购等过程以及采用的方法和技术等。

（三）质量控制的核心是预防为主

预防为主的思想要贯穿于服务的全过程，对服务的重点过程和因各种因素可能导致不良后果，要制定相应控制规程和预防预案，例如预防压疮控制规程，预防老人走失预案，预防老人骨折预案等。要充分依据标准，开展各项控制活动，要落实各项预防措施，防止不合格的发生。对服务过程发现的不合格，在及时纠正的同时，要分析原因，采取有效措施防止再发生。

（四）质量控制包含标准、达标与否、纠正三个环节

质量控制活动一般分为三个环节，一是要确定控制标准，即建立标准系统。质量控制首先要有标准，没有标准就无从控制，凡是重复活动均要有标准。二是按标准实施，在实施过程中要对照标准进行监视、测量和验证有无达到标准要求，即达标与否。老人及家属满意率征询也是测量和验证有无达到标准的方法之一，其结果更有应用价值，因为这是老人及家属对其要求能否得到满足程度的亲身感受。要充分利用满意率测评的作用，定期对老人及家属进行满意率测评。在质量控制活动中，有了测量结果就能及时发现服务中出现的问题，就能马上采取措施纠正，使各项服务活动都能达到标准要求。三是对不合格或不达标情况及时采取有效措施进行处置，使服务活动满足需求和符合标准要求。没有纠正环节所有开展的控制活动都将半途而废。抓好控制标准、测量、验证达标与否和纠正三个环节，才能达到质量控制的目的。

## 四、质量保证

质量保证是质量管理的一部分，致力于提供质量要求会得到满足的信任。

质量保证的目的是取得老人及相关方对机构质量的信任，尤其是对机构提供的服务能满足质量要求的信任，这种信任不仅是现在的也包含将来的。

为使老人及相关方信任机构提供的服务能满足质量要求，需要机构开展有计划、有系统的活动来证实机构确有能力满足质量要求，所以质量保证是一系列有计划、有系统的证实活动。按 ISO 9000 系列标准建立、实施和保持质量管理体系是最有效的证实活动。

建立和实施质量管理体系的方法包括以下步骤：

（1）确立顾客和其他相关方的需求和期望；

（2）建立机构的质量方针和质量目标；

（3）确定实现质量目标所需要的过程和职责；

（4）确定和提供实现质量目标必需的资源（包括设施设备、环境、人力）；

（5）规定测量每个过程的有效性和效率的方法并应用这些测量方法确定每个

过程的有效性和效率；

（6）确定防止不合格并消除产生原因的措施；

（7）建立和应用持续改进质量管理体系的过程。

证实机构提供的服务能满足质量要求的另一方法是提供客观证据。

机构可根据内部管理、老人及相关方的要求，选择提供适合的客观证据，证实有能力满足质量要求。例如：质量手册、质量记录、第三方认证证书、各级对机构的评审结果等。

由于需求是动态的、变化的、发展的，又有潜在的，所以很难做到规定的质量要求完全反映了老人及相关方的需求，因此质量保证活动总是不完善的，存在需要改进的地方。改进是质量保证的基本活动，只有不断开展质量改进活动，质量保证能力才能日益提高。

### 五、质量改进

质量改进是质量管理的一部分，致力于增强满足质量要求的能力。

（一）质量改进的目的是使服务满足需求和符合标准要求

在各类服务过程中，一旦出现不合格服务或不符合标准要求的问题，必须立即予以改进，使其达到相关要求或标准要求。同时要分析原因，采取措施防止该类问题再发生。

（二）质量改进永无止境（持续改进）

质量的核心是满足需要，而需要是相对的、动态的、发展的，任何机构不可能也做不到完全反映并满足需要。因此，问题始终是存在的，质量改进也就永无止境。

（三）对重复出现的不合格或不达标问题，应采取以下步骤予以改进：

（1）收集、整理、分析有关信息，找出不合格原因；

（2）针对不合格原因，提出改进意见或建议；

（3）组织改进活动并验证改进效果；

（4）有效者巩固改进效果，无效者则需重新按以上步骤，重新分析原因、重新提出改进意见或建议、组织改进活动并验证改进效果。

（四）利用纠正措施尤其是预防措施，避免不合格的发生或再发生

纠正措施是为了消除已出现的不合格、或其他不希望情况发生的原因所采取的措施。是针对实际不合格产生的原因采取的消除措施，其目的是防止再发生。

预防措施是为消除潜在不合格、或其他潜在不希望情况发生的原因所采取的措施。是针对潜在不合格产生的原因采取的消除措施，其目的是防止发生。

据日本《朝日新闻》2015年11月13日报道，东京40所养老院5年内发生700起事故。事故发生的主要原因"业务管理不完善"。国内出现的养老院事故，据《法

制晚报》报道主要为火灾、老人失踪、老人跌倒、食物中毒、房屋意外坍塌等。这些都是质量管理上存在的缺陷。震惊国家高层的河南省平顶山市鲁山县康乐园老年公寓发生火灾,给全国养老机构敲响了警钟。质量管理的实施需要全体员工共同参与,共同努力,从细节抓起。养老机构有其特殊性,预防事故、减少事故、杜绝事故是质量管理的核心。质量管理的关键在于把每一个细节执行到位。

质量管理应从最简单的事抓起并持之以恒。质量管理是各级管理者的职责,必须由最高管理者来推动,质量管理不要搞突击活动,它需要每个员工在日常工作中,都能把本职工作做到圆满无缺。执行是基础,细节是关键。

## 第三节 养老机构标准化建设概述

2014年年初,民政部、国家标准化管理委员会等五部委下发的《关于加强养老服务标准化工作的指导意见》提出,行业标准和市场规范是推进养老服务工作的重要基石,是更好地提供为老服务、加强行业管理的准则和依据。因此,标准化建设是提升养老机构服务管理水平的必由之路,也是养老机构品牌化建设的重要路径。

### 一、标准与标准化

(一) 标准与标准化

标准是对重复性事物和概念所作的统一规定,它以科学、技术和实践经验的综合成果为基础,经有关方面协商一致,由主管机构批准,以特定形式发布,作为共同遵守的准则和依据。

标准化是指在经济、技术、科学及管理等社会实践中,对重复性事物和概念通过制定、发布和实施标准,达到统一,以获得最佳秩序和社会效益的活动。

标准可按多种形式进行分类。①按级别分:可分为国家标准、行业标准、地方标准、企业标准;②按类别分:可分为服务标准、管理标准、工作标准、技术标准、产品标准;③按约束力分:可分为强制性标准、推荐性标准、指导性技术文件。强制性标准是所有相关方都必须严格遵守的,而推荐性标准则是鼓励各相关方积极采用。

(二) 现有养老机构建设标准

近几年养老服务业标准化建设工作受到了国家层面的高度重视,并不断推进。截至2015年底,养老服务领域已发布多项涉及养老机构服务与管理、老年人能力评估等方面的国家标准、行业标准包括《养老机构基本规范》《养老机构安全管理》《老年人能力评估》等。这些标准对养老机构服务内容、安全管理进行了规范,为提高机构服务与管理水平提供了重要的技术支撑。涉及养老设施建设的国家标准、行业标准也已发布多项,如《老年人居住建筑设计标准》《养老设施建筑设计规范》《老年人建筑设计规范》《老年人养护院建设标准》等。这些涉及老年人建筑的设计规范与标准为提高我国养老设施建筑设计质量、适应老年人体能变化和行为特征提供了依据和支撑。

已列入国家标准或民政行业标准制定计划、正在编制中的标准项目还有多项,如《养老机构分类与命名》《养老机构服务标准体系建设指南》《养老机构服务满意度测评》《养老机构设施设备配置》《养老机构康复服务规范》等。

各省在加大国家标准宣传、贯彻力度的同时,加大力度建立健全地方标准体系。江苏省民政厅与江苏省质量技术监督局联合制订印发的江苏民政标准化"十三五"规划,将编制 50 项地方民政标准,涉及养老、康复、孤残儿童养育等方面。

随着国家和省级各项标准的出台,必将会进一步推进我国养老服务业整体发展水平。

## 二、养老机构标准化建设的内涵与意义

### (一)养老机构标准化建设的内涵

标准化作为一种提升管理水平与服务质量的重要技术手段,是规范养老机构发展所需要的基础性工作。养老机构的标准化建设,就是运用标准化原理、方法和手段,贯彻国家标准、行业标准和地方标准等,促进养老机构技术进步和管理进步,使养老机构的运行管理活动科学化、程序化和规范化,以提高服务质量和工作效率,增强竞争力,获得最佳运行秩序、最佳社会效益和最佳经济效益。

养老机构标准化建设的内容包括服务质量、服务价格、质量保证、服务管理、服务监督、服务投诉等。养老机构发展的关键是管理服务,做好管理服务工作的保障是标准。

### (二)养老机构标准化建设的意义

标准化在确保养老机构服务质量、提升机构综合效益、增强机构竞争力等各个方面发挥着非常重要的作用。

1. 标准化是提高服务质量的保障  标准是以科学、技术和经验的综合成果为基础,是养老服务活动中各种标准、协议、技术规范、操作规程、法律法规等的集合。养老机构的核心内容就是给老人提供各种服务。养老机构标准化规范了养老服务行为,使影响服务质量的多种因素得以有效控制,让老年人享受到标准化的服务。只有服务质量提高了,入住率才会提高,养老机构的服务功能才能充分展示。

2. 标准化是科学管理的基础  养老机构标准化内容具体涵盖了各种服务要求、人员配备要求、设施与设备配置要求、安全要求、服务的评价与改进等各个方面,为养老机构科学管理提供了依据,指明了方向。只有实施一套完善的涵盖技术

标准、管理标准及工作标准的标准化体系,才能实现养老机构的科学管理,从而促进养老机构各项事务的协调稳定发展。

3. 标准化是促进机构获得最佳效益的有效方法　标准化的引入能有效促进机构经济效益和社会效益的实现。具体表现在以下几个方面:①推行服务标准化,使养老机构知道应为服务对象提供什么服务,如何提供服务,服务到什么程度,从而保证养老机构高水平的服务质量和服务效果,促进机构经济效益和社会效益的实现。②推行管理标准化,实施一套规范的涵盖技术标准、管理标准及工作标准的标准化管理体系,才能实现养老机构内部管理事务的协调和整个工作过程的协调,从而提高工作质量和工作效率,保证养老机构养老服务提供能力的提高和服务质量的优化。③贯彻国家制订的安全、环保、卫生等强制性标准,按标准建立并严格实施完善的包括消防安全、食品安全、环卫安全、医疗护理安全、治安管理安全等安全保障机制,才能保障老年人和员工的人身安全、财物安全。

### 三、推进养老机构标准化建设

标准化的生命力在于应用和实施。因为只有应用和实施才能将标准化的理念贯穿于养老机构全部工作的始终,体现于养老机构全部工作的形态和成效。养老机构需要从以下四个方面促进标准化工作的应用实施和落实。

1. 强化标准意识　养老服务标准是养老机构服务管理工作的基本遵循和衡量尺度,是推进养老机构稳定发展的有效手段和强大动力。标准是一种规范,是一种制度,也是一种文化。机构要通过会议、培训、讲座、论坛、展览、简报、"标准日"活动、技能竞赛等多种形式,加强标准化理念的推广与标准化知识的普及工作,不断深化对标准的认识,使标准意识植根于机构全体员工心中,使全体干部职工都能自觉地支持和参与机构标准化建设。当前,不少养老机构在运营和发展中存在不少客观制约因素,常常处于举步维艰的境地。但即使面临很多的困难,养老机构也要认识到推进标准化工作是客观必要,养老机构要真正发展壮大,就要认真实施标准化,才能破解发展中的各种难题,带动机构服务效能和水平的提升。

2. 构建标准体系　要坚持"有标用标、缺标补标、无标制标"的原则,把养老机构各项服务管理的标准立起来,并做到实用、管用、好用。养老机构中,既有以接收自理老人提供供养服务的机构,又有接收失能失智老人提供助养和护养服务的机构。应根据国家标准、行业标准及地方标准相关规范、流程,并提炼和总结自身较为成熟的养老服务经验,在此基础上结合实际制定出全面、严格且具有适用性和可操作性的制度和规定,为各项服务管理工作定出具体标准和流程,做到人人有工作标准,事事有质量标准,处处有管理标准,实现标准化全覆盖、无缝隙。

3. 严格标准落实　机构管理者要充分发挥在实施标准化中的引导、组织、调控和督促作用,经常性引导和督促员工主动对标,以督促知不足,使执行标准成为习惯。特别是对法律法规和涉及养老机构安全和危及老人生命和健康的强制性标准,要从严执法,从严贯标,确保安防无死角、无遗漏。要重视各类人才的培养,除了基础、专业知识的传授以及专业能力的培养以外,还要着力培养从业人员的职业情操,树立良好的职业道德。建立健全标准化建设绩效激励机制,大力表彰落实养老服务标准化的先进个人,提高标准化工作的影响力。

4. 建立评价机制　全面落实养老服务标准化内容,还应建立和完善科学的评价机制。机构应依据法律、法规以及相关的国家、行业和地方标准与本机构的宗旨、目标、制度和规范,制定评价方法和程序,定期组织内部评价。通过员工自我评价、老人满意度测评和特聘服务质量监督员评价等,找出问题和不足,有针对性地采取有效措施进行改进,以评促改,不断提升机构服务质量和管理水平,推动标准化建设常态化、长效化,促进养老机构向优质化和品牌化发展。

【案例】

### 苏州市社会福利总院标准化建设实践

苏州市社会福利总院是一所具有三百多年历史传承的综合性社会福利机构,设老年福利中心、儿童福利中心、精神病福利中心和残疾人福利中心,集养(育)护、康复、医疗、教育、学习、技能培训等于一体。其占地面积6万平方米,总建筑面积8.36万平方米,总床位1 500张,其中养老床位450张。

苏州市社会福利总院从20世纪90年代开始就启动了标准化工作。经过十多年的探索实践,标准化建设取得了显著成效,现已成为民政部批准的管理标准化示范单位和社工标准化示范单位、中国社会福利与养老服务协会标准化建设试点单位。总院的主要做法是:

高起点、高标准培养人才,专家团队齐推标准化建设。标准化建设是全院工作的基础,标准化建设的基础是人才的培养。在人才培养方面,十多年来,苏州市社会福利总院先后与十多个国家的养老机构、高等学校、社会组织、政府智囊机构建立了友好合作关系,每年选派管理与专业技术骨干赴国外学习,参加多国科研课题研究,接受带教海外大学学生来院实习见习,参加海外讲学和医学会诊。人才优势奠定了标准化科研与建设优势。总院先后承担了民政部、住建部扎口的十多项国家标准、行业标准和地方标准的研讨、审查、实证和起草工作。还与高校联合编写相关教材1部。

执行标准务求完善,实施标准不留死角。总院在内部管理工作中,制定各项标准化建设实施方案,对机构的设施建设、设备配置、人员配备、服务提供、科学管理等方面进行了全面梳理,全面贯标,扎实推进标准化建设。在全部符合各项标准的前提下,再逐项提高、逐项完善。例如,为了满足老年服务对象身心需求与归属感的需求,总院完善了公共走廊等区域的墙面温馨图案与色彩布置。在执行国家标准和行业标准时,严格要求,对每一项执行情况都要进行测试。为做到测试公正,评估客观,结果准确,进行第三方招标,由中标方进行测试,并出具测试报告、测试表(测试数据),通过测试,发现问题,认真纠正。

以标准化建设为动力,搭建新平台,创建新领域。总院搭建了养老服务4个发展平台,实现养老设施、人才、技术、信息等现有整体资源优势的整合。第一,搭建养老设施服务展示平台。以社会福利总院300多年为老服务发展历史资料展览和服务现场为基地,从养老建筑、设施设备到用品用具的适老化、配置及使用,从养老环境、氛围到服务管理的专业化、人性化的设计和安排,展示机构养老标准化建设、标准化服务和管理。第二,搭建养老服务人才实训培训平台。以部、省、市命名确定的养老护理员培训基地、职业技能实训培训基地和中国社会福利协会养老服务人才实训基地为基础,通过整合和引入优质师资,开展涉老服务、管理、经营人才的培训实训。第三,搭建养老产业发展咨询服务平台。以总院现有专家团队为基础,并通过联合、协作等方式,引入社会相关领域学者、专家、实务工作者及社会组织的技术资源,为养老服务产业化发展提供智力、技术、经验等方面支持。第四,搭建养老行业国际交流平台。以总院十余年与荷兰、德国、日本等发达国家养老机构及海外院校合作交流为基础,为养老服务行业搭建与国外同行业机构及相关院校开展交流的平台。

实训围绕标准化,实操围绕示范服务。标准化建设离不开实训、实操。总院按实训基地各项要求,在部门设置、人员配置、场地设施、教学和管理等方面全部组建到位,以建成"示范型"实训基地为目标,从调整整合、充实提高、深化完善着手,按照实施方案调整并重新规划布置基地布局,整合师资资源和教学设施设备资源,充实一批新生教学力量,增开一批教学专业和课程,增添一批实训教具,深化实训内涵,完善师资、科目、教程等综合实力。目前,除了可承担初中高级护理培训教学任务外,还具备了包括管理干部实训、中医实训、社会工作实训、老年人能力评估员实训、标准化人才实训等综合培训能力。建立了包括外籍教师在内的全球性教学专家人才库,可菜单式选择外教,还尝试组织海外实训。例如组织苏州市示范性养老机构赴国外大学深造并在国外机构实训,取得了经验。为增强实训能力和实效,总院添置了教学设备和教学仪器和教具,实训流程、实训硬件更趋专业化、科学化、标准化。

【附件】

## 关于记录

### 一、记录的概念

记录是阐明所取得的结果或提供所完成活动的证据的文件。记录是完成活动或取得结果的证据。

## 二、记录的作用

1. 记录是证据　记录是开展各项工作(服务)承诺兑现的证据;是工作(服务)满足要求、符合标准的证据;是信息反馈、质量控制、质量改进的证据;是使人们信任服务满足质量要求即质量保证的证据;为处理纠纷、事故追责、免责提供证据;是落实各项预防措施,安全无事故(结果)的证据;是教育、培训提高员工执业能力的证据……

2. 记录是质量管理的重要资源　充分利用记录提供的信息,及时收集、整理发现并分析实际的或潜在的问题及原因,采取纠正预防措施,为质量改进、提升服务质量提供信息。

## 三、记录的种类

1. 原始记录　工作(服务)人员对活动及结果所作的直接记载而形成的记录,如表格生活护理记录。

2. 汇总记录　根据原始记录进行汇总统计所形成的记录,如表格生活护理汇总表(附表3)。

3. 分析报告　为采取改进措施,对某活动、项目及记录进行专题分析后形成的报告。

4. 来自相关方的有关记录。

## 四、记录的设计

记录设计时需把握的要点:

1. 目的明确,如翻身记录单(表11-1)。

2. 项目健全,填写简便,如生活护理记录(表11-2、11-3)。

3. 格式规范,整理方便。

## 五、记录的填写

1. 所有记录要明确填写人、填写方法和要求。

2. 记录填写必须真实、及时、清楚、正确,要有填写日期,填写人要签名。真实是记录的生命。

3. 记录未经批准,不得随意更改。

## 六、记录的收集、保存和处置

1. 指定记录保存人、确定保存地点和保存方式。

2. 确定记录收集人、收集方法、时间要求。

3. 所有记录要规定保存期限,确定保存期限可考虑以下因素:

(1) 遵照执行法规、主管部门、行业、协议中老人及家属要求。

(2) 自行决定保存期限时可考虑:服务期内服务证据要求、追溯要求、统计分析要求、实际存在的要求(如培训记录、设备登记维修应随人员、设备存在的情况保存)等。

4. 定期对保存记录进行鉴定,对无保存价值的记录可予以销毁。销毁方式有焚烧、粉碎等,要予以规定。

5. 记录保存要防止损坏、变质和丢失。

表 11-1　翻身记录单

床号_____　　　姓名_____

| 日期 | 翻身时间 | 卧位 | | | 受压部位皮肤情况及处理 | 操作者 |
|---|---|---|---|---|---|---|
| | | 左 | 右 | 仰 | | |
| | | | | | | |
| | | | | | | |
| | | | | | | |
| | | | | | | |
| | | | | | | |
| | | | | | | |
| | | | | | | |
| | | | | | | |
| | | | | | | |
| | | | | | | |
| | | | | | | |
| | | | | | | |
| | | | | | | |
| | | | | | | |
| | | | | | | |
| | | | | | | |
| | | | | | | |
| | | | | | | |
| | | | | | | |
| | | | | | | |

表 11-2　生活护理记录

床号＿＿＿＿　姓名＿＿＿＿　日期＿＿＿＿年＿＿＿月

| 项目\日期 | 1 | 2 | 3 | 4 | 5 | 6 | 7 | 8 | 9 | 10 | 11 | 12 | 13 | 14 | 15 | 16 | 17 | 18 | 19 | 20 | 21 | 22 | 23 | 24 | 25 | 26 | 27 | 28 | 29 | 30 | 31 |
|---|---|---|---|---|---|---|---|---|---|---|---|---|---|---|---|---|---|---|---|---|---|---|---|---|---|---|---|---|---|---|---|
| 服装换洗 | | | | | | | | | | | | | | | | | | | | | | | | | | | | | | | |
| 被罩床单枕巾换洗 | | | | | | | | | | | | | | | | | | | | | | | | | | | | | | | |
| 洗澡或擦身 | | | | | | | | | | | | | | | | | | | | | | | | | | | | | | | |
| 洗头 | | | | | | | | | | | | | | | | | | | | | | | | | | | | | | | |
| 理发 | | | | | | | | | | | | | | | | | | | | | | | | | | | | | | | |
| 剃须 | | | | | | | | | | | | | | | | | | | | | | | | | | | | | | | |
| 修剪指（趾）甲 | | | | | | | | | | | | | | | | | | | | | | | | | | | | | | | |
| 夏季擦席 | | | | | | | | | | | | | | | | | | | | | | | | | | | | | | | |
| 护理员签名 | | | | | | | | | | | | | | | | | | | | | | | | | | | | | | | |

表 11-3　生活护理汇总表

_____年_____月_____区

| 床号 | 姓名 | 服装换洗 | 被罩床单枕巾换洗 | 洗澡或擦身 | 洗头 | 理发 | 剃须 | 修剪指（趾）甲 | 夏季擦席 |
|---|---|---|---|---|---|---|---|---|---|
| | | | | | | | | | |
| | | | | | | | | | |
| | | | | | | | | | |
| | | | | | | | | | |
| | | | | | | | | | |
| | | | | | | | | | |
| | | | | | | | | | |
| | | | | | | | | | |
| | | | | | | | | | |
| | | | | | | | | | |
| | | | | | | | | | |
| | | | | | | | | | |
| | | | | | | | | | |
| | | | | | | | | | |
| | | | | | | | | | |
| | | | | | | | | | |
| | | | | | | | | | |
| | | | | | | | | | |
| | | | | | | | | | |
| | | | | | | | | | |

（陈友谊　汪生夫）

# 第十二章　养老机构经营管理

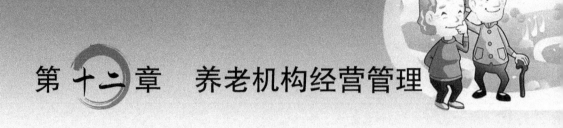

养老机构经营关系到养老机构的生存与发展,是每一位管理者必须思考和做出决定的问题。经营需要策划,更需要管理,但是经营管理不是一个孤立的管理,需要与养老机构其他管理,特别是质量管理紧密结合,才能达到预期目的。本章将重点介绍经营管理的概念、管理的方法,分析养老机构管理的现状与经营对策,经济效益评估的方法与成本管控,以及养老机构的营销策略与风险管理。

## 第一节　养老机构经营管理概述

### 一、养老机构经营管理基本概念

养老机构经营管理的核心内容:市场定位、营销策略、成本控制、规避风险、获得利润。

#### (一) 养老机构的经营

经营是"筹划、策划并管理"之意,经营的目的在于创造价值,追求效益的最大化。经营的环境是市场,存在着竞争,需要策划。策划的前提是看准市场,找准定位,因此需要进行市场论证。在找准市场的基础上要明确经营方针、经营目标与方法手段,这就是经营策略。符合市场规律的经营可以使企业在较短的时间谋求较快的发展,取得较好的经营业绩。

养老机构经营的是一种特殊的商品——养老服务。尽管这种服务产品在我国早期是救济性、免费的,主要针对城市"三无"、农村"五保"人员,不存在竞争。但是随着社会经济快速发展,市场经济制度的建立,养老服务业现在已走向市场,需要进行市场化运作。目前,日趋严峻的人口老龄化形势为养老服务业的发展提供了宽阔的空间,但它所带来的巨大集中养老需求又受到来自经济因素的制约。应当清醒地认识到我国已进入快速老龄化社会,政府投入不足、优惠政策难以落到实处,社会保障面窄、水平低和老年人支付能力有限,都给养老机构经营发展增添了困难。在这种情况下,如果没有良好的经营理念,符合国情和市场规律的经营策略与管理方法,即便是公办(国办)的养老机构也将面临生存与发展的危机。因此,必须高度重视养老机构的经营。

（二）养老机构管理

经营需要管理，没有管理的经营是一种混乱的经营，是一种低效或无效的经营。养老机构的经营管理的目的就是为了满足老人和家属的需求，取得良好的效益，实现养老机构自身发展的目标。现阶段在政府投入不足、优惠政策难以落到实处和老年人支付能力低的情况下，养老机构尤其应当重视经济效益。没有经济效益，养老机构难以生存与发展，社会效益也无法实现。

管理是一种人文艺术。这说明管理不仅是工具、技术、方法，也是一种文化。"事在人为"，管理应以人为本，管理者必须懂得有效地激励与沟通，使员工释放出潜力。

## 二、养老机构经营管理

（一）市场定位

准确的市场定位，才能造就个性化的企业形象，才能显示出经营管理特色。养老机构的市场定位就是要找准自己服务的目标人群，了解和掌握服务群体即老年人的年龄、健康状况、生活自理能力、经济承受力和需求层次如何。

理想的市场定位应当是具有广阔的发展空间、可以产生较大经济效益的细分市场。要从多种角度思考市场，寻找那些被人忽略的，但又有巨大潜在需求的目标人群与经营项目。

（二）经营方针与目标

经营方针是经营的宗旨和总的期望，是方向性的、定性的和宏观的，应与养老机构服务宗旨相一致。为了实现经营方针，需要将经营方针转化为可以量化的经营目标和具体指标。经营目标的制定应当与经营方针相吻合。当经营目标和指标达成时，方针应能得以实现。在养老机构中，每一个经营目标可能涉及几个，甚至所有部门。如果只有一个总体目标，没有具体的目标和检测指标，当未能达成时，就很难分析其中的原因，更无从采取措施，予以改进。因此，养老机构必须将总体目标和具体指标分解到各个部门。

（三）资源配置

要达成经营目标，继而实现经营方针，离不开资源。资源主要包括人力资源、物力（设施、环境）资源。这些都是养老机构投入的资本。对任何一个养老机构，资源都是有限的，要使有限的资源发挥最大的效用，就需要对资源作出合理的配置。

养老机构必须明确需要多少人，这些人需要具备怎样的能力和素养；建立与养老机构的市场定位、经营方针和养老机构形象相匹配的企业文化。物力资源也同样要有明确的要求，并对物力资源建立预防性维护制度，降低故障率，延长使用寿命,从而使同样的投入产生更多的产出。资源配置强调合理,即不可过高、过多,也不可过低、过少,应与养老机构经营目标和实际工作需要相一致。

同时,注重资源使用效率。养老机构管理同样要追求经济效益,没有经济效益,社会效益也无法实现。追求经济效益必须重视资源使用效率,即以同样的资源投入得到更多的产出,或者以较少的投入来获得同样的产出,才能给养老机构带来更多的经济效益。但是注重效率和效益的前提是保证服务的水平、质量不降低,老人的需求得到满足。否则,就是唯利是图行为,将被社会所唾弃。

(四)经营监管

养老机构要实现预定的经营目标,必须加强整个经营过程的监督管理。要检查行政职能部门责任落实情况、业务部门经营指标完成情况、每位员工履职情况,以及各项操作是否规范,是否存在漏洞。只有各个环节紧密衔接、密切配合,保证质量,才能实现养老机构的总体经营目标。

不断强化节约意识,如目标责任细化到人员开支、办公费用、车旅费、培训费、值班费、水电和维修等费用,并与奖金挂钩。有效降低经营成本,建立健全各项规章制度,加强监督,不断提高服务质量和经营效益。

### 三、养老机构经营环境

(一)人口环境

人口环境主要从人口总量、年龄结构、地理分布、家庭组成等方面。在我国,城乡养老需求存在很大差异。一般而言,居住在城市的老年人由于居住区域的便利可能更容易接触到新兴的养老服务产业,他们对养老服务的需求也更大一些;而居住在农村的老年人对养老服务产业的需求相对可能会小些。但无论在城市还是农村,代际分离居住的趋势日益普遍,全国老年家庭平均空巢率已经达到50%左右,有些城市甚至更高。此外,因同住子女白天上班或者短期出差导致"白天空巢"、"短期空巢"这样的类空巢家庭也存在着一定程度的空巢风险。可见,机构养老会越来越多地成为老人的选择。

(二)经济环境

经济环境一般是指影响企业市场营销方式与规模的经济因素,如消费者收入与支出状况、经济发展状况等。我国经济的快速发展、人民收入水平的提高使得养老机构的需求逐渐增多,同时城乡居民收入差距也使得城乡养老模式会有很大不同。

(三)政治和法律环境

政治环境是指企业市场营销的外部政治形势,法律环境是指国家或地方政府颁布的各项法规、法令和条例等。政治和法律环境会影响消费者对某一产业的心理预期,对市场消费需求的形成和实现具有一定的调节作用。随着我国老龄化的不断凸显,国家已经出台了很多的政策。从《老年人权益保障法》颁布实施以来,国务院及有关部门先后制定了 100 多件涉老行政法规、规章和政策文件。全国 31 个省、自治区、直辖市以及部分较大的城市出台了《老年人权益保障法》实施条例或办法。目前,以宪法为核心,以《老年人权益保障法》为主体,包括相关法律、行政法规、地方性法规、部门规章和有关政策在内的老龄法律法规政策体系已经形成并逐步完善,为发展老龄事业,维护老年人权益提供了制度保障。围绕老年人基本生活保障的保险、救助、奖励扶助制度基本确立。

（四）社会文化环境

社会文化主要指一个国家、地区的民族特征、价值观念、生活方式、风俗习惯、宗教信仰、伦理道德、教育水平、语言文字等的总和。社会文化环境会极大影响消费心理和消费习惯。中国人"养老"意识是非常强的。养儿防老,是中国人几千年来形成的传统观念,在人们的头脑中根深蒂固。我国历史上以子孙满堂的大家庭为荣。过去,只有孤寡老人、五保户、"三无"老人才进养老院,然而随着时代的变迁,人的思想也在潜移默化地发生转变,如今养老院也不再被视为老人的避难所,甚至于也不再仅仅是老人的安居之处。现代价值观念下,老人不仅要获得基本生存条件还要参与社会的发展,分享社会发展的成果。

（五）行业竞争环境

行业竞争环境分析主要是分析目前养老机构市场的运营现状,由各级地方政府创办的福利院、敬老院和民间资本创建的各类养老设施的构成情况,并以此分析当前进入养老机构市场的机会何在。

## 第二节　养老机构经营策略

### 一、市场预判

养老服务业是一个投资大、回收周期长、高风险、微利行业,投资人对此应有清醒的认识。应当在充分地市场调查、分析、论证的基础上,慎重决定是否进入养老服务业。

我们通常采用 SWOT 分析,即优势（Strength）、劣势（Weakness）、机会（Opportunity）和威胁（Threat）分析来帮助经营者进行内部能力、外部因素等各方面内容进行综合和概括,进而分析其优劣势、面临的机会和威胁,从而达到把资源和行动聚集在自己的强项和有最多机会的地方。

### （一）清晰自己的市场定位，优势是什么

在前期规划的时候，要根据所在的区域，根据我们自己的市场定位来设计，而不是一味追求"高、大、上"。

通过充分的市场调查，包括老年人需求调查，竞争者市场定位比较，通过差异化方法确定自己的竞争优势和特色，从而找准自己的市场定位。要根据目标顾客的心理和需求，确定自己的特色，以及提供的服务项目和功能。

### （二）清楚老年人消费构成，需求是什么

根据年龄可将养老机构消费者分为若干个年龄段。每个年龄段对于养老机构的需求并不完全相同。

根据收入可将养老机构消费者分为"三无"和"五保"老人、低收入老人、中等收入老人和高收入老人，对不同支付水平的老人提供不同的服务。

根据身体状况老年人口可细分为完全自理、半自理和无自理能力的老人，不同护理级别的老人的护理需求是不同的。

按照入住动机，我们可以分为这些情形：最基本的生活保障、希望多一些关心和陪伴、减轻子女负担、不得已入住、享受生活乐趣、发挥余热等。

根据生活方式的不同，又可将老年人口划分为简朴型、时尚型、奢华型老人。

### （三）突出自己品牌特点，特色是什么

养老机构通过自身努力，不断提高服务品质，打造自己的品牌，并使品牌迅速进入消费者的心智，占领一个牢固的位置，借名牌之光而使自己的品牌生辉。使潜在的消费者（老年人群）对养老机构提供的服务（或产品）形成特定观念和态度。主要在产品、管理、服务、人员素质、机构形象等方面与其他同类养老机构有所区别，形成差异。

### （四）老年人入住需求各异，差别是什么

老年人对养老机构的理解是具体和个性化的。不同年龄、性别、民族、经济条件、从事职业、健康状况的老年人，对养护需求的结构是有差异的。一般来讲，随着年龄的变化对需求的差异很明显，低龄老人一般身体依然健康需要充实和丰富的生活内容，"为"与"乐"是优先需要。中龄老人伴随进入衰老阶段他们最迫切的需要是"养"、"医"，年龄越大，这种需要的强度越高，同时，"学"、"教"依然很重要。高龄老人多数为失能老人，健康状况差，对"医"、"养"的需求是首要的，而且对外部的依赖性增强，解决精神孤独与生活照料也是他们的积极需求，所以"乐"也占重要的位置。

除了年龄差异，因地区、心理、习惯、消费能力导致的需求也具有很大的差异性，所以必须对养老市场进行细分。

#### (五)怎样推销养老机构,策略是什么

按照消费者所处的地理位置、自然环境细分养老机构市场,我国养老机构可以划分为城市养老机构、乡村养老机构和城乡结合候鸟式养老机构。这种细分方式对不同区域的识别和划分具有很大意义,可以针对不同地理环境中的老人制订具有针对性的营销策略。主要的营销战略有无差异性营销战略、集中性营销战略等。

#### (六)如何扩展经营空间,任务是什么

更新观念、开创市场、找准定位、制定目标、整合资源、挖掘潜力、注重质量、扩大规模,吸引更多的社会老人入住。这是经营者的主要任务,这是经营的主要目标。

### 二、获得社会支持

在国家加快发展养老服务业,使养老服务业成为积极应对人口老龄化、保障和改善民生的重要举措,成为扩大内需、增加就业、推动经济转型升级的重要力量的关键时期。也是养老机构发展的大好时机。养老机构通过自身的不断努力和成果体现,可以争取政府更多的投入,享受到各种补贴,社会的支持,企业、慈善机构的捐赠,还可以积极参与为老服务相关的项目建设或运营管理等。

#### (一)政府支持

政府支持主要方式是直接资金支持、项目资金支持,以及政策支持与落实。诸如一次性建设补贴、床位补贴、运营补贴及时足额发放;降低准入门槛、简化手续,在土地保障、规费减免、购买服务等方面给予优惠,引导鼓励社会力量参与养老服务体系建设,以及落实税费优惠政策、加强基层养老服务设施建设、不断加大对养老服务业的投入等方面给予积极支持与引导,促进养老服务业健康快速发展。

#### (二)接受企业、慈善机构捐赠

养老机构特别是民办养老机构应加大宣传力度,积极报道先进的人和事,让更多的企业家了解机构的现状及发展中遇到的困难,更主要的是要让企业家们看到机构养老的发展愿景及其社会影响力,使企业家们感到他们的捐赠和资助会产生良好的社会效果。养老机构要用良好的服务品质和管理质量赢得社会各界的赞誉。

#### (三)为老志愿者服务

志愿服务指利用自己的时间、技能、资源、善心为邻居、社区、社会提供非盈利、无偿、非职业化援助的行为。

养老机构应积极与教育、卫生、工商、共青团、妇联,以及志愿者组织紧密联系,募集社会志愿力量,充实服务内涵和拓展服务的广度。培育一群老年志愿者骨干,凝聚一群年轻志愿者,利用医疗护理专业人士志愿者、在校大学生(社工专业)志愿者为老人提供专业化志愿服务;整合爱心企业、院校(幼儿园)、部队、社区在大型节

日活动中发挥其主力军作用。发动各大媒体志愿者的参与,积极宣传为老服务的正能量,倡导社会各界力量关爱老人,发挥其巨大的社会效应。如组建"心理关怀"、"健康咨询"等志愿者服务队。建立志愿服务日、服务月等常态化机制等,积极开展"平常送问候,孤独送快乐,急难送救助,生病送医疗,生日送祝福,节日送慰问"活动,引导激励人人参与。

### 三、加强管理

养老机构管理包括两个层面,即政府对养老机构的管理和养老机构内部的管理。政府管理为宏观层面(从政策法规层面)对养老机构建设、服务与经营进行管理,多为指导和监督。内部管理为微观管理,根据老人的需求,依据国家政策法规所进行的具体事务管理。

#### (一)接受政府监管

主要通过政府职能部门的服务与行政监督来强化对养老机构业务的指导与管理。主要涉及的政府职能部门有民政、国土、卫生、消防、工商、税务和环保等。民政部门为主管部门,负责其建设、经营、服务的全面指导与管理。其他部门实施相关业务指导与管理。政府管理的目标:要求养老机构规范服务、依法经营、规避风险、持续改进服务质量,提高经营效益。政府管理方法:依法管理、分级管理、目标管理、行业协会管理。

#### (二)强化内部管理

加强养老机构内部管理,不断提高管理水平和管理能力,清晰自身的优势和弱点,客观评估机构的经营能力,以及预测发展机会和将来环境相适应的程度。

1."三要素"管理

(1)服务者与服务对象的管理:如何调动员工的积极性,增强责任意识,保证老人居住安全,提高服务质量,这是养老机构管理的重点,也是养老机构赖以生存与发展的关键。

在老人入住与出院管理、生活照料与护理管理、医疗服务管理、营养与膳食管理、精神文化生活以及入住安全管理等方面加强管理,确保老人居住安全,预防和杜绝意外伤害事件发生。有条件的养老机构,应实行信息化管理。

(2)财务和资金管理:全面加强和规范养老机构财务工作,提高养老机构财务管理水平,实现财务管理规范化、制度化、程序化。为此,在财务工作上要做到:规范财务报销程序;执行财务管理制度;严格执行财经纪律;加强资金安全管理,实行银行账户与印鉴分开保管;严格按照有关财务规定健全会计账簿,应收尽收,收支两条线。做到日清月结、账款相符、账目清楚。

(3)"物"的管理:包括机构内硬件设施的建设、改造、维修,设备、物品的采购、使用、维护和保管以及财产的管理。管理目标是所有设施、设备始终处于完好状态,物品采购、使用、管理始终处于规范有序状态,降低采购成本,保证设施的完好率,提高使用效率,保证养老机构各项工作正常进行。

2. 组织管理

(1) 机构设置管理:包括科室设置、岗位设置、人员配置、部门职能、岗位责任、人事聘用和档案管理等工作。一个聪明的领导上任之前就应该考虑配备一个好的班子,搭建一个好的管理架子,这就是养老机构的组织机构管理。好的、合理的组织机构是养老机构正常、高效运行的保障。

(2) 大政方针管理:如办院宗旨、服务定位、发展方向、发展目标与发展规划等。大政方针确立后,通过加强领导、深化改革、监督实施。

(3) 规章制度管理:规章制度是员工的行为规范、工作准则,也是行政、业务管理的重要依据。目的是保证养老机构各项工作环环相扣、紧密衔接,工作正常有序。

3. 业务管理

(1) 出入院管理:是养老机构管理正常运行的重要保障。做好出入院管理可以规范经营服务行为、化解矛盾与风险。入院管理包括接待咨询、登记预约、健康体检、家庭调访、入住审批、协议签订、试住等工作。出院管理包括出院手续办理等工作。

(2) 护理服务管理:是养老机构管理工作的中心和核心内容。护理无小事,直接关系到入住老人晚年生活质量与安危以及养老机构经营与发展。要重视服务态度,提高服务水平与质量,满足老人需求,确保老人入住安全。包括健康评估、护理等级评定或变更、生活护理、心理护理、疾病护理、康复护理、老人安全和文娱体育活动组织以及入住老人健康和个人档案等管理。

(3) 医疗服务管理:为了规避医疗服务存在的风险,养老机构必须强化医疗服务管理,明确自己的医疗服务范围,在规定的范围内,开展医疗服务。如发生重大、突发性疾病,应在进行现场急救的同时,一定要及时通知其亲属。没有救治能力与条件的情况下,一定要配合老人亲属送往外院救治,紧急情况下可直接拨打120急救电话。此外,还应做好医务人员执业资格管理、药品、处方管理和病历档案管理等工作。

4. 后勤管理 后勤保障管理涉及养老机构环境绿化、美化和卫生,房屋、水、电、煤气、采暖等设施的维修,食品采购、加工制作与服务,车辆的使用与维护,消防安全与保卫等工作的管理。一般后勤服务人员可归口行政职能部门进行管理,如司机、安全保卫人员可由院办公室管理;房屋及水电、煤气设施维修和膳食工作人员可由总务科管理。后勤人员多的部门可成立相应的班组,实施班组管理。

5. 其他管理　其他管理，如思想政治工作管理。思想政治工作是一项如何引导人、教育人、塑造人、培养人的工作，是企业必不可少的生命线、向心力。当前经济成分和经济利益的多样化，导致思想观念和价值取向的多样化。员工思想更加活跃，观念不断更新，民主法制意识、生命价值和人身权利意识不断增强，精神文化需求日益增长且复杂多样。因而思想政治工作在机制上也要创新，要富于主动性，要主动地研究问题，化解矛盾，促进团结，提高人们生产工作的积极性，把思想问题化解在萌芽状态。凝聚、团结、激励员工，共同为养老机构的科学、健康、和谐、持续发展献计献策。

6. 管理目标与原则　追求社会效益、重视经济效益是任何一个养老机构管理的共同目标。管理目标如近期和远期的发展规模目标、质量管理和品牌战略目标、经营效益目标和人才战略目标等。

(1) 以人为本原则：这一原则是管理之本、发展之本，主要体现在：第一，在规划设计、装修，或改造过程中，一切为了方便老人居住与生活，为老人营造一个温馨、舒适、安全、方便的居住环境；第二，在服务理念上，充分了解老人的需求，理解老人的心理与期望，对每一位老人提供体贴入微的个性化服务；第三，在员工的管理上，既要严格要求，又要处处关心，切实解决员工工作、生活上的困难，维护员工的合法权益，激发员工努力工作的积极性。

(2) 安全第一的原则：应从制度上进行设防，意识上加以强化，把不安全因素消除在萌芽状态。

(3) 质量第一的原则：质量是任何一个企业发展的生命线。

(4) 依法管理的原则：养老服务是一个政策性很强、管理严格、社会关注度高、十分敏感的工作，稍有偏离，将会遭到政府部门的批评、处罚和社会舆论的谴责。

## 四、增加服务项目

养老机构要增加收益，除精打细算，提升服务品质外，增加服务项目，拓宽服务内容是增收的主要手段之一。可以从以下几方面进行策划和运作：

1. 针对入住老人精神文化需求，可扩大文体娱乐、老年大学等服务项目，以吸引老人特别是知识型老人入住。

2. 针对长期患病、生活不能自理和临终老人增多，可开展临床医疗和康复服务，以及临终关怀服务项目，以此形成自己的特色。

3. 针对高收入层的集中养老需求，可开发高档养老居室或套房，提供高层次服务。

4. 针对社区老人日间照料和临时照顾需求，可开展老人日托和短期托老照料服务，既为老人的子女解决了实际困难，增进了老人及子女对养老机构的了解，培育了感情,也提高了养老机构的床位利用与经济效益。

5. 针对老人外出旅游、异地养老的需求,可联合外地的养老机构开展旅游和候鸟式养老服务项目,以提高养老机构的知名度和经济效益。

6. 应紧跟形势的变化、老人的需求,适时调整、拓展相关的为老服务项目和适老化产品。

### 五、提高员工素质

克服重"硬件"建设、轻"软件"建设的现象,解决一些养老机构"一手硬一手软"的问题。员工素质的高低,直接关系到养老机构的稳定、生存与发展,关系到企业在激烈的竞争中的胜负。特别是关系到养老机构服务质量与安全、床位利用率和经营效益。切实抓好员工,特别是一线养老护理员岗前理念教育和业务技能培训,在可能的情况下多聘用高素质的专业人才。

通过不断强化培训和培养员工的终身学习能力,全面提升员工的思想道德素质、科学文化素质、业务技能素质和创新能力,帮助员工树立正确的世界观、人生观,形成奋发向上、积极进取的精神氛围,塑造良好的企业形象,创建优秀的企业文化,增强企业的向心力和凝聚力,推动养老机构的良性发展与持久的竞争优势。

### 六、规模经营

养老机构规模经营可以提高人、财、物集中使用效率,降低经营成本,扩大服务内容,提高经营效益,应从战略的高度重视规模经营问题。

但是,我们要摒弃那种舍小求大、舍专求全的观念,而要以"小而精"、"小而专"的发展理念,注重自身条件,选择具有灵活性、适应性,充满创新活力的适度规模的经营方式,培养良好的发展理念和强烈的规模经营意识,不断推动养老服务和养老机构自身发展。

### 七、创立品牌

大众消费存在一种崇尚品牌的心理,信任有良好形象的品牌。当品牌在消费者心理产生归属感以后,有利于推进品牌的规模扩张和连锁经营,形成良性循环。进而促进养老机构产业化进程,形成有一定规模和影响力的养老集团。通过连锁化经营、集团化发展,建立起大型养老服务品牌。

目前,养老服务品牌极为少见,所以要抓住时机,应当在抓质量、扩规模、树品牌上作出示范。养老机构应特别重视在商标、标志,企业文化、服务理念、服务宗旨、独特的核心竞争力(产品硬件到服务软件,管理、流程、成本控制、团队组建等)等方面的建设。

## 第三节 经济效益评估

### 一、经济效益评估的方法

在人口老龄化逐渐加剧的社会背景下,养老服务业具有广阔的前景。但养老服务业具有投资大、回收期长、经营风险大等特点,所以在投资兴办养老机构前,要进行深入论证,科学合理地评估养老机构的经济效益及风险。

经济效益评估方法分为静态评价法、动态评价法及不确定评价法三类,见图12-1。

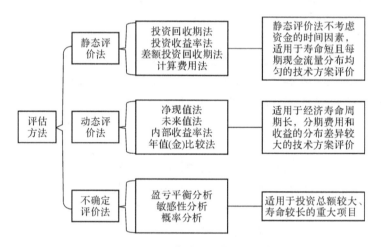

图12-1 经济效益评估方法比较

(一)静态评价法

是指在评估项目投资的经济效益时,不考虑资金的时间因素。这种评价方法主要包括投资回收期法、投资收益率法、差额投资回收法及计算费用法。

(二)动态分析法(又称现值法)

主要特点是考虑了整个寿命周期内现金流量的变化情况及其经济效益,考虑了资金时间价值因素对其营利能力和清偿能力的影响,比较精确,但计算起来相应比较复杂。其包括净现值法和内部收益率法。

(三)不确定性分析

主要是指技术方案中某些不确定性因素对其经济效益的影响。比较适用的不确定性分析方法有盈亏平衡分析、敏感性分析和概率分析。

这三类评价法有各自的特点和适用场合。

## 二、评估的重要指标

投资回收期法、净现值法、盈亏平衡分析等都是养老机构运营中经济效益评估的重要指标。

(一) 投资回收期法

投资回收期法又称返本期,是指项目投产后,以每年取得的净收益(包括利润和折旧)将全部投资回收所需时间。静态投资回收期可根据现金流量表计算。其具体计算又分以下两种情况:

1. 项目建成投产后各年的净收益(即净现金流量)均相同,测静态投资回收期的计算公式为:$Pt=K/A$。

2. 项目建成投产后各年的净收益不相同,则静态投资回收期可根据累计净现金流量求得,也就是在现金流量表中累计净现金流量由负值转向正值之间的年份。

其计算公式为:$Pt$= 累计净现金流量开始出现正值的年份数$-1+$(上一年累计净现金流量的绝对值/出现正值年份的净现金流量)。

采用投资回收期进行方案评价时应把技术方案的投资回收期 $P$ 与行业规定的基准投资回收期 $Pc$ 进行比较,决定方案的取舍。

取舍的条件是:①若 $P \leqslant Pc$,表明项目投资能在规定的时间内收回,则方案可以考虑接受;②若 $P>Pc$,则方案是不可行的。

用投资回收期的长短来评价技术方案,反映了初始投资得到补偿的速度。

(二) 净现值法

净现值(NPV)法是指在项目计算期内,按行业基准收益率或企业设定的贴现率计算的投资项目未来各年现金净流量的现值代数和。它是反映投资项目在整个分析期内获利能力的动态评价指标。

(三) 盈亏平衡分析法

盈亏平衡分析法是根据方案的成本与收益关系确定盈亏平衡点(保本点)进而选择方案的一种不确定性分析方法。

1. 图解法 根据产品产量(销售量)、产品价格以及固定总成本费用和可变总成本费用等资料,以产品产量(或销售量)为横坐标,以总成本费用或销售收入的金额为纵坐标分别做出总成本费用与产量、销售收入与产量的关系线,如图12-2所示,两线相交于 $G$ 点,$G$ 点即为所求的盈亏平衡点。

2. 计算法 在线性盈亏平衡模型中,方案的总成本费用、销售收入与产量(销售量)呈线性关系,总成本:$C=F+Cv \times Q$,总收入:$S=P \times Q$,

其中:$P$——产品销售价格,$F$——固定成本总额,$Cv$——单件变动成本,$Q$——销售数量。

盈亏平衡方程：$C=S$，即 $P×Q=F+Cv×Q$。

盈亏平衡点：$Q=F/(P-Cv)$

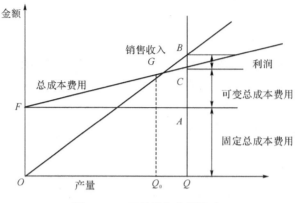

图 12-2 盈亏平衡点图解法

## 第四节 养老机构经营风险管理

### 一、养老机构经营常见风险类型

养老机构经营常见风险主要有市场定位风险、入住率风险、收费风险、护理服务风险、意外风险等。如护理服务风险是：在养老机构养老的老年群体中，失能、失智、多病等介护老人占有相当大的比重，由于这些老年人年龄偏大身体状况较差再加上所患病种的多样性和复杂性，护理要求很高，客观上造成近年来养老机构发生的医疗护理纠纷增多，赔偿风险增大。"意外"是指老人在入住养老机构期间所发生的、未曾预料的突发性事件，常导致老人躯体和精神伤害，包括老人走失、摔跤、骨折、猝死。高龄老人的身体特殊性，决定其成为意外伤害事件的主体性。多发性、主体性是养老机构意外伤害事故的主要原因，大多家属较少考虑老人自身原因，而是从养老机构方面找问题，甚至把全部责任都推给养老机构，而大多数民办养老机构又没有经济实力，经济赔偿往往成为事故的焦点。

### 二、养老机构风险规避

养老机构各种风险的出现，综合来说有养老机构自身因素，也有社会环境文化因素，更有入住老人自身的原因。为此，我们要不断提高风险防范意识，有针对性地教育、激发员工的风险意识，对服务环节展开规范化管理，对日常风险进行有效预防。

首先，充分调研，避免投资和定位风险。养老机构的市场定位应在对环境、消费者、竞争者进行全面分析之后，经过科学的可行性研究论证，从自身实力出发，在复杂的养老市场竞争中发现自己的生存空间，找准自己的定位，遵循市场规律创新经营，才能避免盲目投资带来的风险。

其次，完善制度，加强监管。养老机构要完善制度，从制度上保障入住老人的居住安全。包括老人入住管理制度、护理等级评定制度、健康管理制度、员工管理制度、岗位职责制度、服务标准、操作规范及其他各种管理制度与监督机制。从老人与养老机构签订入住协议的那一刻起，就要认真贯彻制度和协议约定。同时，根据老人入住时间和健康状况的变化，适时与老人及其亲属签署一些补充协议。有条件的养老服务机构应聘请自己的法律顾问，寻求法律人士的介入和帮扶，尽力规避可能存在的法律风险。

这里所说的制度，仅限于与老人服务直接相关的内容，包括制度的制定完善和执行到位两个方面。制度是执行的向导，执行是制度的活化，二者相辅相成、缺一不可。制度也是机构生存与发展的基本框架。需要从老人入住到平日护理以及突发伤病的应急处置、日常例行巡视、与家属关系的处理，每项工作、每个环节都应有一整套规范化的程序和要求，减少随意性和盲目性。

最后，做好预案，积极应对危机。在意识层面，机构应树立和强化以和为贵的理念，化解冲突，切忌消极退缩和逞强对抗。在制度层面上，机构应当未雨绸缪，制订应急预案和应对措施，让每位员工都熟知，避免遇事慌乱。在行为层面，一是应急事件发生后，首先要全力保护老人的人身安全，及时救治，并立即和老人及其家属沟通，取得谅解，最好能达成彻底解决协议。二是如发生重大安全事故，须立即向上级主管部门汇报，争取支持和指导。三是对闻讯而至的记者应客观地介绍情况，切忌说谎编造。发挥新闻媒体的正面效应，以公正、全面的立场，对住养纠纷与冲突进行客观的报道与评论。四是尽快向所投保的公司报案索赔，分散赔偿压力。五是保全证据，聘请律师。一旦协商不成，随时做好应诉准备，运用法律手段解决争端才是上策。

【案例分析】

【案例 1】

某养老院位于市区，该区的环境比较好，但因为房租高，而且该房子的南侧窗户外不到一米处有一堵坡道墙，既挡住了光线，影响通风，同时又给老人心理添了堵。为此很多同行看过这个房源后，都望而生畏。由于该区房源实在紧张，某院长于是跺跺脚，拿下了房子，准备投入装修，收住老人。

在装修近尾声时，原本黑通通的土建房子，装修一新后，还是有点看样，可是南侧窗外的那堵墙实在是看了让人堵,要是就这样让老人住在里面,没有心脏病也会闷出心脏病呢。工程队建议院长把这堵墙用外墙油漆出个新,但还是不能改变"堵"啊。

院长苦思冥想,查阅有关养老院装修规范、文化等等。突然,她有了个奇想,要是在那墙上做点山水画,让老人在床上就能看风景,那该多好啊!

于是她咨询广告公司,请他们想办法在那堵墙上装上铁架子,然后在架子上装上带有风景的大喷布。在试装了一张"中山陵"风景画后,大家从走道向窗外看去,"啊,有一种身临其境的感觉,太棒了!"所有的人异口同声。

找到了装画的办法后,院长和大家商量,在那条坡道墙上做出一道文化墙,既能把原先的弊端掩盖,还能体现养老院的文化品位呢。于是,她们整理出了"金陵十二景",作为第一期文化墙内容,在广告公司的帮助下成功上墙了。

在这样的创意下,院长又把走道下水管的位置用壁龛进行了包装,壁龛里那些花、装饰物在暖色灯的照射下,格外靓丽,充满了家的温馨……

新院开业了,领导和同行们都来参观,大家都说:你们真有创意啊,这条文化墙太美了。市局领导特发来短信祝贺,市局领导还要求国办养老院到该院参观学习。

在老人家属来参观咨询时,这堵文化墙成了一大卖点。

文化墙中有幅"长江大桥"画,参加长江大桥建设的张爷爷,每次心情好和不好时,他都会来到"大桥"前,回忆他年轻时美好的时光……

老年痴呆的李奶奶,年轻时很喜欢旅游,她经常想一个人跑出去玩,护理员就以假乱真,常带李奶奶到"梅花山、夫子庙"玩,老人家玩得真开心啊!

新院开园第一个月,入住了17名老人,在不到半年的时间里,入住率达50%。

【专家点评】

1. 养老院经营不但需要有经验,也需要有创新能力。

该院长从事养老工作多年了,具备从事养老院经营的经验,文化墙的创新举措,让养老院的劣势变为优势。

2. 养老院经营者不但要从事具体的工作,还要不断提高自身的学习能力,该养老院文化墙就是该院院长在学习养老院装修规范时,特发的灵感。

3. 养老院不只是管老人吃喝拉撒,这样老人只能是等老。老人有精神文化需求,养老院要充分考虑到,把文化引入养老院,既满足了老人的需求,丰富老人的晚年生活,同时提高了养老院的美誉度,增加了养老院的竞争力。

4. 创新不但要有举措,还要用到实处。

该养老院的文化墙是老人回味过去美好生活的地方,又是老人"旅游"的好去处。养老文化,不只是喊在嘴上、贴在墙上,而是要用在老人身上,真正为老人做实事。

**【案例2】**

选址不当　经营亏损

某养老院在本地口碑很好,入住率达到100%,还有很多老人在排队等床位。

为了满足老人入住需求,该养老院选择了城郊结合部一所物业,扩大规模。由于城市扩大,居民移居新的住所,这个地方变为经济开发区。该物业条件很优惠:一是房租价格低于市中心,便宜近一半,并附有两年不收房租的优惠条件;二是有个鱼塘准许入住老人或老人家属垂钓,钓上来的鱼,价格按市价一半收取;三是菜地养老院可以种植,也可以合作种植;四是有苗圃园林可观赏。

这个地方能否作为养老院呢?

院长与有关人员磋商,认为可行。理由是:其一,这所物业距离市中心较近,有一趟公交车直达;其二,价格便宜,优惠较多;其三,面积大,活动空间大,有鱼塘、菜地等,老人和家属可以在这里休闲娱乐;其四,目前市区里的养老院住人太多,可以分流一部分到这里养老;其五,作为老人"农家乐"项目实验基地等等。经过一番论证,院长和房东就签订了协议。

经过半年的试运行,结果是"人算不如天算"。老人不愿来,家属反对来,健康老人玩一次就不愿意来第二次,"农家乐"乐不起来,因为周边都是企业厂房。小范围可以,大环境不行。公交车仅仅一趟,白天拥挤,老人上车困难,晚上六点钟就"停摆"了。

在这种情况下,是继续"挺"下去呢,还是来个"急刹车",打道回府呢?半年就亏损数万元,这对于一家小型养老院是个沉重负担。思来想去,还是打道回府吧。

**【专家评点】**

尽管院长经验丰富,但选址不当,就会出现"英雄无用武之地"的窘况。养老院选址大有讲究,与一般企业选址不同。养老院选择地址涉及三个层面:一是老人家属。如果老人家属认为探视不方便,老人就不可能来入住;二是健康老人活动。老人活动空间"半径"较小,对环境的依赖性很大,一旦熟悉了,产生了依赖感,大多不愿"舍近求远";三是老人异地活动的特殊性。如果是短途旅游,故地重游老人感兴趣,老人爱回忆;如果是长途旅游,品味历史名胜古迹,知识型老人有兴趣。

养老院选址切莫选择"空降兵"地带,这种"上不靠天,下不落地"的地方,即使房租再便宜也不能去。

(吴友凤　时英平)

# 第十三章　养老机构安全管理

## 第一节　养老机构易发生的事故及老人安全

### 一、意外、事故的定义

1. 意外　是指老人所发生的、未曾预料的突发性事件,常常导致老人身体和精神伤害,又称为"意外伤害"。

2. 事故　是指造成人员伤亡或重大财产损失的事件。事故又可分为意外事故和责任事故。

（1）意外事故:是指由于老人个人原因(如不当操作或活动、不小心等)和其他不可抗拒的原因(如自然灾害),而非养老机构方面的原因造成的事故。

（2）责任事故:是指养老机构工作人员违反规章制度、操作规程等失职行为所造成的事故。

### 二、养老机构易发生的事故

（一）日常护理事故

养老机构的日常护理事故包括老人摔伤、烫伤、坠床、食物导致的窒息、走失、压疮、触电等。日常护理事故与老人生理性衰老和疾病有关,更是与养老机构员工的安全意识、责任意识、服务是否规范、管理是否到位有关。有些事故是由于养老机构工作人员玩忽职守、违反规章制度、一时疏忽大意等原因造成的,如清扫房间或楼道后,没能及时将地面积水擦干,也没有及时提醒老人,造成老人摔伤。近年来,养老机构的日常护理事故发生频率高、种类多样、事故责任难以认定等特点,越来越受到人们的重视。

（二）食品安全事故

养老机构的食品采购不规范,甚至采购了变质原料和过期食品,又无采购验收记录,食物原料保管不规范,清洗不彻底,加工不卫生,饮食安全得不到保障,可能引发食品中毒事故发生。

### (三)设备安全事故

设备安全事故是指因设备质量、安装、使用、管理、保养、维修等方面的原因导致的安全事故。尤其是一些特殊的设备,如电梯(升降机)、锅炉、电器电路等,特别要注意防止设备安全事故的发生。

### (四)医疗事故

老年人是疾病高发人群,他们的身体虚弱,免疫能力较低,容易感染疾病,目前部分养老机构为入住的老人提供医疗服务,可能发生的事故有输血输液差错、错误用药、过量用药、误诊等。医疗事故一旦发生,很有可能危及老人的生命安全。

### (五)社会安全事故

社会安全事故主要包括火灾、重大交通事故、恐怖袭击、暴力侵害、抢劫等。因为养老机构不是一个封闭的场所,每天会有许多人出入养老机构,如老人外出就诊、访友、家属探访、志愿者服务等,流动频繁,给养老机构带来安全隐患较多。

## 三、影响老人安全的因素

### (一)内在因素

1. 生理因素　老年人随着年龄的增长,身体逐步衰老,机能逐步减退,这是自然规律,老年人"越活越年轻"一般只是我们的美好愿望。从一个较长的时间段来看,高龄老人的身体一般来讲总是每况愈下的。老年人的体力、耐力、平衡力、听力、视力、嗅觉、皮肤的感知力、反应能力总是在衰退。老年人是意外伤害事件的高危人群。

2. 疾病因素　各种类型的急慢性疾病也加速了老年人生理性衰老,增加了意外伤害发生的可能性。例如,患有糖尿病、高血压的老人易发生摔倒、中风。患骨质疏松的老人极易引发骨折,中风偏瘫的老人,除了腿脚、手不灵便,实际上咀嚼、吞咽功能也都退化,容易发生噎食,导致老人发生危险。

### (二)外在因素

1. 硬件设施　由于养老机构硬件设施不完善、不规范、不配套,而给入住老人留下安全隐患。例如,养老机构的建筑不符合《老年人建筑设计规范》的基本要求,地面不平整或没有经过防滑处理,房门设有门槛,走廊、楼梯、浴室、厕所等处缺乏扶手,采光过暗,家具稳定性差,障碍物过多,没有安全和警示标志等,都为老人日常生活留下安全隐患。

2. 工作人员素质　有的养老机构护理人员没有经过专业培训,不具备上岗服务资格与条件,对老年人身体、心理变化以及疾病护理知识相对缺乏,更缺乏安全防范意识。这样的员工素质必然增加了意外伤害事件发生的概率。

3. 管理因素　管理上的漏洞主要表现在制度不健全,责任不落实,管理不到位。还表现在平时缺乏安全隐患检查、识别机制,意外发生前无防范,意外发生后的应急措施也跟不上,急救措施无记录等等。许多养老机构与老人及亲属签署入住协议不完善,没有充分考虑到可能存在的安全问题。

4. 社会心理因素　养老机构的老人受各种社会心理因素的影响,有时也会给老人带来安全隐患。如家庭矛盾、赡养经济纠纷和遗产分配纠纷,也常常触发老人意外伤害事件发生。极度孤独寂寞的老人,或缺乏亲情关爱和精神慰藉的老人,也极易产生轻生的念头,甚至引发恶性事件。

## 第二节　养老机构安全管理的主要内容

### 一、养老机构安全管理的原则

（一）"安全第一"的原则

在养老机构的一切工作和活动中,必须坚持"安全第一"的原则。任何工作、活动与安全发生抵触时,必须首先保证安全,把安全放在第一位。在所有的工作中,实行安全工作的"一票否决"制。如建筑消防未验收合格,设施未经安全检查,不能入住老人。设备未经安全验收不能使用。老人活动安全措施不落实,活动不能开展,等等。

（二）"老人第一"的原则

在养老机构的所有工作中安全第一,在所有安全工作中,老人的生命身体安全第一。养老机构所有的工作,所有的员工都要确保老人的生命财产安全。这既是养老机构服务宗旨的基本要求,也是安全管理工作的基本要求。

（三）"预防为主"的原则

要积极主动地做好防范工作,防微杜渐,把发生事故的可能性降到最低;要定期进行安全检查,及时发现和消除各种不安全因素和事故苗头,把各类事故消灭在萌芽状态;要加强安全教育,做到警钟长鸣;要严格安全管理责任制,人人知道自己的安全责任,彻底消灭安全死角,清理安全隐患。

（四）"责权一致"的原则

管事必须管安全,"谁主管,谁负责"。院长是养老机构安全工作总责任人,分管领导是分管业务工作范围的安全总责任人,部门负责人是该部门安全工作的总责任人,做具体业务工作的员工对自己工作涉及的安全工作负责,除了不做工作的人,全体员工人人都有安全责任。

## 二、建立健全的规章制度

### （一）建立安全责任制度

建立全面的安全管理责任制度是养老机构安全管理的基础性工作。通过安全管理责任制度，明确各级领导、各职能部门、各个岗位每一名员工安全管理的责任，最大限度地调动全体员工做好安全管理工作的积极性。

### （二）建立事故调查处理制度

养老机构发生的任何事故（或事故隐患）无论大小，都不能轻易放过，必须及时调查处理。做到"四不放过"：事故原因未查清不放过；当事人和群众未受到教育不放过；事故责任人未受处理不放过；没有制订切实可行的预防措施不放过。"四不放过"都必须用制度来保障。

### （三）完善各项服务流程和工作的管理制度

任何一个服务环节、管理过程缺失，都有可能为老人日后的安全埋下隐患。养老机构的各项服务和工作都应制定具体流程和制度，确保每一项具体的服务和工作都规范和有章可循。

## 三、安全隐患排查和安全演练

### （一）养老机构要定期进行安全隐患排查

1. 查设施设备是否符合要求　养老机构的硬件是否符合"无障碍"设施和安全的要求，消防和卫生防疫等设施是否符合有关的标准，配置齐全。

2. 查规章制度是否完善　要重点检查各类人员的工作职责和工作制度、带班值班和交接班制度、考核奖惩制度等是否完善、落实，对突发事件要有应急预案。

3. 查服务是否规范　对患有传染病的人员，禁止进入养老机构。

### （二）定期开展各项安全演练

可以帮助养老机构发现并及时评估养老机构的重大事故应急能力，检验员工对应急预案的了解程度和实际操作能力，养老机构应该定期开展火灾、地震、急救、老人跌倒等事故的安全演练。

## 四、加强安全工作宣传和教育

开展安全工作宣传和教育，增强养老机构员工的安全意识。建立健全全体员工的安全教育培训制度，使他们掌握基本的安全知识、救助原则和基本方法，掌握设施设备的使用方法和安全注意事项，使员工感到安全责任的重要性，使老人掌握基本的安全知识，提高自我防范意识和自我保护意识。

### 五、采取必要的安全管理技术措施

养老机构应采取多种安全管理技术措施,建立呼叫系统、监控系统、报警系统、灭火系统、电子门锁系统、老人定位系统等,提高安全管理能力和水平。

## 第三节 风险防范与事故纠纷处理

### 一、养老机构常见的风险

**(一) 经营风险**

经营风险是指谋划、筹划、运作中的风险。养老院一般属于公共服务,投资较大,回收周期较长,存在较大经营风险。

1. 市场定位不当带来的风险 养老需求有不同的层次,不同的服务对象有不同的市场,不同的消费水平。如对养老院而言,自理老人愿意住养老院就比较少,而需要护理的老人的市场就相对较大。

2. 入住率不高带来的风险 一些养老机构入住率不高,经营成本不能得到有效分摊,导致开办数年仍然处于亏损状态。这有以下几方面的原因:

(1) 选址不当:养老机构地理位置偏僻、交通不便,很难吸引老年人入住,容易造成资源浪费。老人选择养老机构特别看重居住环境的安全与舒适,日照充足、无污染、视野开阔、靠近医疗机构,不但老人感到舒适与方便,子女也更加放心、省心。

(2) 成本高,收费高,老人及家属不能接受。运作成本高和支付能力低的矛盾使养老机构床位空置。

3. 房屋拆迁、租赁到期产生的风险 有不少民办养老机构是用租赁的房屋创办养老院,租赁时并不知道何时要拆迁、装修、开办投资了几十万、几百万,开业没几年就面临拆迁,有的租赁期较短,在租赁期内投资不能摊销完,造成较大损失。

4. 不同的地区政策差异使养老机构的经营风险也有较大差异 在全国不同省、市、区、县扶持养老机构的政策有较大差异。在一个地区办得很好的养老机构换到另一个地区,因为政策的差异,可能会遇到较大的经营困难。

应对经营风险的对策,一是加强市场调研和可行性研究,二是对养老机构所在地的政策和条件要尽可能地了解和掌握。

**(二) 管理责任风险**

养老机构因为管理原因发生的意外伤害、意外事故和责任事故带来的风险,我们称为管理责任风险。管理责任风险是养老机构风险防范的重中之重。入住养老机构的老年群体中,病残老人占有相当大的比例,由于这些老人年龄偏大,身体状况偏差,加上所患病种的多样性和复杂性,客观上造成风险增大,如老人摔跤、骨折、走失、猝死等。高龄老人由于身体特殊性更是意外伤害事件多发主体,在意外伤害事件中,不论管理责任占多大比例,哪怕是很少的责任,也容易引发纠纷、诉讼,给养老机构带来严重的影响和损失。

（三）自然灾害

自然灾害是指由于自然异常变化造成的人员伤亡、财产损失、社会失稳、资源破坏等现象或一系列事件,包括气象灾害、洪水、地震、泥石流、海啸等。养老机构老人集中,在灾害中转移、疏散、救援有较大困难,因此预防自然灾害的发生更加重要。

## 二、做好风险防范控制

这里列举养老机构常见意外、事故的防范控制要点,供制定管理制度和工作规范时参考。

（一）老年人意外走失的防范控制要点

1. 督促老年人外出携带表明身份的联络卡。
2. 要求老年人外出前做到告知本区护士站,并在请假条上做好记录,回院后及时销假。
3. 值班人员加强巡视。
4. 注意观察老年人行为,遇有老年人行为异常时,要及时向主管领导汇报,同时告知家属。
5. 值班人员发现老年人长时间未归,首先报告上级领导,并与家属取得联系,积极采取措施。

（二）老年人意外跌倒的防范控制要点

1. 养老院应符合无障碍建筑的基本要求。
2. 老年人居住楼层的走廊卫生间、浴室须设有扶手。
3. 院内家具、老年人用品须符合规范,床、椅子不可太高或太矮。
4. 走廊、房间、卫生间不放置杂物,灯光明亮无死角。
5. 保持地板干燥。任何人在打扫地面卫生时,设有移动防滑标志牌,拖地时用半潮湿的拖把,且等地面完全干后方可撤离标志牌。
6. 告知并检查老人要穿着舒适合身的衣裤,鞋底须防滑。

（三）食物中毒事故的防范控制要点

1. 严格按照食品加工、销售、饮食卫生"五四"制度执行。
2. 从原料到成品实行"五不"制度。即采购员不买腐败变质的原料;保管验收员不收腐败变质的原料;加工人员不用腐败变质的原料;营业员不卖腐败变质的食品;零售单位,不收腐败变质的食品、不出售腐败变质的食品、不用手拿食品、不用废纸或污纸包装食品。

3. 食品存放实行"四隔离"。生与熟隔离;成品与半成品隔离;食品与杂品、药品隔离;食品与天然冰隔离。对浸泡、加工后的食品要严格掌握存放时间,避免变质。

4. 用(食)具实行"四过关"。一洗、二刷、三冲、四消毒(蒸汽或开水、洗涤、紫外线)。从进货、领料、粗加工、切配、烹调等各个环节都要把关,发现变质及时处理。

5. 环境卫生采取"四定"办法。定人;定时间;定质量;划片分工、包干负责。

6. 个人卫生做到"四勤"。勤洗手、剪指甲;勤洗澡、理发;勤洗衣服、被褥;勤换工作服。

(四) 煤气泄漏事故的防范控制要点

1. 燃气使用应有专人负责,随时检查天然气的安全使用情况,做好检查记录。

2. 正确使用专用的点火枪,不得使用打火机或火柴点火。

3. 燃气灶具使用中,工作人员不得远离现场,以免沸汤溢出扑灭火焰或被风吹灭火焰,造成燃气泄漏。

4. 操作结束和使用完毕后应注意关好灶具燃气开关,确认火焰熄灭。

5. 经常请专业人员进行维护,发现软管老化或接头松动时,及时更换,定期维护。

(五) 电器或机械设备事故的防范控制要点

1. 电器、机械设备由专人管理、专人负责,定期维护检查。

2. 严格按操作规程使用,严禁违规操作。

3. 使用前做好安全防护,使用时精力集中,谨慎小心。

4. 使用完毕要切断电源,归位放好。

5. 禁止私自带电器进养老院使用。

(六) 火灾的防范控制要点

1. 定期组织员工学习和遵守国家消防法律、法令,遵守安全防火制度。

2. 定期组织防火安全检查,对查出的隐患限期整改,并做好安全检查记录。

3. 严禁在存放重要材料、文件或贵重物品的办公场所使用明火。

4. 未禁止吸烟的老人宿舍,夜间须严格管理火种(打火机、火柴等)。

5. 定期对各部门防火工作进行考核,作为年终安全工作评比依据,并按考核进行奖惩。

6. 定期组织对各楼层消防设备设施进行检查、检修。

7. 组织消防、治安综合知识答卷,做到知法、懂法、守法。

8. 重点部门和岗位对存储、物品要严格依照防火规定进行管理,并掌握防火和灭火的基本知识,做好定期防火检查记录。

9. 适时组织全院员工进行消防灭火演练,保证全院员工都会报警、疏散和扑救。

### 三、做好突发事件应急救援预案

"应急预案"是针对潜在的或可能发生的突发事件事先制定的应急处置方案。

（一）建立养老机构安全工作领导组织和专业小组

安全工作领导组织负责日常安全工作,遇突发事件即作为应急救援指挥部。下设联络组、救护组、保障组、保卫组等专业小组。专业小组必须保持联络通畅。手机必须保持24小时开机,随时准备应对突发安全事件应急救援指示或命令。

（二）养老机构应建立下列的安全应急预案

突发火灾应急救援预案、食物中毒应急救援预案、老人发生跌倒时紧急处理预案、发生流感感染症等传染病时的应急处理预案、防汛应急救援预案、地震应急救援预案等。

### 四、风险转移——购买保险

养老机构应提高保险意识,根据风险发生的概率和幅度,结合机构实际承载的能力和现实需求,自愿参加老年人意外伤害保险,鼓励养老机构参加养老院责任保险,适当为养老机构转移风险。

### 五、事故纠纷处理

养老机构的事故处理,尤其是人身伤害事故的处理非常重要,处理不当就可能引起纠纷和诉讼,甚至影响养老机构的正常工作,必须高度重视。

（一）把抢救生命放在第一位

养老机构发生了意外伤害事故,应在第一时间全力组织抢救老人的生命,包括护理员、护士和医生的现场抢救,也包括拨打"120急救"电话,请救护车送医院抢救。切不可轻易放弃抢救,更不可为了保护现场而耽误老人生命的抢救。同时向院领导报告,及时通知老人的亲属。

（二）按规定及时向上级报告

事故严重的,应视不同情形按规定向民政及有关部门报告。

（三）调查掌握第一手资料

养老机构及时成立事故调查处理小组,组织医护、安全、管理等方面专业人员参加事故调查,搜集有关第一手资料,包括值班记录、监控录像、抢救记录、有关病例、设备检修记录等等。

### (四)安抚伤者和死者家属

领导要及时看望慰问伤者、安抚死者家属。积极帮助伤者、死者家属,申请保险公司理赔。

### (五)协商、调解处理纠纷

有纠纷的情况出现,应首先争取协商解决。协商无法解决的,可主动向街道、乡镇司法所汇报,争取基层司法调解。协商、调解均不能解决的,应聘请懂养老行业的律师做好法律诉讼的准备。

**案例1**

某养老机构一老人于某日凌晨两点左右爬上该机构屋顶露台,翻越扶栏跳下,院方发现后立即送医院抢救,终因伤势过重,老人不幸去世。老人去世后,该养老机构安排护理人员为其擦身穿衣,并与老人亲属一起将其送往太平间,整个过程中,家属对院方表示理解。

事后,院方对此事做了具体分析,初步推断老人是老年性精神病导致其半夜精神兴奋,通往屋顶的门又没锁,使其轻易爬上去后,在无自制力的情况下翻越扶栏造成。为此,院内立即召开紧急会议,在稳定老人和职工情绪后,落实专人负责,对院内露台的门、锁逐一进行检查。同时还对去世老人的亲属进行慰问沟通,最终以赔偿数万元了结此事。

**【个案焦点】**

该老人是否系精神病患者是本案关键。

**【专家点评】**

(1)根据案例描述分析,该老人系老年性精神病患者,不适合在机构养老,应加以劝退,但在未离开之前,机构就负有保障院内住院老人生命、健康安全的义务。老人凌晨两点能爬上屋顶露台,翻越扶栏跳下,暴露了机构不仅夜间巡视不到位且对院内设施管理不严等问题。发生意外的主要原因是机构在服务、管理上存在诸多隐患,因此,该机构难以回避自己的责任。

(2)老人家属要保护老人的合法权益。老人享有生命权和医疗权,老人患有老年性神经病应及时送精神卫生中心接受治疗,而不应送不具备照料精神病人资质的养老机构。

**【吸取教训】**

(1)首先,机构应把好入院关,不应该接受患有精神病老人入院。但也有可能老人入院时没有发现或没有发生这一疾病,因此,院方应注意观察,一旦发生老人情况异常,应及时予以劝退。但在处理期间,机构仍负有保障院内住院老人生命、健康安全的义务。

(2) 加强服务与管理。该案例中暴露了机构在管理中的许多漏洞,包括:入院把关、夜间巡逻、屋顶露台的管理等,作为养老机构为了规避风险,必须实施规范管理,从细微处入手。

**案例 2**

司姓老人,男性,年龄83岁,于2001年10月入院,入院前的体检以及家属的口述为:颈椎进行性病变,骨质疏松,行动和自理能力一般,根据《上海市养老机构管理和服务基本标准》,院方将该老人定位二级护理,但由于该老人的经济状况比较困难,基于老人身体状况还可以的缘由,家属恳求院方按照三级护理标准收住,并愿意承担因此而产生的后果,养老院因家属的请求签订了补充协议,同意按三级护理标准收养,并办理相关的入院手续,同时,让家属传阅了《上海市养老机构管理和服务基本标准》中三级护理的相关内容,并签字入档。为了安全起见,司姓老人被安排在大房间(该房间有一个专门的护理员)。

2001年11月,该老人家属提出,将老人调换到二楼三人房间里,理由是大房间人太多,当时院方感觉到司姓老人不适合住楼上,理由是老人年纪大,上下楼梯不方便且容易摔倒,而且,无专门的护理员(二楼的老人身体状况都较好),照顾该老人的程度不如楼下,由于家属的坚持,并愿意承担因此产生的一切后果,院方为此与家属又一次签订补充协议,将司姓老人换至二楼三人房间。

某日的晚上,老人们用过晚餐后,该区域的护理员在料理其他老人洗漱时,顺便帮司姓老人打好洗脚水,放在老人平时习惯洗脚的地方,该老人想把脚盆放到床边,没想到转身时摔倒在地,经X光片检查,诊断为股骨颈骨折,医院建议手术,用进口的人工骨头进行环植,家属采纳了医生的建议,手术后家属拿出了一万多元的医疗费用发票要求院方承担,理由是老人在养老院里发生了意外,都应由养老院负责。

**【个案焦点】**

因家属的要求降低老人护理等级而发生意外,养老院是否有责任?

**【专家点评】**

为了老人的安全,院部应该严格按照《上海市养老机构管理和服务基本标准》实施收住,不能因为各种原因擅自降低老人的护理级别,从而给入院老人带来了不必要的伤害。此事故老人家属不顾老人的实际身体状况,坚持要求降低护理等级,两次签订补充协议,承诺愿承担因此而产生的一切后果,为此,老人家属应对老人摔倒承担责任。

养老院虽使用的入院协议公正,告知明确,事发后第一时间通知家属,但存在有违坚持原则按标准评估老人护理等级的错误,也应承担部分责任。

**【吸取教训】**

养老机构对老人家属提出的要求,应首先考虑能否保障老人的生命安全,不尽合理的应做好解释工作,以取得谅解。本案例中,家属两次提出不合适的要求,院方最后都予以采纳,虽然采取书面补充协议以适用于规避院方的责任风险,但最终不能规避的是保障老人生命安全的风险。

为此,养老机构切不可为了满足家属要求而不顾老人的生命安全,用签订补充协议的方式来规避机构的责任并不可取。因为,即便有补充协议,类似情况的发生,则由机构与家属责任分担,机构仍无法回避责任。

事故发生后,养老院与老人家属双方应多为老人着想,共同协商,能尽快使老人早日消除病痛,让老人有一个幸福的晚年。

(钱国亮)

# 第十四章 养老机构文化建设

养老机构文化建设,由于其本身业态的特殊性,所以社会公众对此十分关注,其角度之新,广度之大,热度之高非同一般。加之养老机构覆盖面相对集中、服务对象的特殊性等,所以,口碑是养老机构获取影响力的关键。养老机构文化建设,首先要做好所在社区的口碑。但同时也不要忽缺现代企业管理的有效模式CIS识别系统,即"企业的统一化系统"、"企业的自我同一化系统"、"企业的识别系统"。打造养老机构整体形象,其核心是机构理念,其基础是品牌的自身形象。养老机构在大众心目中的地位如何将取决于机构的品牌形象。品牌形象对于养老机构来说是一笔宝贵的无形资产。无形资产是智力资本和社会资本,是有价值的,它包括市场资产、知识产权资产、人才资产和基础结构资产等。可以说做好养老机构的文化建设,塑造无形资产也是养老机构今后角逐资本市场的"入场券"。

## 第一节 养老机构文化

### 一、养老机构的文化概念

企业文化,或称组织文化,是一个组织的价值观、信念、仪式、符号、处事方式等组成的其特有的文化形象。养老机构与其他组织机构一样,都有自己的文化。养老机构的文化是养老院的精神与灵魂,它体现了一个养老院文化的内涵和养老院的风貌,影响着养老院中每一个员工的价值观、社会责任感和事业心。

长期以来,养老机构秉承以人为本理念,为入住老人提供人性关怀和专业化服务,维护了老年人的合法权益和尊严。以人为本、服务老人、关爱员工,已经成为了养老机构的文化价值取向。具体而言,养老机构文化是全体员工共同接受的价值理念、行为准则、服务意识、思维方式、工作作风、环境氛围、心理预期和团体归属感等群体意识的总称。

### 二、养老机构的文化作用

国内各类养老机构一般由民政局、街道、国有企业或社会资金筹办运营。养老机构类型可分为敬老院、福利院、养老院、老年公寓和护理院等。

养老机构文化虽然也是组织文化,但它又不同于其他组织包括企事业组织的文化。养老机构的服务对象是老人等特殊人群。而企业面对的是市场、是技术、是产品等。所以说,养老机构文化与企业文化既有共性又有其特殊性。这种特殊性表现为以"老人为本"的服务理念。首先是养老院长的个人素质与服务理念,大量的事实证明,不是什么人都可以办养老院的,也不是什么人都可以当好养老院长的。有位养老院长在总结自己工作时,深刻感受到"五心"的重要性:

### (一)要有爱心

做一个称职的养老院长,要有"一半为工作,一半献爱心"的心态。用"老吾老以及人之老"的心态呵护院里每一位老人,要真心实意、历尽所能地去为院里的每位老人做好各项服务。服务老人无小事。面对老人的求助,要积极帮忙解决,将老人的事当成自己的事去办。

### (二)要有善心

养老院的工作繁琐而又枯燥,累身又累心,加之社会上对此职业的"偏见",认为"前途渺茫"为主。因而人们对投身养老服务业的意愿低,养老服务机构"招不来、留不住"人才的现象比较常见,严重阻碍了养老机构的发展和养老服务水平的提高。

社会地位低,工资待遇低。不仅如此,而且还要天天面对风烛残年的老人,心里十分压抑。这也是养老院留不住高校毕业生的重要原因之一,这也是一些人不愿意当院长的真实心境。然而,这个社会不乏有爱心、发善心的好人,她(他)自己出资筹办养老院,有的是主动请缨担任院长。她们每天都是"一张笑脸、一声问候、陪聊天、陪欢乐",热情主动地照料入住老人的日常生活起居,热心抚慰老人,帮助老人解决精神痛苦。人老了,尤其是空巢老人,他(她)们常常会感到心里空荡荡的,心理空虚、无聊,与快乐无缘,整天郁郁寡欢,愁眉苦脸。无聊就会导致心理上的孤独。时间长了就有可能出现认知智障。为了让老人们开心、安心,这些院长们把入住老人当自己的亲生父母看待,无微不至地照护老人。

### (三)要有责任心

责任,反映出一个人的品质,体现的是中国传统文明的良心。一个具有良好品质的人,是当好养老院长的基本条件。有责任心的人,会明白人生的道理,他们能读懂老人的心思,也知道应该怎样做一个懂礼节、守规矩、尽孝道的人,这是当好养老院长不可缺少的优良品质。

### (四)要有耐心

在养老院入住的老人大多身体状况不佳。由于老年人各种细胞器官组织的结构与功能随着年龄的增长逐年老化,因而适应力减退,抵抗力下降,发病率增加。

如高血压病、冠心病、糖尿病、恶性肿瘤、痛风、震颤麻痹、老年性变性骨关节病、老年性慢性支气管炎、肺气肿、老年痴呆症等疾病。患有老年慢性疾病的,加上有的老人患有认知障碍,交流起来很困难。在老人群体中个性差异很大,有的性格古怪,有的脾气倔强。他们之间常会因一些鸡毛蒜皮小事而发生摩擦,产生矛盾和纠纷。这种"擦枪走火"的现象会随时发生,既不能用纪律约束,也不能用制度处罚,只能用亲情去安抚、呵护,温暖的话要经常讲、贴心的话要反复讲,引导他们和睦相处。

(五)要有恒心

做养老工作要有恒心,良好的服务要持之以恒。看似简单的一份工作,面对一个羸弱的群体,却凝聚着养老院对老人的关心与爱护,意义十分重大。如果没有恒心,工作就不可能做到位,就会使老人对生活失去希望,心情暗淡悲凉,就会让社会失去信任,产生不良的社会影响。如果面对的是失能或半失能等特殊老年人群,则更需要养老机构领导和护理人员耐心细致、亲力亲为地去做工作。要讲老人乐意听、听得懂、能管用的话,多设身处地为老人着想,多理解老人的苦衷。要有严谨细致,不怕脏、苦、累,不怕烦、杂、难,持之以恒地为老人服务。"心系老人鱼得水,背离老人树断根"。

## 第二节　中国传统养老文化的核心内容

### 一、养老机构文化建设的必要性

养老机构文化建设是养老院管理者凝聚员工的"软工具",是一种潜移默化的影响,是一种以老人为中心的人本管理,是一种"氛围"和"招牌",是全体员工共同的价值观。养老机构文化以一种无形的力量,耳濡目染、潜移默化地熏陶、感染着全体员工,激发他们对人生的思考和对自身价值的追求,从而提高素质、陶冶心灵、崇德向善、培养能力,增强为老人的服务意识。

养老机构文化建设可分为四个层面:一是物质文化层面,比如机构容貌、周边环境等;二是制度文化层面,如机构建制、规章制度,以及建立应对突发事故或风险的预警系统与能力;三是精神文化层面,如机构目标、共同的价值观、机构精神、信仰与信念等;四是综合文化层面,如机构形象、标志、员工素质、服务方式等。

养老机构文化建设的必要性,主要体现在特定的文化氛围下,员工们通过自己的切身感受,产生出对本职工作的自豪感和使命感。使员工们把自己的思想、感情、行为与服务的养老机构联系起来,从而使机构产生一种强大的向心力和凝聚力,发挥出巨大的群体效应。

## 二、养老机构文化建设的核心内容

养老机构文化的核心内容是由养老机构的使命所确定的。根据养老机构服务的定位、功能、范围和对象,养老机构的使命应该是:尊老敬老,细心照料,精心呵护,以老人为本,通过细心、精准的服务为机构创造价值。从养老机构的使命出发,把握养老机构的文化定位应突出以下四个理念:

### (一)"孝亲"的理念

尊老敬老是中华民族传统文化的核心思想,"民有敬老之情,官有奉老之礼"。"家有一老,如有一宝"。孝顺老人是一种美德。美国教育家雷科特说,不仅语言、民族习惯、社会经验、个性品德、技能技巧,甚至知识的大部分均来自家庭,许多教育和学习的事实都发生在家庭当中。家庭教育是家事更是国事,父母致力于家庭和睦,承担起对子女的责任,自己以身作则,与孩子共同成长。家是一种文化,"国以家为基,家以和为贵","家和万事兴"。不同的时代、不同的家庭有着不同的文化背景,家庭文化有着丰富的内涵。财富是一代代人的耕耘,文化是祖上的遗产无代价、无条件地遗交给子孙。因此说,孝亲敬老是人类传统文化的核心价值观。

### (二)"关爱"的理念

为老人服务的提供者是机构的工作人员。因此,在孝亲老年人的同时,机构管理者也要真心地关爱员工,让员工真真切切地感受到机构对他们的关心和支持、爱护和尊重,并努力让工作人员能够获得个人成长和职业发展的机会。这样,他们才会有更大的动力去付出,再通过员工们的努力让老人享受到温暖贴心的服务。在实际工作中,养老机构往往十分强调工作人员孝亲敬老,而却忽视了机构给予工作人员的关爱。实践证明,如果工作人员感受不到机构的关心和尊重,看不到职业发展的前景,就不可能心甘情愿、经年累月地为机构付出。我们也欣喜地看到,当前也有很多的养老机构十分强调和实践"关爱"的理念,让员工拥有尊重感、关怀感、信任感和成就感。通过员工的努力获得机构的最佳发展,实现员工与员工,员工与老人,老人与老人,老人、员工与机构的和谐共融,共同发展。养老机构发展的核心是人,用人、育人、爱人是养老机构长期发展的关键所在。

### (三)"专业"的理念

在养老机构住养的主要是高龄老人,并且患有慢性病、失能半失能老人数量不断增多。为老人提供有安全保证、优质服务,必须强化和实践"专业"的理念。从机构的建筑设计、设施设备、环境布置、功能分区、人员配置、服务流程等方面都应该是专业化的。发达国家和地区养老机构的养老服务非常重视专业化。

在国内,一些养老机构往往是要求员工热心、细心、耐心服务多,但强调专业化服务不够。近年来,民政等有关部门相继颁布了有关养老机构的建筑设计、设施设备和人员配置、服务规范、服务模式、安全管理等方面的标准。通过提升专业化水平,加强机构的标准化建设,强化专业技能培训,提高专业化服务水平,这是养老机构的核心竞争力之根本。

(四)"文化养老"的理念

"文化养老"是指在为老人提供物质赡养、生活照料的基础上提供的一种精神慰藉。文化养老就是以文化为主线、以活动为载体,以愉悦为目标,以文惠老,以文乐老,以文养老,提高老人生活品质。文化养老的重点是通过组织和开展丰富多彩、健康有益的老年文化活动,丰富老人的精神生活,增强老人的精神力量。活动内容主要有:思想道德类,旨在提高老年人的思想道德素质;科学知识类,以提高老人的科学知识水平为目的;文化艺术类,以文化艺术教育为内容,以培养和提高老人的文化涵养、文化艺术鉴赏力和表现力为目的;娱乐体育类,以老人参加娱乐体育活动为内容,以调节老人生活、促进身心健康为目的;养生保健类,以养生保健为主要内容,以提高老人的生活质量、延缓衰老、颐养天年为目的。文化养老,就是以文化温润心灵、舒缓压力、涵养人生,丰富老人的精神生活,增强老人的精神力量。所谓颐养天年,文化是一个不可或缺的重要体现;所谓幸福指数,文化是一个很重要的衡量尺度;所谓养老服务质量,文化是一个显著标志。

## 第三节  养老机构文化 CIS 系统导入

### 一、什么是 CIS

CIS 是英文 corporate identity system 的缩写,即企业文化。企业文化是 20 世纪 80 年代企业管理界的思想产物,并被公认为现代企业管理的有效模式。它由三个方面构成:一是企业的理念识别(简称 MI);二是企业行为识别(简称 BI);三是企业视觉识别(简称 VI)。中国 CIS 发展历史大体上可分为三个时期:引进期、推广期和成长期。

CIS 进入中国,开始从沿海经济发达地区逐步向内地延伸。从 20 世纪末到 21 世纪初进入中国,CIS 涌现出很多成果,其代表性企业主要有报喜鸟、奥康、红蜻蜓、杉杉、嘉陵、海尔、新飞、七匹狼等一大批中国驰名品牌。

### 二、养老机构与 CIS 有什么关系

任何一个企业、组织或机构,甚至个人对外都要有一个良好的公众形象,当然养老机构也不例外。养老院有个优秀的、良好的形象,除了能吸引老人、社会中介

评估机构和员工外,还吸引社会公众,如政府机关、新闻单位、金融机构、投资机构等。一个养老机构有良好的公众形象,不仅能扩大知名度,而且能提高信誉度和美誉度。养老机构凭借优良形象,可以提高机构收益率,能增强本机构在同行中的竞争力,能招募到一流水平的员工,能扩大社会人脉关系,等等。

CIS功能包括对内和对外两大部分:对内包括对干部的培养,对员工的教育(如服务态度,工作精神,技能技巧,能力水准等),工作环境,工作效率等;对外包括市场调查,市场评估,市场细分,市场开发,公共关系,公益活动和文化娱乐活动等。

养老院如何管理?回答都是需要严格的管理制度。目前国内养老院的现状,不乏使用硬性的院规院纪、各种各样的制度等。这种管理方法虽然起着重要的作用,但这是一种硬性约束。这种约束方法不是企业文化的重要方面,企业文化和理念属于软约束。企业理念是一种无声的号令,无形的自我约束。现代养老产业的竞争不仅仅是服务水平的竞争、科学技术上的竞争、人员素质的竞争,同时也是一种文化的竞争。优秀的养老机构文化具有强大的凝聚力,为员工创造充分的发展空间,吸引和稳定优秀人才,创造竞争优势,使机构充满活力,保持领先。从内涵方面来考量,机构文化表征着机构人员的归属感、认同感,具有凝聚功能、引导功能、激励功能和规范功能。

(一)凝聚功能

凝聚功能指的是文化的吸引力,它可以将养老机构的管理者、员工为了一个共同的目标走到一起,并愿意为它辛勤付出。凝聚功能的核心是共同的价值取向和理想追求。机构文化的凝聚作用,就是一种黏合的作用、归并的作用、形成团队凝聚力的作用。

(二)引导功能

引导功能是养老机构文化的重要作用之一。它可以使机构成员自觉地认识到机构的使命和目标具有实实在在的意义,并自觉地为机构的使命和目标而努力。机构文化以其多种形式的教育方式和引导手段,使机构的管理者、员工直至服务对象,能够将机构的文化内化成为一种自身的意识和行为,并使其具有独特的气质和言行的表达。

(三)激励功能

激励功能指的是养老机构文化通过设置一定的奋斗目标等,来激发员工的主动性、积极性、创造性,使其保持昂扬的工作热情和进取的精神,包括物质激励、目标激励、参与激励、尊重激励、荣誉和提升激励、培训和发展机会激励,以及先进典型激励、成就激励、励志名言激励等,从而营造出一种良性的竞争氛围和发展动力。

(四)规范功能

规范功能指的是机构文化能够释放出强大的约束力。通过氛围约束、观念约束、制度约束等,使个体行为符合机构的共同准则。氛围约束和观念约束是软约束,而制度约束则是一种强制性的约束,也叫硬约束。这两种约束明确地向全体员工提出应该怎么做,不应该怎么做。

(五)稳定功能

养老机构理念文化是养老院稳定发展的"长寿药"。我们经常看到有的企业"命运系在老板一人身上"。这是非常危险的。因为个人的变故,机构就有可能会急遽衰败下去。如果想把养老事业做大做长,领导人必须致力于机构价值理念体系的创建,使养老院的成长具有相对的稳定性和连续性。

CIS 理论和实践都证明:在员工激励中,正面的激励远大于负面的激励。越是素质较高的人员,淘汰激励对其产生的负面作用就越大。如果用双因素理论来说明这一问题,可能更容易让人理解了。淘汰激励一般是采用单一的考核指标,会给员工造成工作不安定感,同时还会使员工与上级主管之间的关系紧张,同事间关系复杂。

员工个人的未来,固然是要靠自己去创造,但机构能否给其创造"好的工作环境,好的成长机会,还有不错的待遇",让员工得到成长和能力的提升,这不仅考验着机构的良心,也是检验这家养老院是否具备持续健康发展的原动力。

### 三、养老机构 CIS 三大识别系统

CIS 系统包括理念识别、行为识别、视觉识别(含听觉识别 Al)构成,即通常所说的三大系统,简称 MI、BI、VI。其中理念识别系统是养老机构最重要、最基本的部分,它是机构生存、发展的精神基础和原动力,是养老机构的灵魂。

(一)理念识别系统(简称 MI)

什么叫理念呢?简单地说就是养老机构的指导思想。有位著名企业家从业 60 余年,他从经验中亲身体会到"只有正确的经营理念,始能活用人才、技术、资金、销售等各个方面的制度。为了求得经营的健全发展,首先必须从拥有经营理念开始。""即使拥有一万名员工的企业,如果没有健康完善的经营理念,也不会取得发展;而即使只有 10 名员工的企业,如果经营思想完备,也能获得成功。"由此可见理念的重要性。理念确立了机构的价值观和行为准则,员工们就有可能自觉地接受文化的规范和约束,心甘情愿地按照价值观的指导进行自我控制和管理。这种自我管制在很大程度上弥补了硬约束带来的不足与偏颇。因为再详尽、再"科学"的管理制度都不可能无所不在、无所不包,倘若有人钻空子,那是防不胜防的,更何况过严的管制制度会造成员工心理上的抵触。唯有在正确理念的自我约束与软规范下,才能使养老机构管理从这一"怪圈"中走出来。

机构理念不是空谈,不是说教,不是口号。它是具体的、可触可见和可展示的。

在理念识别系统中,有基本理念和核心理念两大部分组成。

基本理念是对核心理念的展开和具体化。养老机构应具备关系到发展的一些基本的价值观,包括使命、精神、经营管理哲学等内容。使命是对养老院发展目标、所承担社会使命的集中反映。每一个工作岗位都是实现人生价值的舞台。把职业当成自己的事业来看待,心中有强烈的责任感和使命感才能做好工作。

养老机构经营哲学则是对经营策略、管理方法的根本反映;而理念则是对养老机构的意识、文化层面的集中体现。从使命感、精神力量、经营哲学等各自的含义中可以发现:它们分别从不同的方面,对机构发展中应具有的一些基本的理念,进行了较为具体而全面的揭示。

核心理念是最能体现一个养老机构理念的精神风貌。机构的核心理念是养老服务中最为根本的价值观,往往运用比较简洁的语言,深刻揭示机构的目标追求、行业特征、文化内涵和时代意蕴等丰富内容。比如说"孝亲"的理念,"关爱"的理念,"专业"的理念,"文化养老"的理念等,这些都是所有开展养老服务,包括机构养老院或虚拟养老院最基本的理念。但是每家养老机构的核心理念不可能都是一样的,应当有所区别、有所侧重。这个"区别"和"侧重",并且能恰如其分地反映本养老机构的核心理念,要通过细致的、深入的调研,通过 CIS 专业人员进行策划方能制定。一旦形成,就不要随意变动。

机构理念识别(MI)可以表述为养老院从事一切经营管理活动的哲学、思想、价值观等文化范畴。如某养老院长提倡什么,崇尚什么,员工们就追寻什么。"天上众星皆拱北,地上无水不朝东。"人人都生活在文化之中,接受某个文化指令而不能脱离文化规范。如果有人强行与自己所在的文化氛围背道而驰,那就会成为"文化异类"而被抛弃。其次,一种强势文化可以长期引导员工们为实现某个目标而自觉奋斗。

理念的导向功能主要是从两个方面来发挥:一是直接引导员工的性格、心理、行为;二是通过整体的价值认同来引导员工。后者更重要。良好的理念文化使员工们潜移默化地接受本机构共同的价值观,人们在文化层面上结成一体,朝着一个正确的目标而奋斗。正是这种"润物细无声"的理念文化,以此来沟通人们的思想情感,融洽人们的理想、信念、作风、情操,培养和激发人们的群体意识。

(二) 行为识别系统(简称 BI)

机构行为识别系统几乎涵盖整个养老院的全部工作。当然,不同的组织机构在内涵上是有所不同的,如银行业重视外观形象和社会形象,销售企业重视市场形象等等。那么,养老机构需要注重的是什么?养老院的"行为识别系统 BI"直接作用于老人,间接影响家属及其亲朋好友,但社会大众对其更为敏感。养老机构的服务形象是社会公众的印象与评价的主要因素。服务形象指养老院领导及其员工在服务过程中所表现出的服务态度、服务方式、服务质量、服务水准以及由此引起的社会公众对机构的客观评价。

(三)视觉识别系统(简称 VI)

视觉识别系统通常是指基本设计、关系应用、辅助应用三个部分。基本设计,如养老机构的名称、品牌标志、标准字、标准色、机构象征图案、宣传标语、口号、吉祥物等;关系应用,如建筑外观、办公器具、设备、招牌、标志牌、旗帜、橱窗、衣着制服、交通工具、包装用品、广告传播、展示、陈列等;辅助应用,如样本、画册,有关物品使用规格及其附件等。

在 CIS 所有活动中,VI 效果最直接,在短期内表现出的作用也是最明显的。统一的 VI 设计可以在养老院对外宣传和机构识别上获得最有效、最直接的具体效果。也正因为如此,很多人把视觉识别(VI)等同于整个 CIS,甚至把 VI 等同于"机构形象"。这种现象要引起院长们注意。在视觉识别(VI)中,视觉的设计是论证 CIS 是否成功的关键。一个良好的设计应具备这么几个要素:一是要能反映本养老院的理念识别(MI)基本特征;二是能反映本养老院的管理基本特征和经营特点;三是视觉设计必须容易辨认,记忆,具有系统性及严格区别于其他同类机构;四是视觉设计必须符合美感,赏心悦目,能被社会认同,尤其能激起老人和员工们的好感。

加强养老机构文化建设,可以确保机构设定的工作目标具有发展性、机构采取的经营策略具有连贯性、机构的人才队伍建设具有稳定性、机构的核心竞争力具有持续性等。

如今,中国已经成为世界上老年人口最多的国家,也是人口老龄化发展速度最快的国家之一。如何养老已经成为中国社会各界关注的焦点。虽然敬老院在我国人民公社化时期(大约是在 1958 年)创办的,但那是计划经济时期对"五保"老人实行集中供养。民办养老院在国内起步较晚,最早大约是在 20 世纪 90 年代中末期。现在,人们对养老机构的看法与过去迥然不同了,把养老服务行业定义为"新业态"。为此,有的养老机构还专门设立了养老研究组织,负责品牌管理与项目研究。他们不定期走访世界各地,如美国、欧洲、日本、韩国等国家,吸收、整合国外先进养老理念、技术与经验,总结出一套适用中国市场行情的养老体系与标准。通过持续的资金和人力投入,瞄准养老市场动态,经常对养老市场进行调研与论证。充分利用老年客户资源,以发展社区养老为目标,丰富养老产品线、拓展养老产业链,在全国逐渐形成规模化的养老服务连锁机构。因此,有专家预测养老机构 CIS 的时代已经来临了。

# 第四节　养老机构品牌文化

## 一、机构文化建设要全面规划

文化建设作为养老机构建设的重要组成部分，必须制定规划，作出具体部署。制定养老机构文化建设规划，要服务于养老机构的总体目标，并从本机构建设的特点和实际出发，从机构使命、机构理想、机构宗旨、机构价值观、机构品格、机构精神、机构行为规范，以及壮大机构文化队伍等方面逐步推进。同时，规划既要立足当前，又要着眼未来，具有前瞻性；既要描绘可登可及的奋斗目标，又要有具体明确的实施步骤，使机构文化建设有明确的"路线图"和具体的"时间表"。机构的文化核心、文化结构、价值观、品牌等都是有多个元素组成的，需要反复斟酌，科学合理设计，并在实践中不断修正、不断完善。

## 二、机构文化建设领导要带头

机构文化建设应贯彻领导带头的方针。机构文化是通过员工的执行来实现，而领导人的行为举止至关重要。执行是基础，领导是关键。机构的领导人要以身作则，率先垂范，要坚持以文化振奋精神、以文化温暖心灵、以文化创造品牌、以文化促进发展的思路。着力把文化建设摆到机构建设的重要位置上，并带头组织参与，要求员工做到的，自己必须先做到。同时，要建立明确的组织系统和工作流程。

一些比较成熟的养老机构在其文化价值体系和文化结构确定之后，都有专门的部门负责推广和具体组织实施，如机构的标识、口号、宣传折页、文化讲座、活动安排等等。通过专门部门或专人来具体组织实施，扩大参与面，增强吸引力，促进全员参与，提升文化建设效应。同时要建立奖励机制。对模范行为一定要及时予以肯定，并给予物质和精神的鼓励。

一方面领导人要以率先垂范的人格魅力、严于律己的意志品格、亲力亲为的工作作风，带头树立良好风气。另一方面领导人要善于调动全员参与的工作积极性，听取不同声音、吸纳更多意见，发挥团队作用，依靠集体力量，做到"人人有担子，个个有事干"。要加强协作，搞好配合，上下之间、横向之间密切配合，心往一处想，劲往一处使，形成强大的整体合力。

## 三、机构文化建设要以服务老年群体为中心

机构文化建设要以服务好老人为中心。文化发展必须依靠员工和老年人（包

括老人亲属),这是机构文化建设必须遵循的一个基本原则。笔者在此引用习近平总书记在山东菏泽考察时念的一副对联:"得一官不荣,失一官不辱,勿说一官无用,地方全靠一官;穿百姓之衣,吃百姓之饭,莫以百姓可欺,自己也是百姓。"总书记提醒和告诫各级干部不要忘记自己也是普通群众的一员,是人民群众的公仆。群众是我们的根、我们的本,我们党来自人民、根植人民,我们的事业是人民的事业,是人民哺育了我们,给了我们干事创业的平台。习总书记的讲话对养老机构的工作同样有很好的指导和推动作用,而其中有的词句所闪烁的人生哲理、生活智慧也令人耳目一新,对一个人的人生价值、工作态度、处事之道也大有裨益,让人温暖、令人深思、深受启迪。服务老人是养老机构的根本,是老人给了机构全体员工创业干事业的平台……

养老机构要通过丰富多彩的活动形式和适宜老年人参与的组织方式,调动老年人参与机构文化建设的积极性,发挥老人群体在机构文化建设中的主体作用。伴随由物质向精神需求的提高和拓展,当前老年人对于丰富精神文化生活有了新的更高的期待。养老机构要体现孝心关怀,千方百计地满足老人们的需求,使他们享有健康丰富的精神文化生活。对能走出来、动起来的老人,在功能服务上突出"发展、健康、参与、保障",积极开展老龄化的精神文化活动;对失能半失能的老人,也要用精神文化生活来调节。用爱心拥抱每一位老人,用温暖体贴每一位老人,用文化影响每一位老人的精神,使养老机构真正成为老年人的颐养之所。

### 四、机构文化建设要抓好阵地及设施建设

结合养老机构建设总体规划,兴建、改造文化设施和文化阵地。在硬件物质形态层面上,要加强基础建设、设施功能、人文景观、绿化美化等方面的建设。在精神层面上,要发挥文化阵地和设施的功能,不断提升员工的基本素质、管理水平、服务质量及孝亲敬老的良好氛围等,促进老年人思想素质、文化素质、健康素质的提高,并在共同相处中形成共有的归属感、认同感和凝聚力。其次要加强制度文化建设,制度的制订和设施要体现人性化,也就是说在规范化、程序化上下工夫。关爱生命,创造价值,服务社会。要利用各种硬件和软件,创造"和谐、文明、有序、健康、快乐"的文化氛围,增加文化设施的吸引力、凝聚力和发展力。提高文化设施的利用率,更多更好地为老人服务。

### 五、机构文化建设要建立品牌、共享机制

养老机构文化的阵地建设、设施建设、内容建设、制度建设等等,要整体推进、打响品牌、持续发展。要利用互联网、各种移动终端,将数字文化走进养老服务区,打通老人享受公共文化服务"最后一公里"。在资源整合方面,探索文化设施合作联办、委托管理,积极建设流动文化设施,使老人能够就近、便捷享受公共文化服

务。有效扩大公共文化服务覆盖面，促进公共文化服务效能的稳步提升。

要切实增强品牌意识，坚持从机构实际情况出发，在文化建设中发现并建立品牌项目、特色项目和优势项目。根据机构的区域位置和功能定位，注重抓好特色文化阵地的建设。文化设施要有自己的文化积淀，在文化活动中形成并不断提升机构的行为规范、机构的精神和机构的形象。例如，在文化内容建设上，既要体现对传统文化的歌颂和弘扬，又要有对时代精神的展现和讴歌，进一步增添文化内涵和彰显文化品位。

加强文化活动平台建设，引导和组织老年人成立各种兴趣小组和活动团队，支持他们开展多种有益于身心健康的文化娱乐活动，提升富有地方特色、老年特点、时代特征、有品牌魅力的文化养老水平。养老机构文化如同企业文化，要通过各种方式让全体员工和老人分享机构成长发展的成果，共建共享，得到实惠。共建是物质基础，共享是目标。品牌建构温馨家园，品牌引领长远发展。

### 六、机构文化建设上的误区

**误区一** 品牌理念塑造缺失。有的养老机构拥有了良好的口碑之后，对品牌十分珍惜，但有些养老机构仅仅把品牌作为一种口号，至于那些与品牌密切相关的如服务质量、机构形象、边际效益等诸多"轻型"资产则被院长们丢在脑后。广告一旦停止，就会被人们遗忘，究其原因是塑造品牌理念方面缺失的太多，即实的少，空的多，品牌建在"沙滩上"。

**误区二** 品牌传播方式有误。有些养老机构在传播方面，大力宣传养老机构的名称，把广告传播名称与品牌传播等量齐观，混为一谈。有些养老机构希望通过大力宣传名称，意图达到自己的快速发展，实际上品牌忠诚度却丝毫未能得到提高。有的养老机构在实际经营过程中，虽然十分重视品牌的建设，也愿意为品牌的建设而投资，但在实际执行过程中，机构领导人对品牌的理解却又停留在基本的形象层面上，对于品牌战略的内涵理解甚浅。品牌传播只有站在发展战略高度才能达到目标。

养老机构品牌传播方式更多的是需要一个良好的"启动器"，将需要传播的理念、文化、价值观等信息输入"启动器"后，才能源源不断地进行传播。这个"启动器"就是养老机构里入住的老人及其亲戚朋友。金奖银奖不如老百姓的夸奖，金杯银杯不如老百姓的口碑。

**误区三** 不注意行业价值传播。受限于"同行是冤家"等传统观念的影响，忽视"城门失火，殃及池鱼"的危机信息，不懂"一荣俱荣，一损俱损"的道理。只顾自己快步跑，不顾同行齐步走。行业是同行的聚集，市场是服务的集合。两者关系非常微妙，正所谓"一枝独放不是春"、"独木不成林"，没有竞争就形成不了市场，一家独大只能叫做垄断。成行成市，有了竞争，市场才会越来越大。

**误区四** 定位不准,目标模糊。游离、飘荡、不确定等是品牌定位中的大忌。养老机构要通过宣传让受众群体知悉本机构品牌的内涵以及有别于其他品牌的特征,强化和突出其不可比拟的优势。清晰、准确的定位是每一个优秀品牌产生的首要前提。为此要建立品牌化模型,优选品牌化战略;通过整合所有的资源,实现品牌价值的提升。进行理性的品牌延伸扩张,避免"品牌稀释"的现象发生,追求品牌价值最大化。

**误区五** 急功近利,目的性太强。做人、做事不能急功近利,不要目的性太强。功利性太强会吃亏的,甚至要吃大亏的。那些惯于搞短期行为的人,是做不成事业的。事实证明,那些不善于老老实实做人、踏踏实实做事的人,没有几个能成功的。从国际经验看,品牌打造是一个长期的过程,美国品牌成为世界名牌用了约50年,欧洲和日本用了约40年,即便成长最快的韩国三星、LG等品牌也用了约20年。任何品牌的成功都不是一蹴而就,所有企业都应该建立"品牌是企业资产"的理念。可喜的是,现在我们许多养老机构已经开始有了品牌建设的意识和思路,开始注意积累自己的品牌资产了。

总之,CIS是一种现代企业经营战略,是养老机构文化建设一个重要组成部分。机构文化建设并非一蹴而就,它的成长需要时间,大多要经历一个漫长的演进过程。理念识别是CIS过程中的核心,换言之,理念是机构在各项经营活动中的指导思想和行为准则,它包括养老机构的经营方向、服务理念、崇德向善、工作作风和管理风格等内容。创建具有鲜明的核心价值与个性、丰富的品牌联想、高品牌知名度、高溢价能力、高品牌忠诚度和高价值感的强势大品牌,为机构累积丰厚的品牌资产。有专家指出名牌不仅是一个企业经济实力和市场信誉的重要标志,拥有名牌的多少,还是一个国家经济实力的象征,是一个民族整体素质的体现。世界未来的竞争就是知识产权的竞争,集中表现在一流的技术、一流的产品(服务)。温家宝曾指示:我们要从实现国家昌盛和民族伟大复兴的战略高度出发,鼓励中国的优秀企业争创世界顶级品牌。提炼品牌的核心价值,作为企业的灵魂,贯穿整个企业的所有经营活动。

品牌的核心价值的提炼,一定要进行全面科学的品牌调研与诊断,充分研究老年市场环境、行业特性、目标消费群、竞争者以及本机构的具体情况,为品牌战略决策提供详细、准确的信息导向。并在此基础上,提炼高度差异化的、明确的、能触动和感染老年消费者内心世界的品牌核心价值。一旦核心价值确定,在传播过程中,要"一以贯之,始终如一",渗透到养老机构的所有经营活动之中。

(沙维伟　关兰友)

# 第十五章　养老机构社区延伸服务

随着我国政府职能的转变、市场经济体制的不断完善,养老机构的市场化进程不断加快,机构养老服务作为养老服务业的一个重要部分开始向产业化发展,社会化程度越来越高。

养老机构社区延伸服务,就是打开养老机构的"围墙",将专业的养老机构服务延伸和辐射到社区。养老机构社区延伸服务,不仅有利于发挥养老机构专业资源的最大效用,开辟新的养老服务市场,形成新的经营效益增长点,而且对提升社区居家养老服务水平,建立具有中国特色的养老服务体系是一个很大很好的贡献,使养老机构的建设发展更具有现代意识、服务意识和人文意识,从而更具有活力和生机。

## 第一节　机构向社区延伸服务的理念驱动

在社会化养老的重点向社区居家养老转移,国家将以更高程度的重视、更大的投入、更合理的政策设计推动社区居家养老服务发展的大背景下,养老机构应创新思路,更新理念,全面承担机构职能,在照护好机构内的老年人的同时,向社区延伸服务,为全社会养老服务水平的提高进行引导、示范。

### 一、创新发展的理念

为实现更精准的养老服务,全国各地自"十三五"始,由重机构养老逐步向重社区居家养老服务转变,重点围绕提升社区居家养老服务功能,满足老年人多层次、多样化的居家养老服务需求,加大创新力度,着力构建社区居家养老服务体系。社区居家养老具有低成本、广覆盖、个性化、亲情化的优势,是现实阶段最符合中国国情、各地实情和现实民情的首选养老方式。当前,社区居家养老服务体系建设已成为各地着眼服务、着力建设、着实推动的主体。各地积极研究并出台政策,如养老服务补贴政策向社区居家养老倾斜,以吸引社会力量更多地到社区居家养老服务领域;将社区居家养老服务主要功能由政府提供并运营的管理模式,转变为主要由市场和社会提供并运营的服务模式,以推进社区居家养老服务社会化、品牌连锁化发展。新形势迫切要求模糊社区居家养老和机构养老的边界,使其互相依托,放大优势。养老机构须适应养老服务业发展的新形势,创新发展思路,更新发展理念,透过社区组织,依托社区平台,将机构养老服务向社区延伸。目前,各地都有一些养老机构开始了有成效的探索,实践证明养老机构向社区延伸服务大有可为:对养老机构自身经营服务会有更大的拓展,对推进社区居家养老会有更好的抓手,对整个社会的投入会有更好的引导,也能更好地满足广大老年人的养老服务需求。

### 二、融合发展的理念

现代养老服务更加强调家庭、社区、机构相互关联、相互衔接。2015年7月我国发布的首部养老机构发展专题研究报告就指出:未来养老机构发展将呈现五大趋势:一是民办民营养老机构将成为发展主体;二是机构养老服务将与居家、社区养老服务融合发展;三是小型化、专业化、社区化、连锁化将成为养老机构发展的主要态势;四是养老机构"养医结合"发展趋势将更加紧密;五是养老机构服务将更趋亲情化。创新是引领发展的第一动力,融合是促进发展的核心思维和重要方式。融合发展的理念要求机构、社区、居家养老必须从相互分割转向三位一体。事实上,机构养老服务与社区居家养老服务不是完全分割、彼此独立的体系,而是相互融合、互联互通的系统。养老机构在三者之中具有举足轻重的地位,发挥着示范引领、专业指导、辐射带动等多种功能。养老机构可以通过培训社区养老服务人员和指导社区养老服务组织,提高社区养老服务水平;可以为居家老年人提供辐射服务,弥补居家养老服务的不足;小型专业化的养老机构也可以直接建在社区或周边,直接成为社区老年人的养老服务载体。社区居家养老实际上是社区中的居家养老,它集合了居家养老方式和社会养老方式的优点和可操作性,把居家养老和养老机构的最佳结合点集中在了社区。养老机构向社区延伸服务,既使得机构的专业化养老服务得到充分利用,又能让社区成为养老服务业的牢固基石,从而实现机构养老服务与社区居家养老服务相互依托、资源共享、融合发展。

### 三、共享发展的理念

社区是老年人的重要聚居地,是老年人的主要活动场所和生活空间,居家养老是最能满足老年人需求的养老方式。但由于家庭小型化和养老功能弱化,居家养老必须以社区服务为依托,以专业化服务队伍为保障。正是基于这样的认识,社区也是居家养老和机构养老的最佳结合点。近年来,在国家政策的鼓励和支持下,各地更加注重发展社区居家养老服务,社区居家养老服务取得了长足发展。但依然存在社区居家养老服务结构性矛盾突出、服务队伍远不能满足需求、社会力量参与程度有待提升等发展瓶颈。多数社区的居家养老服务覆盖面小,其服务人群主要是优抚、"三无"、"五保"老人等传统意义上的民政救助对象,没有延伸到整个老年人群；服务内容单一，服务功能不全，大都停留在家政服务层面。发展社区居家养老服务，单纯依靠政府投入是难以满足需要的，必须动员和鼓励多种社会力量都来参与和兴办，实现投资主体多元化。养老机构向社区延伸服务，应该说是一个既惠及老人同时又惠及机构的创举。养老机构发挥专业优势，把专业人员、专业技术放到社区，把专业服务向社区延伸和辐射，不仅对社区居家养老是一个最好的补充和更新，使更多的居家老人也能在家里和家门口就能得到专业化的养老服务，分享养老服务业发展带来的成果，同时又可以放大养老机构的服务功能，使机构养老服务资源获得最恰当地使用和最大化的效益，促进机构的稳定经营和可持续发展。

## 第二节 机构向社区延伸服务的路径与方法

养老机构向社区延伸服务在国外一些发达国家已经实行，在我国也已受到社会各界的广泛关注，不少地方展开了积极有益的探索实践。养老机构向社区延伸服务，直接目标就是在提升社区居家养老服务水平的同时，促进养老机构的建设发展，终极目标是加快建成以居家为基础、社区为依托、机构为补充的现代养老服务体系。为了实现这一目标，须研究确定机构向社区延伸服务的路径与方法。

### 一、依托社区平台谋划

中国的街道（乡镇）和社区居委会建制已为养老机构延伸社区服务提供了良好的平台。就社区而言，社区在居家养老服务体系中承担资源整合与具体实施者的角色，承担包括搭建社区居家养老的组织化体系、建立社区居家养老服务网络与监督体系等方面的任务。就养老机构而言，是社会化养老服务的提供者，无疑也是社区居家养老服务的具体提供者。因此，养老机构向社区延伸服务需要在街道（乡镇）和社区居委会的帮助支持下共同谋划，搞好服务项目的准入、评估，将社区养老服务资源的利用和机构可延伸辐射的服务资源集合起来。养老机构一方面要充分利用社区服务设施参与和支持社区居家养老服务，完善和补充社区居家养老服务的内容和项目，另一方面，要根据机构力量，把机构服务资源最大限度地向社区推送，辐射和带动社区居家养老服务，实现机构、社区、居家三类养老服务相互支撑，共同发展。

### 二、着眼老人需求延伸

养老机构向社区延伸服务的项目和内容，必须切合社区居家养老的现实需求和长远发展需求，为此，养老机构要对周边社区的居家养老服务现状进行深入细致的调研,摸清社区居家老人的服务需求。在深入调研的基础上,按照居家老人"走得出"与"走不出"两类老人的不同需求延伸服务项目和内容。如,发掘和利用机构场地设施,或在社区兴办托老所展开连锁经营,为"走得出"的老年人提供短期住养服务、日间照料服务和活动场所。又如,对"走不出"的老人,按照养老机构的服务模式和服务标准,入户提供生活照料、康复护理、精神慰藉等专业服务。同时,根据社区老年人不同的利益诉求和老年人不断发展的服务需求,将群体性服务与个性化服务、物质服务与精神服务、传统服务方式与现代服务手段等有机结合起来,创造出满足社区居家老年人多层次、多方位需求的社区居家养老服务新项目,提升机构延伸服务项目的社会效益和经济效益。

### 三、利用社会资源拓展

目前,各地社区居家养老服务发展的势头很好,但普遍存在的一个问题就是服务资源的有效整合不足,社区居家养老服务中心的框架和平台搭建好了,但服务的有效供给跟不上,有的社区居家养老服务中心甚至是有名无实。街道(乡镇)和社区是集合各种资源于一体的,能够给人认同感、归属感的小社会,一般而言,街道(乡镇)和社区的生活、医疗、文教等设施基本能够满足老人日常衣食起居、健康保健、文化娱乐等方面的需求。养老机构向社区延伸服务,一方面,可以协助和支持社区整合、利用社会资源服务于居家老人;再一方面,可以直接与社区爱心企业和社会组织合作,按照市场经济规律要求,创新养老服务方式,建立新的管理和运营机制,到社区经办连锁居家养老服务站,为老人家庭提供上门包护服务,如此可有效减少管理和运营成本,用较小的投入获得最大的产出。

### 四、承接政府购买服务

自2013年国务院办公厅下发关于政府向社会力量购买服务的指导意见(国办发〔2013〕96号)以来,从中央到省市颁布的关于政府购买养老服务的行政法规、部门规章及政策文件逐年递增。同时,各地政府购买养老服务的领域和范围不断扩大,资金投入也不断增多。如江苏省由省财政厅等四部门出台的《关于做好政府购买养老服务工作的通知》(苏财社〔2014〕216号),明确在五个方面开展政府购买养老服务工作:①购买居家养老服务,主要包括为符合政府资助条件的老年人购买助餐等上门服务;②购买社区养老服务,主要包括为老年人购买社区日间照料、老年康复文体活动等服务;③购买机构养老服务,主要为"三无"老人、低收入老人、经济困难的失能半失能老人购买机构供养、护理服务;④购买养老服务人员培训服务,主要包括为养老护理人员购买职业培训、职业教育和继续教育等;⑤购买养老评估服务,主要包括老年人能力评估和服务需求评估的组织实施、养老服务评价等。政府通过竞争择优的方式,向能够提供养老服务的社会组织、养老机构、企事业单位等社会力量购买养老服务,开启了养老服务供给的新模式,也为养老机构向社区延伸服务提供了新机遇。调查显示,一些养老机构承接政府购买养老服务都已有可见的成效。养老机构承接政府购买服务,需要不断加强自身建设,全面提升承接能力,需要及时、全面了解政府向社会公布的购买服务项目、内容以及承接主体的要求和绩效评价等信息;需要从自身实际出发,根据自身能力,按照规范流程,单项或多项申报政府购买养老服务项目,力求既能"接得住",又能"接得好"。

## 第三节 机构向社区延伸服务的项目内容

社区居家养老服务项目多,内容繁杂。养老机构向社区延伸服务,主要是提供社区所缺且居家老人和老人家庭又迫切所需的服务项目和内容。有调查显示,当前,社区居家老人需求较为强烈的主要有托养、就餐、医疗护理以及精神关怀等类服务。养老机构须瞄准社区养老服务的短板,针对居家老人和老人家庭的现实需求,开展单项或多项的向社区延伸服务,助推延伸区域打造幸福养老社区、幸福养老居家,不断提升社区居家老人晚年生活幸福指数。

### 一、托养服务

目前和未来,我国大部分失能、高龄、独居老人是在家庭养老,成为家庭的沉重负担,显然,要为无力照护的居家老人提供有效的养老服务,社区也力不从心。养老机构可以充分利用机构现有场所,或者在延伸区域内兴办、运营社区日间照料中心(托老所),发挥机构专业化养老服务队伍的潜力,为社区居家老人,重点是失能、高龄、独居、特困老人提供日托及短期托养服务。托养服务以机构专业化服务队伍为保障,服务内容涵盖日间照料、康复护理、医疗保健、健康管理、文化娱乐等,让托养老人享受到日常生活照料、护理保健、养生娱乐等专业化、个性化的优质服务。

### 二、护理服务

对延伸区域内的高龄老人、空巢老人、患有老年慢性疾病的老人、病后或手术后康复期的老人以及健康状态良好但希望获得定期专业咨询等服务的老人,提供上门包护和养生服务。机构首先派遣富有经验的养老服务评估员上门对老人身心状况和护理需求进行评估,根据评估报告以及与老人、家人的沟通和协商,为老人制定具体的护理计划。再由持有医学和护理资质的专业医护人员按计划上门服务,服务内容包括问询、察看、清洗、照料,对于有疾病的老人提供服药、康复护理、保健按摩以及针对常见老年病设计的专业护理。同时，密切关注老年人照护方面的潜在需求，并及时向其家人、子女提出预警和建议，从健康、生活、康复、疾病护理等方面给予老人以悉心的照料和整体的护理，让老人享受专业的机构养老服务。

### 三、助餐服务

民以食为天。有调查资料显示，在社区居家养老服务中，其中助餐服务是老年人需求最多的服务。很多地方以满足老年群体用餐需求为突破口推进社区居家养老服务体系建设，有的地方政府还将为老年人开展助餐服务列入年度"民生十件实事"，并纳入重点督查考核内容。养老机构可以利用机构现有场所和设施，为社区居家老人提供助餐服务，或在延伸区域内兴办、运营社区老年助餐点，配备专职管理人员和服务人员，为社区居家老人提供优质便利的餐饮服务，也可与市场餐饮企业合作开展为老年人助餐服务。

### 四、助医服务

养老机构利用自身医疗力量，或与周边医院、社区卫生服务中心等机构签订合作协议，建立有效紧密的合作关系，为辐射区域内居家老人就医和转诊提供绿色通道，建立巡诊、连续性医疗和健康管理的延伸服务制度；为术后或慢性病患者提供康复护理专业指导。为延伸区域内老年人提供用药提醒和清理过期药品服务，指导老年人遵循医嘱，正确用药，陪同老年人就诊、取药等服务。统一为社区老年人建立健康信息档案，开设家庭病床。

### 五、助浴服务

养老机构可以将机构内公共浴室定时向社区居家老人开放，设置专人管理，或配备适老便携式上门助浴服务设备，设立专门上门助浴服务队伍，建立助浴服务安全操作规程，积极为社区居家老人提供上门助浴服务。

### 六、助洁服务

养老机构可以根据居家老人和老年人家庭服务需要配备家庭保洁、洗衣服务人员和有关设备，制定助洁服务流程，根据老年人和老年人家庭需求，准时提供上门助洁服务。也可与家政服务企业合作开展为老年人助洁服务。

### 七、精神关怀服务

养老机构发掘和利用机构现有场所，或者在延伸区域内兴办、运营老年人活动中心(精神关怀服务站)，组织开展适合老年人的文化、体育、手工、娱乐等活动。为辐射区域内老年人提供心理精神支持服务,实施老年人心理护理干预措施,开展老年人心理问题评估、情绪管理指导和健康知识讲座,对存在中度到重度心理问题的老年人,提醒家人及早送老年人到医疗机构就医。

### 八、培训教育服务

养老机构发掘和利用机构现有场所,开展社区居家养老服务人员专业技能培训,并对社区养老服务进行专业指导。设立老年课堂,为社区老年人及社区居民提供疾病预防、健康管理等知识讲座;为老年人提供法律咨询、法律援助、司法维权及维护老年人的赡养、财产、婚姻等合法权益服务。对社区家政服务人员、志愿者进行生活照料和护理技能实训。对高龄、失能老年人家庭提供护理、康复、照顾服务技术指导和帮助。指导老年人开展家庭隐患排查。

### 九、养老服务评估

养老服务评估是由专业人员依据相关标准,对老年人健康状况、精神心理、经济条件、生活状况等进行的综合分析评价,为确定老年人养老服务需求、养老护理等级及其服务补贴资格等提供科学依据的重要工作。近年来,各地根据《民政部关于推进养老服务评估工作的指导意见》(民发〔2013〕127号)和民政部下发的民政行业标准《老年人能力评估》,在建立本地养老服务评估制度和养老服务需求评估指标体系的同时,注重培育发挥民间的第三方养老服务评估机构,形成政策引导、社会化运作的评估运行机制。养老机构中的专业人员大都具有评估人员资质。养老机构可以利用这一优势,发挥机构专业人员的服务潜能,组织成立专业化的评估队伍,按照当地评估机构的准入制度、评估工作的具体内容和要求,承接政府委托的老年人能力评估和服务需求评估、社会组织和社区居家养老服务质量及效益评估。通过开展养老服务评估,扩大机构影响力。

### 十、其他服务

连接延伸区域内养老服务信息管理系统,建立延伸区域老年人动态需求数据库,并定期更新数据,做好日常数据维护,对需求信息进行动态评估,为社区开展养老服务提出建议和依据;为社区及家庭提供专业护理设备的租赁服务;为行动不便的社区居家老人提供助行服务,提供紧急求助服务等。

**【案例1】**

**南京市银杏树老年人服务中心**

南京银杏树老年人服务中心成立于2008年,是一所民办养老机构,有养老床位100张。

自 2012 年始,机构组织专业服务队伍,尝试开展社区居家养老服务。机构依托社区成立居家养老服务中心,通过"请进来""走上门"的方式,向居家老人提供各种养老服务。"请进来",即居家老人走进中心,享受中心提供的日间照料服务,参加各类健身娱乐活动等。"走上门",即上门向居家老人提供所需服务。为解决专业服务人员不足的问题,机构在社区招聘愿意从事养老服务的人员,经过专业培训后上门为居家老人提供诸如钟点工、助医、助浴、助洁等服务。近年来,机构逐步扩大与医疗、家政、保险、教育、健身、旅游等企事业单位、社会组织的互动发展,整合利用相关资源为居家老人提供日常护理、慢性病管理、康复、健康教育和咨询、养老专业服务人员培训等服务。

"独居老人支持项目"、"零距离关爱——浦口区智慧养老服务网"等公益创投项目以及阿里巴巴、爱德等爱心基金的资金支持是银杏树居家养老服务运作的一个特色。在公益创投项目中,银杏树举办健康知识讲座,培训独居、"空巢"老人提高生活自理能力,举办护理基本技能实训,向失能、半失能老人家庭成员提供日常生活照料、康复护理技能指导,等等。与此同时,银杏树积极申报承接政府购买社区居家养老服务项目。几年来,先后承接了由政府购买的为高龄、独居、困难老人提供的生活照料和健康监测等方面的服务。

截至 2016 年上半年,银杏树老年人服务中心先后在南京市两个区的 8 个社区建设了社区居家养老服务中心并投入运营。银杏树老年人服务中心已发展成为集机构养老、居家养老、社区养老、残疾人托养为一体的综合性养老、托残机构。现设有全托养老床位 400 余张、入住老人 300 余人,上门服务居家老人 100 余人,社区养老会员 1 000 余人。

【案例 2】

## 南京市心贴心老年人服务中心

南京市心贴心老年人服务中心的前身是 1998 年成立的南京市第一家民办养老机构——同源康养老院。

同源康养老院开业半年后就住满了老人,当时院长就发现:不是大多数老人希望并有条件入住养老院,他们中的绝大多数仍然喜欢生活在熟悉的家庭、社区而选择居家养老;但老人们居家养老常常遇到日常生活不便、子女工作繁忙无暇照顾等许许多多的困难。于是,机构于 2001 年开办了心贴心老年人服务中心,向社区延伸服务。中心围绕社区居家养老服务需求,开展了老年饭桌、老年课堂、家庭保洁等项服务,深受社区老人的欢迎。但前两年基本处于亏本状态。中心在困境中坚持服务,并确立了"替老人谋安康、帮儿女尽孝道、为社会促和谐"的服务宗旨和"居家温馨便捷、社会资源共享、服务规范标准"的服务特色。中心开展居家养老服务工作得到了地方政府的有力支持。2003 年,鼓楼区民政局率先在南京市开展政府购买社区居家养老服务，通过社区推荐以及领导实地调研，中心成为鼓楼区民政局购买服务的合作伙伴，承接了"鼓楼区居家养老服务网"服务项目——为全区独居、困难的居家老人服务，服务内容从生活照料到健康护理，从家政服务到精神慰藉，从陪医看病、代为取药到老年人的膳食服务、应急服务等。

心贴心老年人服务中心积极与社区内的企业、其他社会组织开展相关合作，整合利用各方面的资源以更有效地解决自身提供居家养老服务所面临的不足和困难。2005年，中心与南京市17家老年服务产业的相关企事业单位达成合作协议，共同组建成立了南京协和老年服务中心，所有成员单位以协和老年服务中心为平台，做到资金相互融通、物资相互调剂、人力相互支援、信息相互交流，并定期召开会议进行专题研究，在互助互济中共同助力社区居家养老服务业发展，并谋求成员单位的共同长远发展，取得了很好的成效。

经过20多年的经营，中心的服务规模、服务范围不断扩大。目前，中心旗下已整合了包括"同源康养老院""夕阳红老年公寓""颐和托老所""瑞阳托老所""居家养老服务网""协和职业技术培训中心""协和老年大学""心贴心职业介绍所"等养老服务机构和服务组织。在社区建立了近20家居家养老服务站，服务领域涵盖长期托养、社区照料、居家养老、职业技能培训、健康管理、心理关怀、老年教育、应急求助等各个方面，居家养老服务由以前的"助餐、助医、助浴、助急、助洁"五助项目，又扩展到"助行、助购、助乐、助聊、助学"等十助。目前，中心共有员工450多人，共为6 000多名服务对象提供长期托养、社区和居家养老服务，其中政府购买服务1 600多人，老人自费购买服务2 000多人，长期托养100多余人，社区养老服务会员2 000多人，老年大学400多人。社区居家养老不仅有了量的扩张，而且有了质的提升。

近年来，心贴心老年人服务中心与南京科技公司合作，先后开发使用了"一键通"服务系统、社区居家养老综合性系统。社区居家养老综合性系统含呼叫系统、一卡通系统、服务管理系统以及APP养老软件；在养老机构中，建立老年人信息电子档案，通过网上办公实现对养老机构的日常管理，建成以网络为支撑的机构信息平台，实现居家、社区与机构养老服务的衔接，提高服务效率和管理水平。

（汪生夫 关兰友）

# 第十六章 养老机构信息化建设与管理

建立一套符合现代化养老机构需要的信息系统是养老机构规模化的重要工作,该系统以满足供养、养护和医护型的机构建设,实现为老人服务的现代化、信息化、标准化、专业化,使老年人在养老院内获得安全、方便、舒适、周到的各项专业服务。

## 第一节 养老机构信息化的概念

信息化养老是以信息化养老终端采集数据为基础,利用互联网、移动互联网、物联网、云计算、大数据等技术手段建立系统服务与互动平台,通过平台有效地整合社会资源、信息资源,借助平台以及各类终端按照养老服务规范和服务标准向老人及其家属提供涉及安全看护、健康管理、生活照料、休闲娱乐、亲情关爱等全方位的服务,达到"多位一体,齐心和谐"的服务效果,让老人、亲友获得"触手可及"的信息服务保障。

### 一、养老机构信息化基本元素

养老机构信息化包含养老系统软件、智能硬件、大数据服务、增值服务等四大主要元素(图16-1)。

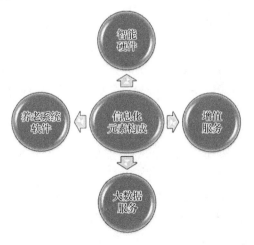

图16-1 信息化基本元素框图

（一）养老系统软件

养老系统软件主要解决养老院内部的管理，如人事管理、档案管理、办公管理、财务管理等。

1. 建立养老服务信息化管理系统　其中包括：①养老服务机构等级评估系统；②老年人能力评估系统；③服务质量监控管理系统；④机构年检审核查询系统；⑤专业队伍培训系统。

2. 养老服务基础数据库　其中包括：①养老机构数据；②机构入住老人、社区服务数据；③养老服务专业队伍数据。

3. 建立公众养老服务系统，其中包括：①养老服务投诉管理系统；②养老服务信息公开系统；③老年人网上预订系统；④老年人服务产品推介。

4. 建立基础支撑平台　其中包括：①统一身份管理系统；②公共数据交换平台；③统一分析和决策支持系统。

在这样一套相对完善的软件平台下，基本实现了国家、养老机构、老人以及公众对信息化的所有需求。在此条件下，信息化平台将迅速提升养老机构的运行效率与服务质量。

另外，养老管理软件还包含养老院网站，它可以通过互联网将养老院的信息同步到网站上，如养老院还有多少空置床位，能提供哪些服务等。随着时代的发展，养老院管理软件可能还包含其他软件，如微信公众号等。

（二）智能硬件

养老机构实现信息化必须配置相应的硬件设备，从硬件方面来搭建信息化平台，为软件的顺利运行提供底层支持。硬件设施作为信息化的基础需要保证设备的质量。实现信息化最主要的硬件就是计算机，其次就是相关的外接设备，包括服务器、交换机、打印机等。养老机构内部的数字化设备均可连接到计算机上，实现数据有效传输。养老院内部在关键位置安装摄像头，实现老人的实时照看。在网络布线中，应根据养老机构的需要构建安全可靠的计算机网络。通过网络实现数据共享，完成与其他养老机构、医院及上级领导部门的有效连接。

除了普通的硬件设施，一些可以提高服务质量的智能硬件产品也是必不可少的，如：

1. 离床感应器　若老人离开床超过一定时间，则自动发出报警给护理人员。

2. 多功能生命体征看护床垫　含有智能传感器，可以检测呼吸数、心跳数，尤其记录在床、离床及离床次数、离床时间统计。还有去厕所没有回来的异常状态，备有呼叫提示功能。床垫本身具有防菌、防压疮等功能。

3. 全自动翻身拍背床　每隔一定时间为老人翻身、拍背一次。

4. 健康监测设备　蓝牙血压计、蓝牙血糖仪等。通过手机APP（应用软件）操作健康监测设备,并实时记录在后台管理软件中。储存健康信息资料,以便有关部门检查、备用。

5. 尿湿感应器　失能老人在尿湿的情况下,及时通知护工更换衣服或者纸尿裤等。

6. 智能马桶　具有座便盖加热、温水洗净、暖风干燥、杀菌等多种功能。

7. 二维码标签　每个床头贴一个老人的二维码,实现对护理人员的工作监管,护理人员每次去给老人服务都需要用手机刷一下二维码,养老软件将自动保存此次服务记录。

智能硬件远远不止上面所说的这些设备,随着科技的发展,将有越来越多功能更完善的智能设备来给老人提供更多的服务。随着物联网技术的发展,会有更多的智能设备进入养老机构。

### (三) 大数据服务

养老机构信息化的作用不仅体现在数据的有效管理与业务的流畅运行上,信息化带来更有价值的是为管理部门做出决策提供数据支撑。因此,养老机构信息化需要严谨数据挖掘技术的数据分析。只有能做出有效合理结论的数据挖掘技术与软件才能给养老机构信息化建设带来预期的收益。

大数据服务也是所谓的数据挖掘服务。应用信息化系统,每一位老人在入院时相关的个人信息都会被收集并分类管理。通过对信息的有效挖掘,院方可以掌握老人的身体情况、性格爱好等特点,从而在后续的服务中更为贴合老人的个性化需求。同时,医护人员还可以通过无线网络,利用终端设备将入住老人的基本信息、检查结果、病历信息、医嘱、病程医嘱、医嘱执行时间、病情观察时间、记录结果等信息,在房间的床头集中汇总展示,实现移动医护保健等。

### (四) 增值服务

传统的点对点服务模式已经不适应、也无法服务到如此庞大的人群。而依靠互联网＋的智能养老云平台就可以很好地解决资源、需求不对称的问题。云平台通过连接线下养老机构、健康管理机构的数据,可以充分发挥互联网在社会资源配置中的优化和集成作用。

1. 智能健康监测系统　通过个人档案绑定健康设备(血压、血糖、血氧、心电等),采集个人数据。生成健康趋势图,同时将异常情况通过短信通知、站内提醒等反馈方式,反馈给工作人员。个性化设置老人健康数据,子女可根据自己父母实际情况,为其定制差异化监测方案。

2. 主动关怀系统　为老年人提供生活关怀,提供生日提醒,提供预订的生日祝福、用药提醒、保健养生、活动通知等全方位关怀服务。通过有声短信发送,方便老人收听天气预报、保健知识、政府政策、集体活动等等,更好地体现政府、社会及子女对老人的关怀和爱护。

3. 信息预警系统　如果测量脉搏偏高或偏低,健康管理手机就以短信形式把危险数据自动发送给监护人(家人、医生、朋友),让他们第一时间得到数据,做出判断,采取相应措施。

4. 电子围栏系统　管理人员随时可以掌握老人们的活动信息,及时避免各种安全隐患,提高管理人员的工作效率,保证养老院老人们的安全。养老院内部定位以及LBS定位相结合可以间歇地向所在区域的读写器发送信息,向其计算机系统管理中心发送即时情况,一旦老人的信息没有上传到计算机管理系统中心,会发出警报提醒,工作人员可以查看老人在先前阶段的活动轨迹,及时地处理突发情况。使老人时时刻刻在任何地方都能受到工作人员的关怀。人员定位系统是针对人员的实时定位、历史轨迹回放、信息查询等方面工作而开发的管理软件,根据不同的要求,实现地图监控、人员分布查看、人员实时定位、离开报警、历史轨迹回放及信息查询等功能。

5. 跌倒报警系统

(1) 跌倒自动报警功能:此功能主要用于实时监测老人的身体情况,当检测到老人跌倒时,会及时向监控中心发送报警短信,监控中心服务人员可及时进行老人位置的查询及可通过语音通过询问老人的身体情况及周围的情况,并及时通知120救护车或相关区域的服务人员对老人进行救助。

(2) 紧急情况报警功能:当老人感觉身体不适或有紧急需要时,可通过手动触动产品中间的按键进行免提电话的接通,与服务人员进行通话,以便得到及时的帮助。

6. 远程查看系统　系统的用户访问终端除本地监控终端外,还基于互联网以及智能化终端设备,为老人亲属提供了亲属门户系统。所有访问终端均支持信息查询统计、电子地图实时跟踪、视频监控以及老人健康资料。

## 二、养老机构信息化大趋势

养老信息化将在很大程度上解决养老机构依靠传统管理(人管人、人管物、人管账)的弊端,很好地解决高成本低效率、资源浪费以及管理无序等问题。养老信息化将科学管理理念带入养老机构,全方位地实现各职能部门、服务单元以及外部市场的有机结合,进行快速、高效的信息收集和业务处理,为养老院机构的管理和服务提供适时、准确、可靠的决策依据,全面提升养老机构的服务质量。

建立一套符合现代化养老机构需要的信息系统,是许多养老机构对信息化的刚需,平台系统以满足供养、养护和医护型的机构建设,实现为老人服务的现代化、信息化、标准化、专业化,使老年人在养老院内获得安全、方便、舒适、周到的各项专业服务。

党的十五届五中全会提出"大力推进国民经济和社会信息化,是覆盖现代化建设全局的战略举措。"因此,改变养老机构信息化相对落后的现状,加快信息系统建设是保证养老机构可持续发展的必要条件。

### 三、养老机构信息化重要意义

#### (一)管理规范化

信息化管理的一个重要特点就是规范、高效、透明。建立在服务流程、工作过程分析和完善的规章制度,以及服务与管理规范基础上的养老机构信息化、综合管理系统可以使养老机构的服务与管理更加规范。例如,在老人管理方面,该系统设计了入院预约管理、出入院管理、床位信息管理和护理信息管理等子模块。每一个模块都规定了需要详细操作的内容,且各子模块环环相扣,不按规定操作输入系统都不执行,从而保证了管理的规范化。

#### (二)决策科学化

决策的基础是准确掌握大量的信息。养老机构信息化综合管理系统,通过日常服务与经营过程中采集、储存的大量信息和利用计算机的数据分析处理功能,可以使分析更加快捷、准确,决策更加科学,从而及时地解决和处理服务与管理过程中存在的问题,避免了仅凭经验、不完整的信息、落后的分析处理方法进行决策管理的弊端。即使管理者外出,只要打开电脑,登录系统,就可以对本部门实施全程监控,从而提高了决策管理的时效性。

#### (三)工作效率化

信息化管理的最大优势是节省人力、提高工作效率、降低管理成本。以各种统计分析报表为例,传统的统计方法不仅耗费时间、人力,且不够准确,而利用养老机构信息化综合管理系统,只要点击该系统中按钮,系统会在几秒钟内自动生成并打印所需要的统计分析表格,从而大大提高了工作效率。

#### (四)服务亲情化

信息化综合管理系统及时采集、储存了大量入住老人的信息,如老人生活状况(每天吃了什么、做了什么等)、健康状况(每天用了什么药、进行了什么检查治疗等)、护理情况(每天照料情况、翻身情况、大小便排泄情况等)和费用支出情况等。工作繁忙的子女,只要登录系统就可以及时了解和掌握老人的有关信息。同时,通过系统还可以及时与养老机构沟通、与老人交流,增强了子女与机构的联系、与老人的亲情交流。此外,系统还为老人提供学习、娱乐、交流的空间,使老人的生活更加丰富多彩。

#### (五)经营扩张化

处在养老服务事业大发展的时代,养老机构扩大规模是必然的趋势。规模扩大必然增加管理难度,提高管理成本。而养老机构信息化综合管理系统可以有效地解决这一问题。同时,在事实扩张经营、连锁经营、品牌经营的过程中,更加彰显出养老机构信息化综合管理系统的优势,确保规模扩大经营管理模式不走样、服务质量不降低,从而实现养老机构跨越式发展。

## 第二节　养老机构信息化平台的构建

### 一、养老机构信息化平台的硬件

互联网、物联网技术的发展促进了养老信息化的发展,机构养老信息化除了基本的硬件如服务器、路由器、交换机等,还包含诸多智能设备,主要有对外承担展示和信息查询等功能,如触控查询的一体式触控机、智能健康检测设备(如血压计、血糖仪)、穿戴式设备(如能监测睡眠质量、心率等智能手环)、具有 RFID 功能的 IC 卡、智能护理设备等。养老机构信息化系统硬件框图如图 16-2 所示:

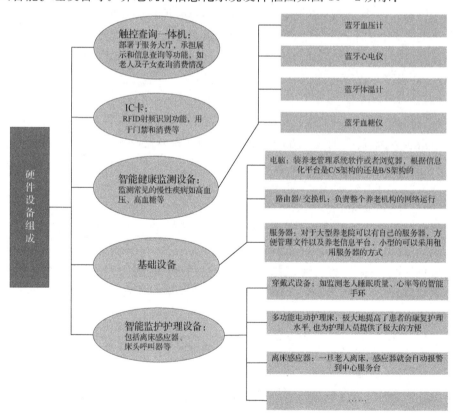

图 16-2　硬件系统图

## 二、养老机构信息化平台的软件

信息化系统主要包含四个方面的软件：后台管理系统、触控一体机查询系统、门户网站、专属手机 APP(移动办公)(图 16-3)。

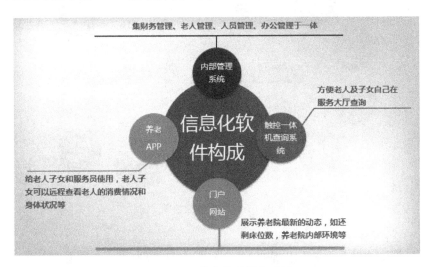

**图 16-3 信息化软件构成图**

所谓信息化管理，就是建立一个养老服务管理系统，通过有效整合通讯网络、智能呼叫、互联网等科技手段，以"信息化、智能化求助报警服务平台"为支撑，以"建立老年人信息数据库"为基础，以"养老院服务、云健康、定位跟踪、跌倒报警、视频监控、门禁、跟踪、亲属门户"为基本服务内容，以养老机构为依托，有效"整合社会服务资源"为服务主体，构建"公益化为前提、社会化为基础、市场化为方向"的信息化、智能化的养老院运营模式，推动养老服务行业持续、健康、快速地发展。养老服务管理系统功能如图 16-4 所示。

建立完善的养老院服务体系。养老院平台体系主要包括基础管理、服务管理、人员管理等。具体来说，就是老人管理、员工管理、项目管理等。大数据服务包括数据分析、数据展示、数据效益等。通过数据处理，实现业务信息共享、决策分析和决策支持，保证管理人员在履行职责、管理机构工作时得到足够的业务数据支持。管理系统有效地将无序繁杂的海量数据转化成调理清楚、针对性强的信息平台，并对这些信息进行合理的分析和主动的发掘，通过渠道化的信息共享为本机构的工作提供决策支持，是统一指挥调度工作的重要工具，也是一种新的管理理念。

养老院通常是将信息系统建设重点放在人事管理系统、财务管理系统、医疗护理管理系统、膳食管理系统、物资管理系统、基础信息维护等数个子系统。在各个子系统的基础上又由若干模块组成。要做到分工明确，责任到人，必须有详细的工作制度，完善的人事管理体制，严格的落实机制，另外，还要考虑人性化的管理。养老信息化具体功能如图16-5所示。

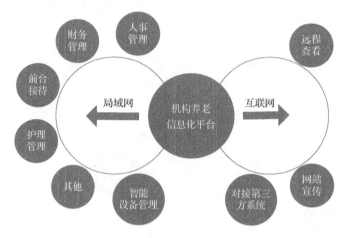

图16-4 功能介绍图

（一）人事管理系统

人事管理主要涉及机构内部的科室管理、人员管理、老人档案管理等等。

1. 科室管理　科室管理主要包括：科室的构建、合并、撤销；编制日常管理（含总体编制、具体岗位设置管理）及其查询、统计。

2. 人员管理　人员管理主要包括：实现机构内部所有人员的分类管理，可以自由设置人员分类，如：在编在职人员管理、离退人员管理、聘用人员管理、离院人员管理、各种类别人员调配进出管理、所有人员各类证书办理管理、人员年度考核聘期考核管理。

人员信息主要包括：人事档案中所有基本信息、最高学历学位证书照片、本人登记照片、个人简历（本行工作年限、担任过的职务及其业绩证书等）、职称、联系电话、电子邮件地址等。

3. 合同管理　合同管理主要包括：合同签订登记、合同类别、合同期限等。将劳动合同作为单独的功能发布。整合台账管理功能，分为两种操作模式即人员模式、合同模式。支持批量签订、变更、解除和（或）终止劳动合同。

4. 培训、考试管理　培训、考试管理主要包括：各类人员（专业技术人员、管理人员和员工）的各类培训、各种考试数据的日常管理和经费管理。统一的培训资源管理对于培训机构，如教师、课程、资料、设施、设备等培训资料可以统一管理和协调。主要为员工提供学习平台，包括学员的学习情况、学习待办、学习资源、学习资讯等信息，通过与在线学习系统、在线考试系统的集成，实现了培训的电子化管理和监督。

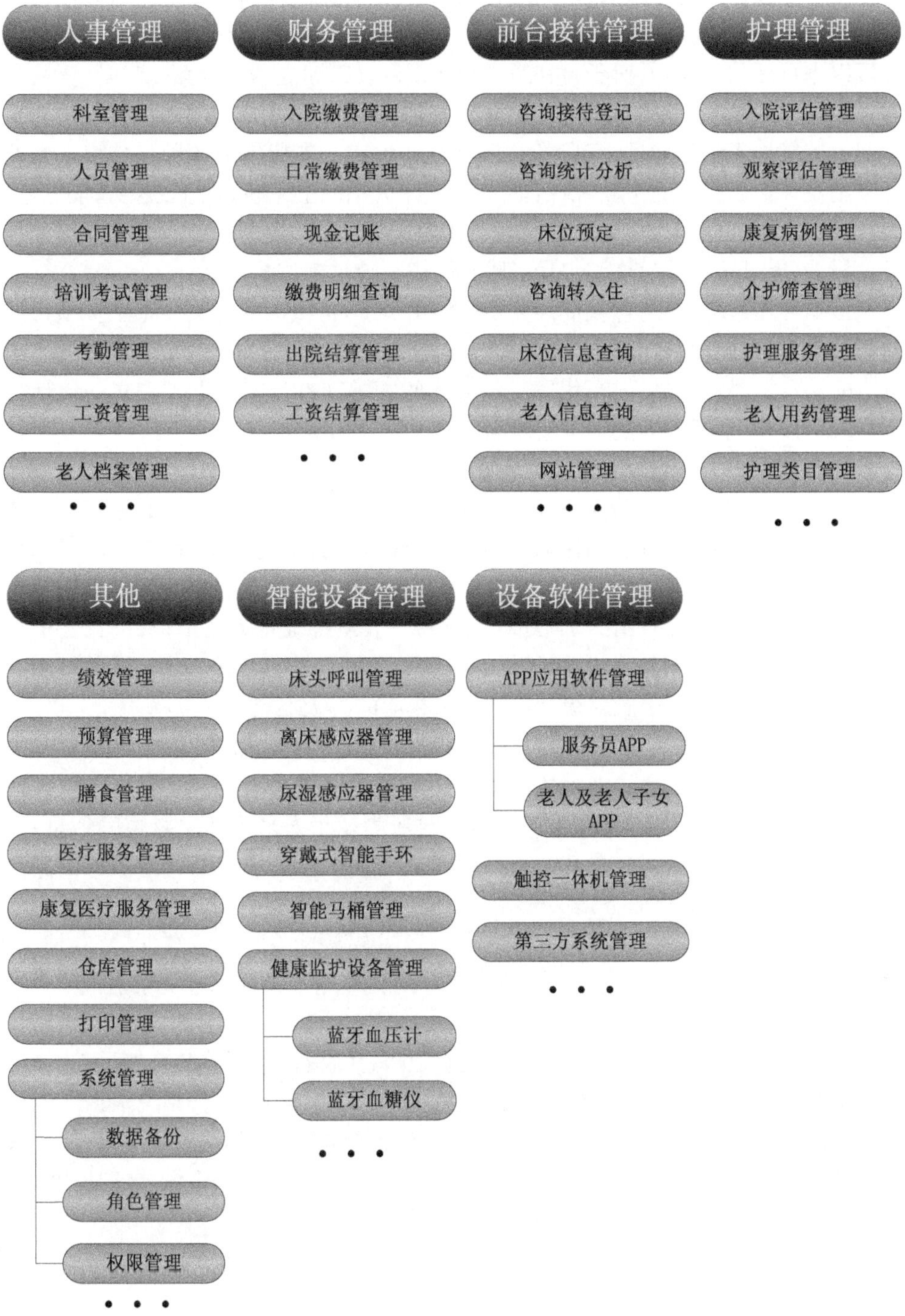

## 第十六章 养老机构信息化建设与管理

**人事管理**
- 科室管理
- 人员管理
- 合同管理
- 培训考试管理
- 考勤管理
- 工资管理
- 老人档案管理
- ……

**财务管理**
- 入院缴费管理
- 日常缴费管理
- 现金记账
- 缴费明细查询
- 出院结算管理
- 工资结算管理
- ……

**前台接待管理**
- 咨询接待登记
- 咨询统计分析
- 床位预定
- 咨询转入住
- 床位信息查询
- 老人信息查询
- 网站管理
- ……

**护理管理**
- 入院评估管理
- 观察评估管理
- 康复病例管理
- 介护筛查管理
- 护理服务管理
- 老人用药管理
- 护理类目管理
- ……

**其他**
- 绩效管理
- 预算管理
- 膳食管理
- 医疗服务管理
- 康复医疗服务管理
- 仓库管理
- 打印管理
- 系统管理
  - 数据备份
  - 角色管理
  - 权限管理
  - ……

**智能设备管理**
- 床头呼叫管理
- 离床感应器管理
- 尿湿感应器管理
- 穿戴式智能手环
- 智能马桶管理
- 健康监护设备管理
  - 蓝牙血压计
  - 蓝牙血糖仪
  - ……

**设备软件管理**
- APP应用软件管理
  - 服务员APP
  - 老人及老人子女APP
- 触控一体机管理
- 第三方系统管理
- ……

图16-5　信息化系统具体功能图

统一管理培训需求可以统一管理各部门的培训需求,包括时间、课程等,便于培训的组织。及时反映培训效果,形成统一的培训档案,对于培训课程、师资、效果等可以进行评估记录,并对于每一个参加培训的员工建立培训档案。

5. 考勤管理　考勤管理能与考勤机相连接,可以根据院方的情况任意排班,能网上进行加班请假处理,完成各类考勤统计报表。支持集中考勤和分权考勤两种考勤模式。如多种的考勤统计:能实时统计员工的上下班、加班、迟到、早退、请假、缺勤等相关出勤信息(上面记录着员工不正常出勤的次数等)形成一张综合性汇总报表,也可按条件(日期、工号、部门等)进行统计工作。

考勤管理系统,在包含薪资计算模块的情况下,可以灵活定义各个工资项目的计算公式,自动调用员工的出勤数据、人员资料、就餐等与工资相关的数据,计算出员工的工资情况,可提供银行代发工资所需的相关文件。同时提供丰富的统计分析报表,可即时掌握养老院工资支出等情况。

6. 工资管理　员工的工资、奖金福利等是一项极为敏感的工作,处理的好坏与否,直接关系到机构内部的和谐,直接影响到机构的稳定与发展。此系统可对各种人员进行日常工资管理,如在职人员工资、离退人员工资等,平台系统可根据最新的各种工资标准,设置工资标准表及工资计算公式,对人员工资合计等工资项目进行自动计算,并对计算出的工资进行审核归档,最终确定人员工资;进行工资核对、工资晋升等工资业务操作,如每年的薪级自动加级,根据人员工资类别(管理人员、专业技术人员、工人)及薪级标准计算出相应的薪级工资。

7. 老人档案管理　老人档案管理是指老人个人信息、家属信息、健康信息等录入、修改、删除、变更等。老年居民进行健康档案信息采集,主要项目包括(量血压、测血糖、视力、生活习惯、慢性病)等,同时还为老年人采集病史及家庭信息,建立、完善老年人健康档案。尤其关注高龄、孤寡、患病老人的档案,为开展社区养老服务和志愿者结对帮扶服务提供资料。

在收集老人信息时,尽可能收集老人年轻时从事过的职业信息,以及专长、兴趣、性格信息,以及老人的晚年生活信息、"余热能力"信息和身心健康信息等。

(二)财务管理系统

财务管理系统主要包括入院缴费、现金记账、代收费用、费用结算如员工工资、流水账等。手工处理养老机构的收费比较繁琐,而且很容易出错,系统根据养老机构的特点提供了从费用配置、费用标准设置,到收费计算和打单一体化的系统性方案。只要依据本院情况配置好收费标准和参数,每月费用自动计算,自动出账,还可以自动打出发票和收据。费用管理示意图如图16-6所示:

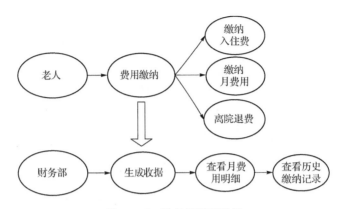

图 16-6 财务管理系统图

（三）前台接待系统

前台接待系统主要包括：咨询接待登记、咨询统计分析、床位预定、咨询转让入住、床位信息查询、网站管理等功能。主要功能介绍如下：

1. 咨询接待登记　前台接待系统主要运用的背景是老人在家属的协同下，来到养老院向护理人员咨询关于是否有床位空余供老人入住，或是否有特定的床位为老人提供等行为背景。咨询登记流程如图16-7所示。

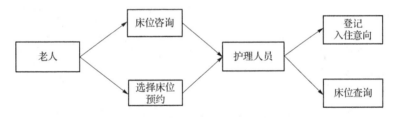

图 16-7 咨询登记流程图

2. 咨询转入住　该模块的背景是老人在家属的陪同下，了解入住及其床位等信息后，决定入住，有本人或家属直接办理入住相关手续。

3. 网站管理　网站是养老机构在互联网上进行网站建设和形象宣传的平台，相当于一个养老机构的网络名片。互联网真正的内涵在于其内容的丰富性，其具有网络沟通能力的标志，养老机构应建自己的独立网站，并定期更新网站动态信息。

（四）护理管理系统

护理管理系统主要提供入住前的老人评估和入住后院内的护理、服务及生活等方面的管理功能，包含生日提醒、老人评估、老人入住、老人护理、老人换床、老人消费、老人请假、老人就医、老人退住等查询。系统能全面记录跟踪每一位老人的情况，从护理计划的制定到护理的具体执行、护理的工作安排及护理人员的班次交接都包含在系统的管理功能内（图16-8）。

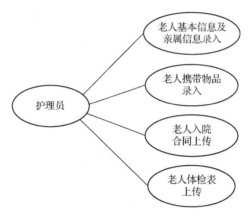

图 16-8　护理管理系统图

（五）其他管理系统

大型养老机构内部科室健全，系统功能复杂，除了人事管理、护理管理、财务管理等还有绩效管理、预算管理、膳食管理、医疗服务管理、康复医疗服务管理、仓库管理、打印管理、系统管理等。下面具体介绍几个主要的功能：

1. 绩效管理　该模块实现养老院的绩效管理，构建全方位绩效考评体系，同时建立完备的养老行业绩效方案库，为日常管理服务。考核指标全面覆盖院方经济、质量、效率等各个领域，能提供不同类型科室以及个人的考核模版库。

2. 预算管理　该模块实现养老院的预算管理功能，包含完整的预算管理体系，包括：业务预算、收入预算、成本预算、物资采购预算、固定资产及其他投资预算、资金预算。

3. 膳食管理　实现老人在院的膳食服务情况的记录和管理功能，为膳食科提供老人日常膳食管理、膳食调养等信息的管理，主要包括：营养管理、病历管理和会诊管理等。病案管理系统可使病案资料信息得以充分利用和发挥，它是用科学的管理方法，把医疗工作中产生的信息资料（医务人员在对患者进行问诊、检查、诊断、治疗、护理等医疗活动中形成的文字、图表、影像等材料，并经综合、分析整理后归档的记录）进行全面系统的收集、检查、整理、登录、编号、建立索引、排列上架、存储保管，进行医疗终末随访、质量检查、计算机管理等活动。该系统主要用于病案室，具体工作由病案室的操作员完成。

4. 医疗服务管理　该模块实现老人在院享受医疗服务情况的全面管理功能，为医疗科室提供老人日常医疗护理情况的登记管理功能，主要包括：会诊信息管理、住院信息管理、免疫接种与预防疾病管理、长期临时用药管理等功能。其中住院信息管理、免疫接种与预防疾病管理、长期临时用药管理等模块均实现与养老院所辖医院的 HIS 系统对接。

### （六）智能设备管理系统

随着物联网的发展，智能设备将陆续进入养老机构的视野，如尿湿感应器、穿戴式智能手环等。

1. 床头呼叫管理　呼叫管理系统主要是建立了一个智能化、信息化、便捷化、无障碍化的养老院对讲管理系统。利用养老院现有的局域网，制定一套直接、简易、高效、可靠、稳定的"半数字养老院护理对讲系统"。满足老人居室呼叫对讲、录音录像以及公共区域的公共广播、求助报警等需求，减少看护人员的工作强度，提高服务质量与效率，提高养老院智能化管理。

2. 离床感应器管理　床上装有感应器，人一旦离开了床位，系统就会显示文字并发出警报，主要是针对半失能老人。

3. 尿湿感应器管理　对于卧床不能自理的病人的大小便失禁，护理者不能及时发现，导致病人生压疮等，尿湿感应器就能很好地解决这个问题。

4. 穿戴式智能手环　市场上针对老年人的智能手环也越来越多，如有监测老年患者或者认知患者行踪的、有监测独居老人行为异常报警的，以及监测睡眠质量和血糖监测等。

5. 智能健康监测　通过个人档案绑定健康设备（血压、血糖、血氧、心电等），采集老人健康数据。生成健康趋势图，同时将异常情况通过短信通知、站内提醒等反馈方式，反馈给工作人员。

### （七）设备软件管理系统

设备软件主要包含：APP养老软件、触控查询一体机软件、第三方软件系统。

1. APP养老软件　随着移动互联网的发展，APP应用软件十分热门，各行各业都有相应的APP，当然养老机构也不例外。APP应用软件分为服务员和客户（老人及老人子女）两款软件。服务员APP主要用来记录为老人的服务内容，老人及老人子女APP则主要用来查询消费情况、健康情况等。

例如：不在老人身边的子女可以通过互联网（APP）来关心自己的父母在养老院的状况，人们称之为"远程查看"。现在智能手机已经相当普及了，人们通过APP完全可以做到如下：

（1）查看老人健康资料：子女或老人其他监护人登录此系统，可查看老人在养老院检测的健康数据，包含血压、血糖、血氧、心电、体温等健康数据。

（2）查看老人档案：查看老人的基本资料、消费记录等情况。

（3）视频监护：可通过此系统控制视频摄像头和云台更加全面地了解父母在养老院的情况，为紧急救助、视频通话等提供方便。

2. 触控查询一体机软件　触控查询一体机软件像银行的排队叫号系统一样。养老院的老人或者老人的子女会经常查询服务等情况，对于大型养老院来说，可以将触控查询一体机部署于服务大厅,老人及其子女可以自身在一体机上查询收费情况和健康情况等。

3. 第三方软件系统　医养融合是养老新模式,因此养老信息化软件和医院的HIS系统对接是大趋势。另外,养老信息化软件可以与家政系统、老年商城、健康咨询系统等这些第三方系统无缝对接。

【案例】
江苏省某养老院有楼宇4座(含食堂、礼堂),设施齐全,设养老床位450张,共分两个养老功能区。住养者中,有生活自理、半自理、完全不能自理(包括长期卧床)和临终的老人;有"三无"老人和社会老人。该院与一家二级甲等医院、一家社区卫生服务中心和一个社区卫生服务站建立了医养合作关系。

2010年,该院在每个老人的床头安装了呼叫器。当时主要是保障老人需求能得到及时响应。2013年,智能手机开始流行,该院与一家信息科技公司联合开发了一款智能呼叫器,结合手机APP软件,老人一按呼叫器,就可直接联系到护理员,提高了养老院的管理效率和服务质量。几年来,挽救了好几位老人的生命,受到老人以及子女的好评。随后,该养老院继续与这家信息科技公司联合开发了养老服务信息化系统的其他功能模块,包括床位管理、收费管理、报表管理、智能设备管理、提醒设置、消费管理、护理员刷卡监管系统等。例如护理员刷卡监管系统模块,可实时监管护理员是否按时到老人房间提供护理服务,院长可以远程查看院里面所有护理员的工作情况。

2014年,该院建立了自己的网站,通过互联网进行宣传推广,展现自身服务特色。良好的服务和广泛的宣传,提高了机构的影响力。养老院老人入住率已达到100%,如今老人入住需排队半年以上。

## 第三节　养老机构信息化实施

### 一、信息化平台选择要点

养老机构信息化平台是综合性集成系统,总体结构具有兼容性和可扩展性,既包括不同厂商不同类型的先进产品,又便于升级、换代,使整个智能化系统可以随着科学技术的发展与进步,不断得到充实、完善、改进和提高。它应具备如下特征:

1. 安全性　所选用的设备及技术等,能满足在正常使用的情况下是安全无害的,无污染、低噪声以及文明的;面对病毒、停电、雷电、死机、非法入侵等异常情况,周全的考虑及热备份功能确保系统稳定运行。

2. 先进性　充分考虑了信息化社会发展的趋势，在技术上适度超前，采用的技术和设备能保证系统建成后10年内不落后，在同行业中处于领先地位。

3. 可管理、可维护性　系统充分考虑了可测性设计（design for testability，DFT），并且在此基础上，提供了独特的自动故障定位分析工具。通过运行在PC机上的故障诊断软件，能够以清晰的思路帮助技术人员快速准确定位系统故障，并提供了系统状态和告警信息查询，以及丰富的诊断测试手段。

4. 高效性　所集成的系统具有：

（1）快捷的响应能力；

（2）控制能力强、实施性好；

（3）海量网络宽带，吞吐能力大。

5. 人性化　系统需要简单、实用，即用户体验好。

### 二、养老机构信息化员工培训

为了顺利实施养老机构的信息化，需要组织所有员工进行相应的培训。考虑到岗位不同，使用信息化平台系统的功能也不一样，因此需要对员工进行分组培训。例如护理员和财务管理员所做的工作内容不一样，因此对护理员和财务管理员需要分开培训。

### 三、养老机构信息化人才培养

养老院管理系统服务平台是一个复杂的综合性系统，对这个系统的运行维护需要专业的人才。技术人员的运行维护服务是系统正常运行的重要技术保障，但日常的运行维护工作需要养老院员工来做。为了保证系统的正常运行，应有固定专业技术人员或委托专业技术团队维护。固定人员需要掌握使用维护技术，管理系统和数据。

技术升级培训：系统管理人员（数据管理人员）的技术升级培训，对出现的新技术和新特性，要有专业团队进行定期的培训。

## 第四节　"养老机构＋互联网"新业态

### 一、养老机构服务智能化

"智能化养老"显然对老人日常照护具有十分重要的作用。对于养老机构来说，护理人员数量不足和素质较低，不仅导致专业性服务难以开展、服务质量难以保证,也会制约养老机构业务的拓展,最终陷入发展困境。而运用智能化养老技术,不仅能更好地保护老人的安全,也能全方位监测老人的健康状况,真正实现全流程可视化管理。例如智能化系统前端设备不仅能随时随地监测老人的身体状况,还能知晓他们的活动轨迹,并且会将监测到的数据直接传送到老人电子健康档案。一旦出现数据异常,智能系统会自动提醒工作人员,这样护理人员能更及时、更主动地响应服务,不至于导致有人"呼天喊地"时,护理人员才急匆匆去"临时救驾"。

可见智能化技术的全面运用,将使对老人的照护从临时性和被动式,转变为预见性和主动式,不仅会大大降低老人日常活动风险,而且能增强老人的存在感,激发老人活力,维持老人残存机能。在传统养老机构中,老人做任何事都需要处于护理人员视野范围内,工作人员通常以"安全"的名义限制老人活动,有时甚至因人手不够、连机构内应正常开放的活动场所也禁止老人使用,最终老人仅有的一点活力也消失殆尽。而在智能化系统管理下,老人完全可以独立从事一些自己能干的事情,无需事事"汇报";另外,通过智能化系统基于对老人各项健康指标及活动数据的统计分析,可以为老人制定科学合理的锻炼计划。

### 二、养老机构信息在线化

随着计算机的普及,互联网和移动互联网的发展,"秀才不出门,便知天下事"已变成了现实。然而,目前大多数的养老机构都还没有自己的官方网站,更不用说维护和推广了。现在人们都习惯在网上先了解养老机构的信息,包括内部环境、服务质量以及是否带有医疗等。养老机构可以利用互联网,如微信公众平台、百度搜索等工具,做好宣传、推广工作。

### 三、养老机构服务可视化

当老人入住到养老院后,护理人员是否尽责地照顾老人？老人是否会发生异常情况？子女们无法分身到养老机构去探望,如何随时得知老人的情况或一举一动？面对这些忧虑或要求,服务可视化就能解决这些问题。在老人的房间里安装一个摄像头,开通远程网络接口,老人子女在智能手机上安装相应的 APP 就能随时随地通过互联网远程查看自己的父母状况,以及接受服务状况等。另外,子女还可以和老人视频通话,在网络发达的今天,这些都是很容易实现的。

养老机构可视化服务,一方面提升了服务质量,另一方面在老人和子女之间架起了一座沟通的桥梁,为老人提供精神慰藉开辟了新途径,对重塑老人与亲属、老人与服务人员之间的情感模式,起到了十分重要的作用。

(尹春华　关兰友)

# 附录

# 一、中华人民共和国老年人权益保障法(2015年修正)

(1996年8月29日第八届全国人民代表大会常务委员会第二十一次会议通过 根据2009年8月27日第十一届全国人民代表大会常务委员会第十次会议《关于修改部分法律的决定》第一次修正 2012年12月28日第十一届全国人民代表大会常务委员会第三十次会议修订 根据2015年4月24日第十二届全国人民代表大会常务委员会第十四次会议《全国人民代表大会常务委员会关于修改〈中华人民共和国电力法〉等六部法律的决定》第二次修正)

## 第一章 总 则

第一条 为了保障老年人合法权益,发展老龄事业,弘扬中华民族敬老、养老、助老的美德,根据宪法,制定本法。

第二条 本法所称老年人是指六十周岁以上的公民。

第三条 国家保障老年人依法享有的权益。

老年人有从国家和社会获得物质帮助的权利,有享受社会服务和社会优待的权利,有参与社会发展和共享发展成果的权利。

禁止歧视、侮辱、虐待或者遗弃老年人。

第四条 积极应对人口老龄化是国家的一项长期战略任务。

国家和社会应当采取措施,健全保障老年人权益的各项制度,逐步改善保障老年人生活、健康、安全以及参与社会发展的条件,实现老有所养、老有所医、老有所为、老有所学、老有所乐。

第五条 国家建立多层次的社会保障体系,逐步提高对老年人的保障水平。

国家建立和完善以居家为基础、社区为依托、机构为支撑的社会养老服务体系。

倡导全社会优待老年人。

第六条 各级人民政府应当将老龄事业纳入国民经济和社会发展规划,将老龄事业经费列入财政预算,建立稳定的经费保障机制,并鼓励社会各方面投入,使老龄事业与经济、社会协调发展。

国务院制定国家老龄事业发展规划。县级以上地方人民政府根据国家老龄事业发展规划，制定本行政区域的老龄事业发展规划和年度计划。

县级以上人民政府负责老龄工作的机构，负责组织、协调、指导、督促有关部门做好老年人权益保障工作。

第七条　保障老年人合法权益是全社会的共同责任。

国家机关、社会团体、企业事业单位和其他组织应当按照各自职责，做好老年人权益保障工作。

基层群众性自治组织和依法设立的老年人组织应当反映老年人的要求，维护老年人合法权益，为老年人服务。

提倡、鼓励义务为老年人服务。

第八条　国家进行人口老龄化国情教育，增强全社会积极应对人口老龄化意识。

全社会应当广泛开展敬老、养老、助老宣传教育活动，树立尊重、关心、帮助老年人的社会风尚。

青少年组织、学校和幼儿园应当对青少年和儿童进行敬老、养老、助老的道德教育和维护老年人合法权益的法制教育。

广播、电影、电视、报刊、网络等应当反映老年人的生活，开展维护老年人合法权益的宣传，为老年人服务。

第九条　国家支持老龄科学研究，建立老年人状况统计调查和发布制度。

第十条　各级人民政府和有关部门对维护老年人合法权益和敬老、养老、助老成绩显著的组织、家庭或者个人，对参与社会发展做出突出贡献的老年人，按照国家有关规定给予表彰或者奖励。

第十一条　老年人应当遵纪守法，履行法律规定的义务。

第十二条　每年农历九月初九为老年节。

## 第二章　家庭赡养与扶养

第十三条　老年人养老以居家为基础，家庭成员应当尊重、关心和照料老年人。

第十四条　赡养人应当履行对老年人经济上供养、生活上照料和精神上慰藉的义务，照顾老年人的特殊需要。

赡养人是指老年人的子女以及其他依法负有赡养义务的人。

赡养人的配偶应当协助赡养人履行赡养义务。

第十五条　赡养人应当使患病的老年人及时得到治疗和护理；对经济困难的老年人，应当提供医疗费用。

对生活不能自理的老年人，赡养人应当承担照料责任；不能亲自照料的，可以按照老年人的意愿委托他人或者养老机构等照料。

第十六条　赡养人应当妥善安排老年人的住房,不得强迫老年人居住或者迁居条件低劣的房屋。

老年人自有的或者承租的住房,子女或者其他亲属不得侵占,不得擅自改变产权关系或者租赁关系。

老年人自有的住房,赡养人有维修的义务。

第十七条　赡养人有义务耕种或者委托他人耕种老年人承包的田地,照管或者委托他人照管老年人的林木和牲畜等,收益归老年人所有。

第十八条　家庭成员应当关心老年人的精神需求,不得忽视、冷落老年人。

与老年人分开居住的家庭成员,应当经常看望或者问候老年人。

用人单位应当按照国家有关规定保障赡养人探亲休假的权利。

第十九条　赡养人不得以放弃继承权或者其他理由,拒绝履行赡养义务。

赡养人不履行赡养义务,老年人有要求赡养人付给赡养费等权利。

赡养人不得要求老年人承担力不能及的劳动。

第二十条　经老年人同意,赡养人之间可以就履行赡养义务签订协议。赡养协议的内容不得违反法律的规定和老年人的意愿。

基层群众性自治组织、老年人组织或者赡养人所在单位监督协议的履行。

第二十一条　老年人的婚姻自由受法律保护。子女或者其他亲属不得干涉老年人离婚、再婚及婚后的生活。

赡养人的赡养义务不因老年人的婚姻关系变化而消除。

第二十二条　老年人对个人的财产,依法享有占有、使用、收益和处分的权利,子女或者其他亲属不得干涉,不得以窃取、骗取、强行索取等方式侵犯老年人的财产权益。

老年人有依法继承父母、配偶、子女或者其他亲属遗产的权利,有接受赠与的权利。子女或者其他亲属不得侵占、抢夺、转移、隐匿或者损毁应当由老年人继承或者接受赠与的财产。

老年人以遗嘱处分财产,应当依法为老年配偶保留必要的份额。

第二十三条　老年人与配偶有相互扶养的义务。

由兄、姐扶养的弟、妹成年后,有负担能力的,对年老无赡养人的兄、姐有扶养的义务。

第二十四条　赡养人、扶养人不履行赡养、扶养义务的,基层群众性自治组织、老年人组织或者赡养人、扶养人所在单位应当督促其履行。

第二十五条　禁止对老年人实施家庭暴力。

第二十六条　具备完全民事行为能力的老年人,可以在近亲属或者其他与自己关系密切、愿意承担监护责任的个人、组织中协商确定自己的监护人。监护人在老年人丧失或者部分丧失民事行为能力时,依法承担监护责任。

老年人未事先确定监护人的,其丧失或者部分丧失民事行为能力时,依照有关法律的规定确定监护人。

第二十七条　国家建立健全家庭养老支持政策,鼓励家庭成员与老年人共同生活或者就近居住,为老年人随配偶或者赡养人迁徙提供条件,为家庭成员照料老年人提供帮助。

## 第三章　社会保障

第二十八条　国家通过基本养老保险制度,保障老年人的基本生活。

第二十九条　国家通过基本医疗保险制度,保障老年人的基本医疗需要。享受最低生活保障的老年人和符合条件的低收入家庭中的老年人参加新型农村合作医疗和城镇居民基本医疗保险所需个人缴费部分,由政府给予补贴。

有关部门制定医疗保险办法,应当对老年人给予照顾。

第三十条　国家逐步开展长期护理保障工作,保障老年人的护理需求。

对生活长期不能自理、经济困难的老年人,地方各级人民政府应当根据其失能程度等情况给予护理补贴。

第三十一条　国家对经济困难的老年人给予基本生活、医疗、居住或者其他救助。

老年人无劳动能力、无生活来源、无赡养人和扶养人,或者其赡养人和扶养人确无赡养能力或者扶养能力的,由地方各级人民政府依照有关规定给予供养或者救助。

对流浪乞讨、遭受遗弃等生活无着的老年人,由地方各级人民政府依照有关规定给予救助。

第三十二条　地方各级人民政府在实施廉租住房、公共租赁住房等住房保障制度或者进行危旧房屋改造时,应当优先照顾符合条件的老年人。

第三十三条　国家建立和完善老年人福利制度,根据经济社会发展水平和老年人的实际需要,增加老年人的社会福利。

国家鼓励地方建立八十周岁以上低收入老年人高龄津贴制度。

国家建立和完善计划生育家庭老年人扶助制度。

农村可以将未承包的集体所有的部分土地、山林、水面、滩涂等作为养老基地,收益供老年人养老。

第三十四条　老年人依法享有的养老金、医疗待遇和其他待遇应当得到保障,有关机构必须按时足额支付,不得克扣、拖欠或者挪用。

国家根据经济发展以及职工平均工资增长、物价上涨等情况,适时提高养老保障水平。

第三十五条  国家鼓励慈善组织以及其他组织和个人为老年人提供物质帮助。

第三十六条  老年人可以与集体经济组织、基层群众性自治组织、养老机构等组织或者个人签订遗赠扶养协议或者其他扶助协议。

负有扶养义务的组织或者个人按照遗赠扶养协议,承担该老年人生养死葬的义务,享有受遗赠的权利。

## 第四章  社会服务

第三十七条  地方各级人民政府和有关部门应当采取措施,发展城乡社区养老服务,鼓励、扶持专业服务机构及其他组织和个人,为居家的老年人提供生活照料、紧急救援、医疗护理、精神慰藉、心理咨询等多种形式的服务。

对经济困难的老年人,地方各级人民政府应当逐步给予养老服务补贴。

第三十八条  地方各级人民政府和有关部门、基层群众性自治组织,应当将养老服务设施纳入城乡社区配套设施建设规划,建立适应老年人需要的生活服务、文化体育活动、日间照料、疾病护理与康复等服务设施和网点,就近为老年人提供服务。

发扬邻里互助的传统,提倡邻里间关心、帮助有困难的老年人。

鼓励慈善组织、志愿者为老年人服务。倡导老年人互助服务。

第三十九条  各级人民政府应当根据经济发展水平和老年人服务需求,逐步增加对养老服务的投入。

各级人民政府和有关部门在财政、税费、土地、融资等方面采取措施,鼓励、扶持企业事业单位、社会组织或者个人兴办、运营养老、老年人日间照料、老年文化体育活动等设施。

第四十条  地方各级人民政府和有关部门应当按照老年人口比例及分布情况,将养老服务设施建设纳入城乡规划和土地利用总体规划,统筹安排养老服务设施建设用地及所需物资。

公益性养老服务设施用地,可以依法使用国有划拨土地或者农民集体所有的土地。

养老服务设施用地,非经法定程序不得改变用途。

第四十一条  政府投资兴办的养老机构,应当优先保障经济困难的孤寡、失能、高龄等老年人的服务需求。

第四十二条  国务院有关部门制定养老服务设施建设、养老服务质量和养老服务职业等标准,建立健全养老机构分类管理和养老服务评估制度。

各级人民政府应当规范养老服务收费项目和标准,加强监督和管理。

第四十三条  设立养老机构,应当符合下列条件:

(一)有自己的名称、住所和章程;

（二）有与服务内容和规模相适应的资金；

（三）有符合相关资格条件的管理人员、专业技术人员和服务人员；

（四）有基本的生活用房、设施设备和活动场地；

（五）法律、法规规定的其他条件。

第四十四条　设立养老机构应当向县级以上人民政府民政部门申请行政许可；经许可的，依法办理相应的登记。

县级以上人民政府民政部门负责养老机构的指导、监督和管理，其他有关部门依照职责分工对养老机构实施监督。

第四十五条　养老机构变更或者终止的，应当妥善安置收住的老年人，并依照规定到有关部门办理手续。有关部门应当为养老机构妥善安置老年人提供帮助。

第四十六条　国家建立健全养老服务人才培养、使用、评价和激励制度，依法规范用工，促进从业人员劳动报酬合理增长，发展专职、兼职和志愿者相结合的养老服务队伍。

国家鼓励高等学校、中等职业学校和职业培训机构设置相关专业或者培训项目，培养养老服务专业人才。

第四十七条　养老机构应当与接受服务的老年人或者其代理人签订服务协议，明确双方的权利、义务。

养老机构及其工作人员不得以任何方式侵害老年人的权益。

第四十八条　国家鼓励养老机构投保责任保险，鼓励保险公司承保责任保险。

第四十九条　各级人民政府和有关部门应当将老年医疗卫生服务纳入城乡医疗卫生服务规划，将老年人健康管理和常见病预防等纳入国家基本公共卫生服务项目。鼓励为老年人提供保健、护理、临终关怀等服务。

国家鼓励医疗机构开设针对老年病的专科或者门诊。

医疗卫生机构应当开展老年人的健康服务和疾病防治工作。

第五十条　国家采取措施，加强老年医学的研究和人才培养，提高老年病的预防、治疗、科研水平，促进老年病的早期发现、诊断和治疗。

国家和社会采取措施，开展各种形式的健康教育，普及老年保健知识，增强老年人自我保健意识。

第五十一条　国家采取措施，发展老龄产业，将老龄产业列入国家扶持行业目录。扶持和引导企业开发、生产、经营适应老年人需要的用品和提供相关的服务。

## 第五章　社会优待

第五十二条　县级以上人民政府及其有关部门根据经济社会发展情况和老年人的特殊需要，制定优待老年人的办法，逐步提高优待水平。

对常住在本行政区域内的外埠老年人给予同等优待。

第五十三条　各级人民政府和有关部门应当为老年人及时、便利地领取养老金、结算医疗费和享受其他物质帮助提供条件。

第五十四条　各级人民政府和有关部门办理房屋权属关系变更、户口迁移等涉及老年人权益的重大事项时,应当就办理事项是否为老年人的真实意思表示进行询问,并依法优先办理。

第五十五条　老年人因其合法权益受侵害提起诉讼交纳诉讼费确有困难的,可以缓交、减交或者免交;需要获得律师帮助,但无力支付律师费用的,可以获得法律援助。

鼓励律师事务所、公证处、基层法律服务所和其他法律服务机构为经济困难的老年人提供免费或者优惠服务。

第五十六条　医疗机构应当为老年人就医提供方便,对老年人就医予以优先。有条件的地方,可以为老年人设立家庭病床,开展巡回医疗、护理、康复、免费体检等服务。

提倡为老年人义诊。

第五十七条　提倡与老年人日常生活密切相关的服务行业为老年人提供优先、优惠服务。

城市公共交通、公路、铁路、水路和航空客运,应当为老年人提供优待和照顾。

第五十八条　博物馆、美术馆、科技馆、纪念馆、公共图书馆、文化馆、影剧院、体育场馆、公园、旅游景点等场所,应当对老年人免费或者优惠开放。

第五十九条　农村老年人不承担兴办公益事业的筹劳义务。

## 第六章　宜居环境

第六十条　国家采取措施,推进宜居环境建设,为老年人提供安全、便利和舒适的环境。

第六十一条　各级人民政府在制定城乡规划时,应当根据人口老龄化发展趋势、老年人口分布和老年人的特点,统筹考虑适合老年人的公共基础设施、生活服务设施、医疗卫生设施和文化体育设施建设。

第六十二条　国家制定和完善涉及老年人的工程建设标准体系,在规划、设计、施工、监理、验收、运行、维护、管理等环节加强相关标准的实施与监督。

第六十三条　国家制定无障碍设施工程建设标准。新建、改建和扩建道路、公共交通设施、建筑物、居住区等,应当符合国家无障碍设施工程建设标准。

各级人民政府和有关部门应当按照国家无障碍设施工程建设标准,优先推进与老年人日常生活密切相关的公共服务设施的改造。

无障碍设施的所有人和管理人应当保障无障碍设施正常使用。

第六十四条　国家推动老年宜居社区建设,引导、支持老年宜居住宅的开发,推动和扶持老年人家庭无障碍设施的改造,为老年人创造无障碍居住环境。

## 第七章　参与社会发展

**第六十五条**　国家和社会应当重视、珍惜老年人的知识、技能、经验和优良品德,发挥老年人的专长和作用,保障老年人参与经济、政治、文化和社会生活。

**第六十六条**　老年人可以通过老年人组织,开展有益身心健康的活动。

**第六十七条**　制定法律、法规、规章和公共政策,涉及老年人权益重大问题的,应当听取老年人和老年人组织的意见。

老年人和老年人组织有权向国家机关提出老年人权益保障、老龄事业发展等方面的意见和建议。

**第六十八条**　国家为老年人参与社会发展创造条件。根据社会需要和可能,鼓励老年人在自愿和量力的情况下,从事下列活动:

(一)对青少年和儿童进行社会主义、爱国主义、集体主义和艰苦奋斗等优良传统教育;

(二)传授文化和科技知识;

(三)提供咨询服务;

(四)依法参与科技开发和应用;

(五)依法从事经营和生产活动;

(六)参加志愿服务、兴办社会公益事业;

(七)参与维护社会治安、协助调解民间纠纷;

(八)参加其他社会活动。

**第六十九条**　老年人参加劳动的合法收入受法律保护。

任何单位和个人不得安排老年人从事危害其身心健康的劳动或者危险作业。

**第七十条**　老年人有继续受教育的权利。

国家发展老年教育,把老年教育纳入终身教育体系,鼓励社会办好各类老年学校。

各级人民政府对老年教育应当加强领导,统一规划,加大投入。

**第七十一条**　国家和社会采取措施,开展适合老年人的群众性文化、体育、娱乐活动,丰富老年人的精神文化生活。

## 第八章　法律责任

**第七十二条**　老年人合法权益受到侵害的,被侵害人或者其代理人有权要求有关部门处理,或者依法向人民法院提起诉讼。

人民法院和有关部门,对侵犯老年人合法权益的申诉、控告和检举,应当依法及时受理,不得推诿、拖延。

**第七十三条**　不履行保护老年人合法权益职责的部门或者组织,其上级主管部门应当给予批评教育,责令改正。

国家工作人员违法失职,致使老年人合法权益受到损害的,由其所在单位或者上级机关责令改正,或者依法给予处分;构成犯罪的,依法追究刑事责任。

第七十四条 老年人与家庭成员因赡养、扶养或者住房、财产等发生纠纷,可以申请人民调解委员会或者其他有关组织进行调解,也可以直接向人民法院提起诉讼。

人民调解委员会或者其他有关组织调解欠款纠纷时,应当通过说服、疏导等方式化解矛盾和纠纷;对有过错的家庭成员,应当给予批评教育。

人民法院对老年人追索赡养费或者扶养费的申请,可以依法裁定先予执行。

第七十五条 干涉老年人婚姻自由,对老年人负有赡养义务、扶养义务而拒绝赡养、扶养,虐待老年人或者对老年人实施家庭暴力的,由有关单位给予批评教育;构成违反治安管理行为的,依法给予治安管理处罚;构成犯罪的,依法追究刑事责任。

第七十六条 家庭成员盗窃、诈骗、抢夺、侵占、勒索、故意损毁老年人财物,构成违反治安管理行为的,依法给予治安管理处罚;构成犯罪的,依法追究刑事责任。

第七十七条 侮辱、诽谤老年人,构成违反治安管理行为的,依法给予治安管理处罚;构成犯罪的,依法追究刑事责任。

第七十八条 未经许可设立养老机构的,由县级以上人民政府民政部门责令改正;符合法律、法规规定的养老机构条件的,依法补办相关手续;逾期达不到法定条件的,责令停办并妥善安置收住的老年人;造成损害的,依法承担民事责任。

第七十九条 养老机构及其工作人员侵害老年人人身和财产权益,或者未按照约定提供服务的,依法承担民事责任;有关主管部门依法给予行政处罚;构成犯罪的,依法追究刑事责任。

第八十条 对养老机构负有管理和监督职责的部门及其工作人员滥用职权、玩忽职守、徇私舞弊的,对直接负责的主管人员和其他直接责任人员依法给予处分;构成犯罪的,依法追究刑事责任。

第八十一条 不按规定履行优待老年人义务的,由有关主管部门责令改正。

第八十二条 涉及老年人的工程不符合国家规定的标准或者无障碍设施所有人、管理人未尽到维护和管理职责的,由有关主管部门责令改正;造成损害的,依法承担民事责任;对有关单位、个人依法给予行政处罚;构成犯罪的,依法追究刑事责任。

## 第九章 附 则

第八十三条 民族自治地方的人民代表大会,可以根据本法的原则,结合当地民族风俗习惯的具体情况,依照法定程序制定变通的或者补充的规定。

第八十四条 本法施行前设立的养老机构不符合本法规定条件的,应当限期整改。具体办法由国务院民政部门制定。

第八十五条 本法自2013年7月1日起施行。

# 二、国务院办公厅转发卫生计生委等部门关于推进医疗卫生与养老服务相结合指导意见的通知

(国办发〔2015〕84号)

各省、自治区、直辖市人民政府,国务院各部委、各直属机构:

  卫生计生委、民政部、发展改革委、财政部、人力资源社会保障部、国土资源部、住房城乡建设部、全国老龄办、中医药局《关于推进医疗卫生与养老服务相结合的指导意见》已经国务院同意,现转发给你们,请认真贯彻执行。

国务院办公厅<br>2015 年 11 月 18 日

(此件公开发布)

### 关于推进医疗卫生与养老服务
### 相结合的指导意见

  卫生计生委 民政部 发展改革委 财政部 人力资源社会保障部
  国土资源部 住房城乡建设部 全国老龄办 中医药局

  为贯彻落实《国务院关于加快发展养老服务业的若干意见》(国发〔2013〕35号)和《国务院关于促进健康服务业发展的若干意见》(国发〔2013〕40号)等文件要求,进一步推进医疗卫生与养老服务相结合,现提出以下意见。

  **一、充分认识推进医疗卫生与养老服务相结合的重要性**

  我国是世界上老年人口最多的国家,老龄化速度较快。失能、部分失能老年人口大幅增加,老年人的医疗卫生服务需求和生活照料需求叠加的趋势越来越显著,健康养老服务需求日益强劲,目前有限的医疗卫生和养老服务资源以及彼此相对独立的服务体系远远不能满足老年人的需要,迫切需要为老年人提供医疗卫生与养老相结合的服务。医疗卫生与养老服务相结合,是社会各界普遍关注的重大民生问题,是积极应对人口老龄化的长久之计,是我国经济发展新常态下重要的经济增长点。加快推进医疗卫生与养老服务相结合,有利于满足人民群众日益增长的多层次、多样化健康养老服务需求,有利于扩大内需、拉动消费、增加就业,有利于推动经济持续健康发展和社会和谐稳定,对稳增长、促改革、调结构、惠民生和全面

建成小康社会具有重要意义。

## 二、基本原则和发展目标

（一）基本原则

1. 保障基本，统筹发展　把保障老年人基本健康养老需求放在首位，对有需求的失能、部分失能老年人，以机构为依托，做好康复护理服务，着力保障特殊困难老年人的健康养老服务需求；对多数老年人，以社区和居家养老为主，通过医养有机融合，确保人人享有基本健康养老服务。推动普遍性服务和个性化服务协同发展，满足多层次、多样化的健康养老需求。

2. 政府引导，市场驱动　发挥政府在制定规划、出台政策、引导投入、规范市场、营造环境等方面的引导作用，统筹各方资源，推动形成互利共赢的发展格局。充分发挥市场在资源配置中的决定性作用，营造平等参与、公平竞争的市场环境，充分调动社会力量的积极性和创造性。

3. 深化改革，创新机制　加快政府职能转变，创新服务供给和资金保障方式，积极推进政府购买服务，激发各类服务主体潜力和活力，提高医养结合服务水平和效率。加强部门协作，提升政策引导、服务监管等工作的系统性和协同性，促进行业融合发展。

（二）发展目标

到2017年，医养结合政策体系、标准规范和管理制度初步建立，符合需求的专业化医养结合人才培养制度基本形成，建成一批兼具医疗卫生和养老服务资质和能力的医疗卫生机构或养老机构（以下统称医养结合机构），逐步提升基层医疗卫生机构为居家老年人提供上门服务的能力，80％以上的医疗机构开设为老年人提供挂号、就医等便利服务的绿色通道，50％以上的养老机构能够以不同形式为入住老年人提供医疗卫生服务，老年人健康养老服务可及性明显提升。

到2020年，符合国情的医养结合体制机制和政策法规体系基本建立，医疗卫生和养老服务资源实现有序共享，覆盖城乡、规模适宜、功能合理、综合连续的医养结合服务网络基本形成，基层医疗卫生机构为居家老年人提供上门服务的能力明显提升。所有医疗机构开设为老年人提供挂号、就医等便利服务的绿色通道，所有养老机构能够以不同形式为入住老年人提供医疗卫生服务，基本适应老年人健康养老服务需求。

## 三、重点任务

（三）建立健全医疗卫生机构与养老机构合作机制。鼓励养老机构与周边的医疗卫生机构开展多种形式的协议合作，建立健全协作机制，本着互利互惠原则，明确双方责任。医疗卫生机构为养老机构开通预约就诊绿色通道，为入住老年人提供医疗巡诊、健康管理、保健咨询、预约就诊、急诊急救、中医养生保健等服务，确保入住老年人能够得到及时有效的医疗救治。养老机构内设的具备条件的医疗机构可作为医院(含中医医院)收治老年人的后期康复护理场所。鼓励二级以上综合医院(含中医医院,下同)与养老机构开展对口支援、合作共建。通过建设医疗养老联合体等多种方式,整合医疗、康复、养老和护理资源,为老年人提供治疗期住院、康复期护理、稳定期生活照料以及临终关怀一体化的健康和养老服务。

(四)支持养老机构开展医疗服务。养老机构可根据服务需求和自身能力,按相关规定申请开办老年病医院、康复医院、护理院、中医医院、临终关怀机构等,也可内设医务室或护理站,提高养老机构提供基本医疗服务的能力。养老机构设置的医疗机构要符合国家法律法规和卫生计生行政部门、中医药管理部门的有关规定,符合医疗机构基本标准,并按规定由相关部门实施准入和管理,依法依规开展医疗卫生服务。卫生计生行政部门和中医药管理部门要加大政策规划支持和技术指导力度。养老机构设置的医疗机构,符合条件的可按规定纳入城乡基本医疗保险定点范围。鼓励执业医师到养老机构设置的医疗机构多点执业,支持有相关专业特长的医师及专业人员在养老机构规范开展疾病预防、营养、中医调理养生等非诊疗行为的健康服务。

(五)推动医疗卫生服务延伸至社区、家庭。充分依托社区各类服务和信息网络平台,实现基层医疗卫生机构与社区养老服务机构的无缝对接。发挥卫生计生系统服务网络优势,结合基本公共卫生服务的开展为老年人建立健康档案,并为65岁以上老年人提供健康管理服务,到2020年65岁以上老年人健康管理率达到70%以上。鼓励为社区高龄、重病、失能、部分失能以及计划生育特殊家庭等行动不便或确有困难的老年人,提供定期体检、上门巡诊、家庭病床、社区护理、健康管理等基本服务。推进基层医疗卫生机构和医务人员与社区、居家养老结合,与老年人家庭建立签约服务关系,为老年人提供连续性的健康管理服务和医疗服务。提高基层医疗卫生机构为居家老年人提供上门服务的能力,规范为居家老年人提供的医疗和护理服务项目,将符合规定的医疗费用纳入医保支付范围。

(六)鼓励社会力量兴办医养结合机构。鼓励社会力量针对老年人健康养老需求,通过市场化运作方式,举办医养结合机构以及老年康复、老年护理等专业医疗机构。在制定医疗卫生和养老相关规划时,要给社会力量举办医养结合机构留出空间。按照"非禁即入"原则,凡符合规划条件和准入资质的,不得以任何理由加以限制。整合审批环节,明确并缩短审批时限,鼓励有条件的地方提供一站式便捷服务。通过特许经营、公建民营、民办公助等模式,支持社会力量举办非营利性医养结合机构。支持企业围绕老年人的预防保健、医疗卫生、康复护理、生活照料、精神慰藉等方面需求,积极开发安全有效的食品药品、康复辅具、日常照护、文化娱乐等老年人用品用具和服务产品。

（七）鼓励医疗卫生机构与养老服务融合发展。鼓励地方因地制宜,采取多种形式实现医疗卫生和养老服务融合发展。统筹医疗卫生与养老服务资源布局,重点加强老年病医院、康复医院、护理院、临终关怀机构建设,公立医院资源丰富的地区可积极稳妥地将部分公立医院转为康复、老年护理等接续性医疗机构。提高综合医院为老年患者服务的能力,有条件的二级以上综合医院要开设老年病科,做好老年慢性病防治和康复护理相关工作。提高基层医疗卫生机构康复、护理床位占比,鼓励其根据服务需求增设老年养护、临终关怀病床。全面落实老年医疗服务优待政策,医疗卫生机构要为老年人特别是高龄、重病、失能及部分失能老年人提供挂号、就诊、转诊、取药、收费、综合诊疗等就医便利服务。有条件的医疗卫生机构可以通过多种形式、依法依规开展养老服务。鼓励各级医疗卫生机构和医务工作志愿者定期为老年人开展义诊。充分发挥中医药（含民族医药,下同）的预防保健特色优势,大力开发中医药与养老服务相结合的系列服务产品。

**四、保障措施**

（八）完善投融资和财税价格政策。对符合条件的医养结合机构,按规定落实好相关支持政策。拓宽市场化融资渠道,探索政府和社会资本合作（PPP）的投融资模式。鼓励和引导各类金融机构创新金融产品和服务方式,加大金融对医养结合领域的支持力度。有条件的地方可通过由金融和产业资本共同筹资的健康产业投资基金支持医养结合发展。用于社会福利事业的彩票公益金要适当支持开展医养结合服务。积极推进政府购买基本健康养老服务,逐步扩大购买服务范围,完善购买服务内容,各类经营主体平等参与。

（九）加强规划布局和用地保障。各级政府要在土地利用总体规划和城乡规划中统筹考虑医养结合机构发展需要,做好用地规划布局。对非营利性医养结合机构,可采取划拨方式,优先保障用地;对营利性医养结合机构,应当以租赁、出让等有偿方式保障用地,养老机构设置医疗机构,可将在项目中配套建设医疗服务设施相关要求作为土地出让条件,并明确不得分割转让。依法需招标拍卖挂牌出让土地的,应当采取招标拍卖挂牌出让方式。

（十）探索建立多层次长期照护保障体系。继续做好老年人照护服务工作。进一步开发包括长期商业护理保险在内的多种老年护理保险产品,鼓励有条件的地方探索建立长期护理保险制度,积极探索多元化的保险筹资模式,保障老年人长期护理服务需求。鼓励老年人投保长期护理保险产品。建立健全长期照护项目内涵、服务标准以及质量评价等行业规范和体制机制,探索建立从居家、社区到专业机构等比较健全的专业照护服务提供体系。

落实好将偏瘫肢体综合训练、认知知觉功能康复训练、日常生活能力评定等医疗康复项目纳入基本医疗保障范围的政策,为失能、部分失能老年人治疗性康复提供相应保障。

（十一）加强人才队伍建设。做好职称评定、专业技术培训和继续医学教育等方面的制度衔接,对养老机构和医疗卫生机构中的医务人员同等对待。完善薪酬、职称评定等激励机制,鼓励医护人员到医养结合机构执业。建立医疗卫生机构与医养结合机构人员进修轮训机制,促进人才有序流动。将老年医学、康复、护理人才作为急需紧缺人才纳入卫生计生人员培训规划。加强专业技能培训,大力推进养老护理员等职业技能鉴定工作。支持高等院校和中等职业学校增设相关专业课程,加快培养老年医学、康复、护理、营养、心理和社会工作等方面专业人才。

（十二）强化信息支撑。积极开展养老服务和社区服务信息惠民试点,利用老年人基本信息档案、电子健康档案、电子病历等,推动社区养老服务信息平台与区域人口健康信息平台对接,整合信息资源,实现信息共享,为开展医养结合服务提供信息和技术支撑。组织医疗机构开展面向养老机构的远程医疗服务。鼓励各地探索基于互联网的医养结合服务新模式,提高服务的便捷性和针对性。

**五、组织实施**

（十三）加强组织领导和部门协同。各地区、各有关部门要高度重视,把推进医养结合工作摆在重要位置,纳入深化医药卫生体制改革和促进养老、健康服务业发展的总体部署,各地要及时制定出台推进医养结合的政策措施、规划制度和具体方案。各相关部门要加强协同配合,落实和完善相关优惠扶持政策,共同支持医养结合发展。发展改革部门要将推动医疗卫生与养老服务相结合纳入国民经济和社会发展规划。卫生计生、民政和发展改革部门要做好养老机构和医疗卫生机构建设的规划衔接,加强在规划和审批等环节的合作,制定完善医养结合机构及为居家老年人提供医疗卫生和养老服务的标准规范并加强监管。财政部门要落实相关投入政策,积极支持医养结合发展。人力资源社会保障、卫生计生部门要将符合条件的医养结合机构纳入城乡基本医疗保险定点范围。国土资源部门要切实保障医养结合机构的土地供应。城乡规划主管部门要统筹规划医养结合机构的用地布局。老龄工作部门要做好入住医养结合机构和接受居家医养服务老年人的合法权益保障工作。中医药管理部门要研究制定中医药相关服务标准规范并加强监管,加强中医药适宜技术和服务产品推广,加强中医药健康养老人才培养,做好中医药健康养老工作。

（十四）抓好试点示范。国家选择有条件、有代表性的地区组织开展医养结合试点,规划建设一批特色鲜明、示范性强的医养结合试点项目。各地要结合实际积极探索促进医养结合的有效形式,每个省(区、市)至少设1个省级试点地区,积累经验、逐步推开。卫生计生、民政部门要会同相关部门密切跟踪各地进展,帮助解决试点中的重大问题,及时总结推广好的经验和做法,完善相关政策措施。

（十五）加强考核督查。各地区、各有关部门要建立以落实医养结合政策情况、医养结合服务覆盖率、医疗卫生机构和养老机构无缝对接程度、老年人护理服务质量、老年人满意度等为主要指标的考核评估体系，加强绩效考核。卫生计生、民政部门要会同相关部门加强对医养结合工作的督查，定期通报地方工作进展情况，确保各项政策措施落到实处。

# 三、国务院办公厅关于全面放开养老服务市场提升养老服务质量的若干意见

(国办发〔2016〕91号)

各省、自治区、直辖市人民政府,国务院各部委、各直属机构:

养老服务业既是涉及亿万群众福祉的民生事业,也是具有巨大发展潜力的朝阳产业。近年来,我国养老服务业快速发展,产业规模不断扩大,服务体系逐步完善,但仍面临供给结构不尽合理、市场潜力未充分释放、服务质量有待提高等问题。随着人口老龄化程度不断加深和人民生活水平逐步提高,老年群体多层次、多样化的服务需求持续增长,对扩大养老服务有效供给提出了更高要求。为促进养老服务业更好更快发展,经国务院同意,现提出如下意见:

## 一、总体要求

(一)指导思想。

全面贯彻党的十八大和十八届三中、四中、五中、六中全会精神,深入学习贯彻习近平总书记系列重要讲话精神和治国理政新理念新思想新战略,认真落实党中央、国务院决策部署,紧紧围绕"五位一体"总体布局和"四个全面"战略布局,坚持以新发展理念引领经济发展新常态,坚持中国特色卫生与健康发展道路,持续深化简政放权、放管结合、优化服务改革,积极应对人口老龄化,培育健康养老意识,加快推进养老服务业供给侧结构性改革,保障基本需求,繁荣养老市场,提升服务质量,让广大老年群体享受优质养老服务,切实增强人民群众获得感。

(二)基本原则。

深化改革,放开市场。进一步降低准入门槛,营造公平竞争环境,积极引导社会资本进入养老服务业,推动公办养老机构改革,充分激发各类市场主体活力。

改善结构,突出重点。补齐短板,将养老资源向居家社区服务倾斜,向农村倾斜,向失能、半失能老年人倾斜。进一步扩大护理型服务资源,大力培育发展小型化、连锁化、专业化服务机构。

鼓励创新,提质增效。树立健康养老理念,注重管理创新、产品创新和品牌创新,积极运用新技术,培育发展新业态,促进老年产品用品丰富多样、养老服务方便

可及。

强化监管,优化环境。完善监督机制,健全评估制度,推动行业标准化和行业信用建设,加强行业自律,促进规范发展,维护老年人合法权益。

(三)发展目标。

到2020年,养老服务市场全面放开,养老服务和产品有效供给能力大幅提升,供给结构更加合理,养老服务政策法规体系、行业质量标准体系进一步完善,信用体系基本建立,市场监管机制有效运行,服务质量明显改善,群众满意度显著提高,养老服务业成为促进经济社会发展的新动能。

## 二、全面放开养老服务市场

(四)进一步放宽准入条件。

降低准入门槛。设立营利性养老机构,应按"先照后证"的简化程序执行,在工商行政管理部门办理登记后,在辖区县级以上人民政府民政部门申请设立许可。在民政部门登记的非营利性养老机构,可以依法在其登记管理机关管辖范围内设立多个不具备法人资格的服务网点。非本地投资者举办养老服务项目与当地投资者享受同等政策待遇,当地不得以任何名目对此加以限制。

放宽外资准入。在鼓励境外投资者在华举办营利性养老机构的基础上,进一步放开市场,鼓励境外投资者设立非营利性养老机构,其设立的非营利性养老机构与境内投资者设立的非营利性养老机构享受同等优惠政策。

精简行政审批环节。全面清理、取消申办养老机构的不合理前置审批事项,优化审批程序,简化审批流程。申请设立养老服务类社会组织,符合直接登记条件的可以直接向民政部门依法申请登记,不再经由业务主管单位审查同意。支持新兴养老业态发展,对于养老机构以外的其他提供养老服务的主体,鼓励其依法办理法人登记并享受相关优惠政策。

(五)优化市场环境。

进一步改进政府服务。举办养老机构审批过程中涉及的各有关部门,都要主动公开审批程序和审批时限,推进行政审批标准化,加强对筹建养老机构的指导服务。加快推行养老机构申办一站式服务,建立"一门受理、一并办理"的网上并联审批平台,进一步提高审批效率。根据消防法和有关规定,制定既保障安全、又方便合理的养老机构设立和管理配套办法。

完善价格形成机制。加快建立以市场形成价格为主的养老机构服务收费管理机制。对于民办营利性养老机构,服务收费项目和标准由经营者自主确定。对于民办非营利性养老机构,服务收费标准由经营者合理确定,有关部门对其财务收支状况、收费项目和调价频次进行必要监管,同时加强对价格水平的监测分析。对于政府运营的养老机构,以扣除政府投入、社会捐赠后的实际服务成本为依据,按照非营利原则,实行政府定价或政府指导价;对于以公建民营等方式运营的养老机构,采用招投标、委托运营等竞争性方式确定运营方,具体服务收费标准由运营方依据委托协议等合理确定。

加快公办养老机构改革。各地要因地制宜设置改革过渡期,加快推进具备向社会提供养老服务条件的公办养老机构转制成为企业或开展公建民营,到2020年政府运营的养老床位数占当地养老床位总数的比例应不超过50%。鼓励社会力量通过独资、合资、合作、联营、参股、租赁等方式,参与公办养老机构改革。完善公建民营养老机构管理办法,政府投资建设和购置的养老设施、新建居民区按规定配建并移交给民政部门的养老设施、国有单位培训疗养机构等改建的养老设施,均可实施公建民营。改革公办养老机构运营方式,鼓励实行服务外包。

加强行业信用建设。建立覆盖养老服务行业法人、从业人员和服务对象的行业信用体系。建立健全信用信息记录和归集机制,加强与全国信用信息共享平台的信息交换和共享,通过企业信用信息公示系统向社会公示相关企业的行政许可、行政处罚等信息。引入第三方征信机构,参与养老行业信用建设和信用监管。建立多部门、跨地区的联合奖惩机制,将信用信息作为各项支持政策的重要衡量因素,对诚实守信者在政府购买服务、债券发行等方面实行优先办理、简化程序等绿色通道支持激励政策,建立养老服务行业黑名单制度和市场退出机制,加强行业自律和监管。

**三、大力提升居家社区养老生活品质**

(六)推进居家社区养老服务全覆盖。

开展老年人养老需求评估,加快建设社区综合服务信息平台,对接供求信息,提供助餐、助洁、助行、助浴、助医等上门服务,提升居家养老服务覆盖率和服务水平。依托社区服务中心(站)、社区日间照料中心、卫生服务中心等资源,为老年人提供健康、文化、体育、法律援助等服务。鼓励建设小型社区养老院,满足老年人就近养老需求,方便亲属照护探视。

(七)提升农村养老服务能力和水平。

依托农村社区综合服务设施,拓展养老服务功能。鼓励各地建设农村幸福院等自助式、互助式养老服务设施,加强与农村危房改造等涉农基本住房保障政策的衔接。农村集体经济、农村土地流转等收益分配应充分考虑解决本村老年人的养老问题。加强农村敬老院建设和改造,推动服务设施达标,满足农村特困人员集中供养需求,为农村低收入老年人和失能、半失能老年人提供便捷可及的养老服务。鼓励专业社会工作者、社区工作者、志愿服务者加强对农村留守、困难、鳏寡、独居老年人的关爱保护和心理疏导、咨询等服务。充分依托农村基层党组织、自治组织和社会组织等,开展基层联络人登记,建立应急处置和评估帮扶机制,关注老年人的心理、安全等问题。

(八)提高老年人生活便捷化水平。

通过政府补贴、产业引导和业主众筹等方式,加快推进老旧居住小区和老年人家庭的无障碍改造,重点做好居住区缘石坡道、轮椅坡道、公共出入口、走道、楼梯、电梯候梯厅及轿厢等设施和部位的无障碍改造,优先安排贫困、高龄、失能等老年人家庭设施改造,组织开展多层老旧住宅电梯加装。支持开发老年宜居住宅和代际亲情住宅。各地在推进易地扶贫搬迁以及城镇棚户区、城乡危房改造和配套基础设施建设等保障性安居工程中,要统筹考虑适老化设施配套建设。

**四、全力建设优质养老服务供给体系**

(九)推进"互联网+"养老服务创新。

发展智慧养老服务新业态,开发和运用智能硬件,推动移动互联网、云计算、物联网、大数据等与养老服务业结合,创新居家养老服务模式,重点推进老年人健康管理、紧急救援、精神慰藉、服务预约、物品代购等服务,开发更加多元、精准的私人订制服务。支持适合老年人的智能化产品、健康监测可穿戴设备、健康养老移动应用软件(APP)等设计开发。打通养老服务信息共享渠道,推进社区综合服务信息平台与户籍、医疗、社会保障等信息资源对接,促进养老服务公共信息资源向各类养老服务机构开放。

(十)建立医养结合绿色通道。

建立医疗卫生机构设置审批绿色通道,支持养老机构开办老年病院、康复院、医务室等医疗卫生机构,将符合条件的养老机构内设医疗卫生机构按规定纳入城乡基本医疗保险定点范围。鼓励符合条件的执业医师到养老机构、社区老年照料机构内设的医疗卫生机构多点执业。开通预约就诊绿色通道,推进养老服务机构、社区老年照料机构与医疗机构对接,为老年人提供便捷医疗服务。提升医保经办服务能力,切实解决老年人异地就医直接结算问题。探索建立长期护理保险制度,形成多元化的保险筹资模式,推动解决失能人员基本生活照料和相关医疗护理等所需费用问题。

(十一)促进老年产品用品升级。

支持企业利用新技术、新工艺、新材料和新装备开发为老年人服务的产品用品,研发老年人乐于接受和方便使用的智能科技产品,丰富产品品种,提高产品安全性、可靠性和实用性;上述企业经认定为高新技术企业的,按规定享受企业所得税优惠。及时更新康复辅助器具配置目录,重点支持自主研发和生产康复辅助器具。

（十二）发展适老金融服务。

规范和引导商业银行、保险公司等金融机构开发适合老年人的理财、保险产品，满足老年人金融服务需求，鼓励金融机构建设老年人无障碍设施，开辟服务绿色通道。强化老年人金融安全意识，加大金融消费权益保护力度。稳步推进养老金管理公司试点，按照国家有关规定，积极参与养老金管理相关业务，做好相关受托管理、投资管理和账户管理等服务工作。

**五、切实增强政策保障能力**

（十三）加强统筹规划。

发挥规划引领作用，分级制定养老服务相关规划，与城乡规划、土地利用总体规划、城镇化规划、区域规划等相衔接，系统提升服务能力和水平。各地要进一步扩大面向居家社区、农村、失能半失能老年人的服务资源，结合实际提出养老床位结构的合理比例，到2020年护理型床位占当地养老床位总数的比例应不低于30%。

（十四）完善土地支持政策。

统筹利用闲置资源发展养老服务，有关部门应按程序依据规划调整其土地使用性质。营利性养老服务机构利用存量建设用地建设养老设施，涉及划拨建设用地使用权出让（租赁）或转让的，在原土地用途符合规划的前提下，允许补缴土地出让金（租金），办理协议出让或租赁手续。企事业单位、个人对城镇现有空闲的厂房、学校、社区用房等进行改造和利用，举办养老服务机构，经有关部门批准临时改变建筑使用功能从事非营利性养老服务且连续经营一年以上的，五年内土地使用性质可暂不作变更。民间资本举办的非营利性养老机构与政府举办的养老机构可依法使用农民集体所有的土地。对在养老服务领域采取政府和社会资本合作（PPP）方式的项目，可以国有建设用地使用权作价出资或者入股建设。

（十五）提升养老服务人才素质。

将养老护理员培训作为职业培训和促进就业的重要内容。对参加养老服务技能培训或创业培训且培训合格的劳动者，按规定给予培训补贴。推动普通高校和职业院校开发养老服务和老年教育课程，为社区、老年教育机构及养老服务机构等提供教学资源及服务。完善职业技能等级与养老服务人员薪酬待遇挂钩机制。建立养老服务行业从业人员奖惩机制，提升养老护理队伍职业道德素养。将养老护理员纳入企业新型学徒制试点和城市积分入户政策范围。积极开发老年人力资源，为老年人的家庭成员提供养老服务培训，倡导"互助养老"模式。

(十六)完善财政支持和投融资政策。

完善财政支持政策。各地要建立健全针对经济困难的高龄、失能老年人的补贴制度,统一设计、分类施补,提高补贴政策的精准度。对养老机构的运行补贴应根据接收失能老年人等情况合理发放。各级政府要加大投入,支持养老服务设施建设,切实落实养老机构相关税费优惠政策,落实彩票公益金支持养老服务体系建设政策要求。鼓励各地向符合条件的各类养老机构购买服务。

拓宽投融资渠道。鼓励社会资本采取建立基金、发行企业债券等方式筹集资金,用于建设养老设施、购置设备和收购改造社会闲置资源等。鼓励银行业金融机构以养老服务机构有偿取得的土地使用权、产权明晰的房产等固定资产和应收账款、动产、知识产权、股权等抵质押,提供信贷支持,满足养老服务机构多样化融资需求。有条件的地方在风险可控、不改变养老机构性质和用途的前提下,可探索养老服务机构其他资产抵押贷款的可行模式。

### 六、加强监管和组织实施

(十七)加强服务监管。

各地要建立健全民政部门和相关部门协同配合的监管机制,加强对养老机构运营和服务的监管。严禁以举办养老机构名义从事房地产开发,严禁利用养老机构的房屋、场地、设施开展与养老服务无关的活动,严禁改变机构的养老服务性质。做好养老服务领域非法集资信息监测和分析工作,做好政策宣传和风险提示工作。对养老服务中虐老欺老等行为,对养老机构在收取保证金、办理会员卡和发行金融产品等活动中的违法违规行为,要依法严厉查处。加强养老设施和服务安全管理,建立定期检查机制,确保老年人人身安全。

(十八)加强行业自律。

民政、质检等部门要进一步完善养老服务标准体系,抓紧制定管理和服务标准。落实养老机构综合评估和报告制度,开展第三方评估并向社会公布,评估结果应与政府购买服务、发放建设运营补贴等挂钩。政府运营的养老机构要实行老年人入住评估制度,综合评估申请入住老年人的情况,优先保障特困人员集中供养需求和其他经济困难的孤寡、失能、高龄等老年人的服务需求。

(十九)加强宣传引导。

坚持以社会主义核心价值观为引领,弘扬中华民族尊老、敬老的社会风尚和传统美德,开展孝敬教育,营造养老、助老的良好社会氛围,加强对养老服务业发展过程中涌现出的先进典型和先进事迹的宣传报道,及时总结推广养老服务业综合改革试点中的好经验、好做法。依法打击虐待、伤害老年人及侵害老年人合法权益的行为。积极组织开展适合老年人的文化体育娱乐活动,引导老年人积极参与社区服务、公益活动和健康知识培训,丰富老年人精神文化生活。

(二十)加强督促落实。

各地要把全面放开养老服务市场、提升养老服务质量摆在重要位置,建立组织实施机制,及时制定配套实施意见,对政策落实情况进行跟踪分析和监督检查,确保责任到位、工作到位、见到实效。各部门要加强协同配合,落实和完善相关优惠政策,共同促进养老服务提质增效。对不落实养老服务政策,或者在养老机构运营和服务中有违反法律法规行为的,依法依规追究相关人员的责任。国家发展改革委、民政部要会同有关部门加强对地方的指导,及时督促检查并报告工作进展情况。

国务院办公厅<br>2016年12月7日

(此件公开发布)

# 四、江苏省养老服务条例

(2015年12月4日江苏省第十二届人民代表大会常务委员会第十九次会议通过)

## 第一章 总 则

第一条 为了促进养老服务健康发展,规范养老服务行为,维护老年人合法权益,根据《中华人民共和国老年人权益保障法》等法律、行政法规,结合本省实际,制定本条例。

第二条 本省行政区域内的养老服务及其监督管理工作,适用本条例。

本条例所称养老服务,是指为老年人提供的生活照料、健康管理、康复护理、精神慰藉以及紧急呼叫与救援等服务。

第三条 养老服务应当与当地经济社会发展水平相适应,实行政府主导、社会参与、市场运作、统筹发展、保障基本、适度普惠的原则。

第四条 县级以上地方人民政府应当将发展养老服务纳入本地区国民经济和社会发展规划,制定专项规划和年度计划,建立并完善以居家为基础、社区为依托、机构为补充、医养融合发展的养老服务体系。

县级以上地方人民政府应当将养老服务事业经费列入同级财政预算,并根据本行政区域老年人口自然增长情况等因素,建立稳定的经费保障机制,增加对养老服务事业的财政投入。

第五条 县级以上地方人民政府民政部门主管本行政区域内的养老服务工作,管理、监督养老服务活动。

发展改革、财政、人力资源社会保障、规划、建设、国土资源、卫生计生、教育、质量技术监督、工商、食品药品监管、价格等部门以及公安机关消防机构按照各自职责,协同做好养老服务工作。

工会、共青团、妇女联合会、残疾人联合会等人民团体发挥各自优势,参与相关养老服务工作。

第六条 县级以上地方人民政府老龄工作委员会负责协调、督促、指导有关部门做好养老服务的相关工作,其日常工作由民政部门承担。

第七条 乡镇人民政府、街道办事处具体负责组织实施本区域范围内的养老服务有关工作,指导村民委员会、居民委员会和养老服务组织等开展养老服务。

第八条 县级以上地方人民政府及其有关部门应当加大扶持力度,完善市场机制，引导社会力量成为发展养老服务业的主体。

鼓励公民、法人和其他组织通过捐赠或者提供志愿服务等方式参与养老服务。

第九条　支持成立养老服务相关行业协会。行业协会应当加强行业自律和诚信建设，开展业务培训、信息咨询、第三方评估，参与标准制定、质量监督等活动，发挥第三方社会组织的作用，引导和规范养老服务发展。

第十条　县级以上地方人民政府及其有关部门对在养老服务中做出显著成绩的单位和个人给予表彰或者奖励。

新闻媒体应当开展养老服务宣传，在全社会营造敬老、养老、助老、爱老氛围。

## 第二章　规划和建设

第十一条　县级以上地方人民政府在制定城镇总体规划、控制性详细规划时，应当按照国家和省有关标准，分区分级规划安排养老服务设施用地。

第十二条　民政部门应当会同发展改革、规划、国土资源、卫生计生等部门根据本地区国民经济和社会发展规划、城乡规划、土地利用总体规划和老年人口分布、公共服务资源、养老服务需求状况等因素，制定本地区养老服务设施布局专项规划，合理布局养老服务设施，经本级人民政府批准后实施。

第十三条　养老服务设施建设应当符合国家和省相关标准，并满足环境保护、消防安全、卫生防疫、食品安全、绿色建筑等要求。

第十四条　地方各级人民政府和有关部门闲置的培训中心、宾馆、招待所等场所适宜用于养老服务的，优先改造为养老服务设施。

机关、团体、企业事业单位以及其他社会组织将其闲置用房整合改造用于养老服务的，规划、国土资源等部门应当按照有关规定办理手续。

第十五条　规划、建设部门会同民政、国土资源、卫生计生等部门对养老服务设施的规划和建设情况进行专项督查。

## 第三章　居家养老服务和社区养老服务

第十六条　老年人养老以居家为基础，家庭成员应当尊重、关心和照料老年人。鼓励家庭成员与老年人共同生活或者就近居住。

老年人的子女及其他依法负有赡养、扶养义务的人，应当履行对老年人经济供养、生活照料、健康关心和精神慰藉的义务，照顾老年人的特殊需要。

第十七条　县级以上地方人民政府应当建立健全居家养老的扶持政策，通过购买服务等方式为居家养老提供服务。

第十八条　对经济困难的老年人，地方各级人民政府应当给予养老服务补贴。

对生活长期不能自理的经济困难老年人，地方各级人民政府应当根据其失能程度等情况给予护理补贴。

县级以上地方人民政府应当组织开展免费培训，向家庭成员普及照料失能、失智等老年人的护理知识和技能。

第十九条 地方各级人民政府和有关部门应当采取措施,发展城乡社区养老服务,鼓励、扶持专业服务机构以及其他组织和个人,为居家的老年人提供餐饮家政、紧急救援、医疗护理、精神慰藉、心理咨询等多种形式的服务。

第二十条 县级以上地方人民政府应当加强社区养老服务设施建设,充分考虑为老年人服务的便利性和服务半径等因素,分片区布点社区养老服务设施,均衡覆盖城乡社区。

第二十一条 社区养老服务设施建设应当纳入城乡社区配套用房建设范围。

新建住宅区按照每百户二十平方米以上的标准配套建设社区养老服务用房。新建住宅区的养老服务用房等设施,应当与住宅同步规划、同步建设、同步验收、同步交付使用。

已经建成的住宅区由所在的县(市、区)人民政府按照每百户十五平方米以上的标准通过购置、置换或者租赁等方式调剂解决。

任何单位和个人不得将社区养老服务用房等设施挪作他用。

第二十二条 鼓励养老服务组织为老年人提供助餐、助浴、助行、助洁、助购、助医、助急等服务。

推进老年人居家养老服务的市场化、社会化,引入社会力量和家政、物业等企业,兴办或者运营老年人助餐点、日间照料、全托半托、老年人活动中心等形式多样的养老服务项目,开展老年人居家养老服务。

鼓励机关、团体、企业事业单位和其他社会组织开放所属场所,为老年人提供就餐、文化、健身、娱乐等服务。

第二十三条 卫生计生部门应当支持有条件的医院开设老年医学科。

城乡基层医疗卫生机构应当为老年人建立健康档案,开展健康管理,通过智能终端、互联网和大数据平台,逐步实现信息共享。

鼓励城乡基层医疗卫生机构、老年护理院、康复疗养机构等为行动不便的独居、失能等老年人提供上门服务。

第二十四条 建立应急服务机制,对发生意外的老年人及时给予救助。城乡特困对象和经济困难的高龄、失能老年人接受救助所需承担费用,由政府负担。

第二十五条 新建、改建、扩建住宅区应当符合国家无障碍设施工程建设标准。

设区的市、县(市、区)人民政府应当推进老旧住宅区的坡道、楼梯扶手、电梯等与老年人日常生活密切相关的公共服务设施的无障碍改造。鼓励、支持已经建成的多层住宅加装电梯。

无障碍设施的所有权人和管理人应当对无障碍设施进行保护,有损毁或者故障及时进行维修,确保无障碍设施正常使用。

老年人家庭进行生活设施无障碍改造的,设区的市、县(市、区)人民政府住房城乡建设、民政部门应当给予指导。有失能、失智老年人的最低生活保障家庭、最低生活保障边缘家庭以及有重度残疾老年人的家庭进行生活设施无障碍改造的,县级以上地方人民政府应当给予资金补助。

第二十六条　设区的市、县(市、区)人民政府应当支持有条件的地区建设老年人集中居住社区,并完善配套设施。

第二十七条　鼓励邻里互助养老和老年人之间的互助服务,鼓励低龄健康老年人为高龄、独居、空巢老年人服务。

第二十八条　外埠老年人到子女所在城市与子女共同生活的,有关部门应当在户口安置、医保结算、公共交通、进入公园等方面给予便利。

## 第四章　机构养老服务

第二十九条　养老机构建设应当符合养老服务设施布局专项规划。

设立养老机构,应当符合有关法律、行政法规等规定的条件。

设立公益性养老机构,依法向民政部门申请行政许可。取得行政许可后,符合民办非企业单位条件的,向民政部门办理登记手续;经批准设置为事业单位的,向事业单位登记管理机关办理登记手续。

设立经营性养老机构,向工商行政管理部门办理登记手续后,依法向民政部门申请行政许可。

养老机构的设施建设符合规划、国土资源、环境保护和消防安全要求的,有关部门应当予以认可,并提供便利和帮助。

第三十条　公益性养老机构设施用地,可以依法使用国有划拨土地或者农民集体所有的土地。

经营性养老机构设施用地,依法办理有偿用地手续,优先保障供应。

养老服务设施用地,非经法定程序不得改变用途。

第三十一条　政府投资举办的养老机构应当保障无劳动能力、无生活来源又无法定赡养、扶养义务人或者其法定赡养、扶养义务人无赡养、扶养能力的老年人的养老服务需求。

最低生活保障家庭、最低生活保障边缘家庭中的失能、失智、高龄、独居、重度残疾的老年人和计划生育特殊家庭、优抚对象、劳动模范等老年人,申请入住政府投资举办的养老机构的,应当优先收住。

第三十二条　地方各级人民政府重点扶持护理型养老机构发展,推动医疗、养护、康复融合发展。

养老机构应当根据自身规模,在内部依法设立医疗机构或者卫生室、医务室等卫生设施,也可以与医疗卫生机构签订合作协议,为入住老年人提供医疗服务。养老机构应当配备康复设备或者设置康复区,开展专业化康复服务。卫生计生部门应当给予支持,并提供便利。

符合条件的内设医疗卫生机构和老年护理院等向人力资源社会保障、卫生计生部门申请纳入相关城乡基本医疗保险的定点结算范围的,人力资源社会保障、卫生计生部门应当将其纳入。

鼓励医疗卫生机构开展以康复护理为重点的养老服务,推动医养融合发展。

第三十三条　养老机构因故暂停或者终止养老服务,应当提前六十日向原许可机关提交老年人安置方案,经批准后方可实施。原许可机关应当在接到安置方案之日起二十日内作出是否批准的决定。

养老机构暂停或者终止养老服务的,应当按照安置方案妥善安置收住的老年人。民政部门应当督促养老机构制定和实施安置方案,并为其妥善安置老年人提供帮助。

## 第五章　人才培养和激励

第三十四条　民政部门会同人力资源社会保障部门建立健全养老服务人才培养、使用、评价和激励机制,依法规范养老服务用工,促进养老服务从业人员劳动报酬合理增长。

第三十五条　鼓励、支持高等学校、中等职业学校和培训机构设置养老服务相关专业或者培训项目,在养老机构设立实习基地,培养养老服务专业人才。

符合条件的养老服务从业人员和从事养老服务的社区工作者参加相关技能培训,按照规定享受职业培训补贴。

第三十六条　养老机构和其他养老服务组织聘用的专业技术人员,应当执行与医疗卫生机构、福利机构相同的执业资格、注册考核制度,在技术职称评定、继续教育、职业技能培训等方面享受同等待遇。

第三十七条　对取得养老护理员职业资格并从事养老护理岗位工作的人员,按照相应等级,由设区的市、县(市、区)财政按照省有关规定给予一次性补贴。

对在本省连续从事养老护理岗位工作满五年的高等学校、中等职业学校毕业生,由县级以上地方财政给予一次性入职奖励。

## 第六章　扶持和优惠措施

第三十八条　地方各级人民政府和有关部门应当通过购买服务、提供补贴、金融支持等方式,鼓励和支持社会力量举办养老机构、其他养老服务组织;或者通过购买服务、委托管理、承包经营、合资合作等方式,鼓励和支持社会力量运营政府投资建设的养老服务设施。

第三十九条　民政部门应当组织对需要政府保障、入住政府投资举办养老机构的老年人以及其他需要给予养老服务补贴、护理补贴的老年人进行评估确认。评估确认结果应当向社会公开。

民政部门应当逐步建立健全养老服务需求评估制度。

第四十条 民政部门应当建立健全养老服务质量评估制度,定期组织专家或者委托第三方专业机构,对养老机构和其他养老服务组织的人员配备、设施设备条件、管理水平、服务质量、服务对象满意度、社会信誉等进行综合评估。

民政部门根据养老服务质量评估结果,确定养老机构和其他养老服务组织的等级、类型以及补贴标准,并向社会公开。

第四十一条 地方各级人民政府应当按照规定,对符合条件的养老机构、其他养老服务组织给予相应的建设补贴和运营补贴。

第四十二条 鼓励发展品牌化和连锁经营的养老机构和其他养老服务组织,鼓励合理规划、建设养老服务业集聚区和养老服务特色产业基地。

对采用先进技术、创新能力强的养老机构和其他养老服务组织,可以按照省有关规定给予一次性奖励。

第四十三条 政府通过贷款贴息、直接融资补贴、融资担保和风险补偿等措施,引导信贷资金和社会资金投向养老服务业。

鼓励商业银行加大对养老服务业的信贷支持,创新抵押担保方式,开发适应养老服务业发展需求的金融产品和担保方式。符合规定条件的养老机构、其他养老服务组织可以按照规定申请创业担保贷款。

经民政部门认定的优质养老服务组织,可以纳入中小企业转贷方式创新企业范围。

第四十四条 县级以上地方人民政府应当帮助养老机构和其他养老服务组织拓展融资渠道,支持通过发行债券、证券等渠道融资。

支持金融、保险机构参与养老服务业发展。支持保险资金通过全资、股权合作、股权投资、投资信托基金等方式,促进保险服务业和养老服务业融合发展。

第四十五条 城乡基本医疗保险基金支付政策应当向提供合同服务、合作提供健康养老服务的基层医疗卫生机构倾斜。

鼓励、支持发展面向养老服务的各类保险,推动建立长期护理保险制度,为因疾病或者伤残需要长期护理的失能老年人提供基本护理保障。

鼓励养老机构和其他养老服务组织投保养老机构综合责任险,为入住老年人投保意外伤害保险,有条件的地区可以给予补贴。

第四十六条 养老机构和其他养老服务组织依法享受国家规定的税收优惠。

对与养老机构和其他养老服务组织有关的行政事业性收费,按照国家和省有关规定予以减免。

第四十七条　县级以上地方人民政府及其有关部门应当按照国家和省有关规定制定相关政策,扶持和引导企业开发、生产、经营适应老年人养老需求的产品、用品。

第四十八条　养老服务设施用水、用电、用气、用热,按照居民生活类价格标准收费;有线电视基本维护费按照当地居民用户终端收费标准减半收取。养老服务设施安装电话、有线电视、宽带网络免收一次性接入费。鼓励有条件的地区加大优惠力度。

第四十九条　鼓励、支持发展相关养老服务志愿组织,建立志愿服务时间储蓄等激励机制。志愿者或者其直系亲属进入老龄后根据其志愿服务时间储蓄优先、优惠享受养老服务。

鼓励、支持高等学校、中等职业学校和中学学生利用课余时间参加养老服务志愿活动。学校和志愿服务组织应当建立志愿服务情况登记档案或者记录卡。鼓励用人单位在同等条件下优先录取、录用、聘用有志愿服务经历者。

鼓励志愿者和老年人结对,重点为孤寡老人、空巢老人、农村留守老人提供生活救助和照料服务。

民政部门等有关单位应当对养老服务志愿者进行专业培训,并提供相关便利。

## 第七章　监督和管理

第五十条　县级以上地方人民政府应当加强对养老服务工作的监督,组织专项检查和考核,对发现的问题及时予以通报,并限期整改。

第五十一条　省标准化行政主管部门应当将养老服务标准纳入地方标准编制计划,加强地方养老服务标准制定工作,促进提高养老服务质量。

第五十二条　民政部门应当建立老年人口基本信息管理系统,完善老年人信息服务平台,实现对老年人信息的动态管理,并主动征询老年人的养老服务需求,提供养老服务供给信息。

第五十三条　民政部门应当建立养老服务行业信用评价体系,公布养老机构、其他养老服务组织诚信档案,接受社会查询。

第五十四条　民政部门应当建立养老服务投诉举报制度,公布投诉举报电话、邮箱;对公民、法人和有关组织的投诉举报,应当在二十日内核实处理。

第五十五条　审计机关按照国家有关规定,对政府投资举办或者接受政府补贴的养老机构和其他养老服务组织进行审计监督,并依法向社会公布审计结果。

第五十六条　价格主管部门依法开展价格管理监督,及时查处未落实收费优惠规定等价格违法行为。

## 第八章　法律责任

第五十七条　违反本条例第二十一条第四款规定,将社区养老服务用房挪作他用的,由民政部门责令限期改正;逾期不改正的,处一万元以上三万元以下罚款。

第五十八条 违反本条例第二十五条第一款规定,新建、改建、扩建住宅区不符合国家无障碍设施工程建设标准的,由住房城乡建设部门责令限期改正,依法给予处罚。

违反本条例第二十五条第三款规定,无障碍设施的所有权人或者管理人对无障碍设施未进行保护或者及时维修,导致无法正常使用的,由有关主管部门责令限期维修;造成使用人人身、财产损害的,无障碍设施的所有权人或者管理人应当承担赔偿责任。

第五十九条 违反本条例第三十条第三款规定,擅自改变养老服务设施用地用途的,由国土资源部门责令限期改正,依法予以处罚。

第六十条 违反本条例第三十三条规定,养老机构未经批准暂停、终止养老服务,或者暂停、终止养老服务未妥善安置收住的老年人的,由民政部门责令限期改正,处一万元以上三万元以下罚款;逾期不改正的,处三万元以上十万元以下罚款。

第六十一条 养老机构、其他养老服务组织或者个人骗取补贴、补助、奖励的,由民政部门责令退回,处骗取补贴、补助、奖励数额二倍以下罚款;构成违反治安管理行为的,由公安机关依法予以处罚;构成犯罪的,依法追究刑事责任。

第六十二条 民政等部门工作人员有下列行为之一的,由其所在单位或者上级主管部门依法给予处分;构成犯罪的,依法追究刑事责任:

(一)违反法定权限、条件和程序实施行政许可的;

(二)未依法履行监督管理职责,造成后果的;

(三)对接到的投诉举报未在二十日内核实处理,造成后果的。

## 第九章 附 则

第六十三条 本条例所称养老服务组织,包括养老机构、社区居家养老服务中心(站)、老年人日间照料中心、农村老年关爱之家、老年护理院、康复疗养机构,以及其他为老年人提供助餐、助浴、助行、助洁、助购、助医、助急等养老服务的组织。

本条例所称养老机构,是指经民政部门许可依法设立的为老年人提供集中饮食起居和照料护理等养老服务的机构。

第六十四条 本条例自2016年3月1日起施行。

# 主要参考文献

[1] 陈卓颐.实用养老机构管理.天津:天津大学出版社,2009

[2] 贾素平.养老机构管理与运营实务.天津:南开大学出版社,2013

[3] 民政部第48号令.养老机构设立许可办法.2013

[4] 中国建筑设计研究院.老年人居住建筑设计标准(GB/T 50340—2003).北京:中国建筑工业出版社,2003

[5] 国家质量监督检验检疫总局国家标准化管理委员会.养老机构基本规范(GB/T 29353—2012).北京:中国标准出版社,2012

[6] 陈勃.老年人日常问题解决能力的评估方法.中国老年学杂志,2007(8)

[7] 冯晓丽,尚少梅.老年护理师实务培训(高级).北京:中国社会出版社,北京大学医学出版社,中国劳动社会保障出版社,2014

[8] 中华人民共和国民政部.老年人能力评估(MZ/T 039—2013).北京:中国标准出版社,2014

[9] 南京市老人能力评估标准(试行).南京市民政局,2013

[10] 黄金.老年护理学.北京:高等教育出版社,2009

[11] 郭桂芳.老年护理学(双语).北京:人民卫生出版社,2012

[12] 王世俊,等.老年护理学.北京:人民军医出版社,2007

[13] 郭红艳,彭嘉琳,雷洋,等.美国养老机构服务质量评价的特点及启示[J].中华护理杂志,2013,48(7):652-654

[14] 刘星.浅谈老年康复医学[J].中国医药指南,2012,10(17):675-676

[15] 郭铁成,黄晓琳.康复医学临床指南[M].北京:科学出版社有限责任公司,2016

[16] 励建安.康复医学[M].北京:人民卫生出版社,2014.6:206-364

[17] 于恩彦.实用老年精神医学.浙江:浙江大学出版社,2013

[18] 何仮,等.精神病学.天津:天津科学技术出版社,2015

[19] 冯晓丽,郭清.老年健康管理师实务培训.北京:中国劳动社会保障出版社,2014

[20] 王淑君,宋杰.癌症患者晚期的姑息护理.吉林医学,2008,29(10)

[21] 徐燕.国内外姑息照护的研究现状与进展.解放军护理杂志,2008,25(2)

[22] 刘康,邓宝凤.养老护理员(中级).北京:中国劳动社会保障出版社,2013

[23] 张建.中国老年卫生服务指南.北京:华夏出版社,2004

[24] 王世俊,等.老年护理学.北京:人民军医出版社,2007

［25］国务院关于加快发展养老服务业的若干意见.国发〔2013〕35号文.北京:2013
［26］中国营养学会.中国居民膳食指南.北京:人民卫生出版社,2016
［27］金邦荃.食品营养学.南京:东南大学出版社,2007
［28］贾素平,刘媛媛,王丽云.养老机构管理与运营实务.天津:南开大学出版社,2014
［29］孟令君,刘利君.养老服务机构管理人员能力.北京:中国社会出版社,2012